불안 치료

불안 치료

The Anxiety Cure

아치볼드 하트 지음 | 오태균 옮김

염려와 스트레스, 공황불안장애, 우울증을 다루는 방법

당신도 정서적 평온과 온전함을 누릴 수 있다

NUN

불안치료
The Anxiety Cure

초판 1쇄 2013년 12월 22일
2쇄 2014년 3월 19일

지은이 | 아치볼드 하트
옮긴이 | 오태균

펴낸이 | 임말희
기획 | 권금미
편집 | 최유미
프린트 | 문성인쇄
펴낸곳 | 눈 출판그룹

출판등록 | 2012년 5월 23일 제321-2012-000122호
주소 | 서울특별시 서초구 서초동 1445-14 더샵서초 103동 713호
전화 | 02-3394-4745
팩스 | 02-3394-4749
이메일 | malheeklarayim@gmail.com
홈페이지 | www.nun.or.kr

값 20,000원
ISBN 978-89-94347-22-6(03180)

파본이나 잘못된 책은 바꿔드립니다.

 이 도서의 국립중앙도서관 출판시도서목록(CIP)은 e-CIP 홈페이지(www.nl.go.kr/ecip)에서 이용하실 수 있습니다.(CIP 제어번호 : 2013003731)

목차

역자 서문

현대인은 예전과 달리 경쟁과 속도에 내몰린 삶을 살고 있다. 과잉 스트레스에 그들은 불안과 우울증, 공황발작, 수면장애 등으로 고통 받고 있다. 이 책은 불안과 공포증, 우울증, 스트레스라는 주제를 종합적이면서도, 구체적으로 다루고 있다.

이 책의 저자 아치볼드 하트 박사는 세계적으로 알려져 있는 크리스천 임상심리학자이다. 따라서 그는 사람을 몸과 마음과 영혼을 가진 전인격적 존재로 보고 불안의 문제를 접근하고 있다.

불안, 염려, 공황발작, 우울증, 스트레스는 서로 어떤 관계가 있는가? 염려worry와 관심사concern는 어떤 차이가 있는가? 신경전달물질 중 행복 메신저와 슬픔 메신저는 두뇌에서 어떤 역할을 하는가? 자연 안정제는 일상생활에서 평온과 행복을 누리는 데 어떤 역할을 하는가? 불안과 공포증에는 어떤 유형이 있는가? 어떤 상황에서 인공 안정제를 복용해야 하는가? 어린이와 청소년의 불안장애는 어떻게 치료할 수 있는가? 성인의 불안장애와 우울증에는 어떤 약물이 효과적인가? 휴식과 이완이 왜 필요하며 어떻게 스트레스를 해소하는 이완을 실천할 수 있는가? 불안과 우울증은 어떤 관계가 있는가? 약물치료와 인지행동심리치료가 왜 효과적인가? 우리는 어떻게 휴식과 수면 그리고 묵상을 실천함으로 몸과 마음의 평온과 행복을 구가할 수 있는가?

저자는 임상심리학자로서 불안이라는 주제를 생물학적으로, 심리학적으로, 신학적으로 그리고 영적인 관점에서 종합적으로 해부하고 그 해결책과 치료방법을 구체적으로 서술하고 있다. 독자 스스로 진단할 수 있는 설문지와 체크 리스트가 수록되어 있는 것도 이 책의 큰 장점이며, 휴식과 이완, 묵상을 어떻게 실천할 수 있는지를 구체적으로 제시하는 것도 이 책의 두드러진 장점이라 하겠다. 역자의 입장에서 현재 국내에 수입되지 않은 약물은 영문 그대로 표기하였음을 밝힌다.

이 책이 불안과 공포증이라는 이상심리를 이해하고 치료하는 데 중요한 기여를 할 수 있기를 기대한다. 정신건강 전문가들은 물론 일반인에게도 읽힐 수 있는 좋은 책이라 추천하고 싶다. 이 책을 번역하는 과정에 도움말을 주신 정동섭 교수님과 좋은 책으로 편집해 주신 임말희 대표님께 감사드린다.

오태균

총신대학교 목회신학전문대학원 교수(Ph.D.)

머리말

불안은 이제 우리 시대의 첫째가는 정서적 문제이다. 미국의 경우, 공황불안 panic anxiety은 여성에게 첫 번째 정신건강 문제가 되고 있으며, 남성에게는 물질남용 다음의 문제로 부상하고 있다. 또한 극심한 불안에 시달리는 사람들은 다른 정서적 문제, 특히 우울증으로 고생하고 있다. 불안과 우울은 동전의 양면과 같아서 함께 가는 질병이다. 임상적으로 볼 때 이 둘을 분리시키기란 매우 어렵다.

당신이 불안으로 고생하거나 지인들 중에 불안으로 고생하는 사람이 있다면 이 책은 바로 당신을 위한 것이다. 스트레스가 심한 직업에 종사하고 있거나 불안 문제를 예방하고 싶은 경우에도 이 책은 당신을 위해 쓰였다. 예방은 항상 치료보다 더 나은 방안이기 때문이다.

나는 이 책에서 하나의 원칙적인 메시지를 담고 있다. 그것은 바로 신경안정제만으로는 불안문제를 치료할 수 없다는 것이다. 이 사실이 중요한가? 그것은 두말할 필요도 없다.

그렇다면 왜 중요한가? 첫째, 지난 몇 년 동안 무엇이 불안을 야기하는가에 대한 우리의 이해를 혁명적으로 바꾸어놓은 놀라운 발견이 있었다. 모든 불안은 단지 두뇌 안에 존재할 뿐이라는 낡은 생각을 버리게 되었다는 의미로 말하는 것은 아니다. 이런 생각이 폐기된 것은 이미 오래되었다. 불안에 대한 현대의 과학적 이해는 이를 훨씬 뛰어넘고 있다. 아직도 일부 고집스런 심리학자들은 모든 불안이 순전히 정신적인 문제라는 입장을 고수하고 있지만(그러므로 불안증 환자들은 남은 여생을 어떤 형태든 치료를 받으면서 보내야 한다) 우리는 이제 많은 불안이 생리적인 것에 기반을 두고 있다는 것을 알게 되었다. 그러나 분명한 것은 모든 불안이 생리적인 것에 기반을 두고 있지는 않다는 것이다. 예를 들어 성경에서 언급하는 종류의 불안, 즉 염려worry에 더 가까운 불안은 아마도 생애 초기에 학습된 행동인지도 모른다. 그러나 오늘날 우리 사회에 팽배해 있는 불안은 지나친 염려나 고통스런 아동기 경험에 기인하는 것이 아닐 수도 있다. 사실 내가 만나는 대부분의 환자들은 온전하고 정상적인 아동기를 보낸 사람들이다. 그들은 대개 지극히 유능한 사람들이다.

최근 몇 년 동안 학자들은 현대인의 불안 가운데 많은 부분이 스트레스에 의해 야기되고 있다는 것을 발견했다. 스트레스는 두통과 위궤양 그리고 심장병의 원인이 될 뿐 아니라 두뇌의 생리(혹은 생화학 : biochemistry)를 혼란스럽게 함으로 불안을 위한 무대를 마련한다는 것이다. 이것은 불안문제의 무서운 증가가 왜 높은 기능 수준의 직업군, 즉 과잉 스트레스overstressed를 받는 기업체 사장, 여성, 목회자, 지도자들에게서 일어나는 지를 설명해 준다.

이 시대에 스트레스성 질병, 불안, 임상적 우울증의 극적인 증가를 목격하고 있는 이유를 분별하는 것은 그리 어렵지 않다. 인간은 원래 낙타 여행을 하도록 만들어졌다. 그러나 대부분의 사람들은 지금 초음속 비행기처럼 행동하고 있다. 한 마디로 우리 대부분은 너무 빠른 속도로 살고 있다. 우리의 아드레날린은 끊임없이 흐르는 과잉 충전된 높은 옥탄가(octane, 무색액체탄화수소) 에너지이다. 그리고 고옥탄가 연료로 움직이는 자동차처럼 우리는 빠른 속도로 탈진한다. 만일 탈진상태의 원인을 알고 싶다면 많은 사람들처럼 너무 급하고, 너무 쫓기고, 너무 많은 일을 벌려놓고 있지는 않은지 심사숙고해보라. 현대 사회에서 생활의 속도는 모든 사람을 한계 이상으로 몰아가고 있다. 그리고 이런 남용에 대해 스트레스와 불안이라는 고통스러운 경화(hard currency, 달러같이 국제적으로 널리 통용되는 통화를 의미)로 그 대가를 지불하고 있는 것이다. 이는 간단하면서 단순한 사실이다.

그러므로 이 책을 이해하는 방식은 간단하다. 무리한 확장overextension과 스트레스로 야기된 높은 아드레날린은 두뇌에서 분비되는 자연 안정제를 고갈시키고 심한 불안을 위한 환경을 조성한다.

스트레스와 불안장애 사이의 연결고리는 그동안 대부분 무시되어 왔다. 따라서 불안을 온전히 치료받는 것은 사실상 불가능했다. 아드레날린과 불안의 연결고리에 대한 온전한 이해가 없이 많은 이들은 불안을 통제하기 위해 단순히 약물에 의존해왔다. 그러나 나는 여기서 분명히 단언한다. 인공 안정제에 지나치게 의존하는 것만으로는 불안을 치료하지 못한다. 약물은 단지 불안의 증상을 완화시켜줄 뿐이다. 진정제는 그 원인을 해결해주지 못한다.

아마도 최근 발견에서 가장 중요한 측면은 두뇌가 자체적으로 운영하는 자연 안정제 체계를 가지고 있다는 사실일 것이다. 그러나 자연 안정제 가운데 오직 하나만이 오늘날 가장 흔하게 처방되고 있는 항불안제인 벤조디아제핀benzodiazepines과 유사하다. 이것은 불안문제 해결을 위해 오직 인공 안정제에만 의존할 수 없다는 것을 의미한다. 우리는 문제를 그 근원에서부터 다뤄야 한다. 롤러코스터처럼 빠르게 움직이는 생활패턴으로 인해 민감해지는 호르몬 체계의 혼란을 다루어야 한다.

인공 안정제가 단기 불안 증상을 완화하는 데 효과적이더라도 불안을 완전하게 치료하지는 못한다. 뿐만 아니라 이 시대의 안정제는 상당히 중독성이 있다. 결국 두뇌는 그 약물에 의존하게 된다. 이 의존성을 깨뜨리기 전에 두뇌 자체에서 생산하는 자연 안정제의 생산을 회복시켜야 한다. 그렇게 하지 않으면 두뇌는 큰 혼란에 빠지게 된다. 두뇌는 말을 듣지 않는 고집 센 자녀만큼이나 반항적이 될 수 있다.

불안을 치료하기 원한다면 그리고 남은 생애 동안 인공 안정제에 의존하고 싶지 않다면 무엇인가 변화를 시도해야 한다. 이제 계속해서 배우게 될 내용은 이 다른 '무엇인가'에 대해서이다. 사실 불안문제를 치료해온 나의 경험에 의하면, 장기적 관점에서의 해결책은 당신의 일상에서 몇 가지 중요한 변화를 시도해야 한다는 것이다. 이 말은 항불안 치료제가 쓸모가 없다는 말이 아니다. 치료제는 당연히 유용하다. 나도 종종 안정제를 처방한다. 그러나 당신을 괴롭히는 불안으로부터 해방되고 싶다면 약은 단지 장기적인 변화에 수반되는 일시적인 해결책일 뿐이다. 그러므로 이 책에는 우리가 함께 노력해야 할 많은 과제들이 담겨져 있다.

내가 불안에 대해 아는 지식이 환자들을 통해 간접적으로 얻은 지식이라고 생각한다면 그건 틀린 생각이다. 불안문제에 관해서 만큼은 나 자신이 '죄인 중의 우두머리' 라고 고백한다. 내가 이 주제에 대해 잘 아는 것은 바로 이러한 이유 때문이다. 나는 오랫동안 아드레날린 중독자였다. 그리고 언제든지 그 상태로 쉽게 되돌아갈 수 있다. 나는 도전을 좋아하고 위기상황에서 생동감을 느끼는 사람이다. 내가 하루에 하고 싶은 일을 다 하려면 언제나 시간이 부족하다. 나에게 인생은 너무 짧고 너무 소중하며 대충 살기에는 너무 기회가 많다. 내 앞길을 막는 어떤 것에 대해서도 나는 인내력을 발휘하지 못한다. 나는 내 문제를 개인적으로 잘 알고 있다. 그러나 불안을 극복할 수 있는 해답도 찾아냈다. 다음 장에서 독자에게 제시하고 있는 충고를 효과적으로 실천하기도 했다.

그러므로 관심을 가지고 이 책을 읽어보라. 이 책이 당신의 삶을 구제해 줄지도 모른다. 적어도 당신의 온전한 건강은 지켜줄 수 있을 것이다.

1장

불안 혁명

근심이 사람의 마음에 있으면 그것으로 번뇌하게 되나 (잠언 12:25)

사만다Samantha는 대형 금융그룹의 부사장이다. 솔직히 나는 금융업계의 복잡성에 대해 무지하다. 내가 아는 전부라고는 사만다가 돈을 '판매' 한다는 것이다. 놀랐는가? 나 역시 그런 사실에 놀란 사람이다. 나는 항상 사람들이 돈으로 물건만을 산다고 생각했다. 그런데 분명한 것은 그녀가 돈을 돌려서 최대의 수익을 올린다는 것이다. 그녀가 하는 일에는 상당량의 여행이 수반되기에 그녀는 정기적으로 집을 떠나 있다.

나에게 상담을 요청하기 한 달 전 사만다는 자신의 일기에 다음과 같이 기록했다.

최근에 샌프란시스코에서 로스앤젤레스로 비행기 여행을 하는 중에 이상한 일이 나에게 일어났다. 길고 바쁜 한 주간이었다. 빨리 가족에게 돌아가고 싶었다. 나는 모든 것이 느리게 진행되는 것에 불안하고 짜증이 난 상태였다. 드디어 비행기가 이륙했다. 그런데 비행기가 이륙하자마자 식은땀을 흘리기 시작했다. 심장은 뛰기 시작했고 심장이 마치 내 입으로 튀어나올 것 같은 느낌이었다. 그 순간 나는 현기증을 느꼈고, 숨을 제대로 쉴 수가 없었다. 누군가가 비행기 안의 산소공급을 차단시킨 것만 같았다. 나는 순간 공포에 휩싸였다. '비행기에 산소공급이 중단된다면?' 나는 다른 사람들도 호흡에 문제가 있는지 주변을 살펴보았다. 그런 일은 없었다. 나 혼자만의 문제였다. 안도해야 할지 겁에 질려야 할지 종잡을 수가 없었다.

그때 조종사가 우리는 LA를 향해 가고 있으며 어느 정도의 고도로 비행하는지에 대한 안내 방송을 하였다. 이제 호흡은 고사하고 침도 삼킬 수 없었다. 내 가슴 위의 견고한 안전띠가 더 조여 오는 것 같았다. '여기서 지금 무슨 일이 벌어지고 있는 거지?' 나의 두뇌는 작동이 정지되었고 내 몸은 공중 부양되어 다른 사람에게 속해 있는 것처럼 느껴졌다. 나는 한 번도 이처럼 이상한 경험을 해본 적이 없었다.

내가 미쳐가고 있는 것인가? 나는 그 빌어먹을 안전벨트 경고 표시등 때문에 자리를 뜰 수도, 어디를 갈 수도 없었다. 눈을 감고 긴장을 풀려고 노력했다. 그러나 긴장을 풀려고 하면 할수록 나의 호흡은 점점 더 어려워졌다.

더 이상 상태가 악화될 수 없다고 생각하는 바로 그 순간, 공포의 파도가 내 위로 덮치는 것 같았다. '무엇인가 공포스러운 일이 나에게 벌어지겠구나'라고 생각했다. 나는 비행기에서 뛰어내리지 않고 비행기를 떠날 방법을 사력을 다해 찾고 있었다. 심호흡을 했고 온 몸이 떨려왔다. 그런데 호흡을 천천히 하려 하자 기분이 조금 좋아지는 것을 발견했다. 이상했다. 공기가 부족하다고 느끼며 숨을 몰아쉬고 있었는데 호흡을 천천히 하자 기분이 좋아졌다. 나중에 이것이 공황발작panic attack의 전형적 증상이라는 것을 알게 되었지만 그 순간에는 나에게 무슨 일이 일어나고 있는지 전혀 알 수가 없었다.

이 모든 것이 비행기내에서 발생했기 때문에 직관적으로 만일 문제의 근원을 직면해 통제하지 못한다면 이것이 비행공포로 발전될 수 있으리라는 것을 깨달았다. 이는 내 직업에 재앙을 불러올 수도 있다. 마침내 집으로 돌아왔으나 공포감으로 종잡을 수 없는 상태에서 며칠간 아무 일도 할 수 없었다. 나는 집에 머물면서 쉬려고 노력했다. 남편은 일어난 일에 대해 설명하라며 나를 다그쳤다. 마침내 일어난 모든 일에 대해 그에게 말해주었다. 그러자 남편은 나에게 전문가의 도움을 받자고 제안했다.

탁월함을 추구하는 것의 위험성

사만다만 이 같은 공황panic을 경험하는 것이 아니다. 전체 인구의 약 10%, 남자보다는 여자가 더 많이 이 같은 공황발작을 경험한다. 많은 이들은 이런 발작을 반복적으로 경험한다.

그러나 공황발작의 가장 놀라운 측면은 이것이 대부분 강한 사람들을 공격한다는 것이다. 그렇다. 정말이다. 공황불안은 우리 중 가장 강하게 보이는 사람들을 덮친다.

일반적인 고정관념은 오직 '연약한 사람들' 혹은 '불안에 찌든 사람들'이 불안에 굴복하고, 특히 공황불안에 취약하다는 것이다. 이것은 전혀 사실이 아니다. 이런 고정관념은 너무나 널리 퍼져있기 때문에 공황불안장애를 겪는 많은 사람들은 놀라움을 금치 못한다. 그들은 다음과 같이 호소한다.

"다른 사람이라면 몰라도 나는 아니에요."

"나는 언제나 앞장서는 입장이었고 일을 추진하는 사람이었어요."

"고등학교와 대학에서 나는 '스타'였어요. 모두가 나를 우러러보았지요."

그러나 불안은 약하고 깨지기 쉽고 섬세하거나 민감한 사람을 괴롭히는 장애가 아니다. 종종 불안은 사전에 어떤 미미한 신호도 없이 닥칠 수 있다. 이것은 기업의 회장과 사장, 부사장, 계속 승진하는 사람들, 막강한 권력을 가진 사람들 그리고 추진력 있는 이들의 장애이다. 지도자의 위치에 있는 이들이 공황불안의 후보가 되기 쉽다. 이유는 무엇인가? 불안은 스트레스 질환이다. 중압감이 있는 직업이 스트레스 수준이 낮은 직업보다 더 취약한 것이 사실이다. 탁월함을 추구하는 데 사로잡혀 있는 사람들이 특히 더 취약한 것은 그들이 사전의 위험신호를 볼 수 없기 때문이다.

한 마디로 말하면, 당신의 성격과 하는 일의 조합으로 인해 아드레날린 중독자가 된다면 공황불안장애를 겪을 위험에 더 취약해질 것이다. 불안은 극히 취약한 뇌 화학물질에 영향을 미치는 극심한 스트레스의 결과임이 명백하다. 게다가 두뇌가 뇌화학물질의 연약함을 물려받았다면 다른 사람보다 불안을 극복할 수 있는 힘이 더 약할 수밖에 없을 것이다.

스트레스가 높은 세상에 사로잡혀 사는 것을 피할 수 있는가

스트레스가 많은 세상으로부터 완전히 도피하는 것은 불가능한 일이다. 우리는 모두 같은 기차를 타고 있다. 삶에서 무엇인가 의미 있는 성취의 기회를 포기한다면 모를까 어떻게 기차에서 뛰어내릴 수 있겠는가? 그러므로 여기서 제기되는 참된 질문은 "압박감이 높은 삶이 바람직하고 필요한 것이냐?" 이다. 어느 정도까지는 그렇다고 대답할 것이다. 이것이 미국적인 삶이 아닌가? 그렇지 않다면 어떻게 아메리칸 드림을 이룰 수 있겠는가? 성공은 당신이 탁월함을 추구하는 일에 헌신하는 대가를 지불하라고 요구한다.

그렇다고 해도 나는 다른 어떤 방식으로 살고 싶지는 않을 것이다.

그러나 이 같은 삶으로의 접근에는 처벌과 함정이 따른다. 그러므로 어떤 온전함을 보전하고 건강한 삶을 성취하기 원한다면 몇 가지 선택을 해야 하고 균형 있는 삶을 살기로 결단해야 한다. '균형 있는 삶'이 의미하는 바는 마라톤 선수처럼 삶의 속도를 조절하는 법을 배워야 한다는 것이다. 언덕길에서는 전력을 다해야 하지만 내리막길에서는 충분히 쉬어야 한다. 끝까지 완주하기 위해서 에너지가 바닥나지 않도록 균형을 잡을 수 있어야 한다.

당신이 이 스트레스 높은 세상의 현실에서 도피할 수는 없다. 시계추를 더 단순했던 시절로 되돌릴 수 없다. 비록 이것이 내가 가끔 도피형태로 가져보는 놀라운 환상이라고 고백해야 하지만 말이다. 나는 종종 어릴 때 조부모님과 함께 했던 행복한 시간들을 회상하곤 한다. 그들은 단순한 전원생활을 누리셨다. 완전히 자급자족하는 삶이었다. 조그만 땅을 경작해 먹을 것을 공급받았다. 은퇴를 위해서 지혜롭게 저축하였고 제2차 세계대전의 공황기에는 소비를 줄이셨다. 단파 라디오 하나로 나머지 세상과 연결된 삶은 어린 나에게는 단순하지만 사치스러운 것으로 보였다. 서두르지 않는 느긋함이 있었고 단순한 즐거움이 있었다. 오늘날 세상에 있는 모든 돈으로도 그런 호사로움을 살 수는 없었을 것이다. 그것은 판매되는 것이 아니다. 당신이 그것을 만들어내야 한다.

우리는 과거로 돌아갈 수 없다. 다만 앞으로 나아갈 뿐이다. 우리는 현재 삶의 현실에서 최선의 것을 만들어내야 한다. 그러나 솔직하게 말해서 균형 있는 삶을 추구하는 것은 위험한 지뢰밭을 안전하게 통과하는 것만큼이나 어려운 일이다. 안전하게 반대쪽까지 도달하려면 생존으로 가는 좁고 협착한 길을 극히 조심스럽게 접근해야 한다. 또한 모든 위험을 이해할 필요가 있으며 재앙을 피할 전략을 수립해 두어야 한다. 결과적으로 많은 이들이 스트레스성 질병, 특히 공황불안장애에 빠져들고 있다. 왜냐하면 탁월함을 추구하다 낙마하는 경우를 대비한 예방책 개발의 전략을 가지고 있지 않기 때문이다.

자신의 안정제 만들기

이 책에 담은 나의 메시지는 독특하고, (바라기는) 단순하며 적용하기도 쉽다. 불안한 세상의 중심에서 안정된 삶을 창조하는 것에 대한 메시지이다. 두뇌의 자연 안정제를 증진시키고 스트레스의 침투를 예방하는 방법에 대한 것이다.

이 책의 내용에서 혁명적인 것은 불안과 아드레날린 분비선에서 생산되는 스트레스 호르몬 사이의 연결점을 이해하는 것이다. 불안은 두뇌 안의 어떤 현상이 존재하는 것presence이 아니고 다른 무엇인가가 부재하는 것absence이다.

그러면 불안할 때 무엇이 부재하는가? '신경전달물질'이라 불리는 중요한 두뇌화학물질이다. 나는 그들을 '행복 메신저'라고 부르는데 이것은 그 호르몬들(신경전달물질)에 대한 아주 적절한 호칭이다. 두뇌는 이들 메신저로 가득 차 있다. 이들은 우리의 기억을 돕기도 하고 각성하여 깨어있게 하며 결국은 온전한 정신을 유지하게 한다. 스트레스 수준이 너무 높거나 지속될 때처럼 우리의 두뇌가 행복 메신저를 박탈당하면 두뇌는 적당한 기능을 하지 못한다. 불안은 이때 혼란에 주목하도록 경고하는 '경보 장치'다. 이 과정은 모두 창조주 하나님의 매우 지혜로운 설계이다.

그러므로 불안은 두뇌 안에 있는 어떤 독성이 존재하는 것이 아니라 안정을 누리게 하는 행복 메신저의 부재와 관계된 것이다. 안정과 평온은 결국 두뇌가 성취하려고 하는 목표이다. 이 책은 과도한 스트레스에 의해 파괴된 안정감을 회복시키는 방법을 보여줄 것이다.

그러므로 불안을 생산하는 스트레스의 역할은 내가 말하려는 모든 내용의 근본이 된다. 나는 지금부터 13년 전 『아드레날린과 스트레스』라는 책에서 스트레스와 불안의 연결점을 탐색하였다. 그 후로 아드레날린의 과잉생산, 공황불안과 같은 장애의 출현 사이에 관계가 있다는 증거들이 획기적으로 증가하였다.

아드레날린 체계와 스트레스성 질환 사이에 강력한 관계가 있다는 것은 이제 논쟁의 여지가 없다. 그러나 높은 아드레날린 분비상태에서 생활하는 것이 스트레스성 질병의 원인이 되듯이 이 또한 불안문제를 야기시킨다. 그 시스템은 아주 단순하다. 간단하게 표현하자면, 스트레스는 우리의 자연 두뇌안정제를 고갈시킨다. 공황상태는 고조된 불안의 주된 생산품인 셈이다. 이 불안을 좀 더 단순하게 표현하자면 '공황발작' 이라고 할 수 있다. 더 전문적인 용어로 '공황불안장애' 라는 고통스러운 질병이 되는 것이다. 공황장애는 모든 불안 장애 가운데 가장 공포스럽고 파괴적인 장애로 알려져 있다.

우리 모두는 불안에 취약하다

"나에게는 불안문제가 없다"고 단정하기 전에 이 책을 계속 읽어보라고 권하고 싶다. 매사에 쫓기듯 열심히 일하는(당신과 나와 같은) 사람들은 어느 날 갑자기 공황발작이 엄습할 때에야 비로소 자신들이 불안의 낭떠러지 끝자락에서 있다는 사실을 깨닫게 된다. 여기에 가장 큰 위험이 도사리고 있다. 아드레날린 과다사용은 흥분과 상쾌한 기분을 유발시키기 때문에 스트레스로 인한 아드레날린의 과도한 분비가 가져다주는 몇 가지 사실을 간과하게 된다. 결국 아드레날린 분비로 인해 비상상황에서도 흥분을 느끼게 되어 그 상태를 안전한 것으로 오해하기가 쉽다. 우리는 발바닥 디딤돌을 상실하고 공황의 어두운 나락으로 떨어지기 전까지 불안의 가장자리에 얼마나 가까이 와 있는지를 깨닫지 못한다.

이런 의미에서 사람이 겪는 첫 번째 공황발작은 사실 위장된 축복이라 할 수 있다. 이는 환자 자신에게 쫓기는 탈진된 삶을 살고 있음을 경고해 준다. 스트레스 호르몬 때문에 행복 메신저들이 공격을 당해 파괴된다. 그래서 안정감을 상실하는 일이 발생하는 것이다. 이들 호르몬은 평상시는 아군ally 이지만 위험과 스트레스에 직면하면 적enemy으로 돌변한다.

공황불안의 초기 단계는 사실 경고신호라고 할 수 있다. 사만다가 그랬듯이 이 경고신호를 알아듣고 생활방식을 바꾼다면 불안을 극복할 수 있을 것이다. 이 경고신호를 무시해 버린다면 생각보다 더 많은 고통을 감수해야 할 것이다. 이보다 더 심각한 것은 남은 생애 동안 불안문제를 안고 살 수도 있다는 것이다.

불안증상 체크리스트

불안 증상은 세 가지 범주로 나타난다. 생리적 증상과 인지적 증상, 정서적 증상이다. 다음을 읽고 당신에게 적용되는 증상을 체크해 보라.

생리적 증상들

당신은 다음과 같이 느끼는가?

- 온통 연약한 기분
- 빠르게 뛰는 심장박동이나 가슴이 두근거림
- 가슴이 조여오는 느낌
- 과다호흡(충분히 공기를 마실 수 없다는 느낌)
- 주기적인 어지럼증과 식은 땀
- 근육 긴장, 통증 또는 떨림
- 만성적 피로감

인지적 증상들

당신은 다음과 같이 생각하는가?

- 지탱할 수가 없다/여기서 벗어나야 한다
- 내가 혼자 바보가 된 듯한 생각
- 사람들이 계속 나를 바라보고 있다
- 심장발작이 일어나는 것 같다
- 기절할 것 같다
- 내가 미쳐가는 것 같다
- 나는 혼자 못 견딜 것 같다/아무도 도와주지 않을 거야

- 나는 나갈 수가 없다/나는 통제력을 상실할 것이다
- 나는 혼동된 느낌이고 어떤 일들에 대해 기억이 희미하다

정서적 증상들

당신은 당신 자신에 대해 어떻게 생각하는가?

- 나는 두려움이 가득 차서 이를 마음에서 떨쳐버릴 수가 없다
- 무슨 나쁜 일이 일어날 것만 같은 느낌이다
- 나는 지나치게 걱정이 많은 편이다
- 나는 보통 마음이 편치 못하며 많은 시간 외로움을 느낀다.
- 나는 종종 고립된 느낌이며, 외롭고, 수렁에 빠진 느낌에다, 우울하기까지 하다
- 나는 나에게 일어나는 일들을 제대로 통제할 수 없다
- 나는 당황스럽고 거절 당한 느낌이며, 비난 받는다고 느낀다
- 나는 종종 화가 나서 소리 지르고 싶은 심정이다

채점

이 체크리스트는 진단도구로 고안된 것은 아니다. 높은 불안감을 느끼는 사람들이 경험하고 있는 여러 가지 증상을 전달할 목적으로 고안된 것이다.

그러나 만일 각 범주에서 적어도 세 가지 증상을 경험하고 있다면, 당신의 불안수준은 문제가 되기 시작하고 있다. 특히 그 증상들을 자주 경험할수록 더욱 그렇다.

만일 각 범주에서 세 가지 이상을 경험하고 있는데도 불안 관련 문제에 대해 어떤 치료도 받고 있지 않다면 전문가와 당장 상의해보라고 권하고 싶다. 나중에 행동을 취하지 않은 것을 후회하기보다는 취하는 것이 안전하다.

만일 이 설문을 하는 것 자체가 당신을 불안하게 한다면, 아마도 당신은 도움을 받을 필요가 있을 것이다.

불안문제는 얼마나 흔한 문제인가

과잉스트레스는 오늘날 너무 보편화되어 있기 때문에 불안문제 역시 흔한 문제라는 것을 쉽게 예측할 수 있을 것이다. 국립정신건강연구소NIMH:

National Institute of Mental Health에 따르면, 2천3백만 명 이상의 미국인들이 공황불안장애, 강박충동장애, 외상후스트레스 장애, 공포증, 범불안장애 등과 같은 형태의 불안장애로 고통을 받고 있다.

> 이 문제에 대한 국립정신건강연구소의 웹사이트를 인용하자면, 불안으로 고통 받는 사람들anxiety sufferers은 이를 치료하지 않은 채 방치하면서 만성적이고 지속적이며 점진적으로 악화되는 증상들 때문에 괴로워하고 있다. 불안장애를 가진 사람들은 공황발작이나 비합리적 사고와 두려움, 충동적 행동이나 의식rituals, 회상장면flashbacks, 악몽 또는 무수히 많은 공포감을 일으키는 신체적 증상들로 인해 응급실과 기타 의료서비스를 많이 사용하는 사람들이다.

만연된 이해의 부족과 이런 장애와 관련된 낙인stigma 때문에 불안문제를 가진 많은 사람들이 진단을 받지 못하고 있으며 연구를 통해 효과가 입증된 치료를 제대로 받지 못하고 있다. 그들은 이유 없이 고통을 당하고 있으며, 그들의 일과 가정 그리고 사회생활에 지장을 받고 있다. 많은 사람들이 자신의 집밖으로 나가지 못한 채 살아가고 있다.

내가 방금 언급한 오명은 크리스천 하위문화 속에 더 심각하게 퍼져있다. 그리고 이해의 부족, 더 정확하게는 불안 야기 요인에 대한 큰 오해가 많은 그리스도인과 그들의 가족에게 파괴적인 영향을 미치고 있다. 나는 세계 어느 곳을 여행하든 과잉스트레스로 생활 속에 만연된 불안문제를 이해하지 못하기 때문에 죄책감과 절망감으로 힘겨워하는 그리스도인들을 만난다. 나는 세미나에서나 편지와 이메일 메시지를 통해서 불안에 대한 기독교적 이해를 호소하는 하소연을 듣는다.

많은 불안으로 고통 받는 이들은 하나님이 자신들을 징벌하신다고 믿으며, 이런 불안을 자신들의 부족한 신앙의 표시라고 믿고 있다. 나는 종종 그들의 간절한 도움요청의 글을 읽을 때 울고 싶은 심정일 때가 많다.

그들의 불명예는 자신들의 실패에서 느끼는 정죄감 때문에 더 고통스럽게 느껴진다. 배우자와 가족, 그리고 주변의 그리스도인 친구들은 그들을 무자비하게 정죄하고 판단한다. 그런데 이 정죄는 무지에서 비롯된 것이며 사실 전적인 어리석음으로 말미암은 것이다. 내 말을 믿으라. 이 주제에 대한 약간의 지식과 이해만 있어도 회복의 기적을 이뤄낼 수 있다. 하나님은 그의 백성에게 전염병처럼 파멸을 가져다주는 분이 아니다. 다만 그의 백성들이 맥없이 고통당하는 사람들을 정죄하고 있으며, 이런 오도된 정죄가 많은 불행을 야기하고 있는 실정이다.

누구나 약간의 불안을 느낀다

어떤 불안은 우리가 인간이기 때문에 자연스러운 것이다. 불안은 언제나 우리와 함께 했으며 세상 끝 날까지 남아있을 것이다. 어떤 상황에서는 불안이 정상적일 수 있으며 필요한 것이기까지 하다. 정상적인 불안 때문에 부지런히 생활하고 각종 고지서들의 지불을 기억하며 스스로를 채찍질하여 성공하도록 동기를 부여하기도 한다. 역사적으로 볼 때, 불안이 인간의 경험 속에 존재함으로 인해 그 순수한 형태로 어느 정도 유용한 목적을 달성하였음을 보여주고 있다. 그리고 오랫동안 심리학자들과 그 이전의 철학자들은 불안이 인생에서 필요하고 정상적인 측면임을 인정하였다. 그들은 불안이 위험에 대비하도록 경종을 울리는 '경보' 체계 역할을 하는 신체적 고통에 버금가는 정신적 기제라고 생각했다.

그러나 많은 견해가 그러하듯이 불안에 대한 설명도 지나치게 확대될 수가 있다. 불안은 다만 어느 정도까지만 정상적이다. 우리는 영속적으로 안정상태에 머물러 있기를 기대할 수 없다. 삶을 의미 있고 생산적인 것으로 만들려면 어느 정도의 불안이 필요하다. 이 책에서의 나의 관심은 정상의 범주를 벗어나는 불안이다.

불안문제의 유형

불안문제를 간단하게 개관해 보기로 하자. 다음은 우리가 가장 흔하게 접하는 불안문제의 유형들이다.

• **공황불안장애** Panic Anxiety Disorder

이것은 아마도 모든 불안장애 가운데 가장 많이 연구되고 이해되고 있는 장애일 것이다.

공황불안장애는 반복적이고 극심한 공포감의 엄습, 가슴의 통증이나 답답함, 심장이 평소보다 빠르게 뛰는 현상, 숨이 가빠지는 느낌, 어지러움, 감각의 이상이나 마비, 그리고 진땀 흘림이 특징이다. 공황발작은 심장마비와 흡사하게 보여질 수 있다. 그리고 이 장애의 첫 번째 징후는 가슴의 통증과 함께 응급실에 실려 갈 때 나타난다. 이 증상과 함께 불안문제가 한 달 이상 지속될 때 '장애'라고 진단할 수 있다.

• **범불안장애** Generalized Anxiety Disorder: GAD

비현실적인 걱정을 많이 하는데다 생활전반에 관한 다양한 주제로 옮겨 다니기 때문에 부유불안(free-floating anxiety : 浮動不安)이라고도 한다. 이 불안은 일상 활동을 완수하는 능력에 영향을 미친다. 범불안장애는 흔히 근육통과 피로감, 수면장애, 진땀 흘림, 어지러움, 메스꺼움과 같은 신체적 불안증상과 연계되어 나타난다.

• **특정공포증** Specific Phobia

특정한 대상이나 상황에 대한 비합리적 두려움과 회피행동을 지속적으로 나타내는 경우를 말한다. 특정 자극에 노출되면 즉각적이고 극단적인 반응, 즉 공황발작을 일으킨다. 공포증으로 간주되려면 두려움이 지나치거나 일상생활은 물론 직업적, 사회적 생활에 현저한 방해를 받을 정도가 되어야 한다.

• **사회공포증** Social Phobia

다른 사람들과 상호작용을 하는 사회적 상황을 두려워하여 회피하는 공포증이다. 사회적 상황에서 다른 사람에게 관찰되는 것, 부정적 평가를 받는 것, 모욕당하는 것, 당황하게 되는 것을 두려워한다. 사회공포증은 또한 극단적 수줍음을 포함할 수 있다.

• **광장공포증** Agoraphobia

공황발작과 함께 또는 공황발작이 없이 일어날 수 있으며, 문자 그대로 '시장이나 광장에 대한 두려움'이다. 이것은 공황발작처럼 갑작스런 곤경에 빠질 경우 도움을 받을 수 없는 공공장소나 상황에 대한 불안을 의미한다. 이런 사람은 통제력을 상실하는 것에 대한 두려움 때문에 집을 떠나서 큰 홀이나 건물 안과 같은 장소에 머물러 있는 것을 두려워한다.

• **강박충동장애** Obsessive-compulsive disorder

이 장애는 원하지 않는 생각을 반복하게 되고 그 불안을 완화시키는 의식화된 행동(충동)을 반복하게 되는 불안장애다.

흔한 강박적인 사고에는 오염에 대한 두려움, 다른 사람을 해칠 것 같은 두려움 등이 있다. 가스 불을 잠그지 않았는지 반복적으로 집에 다시 들어가 확인하는 행위를 야기시키는 지속적인 염려 역시 강박적인 것이다. 보편적인 강박행동에는 청소하기, 숫자세기, 확인하기, 비축하기(비밀장소에) 등이 있다.

• **외상후스트레스 장애** Post-traumatic Stress Disorder: PTSD
이것은 한 개인이 극심한 형태의 고통을 경험했을 때 야기되는 아주 특별한 형태의 불안이다. 그 경험에 사로잡혀 있는 개인은 정상적인 생활을 할 수 없다. 이 장애는 극단적인 공포를 수반한다. 일반적으로 이런 장애가 있는 사람은, 하나의 사건보다는 반복적인 외상적 사건들에 노출된 경우다.

• **급성 스트레스 장애** Acute Stress Disorder
이 장애는 외상후스트레스 장애PTSD보다는 덜 심각한 장애로서, 죽음의 현장을 목격하는 것과 같은 극단적인 외상에 노출되면서 심한 불안증상이 따를 때 발생한다. 급성 스트레스 장애의 증상으로는 정서반응의 마비, 환경자각의 감소, 비현실감, 반복적인 꿈, 불면증, 집중 곤란, 과장되게 놀라는 반응 등이 있다. 이 문제는 보통 한 달 이상 지속되지 않는다.

• **분리불안장애** Separation Anxiety Disorder
대개 어린 시절이나 사춘기 시절과 연계되어 있으며(어떤 경우는 성인기에도 일어난다), 이는 개인이 가정이나 사랑하는 사람과 분리되었을 때 극단적인 불안의 감정을 느끼는 경우다. 심한 경우에는 정상적인 생활을 못하게 될 수도 있다.

불안장애는 어떻게 치료되는가

대부분 사람들에게 있는 가장 흔한 고정관념은 신경안정제가 불안장애를 위한 유일한 치료제라는 것이다. 많은 사람들이 신경안정제가 중독성이 있고 마음을 '통제' 할 수 있다고 두려워하기 때문에 이런 도움이 되는 치료를 의도적으로 거부한다.

인공 신경안정제가 불안치료에 가끔 유용한 것이 사실이기는 하지만 이것은 전반적으로 임시적이며 사소한 역할을 할 뿐이다. 중독성이 없는 다른 물질이 장기적으로는 더 중요한 역할을 할 수 있다. 뿐만 아니라, 인공 신경안정제는 우리의 두뇌에 자연적인 안정제가 이미 있기 때문에 그 효력을 발휘하는 것이다. 우리 두뇌의 안정제들, 즉 '행복 메신저들'이 스트레스 때문에 체계적으로 파괴되어 어떤 상황에서는 인공 신경안정제가 치료를 위해 공급되어야 한다는 것은 이해가 가는 일이다.

그러나 약물만 단독으로 사용되는 경우는 드물다. 보통 불안장애의 전문적 치료에는 인지행동 치료와 약물이 함께 요구된다. 치료는 대개 각 환자를 위해 개별화되는데, 증상의 강도와 기능 수준에 따라 다르게 처방된다. 4장에서 이들 치료법을 더 자세하게 다룰 것이다.

언제나 약 처방이 필요한가

이 책에서 어려운 과제 중 하나는 항불안제 사용 시기와 항불안제 자제 시기 사이의 바른 균형을 제시하는 것이다. 물론 효과적인 결과를 위해 일부 약 처방은 반드시 필요하다. 그러나 불안으로 고통받는 이들은 처방약에 대한 다양한 의문을 가지고 있다. 다음은 약 처방을 내릴 때 환자들이 제기하는 보다 중요한 질문들에 대한 몇 가지 간단한 대답이다(보다 자세한 대답은 나중에 제시될 것이다).

질문 | 항불안제 약처방은 절대적으로 필요한 것인가? 예를 들어, 반복적인 불안발작을 약처방 없이 치료하는 것이 가능한가?

대답 | 만일 당신이 독립심이 강하고, 결의가 굳건하며, 발작이 초기 단계

라면, 불안발작에 대해 약을 쓰지 않고도 극복할 수 있을 것이다. 어떤 불안 문제는 반드시 약처방을 받아야 하지만 그렇지 않은 경우도 있다. 그러나 그러기 위해서 당신은 몇 가지 긴급하고 평생 지속될 변화를 시도할 필요가 있다. 장기적으로 볼 때, 불안을 치료하는 것은 스트레스에 대한 당신의 취약성을 변화시키는 문제라 할 수 있다. 약물 없이는 치료받는 데 더 오랜 시간이 걸릴 것이고 그 만큼 재발 가능성도 커질 것이다.

질문 | 어떤 약은 다른 약보다 더 안전한가? 많은 이들이 약물의 안전에 대하여 염려하는 것은 이해가 간다. 그리고 이것은 불안을 치료하는 데 사용되는 약뿐 아니라 모든 약에 대해서 그럴 것이다.

대답 | 당신이 술을 멀리하고 의사가 추천한 분량을 철저히 준수한다면 모든 항불안 처방약은 안전하다. 당신의 주치의가 책임 있게 처방할 것이기 때문이다.

질문 | 어떤 약은 다른 약보다 중독성이 덜 한가? 중독의 문제는 언제나 관심사가 되어 마땅하다.

대답 | 물론이다. 모든 약물이 똑같이 중독성이 있는 것은 아니다. 그리고 중독을 유발하는 것은 약물이 문제라기보다 중독에 취약한 사람이 문제인 경우가 많다. 어쨌든 모든 사람이 신경안정제에 의존성dependence을 키우는 데 취약한 것은 아니다(나는 중독이라는 말보다 의존성이라는 말을 선호한다. 의존성이라는 단어가 실제 발생하는 현상을 더 정확하게 기술하기 때문이다). 뿐만 아니라, 당신을 돌보는 임상가가 유능한 사람이라면 당신이 준비되었을 때 약 복용을 중단하는 데 문제가 없을 것이다. 이와 관련하여 6장에서 어떻게 약을 중단할 수 있는지 자세히 설명할 것이다.

질문 | 항불안제는 영원히 복용해야 하는가? 많은 이들이 약을 얼마나 오랫동안 복용해야 하는지에 대해 걱정이 많다. 특히 평생 약을 복용해야 하는지에 대해 걱정하는 이들이 많다.

대답 | 절대로 그렇지 않다. 제한된 기간 동안만 복용하면 된다. 만일 당신이 다루어야 할 다른 변화, 특히 스트레스 관리법을 학습한다면 약물을 모두 끊어도 되는 때가 올 것이다. 그러나 당신이 원하는 시간보다 더 오래 걸릴 수 있으며 치료계획을 얼마나 착실하게 준수하느냐에 따라 달라질 수 있는 것이다. 그렇다고 당신이 언제 어떻게 중단할 것인가를 가장 잘 판단할 수 있는 것은 아니다. 당신의 주치의가 제일 잘 알 것이다.

결론적으로 중요한 것은 어떤 형태의 불안은 약으로 치료하고 어떤 형태의 불안은 좋은 상담만으로 치료할 수 있는지를 결정하는 문제이다. 어찌 되었든 당신이 항불안제를 복용하고 있다 할지라도 항상 어떤 형태의 상담은 받아야 할 것이다.

크리스천 독자들을 위한 특별한 메시지

당신의 신앙이 어떤 것이든(아니면 신앙이 없다 하더라도) 나의 메시지는 중요하다. 독자들 중 많은 분들이 스스로를 그리스도인으로 여기고 있기 때문에 이 첫 장에서 나의 메시지를 전달하고 싶다.

이 책에 담은 나의 메시지는 그리스도인들에게 특별히 중요하다. 일차적으로 많은 분들이 약복용에 반감을 가지고 있다. 그러나 항불안제에 대한 단기적인 시도조차 고려하지 않는다면 스스로에게 많은 해를 끼치는 셈이 될 것이다. 모든 항불안제가 중독성이 있는 게 아니다. 항우울제는 흔히 불안장애를 치료하는 데 선호되고 있지만 절대로 중독적이지 않다.

사람들은 왜 전문적 치료를 받는 것을 고려하지 않는가? 심각한 불안 문제는 조기 치료를 받지 않으면 더 악화될 뿐이다. 여러 가지 증거로, 치료하지 않은 불안은 두뇌 안에 '암호화encoded'된다는 것을 보여주고 있다. 다시 말해서 불안이 영속적인 문제로 남는다는 것이다.

내 메시지가 그리스도인들에게 중요한 두 번째 이유가 있다. 그리스도인들은 높은 수준의 스트레스를 받는 데 더 취약한 편이라 할 수 있다. 따라서 아드레날린과 스트레스 사이의 연관성에 특별한 주의를 기울일 필요가 있다. 우리의 생활 가운데 '좋은' 스트레스가 '나쁜' 스트레스 질환을 유발할 수 있다는 것에 대해 무지한 것처럼, 우리는 또한 선한 삶을 살려고 노력하면서 받는 압박감이 심각한 불안문제를 야기할 수 있다는 것에 대해서도 무지하다. 우리의 자원에 의존해 선한 삶을 살려고 노력하는 것은 실패할 수밖에 없다. 자신의 힘으로 하려 하면 할수록 스트레스를 받게 된다. 그것은 하나님께서 우리에게 바라는 바가 아니다.

성경은 불안(걱정)을 정죄하는가

자신의 불안에 대해 어떤 건설적인 행동을 취하기 전에, 많은 그리스도인들은 성경에서 불안을 정죄하는지, 그리고 불안으로 고통받는 이들을 정죄하는지를 먼저 판별해야 할 것이다.

내 생각에 성경에서 분명히 어떤 특정한 형태의 불안(걱정)에 대해서 정죄하고 있다는 사실에는 의문의 여지가 없다. 예수께서는 말씀하셨다. "너희는 마음에 근심하지 말라"(요 14:1) 그러나 우리가 이미 확정지은 대로 세상에는 여러 형태의 불안이 존재한다. 그 모든 형태의 불안이 정죄되고 있는가? 우리가 서둘러서 모든 형태의 불안을 나쁘다고 정죄하기 전에 먼저 여러 형

당신이 불안한 사람에게(또는 당신 자신에게) **할 수 있는**
가장 어리석은 10가지 말들

1. "우리는 다 불안한 존재야. 그러니 마음을 강하게 먹어 봐."
2. "조금만 더 긴장을 풀고 쉬면 당신의 불안은 달아날 거야."
3. "당신 혹시 하나님께서 처벌하실 어떤 죄를 지은 거 아냐?"
4. "당신은 걱정이 많아. 걱정은 아무것도 변화시키지 못한다고."
5. "조금만 더 노력하면 스트레스를 받아 탈진할 일은 없을 거야."
6. "그저 문제를 무시해 버려. 그러면 문제가 사라질 거야."
7. "불안은 당신을 죽일 수 없어. 그러니 그것을 날려버리라고."
8. "당신이 믿음이 있다면 걱정을 멈추고 믿음으로 살 거야."
9. "휴식을 가져보라고. 모든 문제가 사라질 거야."
10. "내가 내 삶에 대처할 수 있듯이 당신도 당신 삶에 대처할 수 있을 거야."

태의 불안을 검토해 보고 그 중 어떤 것을 성경이 정죄하는지 결정해야 할 것이다.

영어에 불안을 표현하는 단어가 하나밖에 없는 것은 안타까운 일이다. 이 사실은 불안에 대한 여러 측면을 이해하는 데 방해가 된다. 아마 좋은 비유가 사랑의 개념에도 적용될 수 있을 것이다. 영어에는 사랑을 표현하는 단어가 'Love' 하나밖에 없다. 우리는 거의 단숨에 '자녀에 대한 어머니의 사랑', '형제에 대한 형제의 사랑', '연인에 대한 연인의 사랑'을 말할 수 있다. 그러나 사랑이라는 각 단어의 용법에 서로 다른 의미가 있지 않는가'! 이것은 불안anxiety이라는 단어에도 똑같이 적용된다.

뿐만 아니라 오늘날 우리가 겪고 있는 불안문제의 상당 부분은 성경시대에는 흔치 않은 것이었다. 예를 들어 공황발작을 생각해 보라. 나는 신약시대의 삶의 속도가 공황불안장애에 필요한 조건을 야기할 정도로 바쁘고 소모적이었는지에 대해 의문을 갖는다. 나는 성경시대에 그러한 삶이 존재했다는 증거를 발견하지 못한다. 사실 백 년 전에는 공황불안장애를 극히 찾아보기가 어려웠다. 그러나 산업화와 도시화가 이뤄지면서 이 장애는 점점 더 흔한 질환이 되었다. 비교적 최근까지 제트기도 없었고 전깃불도 콘크리트 정글도 없었다는 것을 기억하라. 이전에는 삶의 속도가 느렸다. 장거리는 말을 타고 갔으며 고속열차 같은 것은 상상할 수도 없었다. 많은 회복이 자연스러운 삶의 주기 속에서 재생되었다. 한 밤중의 TV나 풋볼게임이 여가 시간을 잡아먹는 일도 없었다. 나의 생애 중에도 이런 권태로운 시간이 있었다는 것을 희미하게 기억할 수 있을 뿐이다.

신약시대에는 공황발작 같은 것이 없었을 뿐 아니라 아마도 공포증이나 강박충동장애, 외상후스트레스 장애 같은 것도 없었을 것이다. 이런 것들은 도시화와 산업화 그리고 비인격화의 산물일 뿐이다. 그러나 시간과 문화를 초월하는 한 가지 형태의 불안이 있는데 그것은 우리가 '걱정'(염려 : worry)이라고 부르는 형태의 불안이다. 그리고 성경에서 불안에 대해 말할 때는 주로 걱정하는 것worrying이나 초조해 하는 것fretting을 의미한다고 믿는다. 그러므로 염려 불안은 성경에서 일관성 있게 정죄하는 형태의 불안이다. 그리고 이것은 유일하게 정죄 받는 형태의 불안이다.

예수께서는 이 형태의 불안을 가리킬 때 가끔 '염려taking thought'라는 표현을 사용하셨다. 예를 들어 산상설교에서 예수님은 장래에 대한 염려나 앞으로 일어날 일에 대한 염려의 파괴성에 대해 주목하셨다(마 6:25-34를 보라). 그리고 여기서 그의 가르침은 놀라울 정도로 분명하다. 염려하는 것은 새가 먹이를 구하는 것이나 백합화가 자라나는 것에 전혀 도움을 주지 못한다는 것이다. 그리고 내일 일에 대해 염려하는 것은 그것에 대해 생각하는 것만으로 키를 크게 하지 못하는 것처럼 염려도 아무 유익이 없다. 지금 당장 관심을 가져야 할 것이 충분히 많이 있다. 그리고 내일에 대해 염려하는 것은 내일의 악을 멀리하지 못한다.

분명히 매우 열정적인 사람이었던 사도 바울은 때때로 '두려움'과 '떨림'을 경험하였는데(고전 2:3), 그도 염려에 대해 많은 말을 하였다. 빌립보서

4:6에서, 바울은 우리에게 '감사함으로' 기도할 것을 상기시키면서 "아무 것도 염려하지 말라" 고 당부하고 있다. 사도 베드로도 우리에게 "너희 염려를 다 주께 맡기라. 이는 그가 너희를 돌보심이라"(벧전 5:7)고 말하였다.

염려 불안은 성경에서 하나님의 말씀을 '질식시켜 죽게 하는choke' 악이라고 묘사하고 있다. "가시떨기에 떨어졌다는 것은 말씀을 들으나 세상의 염려와 재물의 유혹에 말씀이 막혀 결실하지 못하는 자요"(마 13:22) 이 구절에 나오는 '세상의 염려'는 또한 '세상의 걱정'으로 번역될 수도 있다. 이 말씀은 삶의 불확실성에 대해 지나치게 몰입하는 것은 하나님의 말씀을 막아 질식시키고 믿음이 자라지 못하도록 방해하는 가시떨기와 같다고 분명하게 암시하고 있다.

또한 염려 불안은 하나님의 일을 하지 못하도록 방해하는 것으로 간주되고 있다. 디모데후서 2:4은 예수 그리스도의 군사는 매일 매일의 일상생활에 지나치게 얽매이거나 염려에 빠지는 일이 없다고 제시하고 있다. 일상적인 문제에 대해 염려하는 것은 우리가 영적으로 싸워야 하는 싸움에서 시신을 다른 데로 돌리게 한다.

마지막으로 누가복음 21:34은 염려 불안이 우리 영혼에 기름이 끼게 하고 우리를 짓눌러서 닥쳐오는 위험에 경성하지 못하게 하는 문제라고 말씀하고 있다.

그러므로 염려 불안은 성경에서 하나님께 대한 신뢰의 부족으로 그리고 우리를 위한 하나님의 계획을 충분히 이해하지 못하는 것으로 특징짓고 있다. 그런 불안은 우리에게 분명히 해가 되며 따라서 하나님을 슬프게 만드는 것이다.

그러나 이는 우리가 삶에 대해 관심을 가져서는 안 된다는 의미가 아니며, 방탕한 자녀나 불행한 친구에 대해 걱정하면서 잠 못 이루는 밤을 보냄으로 사함 받을 수 없는 죄를 범했다는 의미도 아니다. 바울은 우리에게 한 가지 일에 대해서라도 계속적으로 걱정하는 일을 중단하라고 말했을 때(빌 4:6)

이를 선명하게 구분해서 말하고 있다. 여기에서 '계속적으로'라는 단어가 핵심 단어이다. 염려 불안은 그것이 끝도 없이 계속될 때만 문제가 된다는 것이다. 그리고 나서 바울은 염려를 치료하는 처방을 제시하고 있다. 우리는 구할 것을 감사하는 태도로 하나님께 가져가야 한다. 이 때 '모든 지각에 뛰어난 하나님의 평강'(빌 4:7)이 우리를 기다릴 것을 기대하면서 기도해야 한다.

염려 불안은 하나님의 사람들이 하나님으로부터 독립적으로 자기의 삶을 살아가려 할 때 일어나는 것이다. 하나님께서 예수 그리스도를 통하여 그에게 돌아갈 수 있는 길을 마련해 주셨는데도 불구하고 우리가 창조주에게 연합할 것을 거부할 때, 불안의 수렁 속에 빠져들게 되는 것이다.

뿐만 아니라 예수님과의 친밀감은 평온함에 기초가 되는 내면적 고요함으로 우리를 인도하게 마련이다. 그러나 신자들은 계속적으로 염려하는 것을 멈추고 하나님이 주시는 자원에 마음을 뻗치기가 어렵다. 나는 지금까지 하나님과 완벽하게 동행하면서 염려 불안에서 완전히 자유로운 그리스도인을 거의 만나보지 못했다. 우리의 인간적인 연약함 때문에 위대하신 의사 예수님께서는 불안에 대한 성경적 대안을 처방해 주셨다. 그 해결책에는 하나님의 영에 의지하는 것(막 13:11), 하나님이 공급하시는 자원을 사용하는 것(눅 12:22~30), 그리고 하나님의 돌보심 안에 쉬는 것(벧전 5:7)이 포함되어 있다. 세상에 어떤 약이 이보다 더 완벽하겠는가?

하나님의 예비하심을 무시한 결과

물론 문제는 약물에 있는 것이 아니고 환자(당신과 나를 포함한)에게 있다. 우리는 본성적으로 반항적인 자녀들이며 하나님의 약처방을 거역한다. 우리는 불순종하며 하나님이 부르실 때 도망가기를 좋아한다. 그러므로 탕자들처럼 돼지우리 안에서 뒹굴며 스스로를 무기력하게 하는 염려 불안으로 고통 당한다 해도 놀랄 일이 아니지 않은가! 곧 깨닫게 되겠지만 일어나서 불순종의 돼지우리를 떠나야 하는 책임은 우리에게 있는 것이다.

나의 임상생활 중 거의 매일, 유능한 그리스도인들이 평안과 안정을 빼앗아가는 염려 불안을 경험하고 있는 것을 목격하고 있다. 그들은 참을 수 없는 수면장애와 고통스러운 위궤양, 욱신거리는 두통, 계속되는 고혈압, 다룰 수 없는 통증, 견딜 수 없는 피곤함, 그들을 일찍 무덤으로 인도하는 염려와 씨름하고 있다. 문제는 염려 자체가 당신을 죽이지 않는다는 것이다. 염려는 그저 당신을 죽고 싶게 만들 뿐이다. 그런데 이와 같은 고통은 전적으로 필요하지 않다는 것이다. 이런 염려로 인한 고통은 예방할 수 있는 것이다!

'고요함과 평안tranquility', 당신은 어떻게 이것을 얻을 수 있으며 유지할 수 있는가? 이 두 가지 질문은 이 책에서 우리가 추구하는 바를 요약하고 있다. 내 마음에는 하나님께서 우리가 잠잠하고, 고요하며, 평안하고, 안정된 가운데 선한 성품을 지니기를 의도하신다는 데에 어떤 의문도 없다. 이것이 바로 안정된 고요함의 특징들이다. 오스왈느 챔버스의 묵상집 『주님은 나의 최고봉』에 의하면 그리스도와 친밀함을 누리는 삶은 우리를 '강력하고, 고요한 평안strong, calm serenity'으로 인도한다. 이는 내가 생각해 낼 수 있는 가장 좋은 평안tranquility에 대한 정의라고 생각한다.

예수께서 요한복음 16:33에서 말씀하신 것처럼 "이것을 너희에게 이르는 것은 너희로 내 안에서 평안을 누리게 하려 함이라"

2장

감마아미노산과 불안의 연결고리

선생님이여, 우리가 죽게 된 것을 돌보지 아니하시나이까
…..예수께서 깨어 바람을 꾸짖으시며 바다더러 이르시되
잠잠하라 고요하라 하시니 바람이 그치고 아주 잔잔하여 지더라 (막 4:38~39)

해답에 대해 말하기 전에 불안의 신체적 원인에 대한 기본적 이해가 필요하다. 당신이 반드시 알아야 할 기본적 지식을 먼저 제시하고자 한다.

두뇌 연구의 새로운 시대가 1977년 봄에 열리기 시작했다. 과학자들이 개체 신경세포의 내부를 침투해 자세히 볼 수 있는 도구를 발견했기 때문이다. 그날 이후로 하나님의 가장 위대한 창조의 기적 – 인간의 두뇌 – 의 내부 움직임에 대한 새로운 발견이 거의 매일같이 이뤄져왔다. 이들 도구와 그 후에 추가된 다른 많은 도구들이 그 자체만의 세계에서 두뇌 안의 미세한 세포들이 어떻게 움직이고 있는지에 대한 신비와 내막을 속속 드러내고 있다. 무엇보다 중요한 것은 이들 세포들이 어떻게 서로 소통하는지를 발견했다는 것이다.

두뇌 세포들이 어떻게 서로 소통하고 '대화'하는지를 아는 것은 불안을 이해하는 데 절대적으로 중요하다. 불안문제를 치료하는 '자연스런' 방법을 구축하려면 이 신비를 어느 정도 이해할 필요가 있다. 많은 사람들이 정서적 혼란에 직면했을 때 무기력하게 느끼는 이유는 그들의 두뇌 안에서 발생하는 일에 대해 충분히 알지 못한다는 것이다. 그들에게는 그 과정이 너무 신비스럽고 수수께끼처럼 보이는 것이다.

그러나 모든 것이 그렇게 복잡한 것이 아니다. 당신이 자신의 두뇌 속에서 무엇이 진행되고 있는지를 안다면 자신의 운명을 다스리는 것에 대해 더 자신감을 갖게 될 것이다. 이런 이해가 있다면 적어도 스스로 추구해야 할 치료법을 선택할 수 있게 될 것이고 더 나아가 당신의 불안문제를 악화시킬 가능성이 있는 실수들을 피할 수 있을 것이다. 불안의 근원적인 원인을 아는 것은 당신의 감정을 주장하는 데 있어서 꼭 필요한 것이다.

당신의 두뇌 세포들 간에는 대화가 끊임없이 오가고 있다. 내가 앞에서 언급한 '신경전달물질'이라는 화학물질 집단이 그 메신저들이다. 그리고 이들의 언어는 신경세포에 '불을 지피는' 작은 반응들로 이루어진다. 신경전달물질은 두뇌의 다른 부분 사이에 메시지를 전달하는 역할을 한다. 이들은 정보를 전달할 뿐 아니라 어떤 신경세포들은 더 활성화되어 반응적이 되게 하고, 다른 세포들은 서행하여 진정하도록 독려하기도 한다.

화학적 메신저들은 두뇌 전체를 오가며 세포들의 지시를 접수하여 전달하고 보관하기도 한다. 이것은 마치 미국 초기개척시대에 조랑말을 탄 우편배달부들이 분주히 움직였던 것에 비유할 수 있을 것이다. 나는 어린 시절에 우편배달부들이 조랑말을 타고 미전역에 소재하던 특급우체국을 거치면서 지친 말에서 새로운 말로 바삐 옮겨 타는 모습을 보여주던 흥미로운 영화장면을 기억한다. 나는 비록 먼 남아프리카에 살았었지만 내가 어른이 되면 조랑말 특급우편배달부가 되는 것을 생각해본 적도 있었다. 아버지가 조랑말 우편배달부는 더 이상 존재하지 않는다고 말해주었을 때 내가 얼마나 실망했는지 상상해보라.

그러나 조랑말특급배달부는 두뇌 속을 누비는 메신저들에 대한 좋은 비유가 될 수 있을 것이다. 신경은 그들의 통로이며 시냅스 (synapse: 신경접합부)는 그들을 새롭게 해주는 조랑말특급우체국이다. 신경전달물질에 의해서 전달되는 메시지는 흔히 생기를 주는life-giving 역할을 한다. 그들은 두뇌의 서로 다른 부위에 행복해 할지 아니면 슬프고 불안해야 할지 혹은 평안해 할지를 지시한다. 그들은 비상사태가 있는지 피해야 할 위험이 있는지를 두뇌가 결정하도록 도와준다. 마찬가지로 두뇌에게 모든 것이 안전하니 긴장을 풀어도 된다는 신호를 보내기도 한다.

나는 이런 과정에 놀라움을 금치 못한다. 두뇌세포 사이의 적절한 소통은 놀랍도록 복잡하며 우리의 온전한 정신생활에 절대적으로 필요한 것이다. 정상적인 인간의 감정들은 신경전달물질들이 성공적으로 메시지를 두뇌세포들에 전달하는가에 따라 결정된다. 두뇌의 삶을 보면 하루에도 문자 그대로 수조 개의 메시지가 신경전달물질에 의해 보내지고 접수된다.

어떤 메시지는 유쾌하고 행복한 것이고 '행복 메신저'라 불리는 메신저 그룹에 의해서 전달된다. 기술적으로 이들 전달물질은 '생체 아민biogenic amines'이라고 알려져 있다. 생체 아민은 행복하도록 도와줄 뿐 아니라 고통에 대처하고 평안을 유지할 수 있도록 해준다. 또한 우리를 활성화시키고 생동감 넘치게 하며 낙관적이 되게 한다. 이러한 행복 메신저의 몇 가지 예를 들자면, 세로토닌serotonin, 노르아들레날린noradrenaline (이것은 두뇌에 의해 생산되는 것이며 부신adrenals에서 생산되는 것은 아니다), 도파민dopamine, 두뇌 안에서 풍성하게 발견되는 자연안정제 그룹 등이 있다.

다른 메시지들은 '슬픔 메신저들'에 의해 두뇌 전체에 전달된다. 이들 신경전달물질은 암울하고 심각한 메시지를 전달한다. 두뇌에 낙심하라고, 조심하라고, 상심하라고 지시한다. 슬픔 메신저가 넘쳐나면 우리는 우울해지고 불안하며 잠을 못 이루고 피곤해진다. 이는 우리가 삶의 무게에 짓눌려 압도당할 때 지배하는 메신저들이다. 슬픔 메신저들의 예로는 코르티솔cortisol과 행복 메신저를 앗아가는 효소 그룹이 있다.

자, 이제 좀 더 현실적이 되자. 우리는 행복 메신저나 슬픔 메신저 없이 지내는 적은 없다. 두 가지 메신저들이 항상 우리 두뇌 안에 상존하고 있다. 우리의 기분을 결정하는 것은 둘 사이의 균형이다. 이들 신경전달물질이 균형을 유지하는 한, 우리는 평안하고 행복하다. 그러나 그 균형을 깨는 어떤 일이 벌어져 슬픔 메신저가 두뇌를 지배하게 되면 우리의 평온의 바다는 격노하는 혼돈의 대양으로 변하게 된다. 행복이 비참과 정서적 고통에 길을 내어주게 된다. 평안tranquility(두뇌의 자연스런 상태)이 불안anxiety에 길을 내어주게 되는 것이다.

행복 메신저와 슬픔 메신저의 균형을 깨는 것은 무엇인가

무엇이 이 균형을 깨는 것인가? 우선 심각한 질병을 생각할 수 있겠다. 당신의 몸이 심각한 질병과 싸우고 있다면 몸이 이 싸움에 초점을 두는 것은 상식적으로 이해가 간다. 그러므로 다른 모든 것은 뒷전으로 물러나야 한다. 슬픔 메신저는 질병과 싸우는 데 없어서는 안 될 존재이다. 예를 들어 감기에 걸렸을 때, 약간 우울한 기분이었던 것을 기억하는가? 어느 정도 우울감이 일어난 것은 몸이 당신에게 서행할 것을 그리고 정상적 활동에서 벗어날 것을 요구하고 나섰기 때문이다. 그래야 침입하는 박테리아나 바이러스를 대적할 수 있는 힘을 비축할 수 있기 때문이다. 만일 당신이 슬픔 메신저와 협조하게 되면 더 빨리 회복할 수 있을 것이다.

술, 기분전환 목적의 약(에너지 드링크와 같은), 심지어 처방약까지도 행복 메신저와 슬픔 메신저 사이의 균형을 허물어뜨린다. 이러한 '남용 물질'은 짧은 기간 동안 행복 메신저를 거짓되게 고양시킴으로 당신의 두뇌 화학에 혼란을 불러일으킨다. 이들은 안정과 환희를 약속했다가 정상 체계를 무너뜨림으로써 미혹하는 거짓된 약속의 역할을 한다. 따라서 당신은 이 잠정적인 행복감을 느낀 것에 대해 나중에 더 많은 불행으로 그 대가를 지불하게 된다.

게다가 두뇌 체계는 유전자에 어떤 이상이 생겼을 때 균형을 잃어버린다. 이와 같은 불균형의 예로는 정신분열증이나 양극성 우울증과 같은 유전적으로 결정된 정신장애가 있다. 특정한 유전자의 영향으로 행복 메신저와 슬픔 메신저 사이에 상당히 심각한 불균형이 발생할 수 있다. 그러나 다행스럽게도 이제는 이러한 유전자적 문제를 해결할 수 있는 의약품을 갖게 되었다. 사실 정서적으로 더 심각한 것으로 드러난 문제들은 심리적으로 결정된 몇 가지 신경증적 상태보다는 훨씬 더 치유하기가 수월하다. 두뇌 화학은 평생 동안 받은 나쁜 영향보다는 바로잡기가 훨씬 더 쉽다.

그리고 마지막으로 가장 중요한 것은 행복과 슬픔 메신저 사이의 균형은 스트레스에 의해 결정된다는 것이다.

바보야, 스트레스 때문이란 말이야!

내가 당신의 관심을 끌어 내었는가? 당신을 무시하려는 의도는 전혀 없다. 다만 이 메시지는 고등교육을 받고 늘 일에 쫓기는 성공지향적인 A형 사람들에게 전달하기가 너무 어렵다는 것이다. 다시 한 번 언급하지만, 너무 많은 스트레스는 매사에 해롭다.

스트레스는 당신에게 삶의 벼락을 맞은 것처럼 느끼게 만든다. 화학 메신저의 싸움은 행복 메신저를 압도하면서 싸움에 맞서도록 애를 쓰는 가운데 슬픔 메신저 쪽으로 기운다. 행복 메신저가 고갈되기 시작하면 수면 장애나 삶에 대한 기쁨의 결여(무쾌감증anhedonia), 그리고 공황발작과 같은 부정적 결과를 경험하게 된다.

세상에 '유익한' 스트레스도 있나요

스트레스는 당신의 몸과 두뇌에 있는 모든 호르몬의 균형을 깨뜨린다. 그래서 오직 한 가지 밖에 없는 유일한 형태의 '유익한' 스트레스는 '스쳐지나가는short lived' 형태의 것이다.

나는 여기서 이 점을 강조할 필요가 있다. 왜냐하면(모든 스트레스 연구의 원조로 알려져 있는) 한스 셀예Hans Selye가 자주 오해를 받고 있기 때문이다. 셀예는 우리 모두가 풍성하고 보람 있는 삶을 위해 필요한 형태의 유익한 스트레스, 즉 '유스트레스eustress'의 개념을 처음 소개하였다. 불행히도 많은 이들이 과잉 스트레스의 삶을 합리화하는 방편으로 이 개념에 집착하듯 달려들었다. 나는 이런 말을 늘 듣고 있다. "나는 스트레스를 받고 있다고 느끼지 않아요. 스트레스라기보다는 기분이 너무 좋아요."

물론 우리 모두는 생활을 누리기 위해 어느 정도의 스트레스를 필요로 한다. 그러나 과잉 스트레스는 결코 유스트레스가 아니다. 만성적으로 장기화된 스트레스는 그것이 좋은 것이든 나쁜 것이든 달려오는 기차 앞에 뛰어드는 것과 같아서 당신을 죽음으로 몰아갈 것이다. 당신이 겪는 스트레스가 '유익한' 스트레스라고 스스로를 속이지 말라.

모든 스트레스는 두뇌의 행복 메신저에 문제를 발생시킨다. 두뇌가 스트레스를 감지하면 비상상황이 생겼다고 가정한다. 또한 일종의 위험이 생겼다고 가정하고 '투쟁-도피' 반응을 활성화한다. 이것은 결코 행복 메신저로

하여금 편안하게 쉬게 할 수 있는 친화적이고 환영할 만한 상황이 아니다. 그러므로 우리의 슬픔 메신저들은 지혜를 발휘하여, 뛰어 들어 상황을 주도하기 시작한다. 환희가 아니라 생존을 책임져야 하기 때문이다. 이들은 응급상황에 대처하기 위해 몸의 자원을 동원한다. 슬픔 메신저들이 서둘러 자기 역할을 감당하는 것이다. 그들은 이 순간을 위해 살아있다고 할 수 있다. 전투를 위해 평생 훈련하는 전투 조종사들처럼, 슬픔 메신저들은 자기들이 행동하라는 명령을 받는 그 순간을 즐긴다.

메신저들의 전투

스트레스 수준이 올라가면 메신저의 전투에서 이기는 쪽이 안정과 행복에서 불안과 불행한 쪽으로 넘어간다. 당신 자신의 감정생활에서 가끔 이런 전환이 일어난다는 것을 감지하게 되리라. 머지않아 두뇌 전체는 화학불균형의 상태에 빠지게 된다.

왜 이것을 아는 것이 중요한가? 첫째, 이 균형추가 바뀌는 신호를 경고 신호로 읽을 수 있어야 한다. 당신이 빨리 관여하면, 그것이 죽느냐 사느냐의 문제가 아니라고 가정할 때, 힘의 균형이 넘어가는 것을 멈출 수 있다. (만일 그것이 생과 사의 문제라면, 슬픔 메신저들이 할 일을 하게 그냥 내버려 두라.)

둘째로, 자신의 두뇌화학의 한계를 배울 필요가 있다. 이 힘의 균형에 주의를 기울임으로써 얼마나 많은 스트레스를 감내하고 견뎌낼 수 있는지를 발견할 수 있을 것이다. 그 다음에 스트레스 한계 경계선을 설정하고 이 경계선을 넘지 않도록 당신의 능력 안에 있는 모든 것을 동원한다. 이것은 당신이 한계를 설정하고 모든 이들, 특히 사랑하는 이들에게, 그 한계를 넘는 일은 못 하겠다고 말하는 것을 의미한다.

그러므로 과잉 스트레스는, (일상적인 짧은 시간 동안의 스트레스를 말하는 것이 아니다) 모든 것에 해롭고 나쁘다. 과잉 스트레스는 당신의 두뇌 전체가 디스트레스와 불균형의 상태에 빠지게 한다. 이것이 당신의 기분을 어떻게 만들까? 비참하게 만든다. 두뇌의 정상적인 안정 상태가 무너진다. 불안이 지배해 버린다. 심각한 경우에는 공황불안이 몰려온다. 그리고 공황불안은 그 자체가 스트레스 유발 요인이다. 따라서 이미 연약해진 체계 속에 더 많은 스트레스를 불어넣어 더 많은 불균형을 초래한다. 이 불행의 상태는 악순환의 고리를 만들어 당신을 정서적으로 끌어내림으로써 불행과 비참함에 압도당한 느낌을 받게 한다. 극심한 피로감과 수면 장애, 깊은 우울감, 통증과 고통, 그리고 삶의 아주 단순한 요구에도 대처하지 못하는 무능력감이 뒤따라 올 수 있다.

메신저의 균형을 회복하기

"나의 첫째 생각은 '내가 미치는 것 아닌가' 였다. 내가 불안에 대해 이야기를 나눴던 모든 사람들은 이것을 일종의 미친 짓으로 표현했다. 나는 겁에 질렸다. 나는 서서히 미쳐가는 것처럼 생각했다."

위 내용은 나의 책 『아드레날린과 스트레스』의 독자로부터 받은 편지에서 인용한 것이다. 그녀가 극심한 불안발작을 처음 경험한 후, 자신의 마음 상태를 표현한 것이다. 미쳐가고 있다는 그녀의 두려움은 매우 흔한 반응이다. 이것은 모든 불안은 순전히 심리적인 것 즉 '마음의 문제' 라는, 널리 퍼져 있으나 잘못된 신념에 기초하고 있다. 물론 그것이 의미하는 것은 불안이 당신의 마음과 생각과 느낌 속의 어떤 불균형이라고 믿고 있다는 것이다. 이것은 어떤 사람들이 심각한 불안장애가 있는데도 약복용을 거부하는 이유이기도 하다. 그들은 약을 복용하는 것이 자신들의 실패를 더 심화시키고 있을 뿐이며 스스로 '정서적으로 연약하다' 는 것을 인정하는 것이라고 믿는다.

이것은 전혀 사실이 아니다. 불안은 그저 마음속에만 있는 문제가 아니다. 불안은 두뇌 안에 있는 것이다. 그리고 두뇌는 생각을 지닌 마음mind으로만 구성되어 있는 것이 아니다.

마음(당신으로 생각하게 하는 것)과 두뇌(지속되는 화학적 반응의 방대한 조합)를 구분하는 것은 매우 중요하다. 더 심각한 불안 문제는 빗나간 생각의 문제만이 아니고, 통제를 상실한 생화학적 사건이다. 물론, 생각이 스트레스를 촉발할 수 있으며 따라서 불안을 야기할 수 있다. 그러나 생각 자체가 불안을 형성하는 것은 아니다. 불안이 존재하려면 생화학적 변화가 두뇌에서 일어나야 한다. 그리고 때때로 우리가 생각하는 것보다 더 자주, 생화학적 변화는 어떤 '마음' 요인 없이도 불안을 야기할 수 있는 것이다. 당신은 두뇌에서 하나의 중요한 행복 메신저를 상실하기만 해도 불안으로 향할 수 있다. 그것은 정서적으로 혼란스러운 것과는 아무런 관계가 없을 수 있다. 사실, 대부분의 공황발작 피해자들은 극히 정상적이고 충분히 기능을 잘하는 사람들이다.

그렇다면 어떻게 행복 메신저의 지배를 회복할 수 있는가? 이 책의 나머지 부분은 이 주제를 주로 다루고 있다.

행복 메신저를 회복하는 첫 번째 방법은 당신의 두뇌 메신저가 어느 정도 균형을 회복하는 것이다. 이것은 항불안제를 잠정적으로 복용하는 것을 의미할 수도 있다. 그리고 나서 당신은 생활 속의 스트레스를 다루고 삶에 어떤 변화를 취해야 하는지를 찾아보아야 한다.(나는 10장에서 스트레스 완화를 위한 몇 가지 중요한 전략을 거론할 것이다). 그리고 자체 수용체를 섬기기 위해 두뇌 안에서 자연스럽게 생산되는 안정제, 즉 두뇌의 자연스런 행복 메신저를 증가시키는 방법을 개발할 필요가 있다.

그러나 불안을 치료할 수 있는 실제적 방법을 논하기 전에 당신이 알아야 할 두 가지 메신저가 있다. 이 두 가지 호르몬은 불안을 만들어내는 데 아주 흥미로우면서도 복잡한 반응을 일으킨다. 이 두 가지 호로몬의 이름을 기억해두는 게 좋을 것이다. 앞으로 이러한 호르몬에 대해 자주 듣게 될 것이기 때문이다.

호르몬의 댄스

이 두 메신저를 이해하는 것은 스트레스가 어떻게 불안문제를 야기하는지를 이해하는 데 중심적 역할을 할 것이다.

독자들이 익숙하게 알기를 원하는 첫 번째 메신저는 감마아미노산(GABA: 가바)이다. 가바GABA는 두뇌 안에서 풍성하게 발견되는 신경전달물질이다. 이 '행복 메신저'의 존재나 부재는 마음의 평안을 만들어줄 수도 있고 깨뜨릴 수도 있다. 가바는 지나치게 열심을 내는 신경들을 진정시키는 필수 메신저이다. 이것은 또한 당신의 기억을 돕는 역할을 한다. 가바는 스트레스와 불안의 연결고리를 이해시키는 열쇠가 되기 때문에 중요하다.

당신이 알 필요가 있는 두 번째 메신저는 아드레날린의 사촌이라 할 수 있는 코르티솔cortisol이다. 코르티솔과 아드레날린은 스트레스가 있는 곳에 언제나 함께 하는 파트너이다. 코르티솔은 지방에서 당분을 방출하는 '슬픔 메신저'인데, 당신이 투쟁-도피 반응을 할 때 도움을 준다. 생존을 위한 에너지를 공급하는 역할을 한다. 예를 들어, 당신이 대처해야 하는 응급상황이나 마감시간이 임박했을 때 음식이 덜 중요하게 느껴진 것을 경험한 적이 있을 것이다. 식욕이 감소하는 것은 코르티솔이 치고 들어와 저장된 에너지를 끌어내 당신의 필요를 돌보기 때문이다. 그러나 위기가 지나가면 코르티솔 수준이 떨어지고 식욕이 돌아오면서 엄청난 허기를 느낀다. 몸이 에너지 은행에서 과잉 방출된 것을 다시 채우라고 요구하기 때문에 당신은 탄수화물을 엄청나게 갈망하게 된다.

생명 유지를 위해 코르티솔이 필요하다. 이것 없이 당신은 살 수 없다. 그러나 오랫동안 지속되는 지나친 스트레스는 가바를 고갈시키며 이로 인해 당신은 불행하게 느낀다. 보다 구체적으로 말해서, 스트레스로 활성화된 코르티솔은 행복 메신저를 혼란에 빠뜨리고 그것들의 메시지를 두뇌로 전달하는 것을 막는다. 그 결과는? 극심한 불안, 특히 공황발작으로 이어지게 된다.

코르티솔은 아드레날린과 같아서 스트레스를 받을 때(어느 정도까지는 유익하다) 정상적인 스트레스 수준에서 당신으로 하여금 더 유능하게 대처하도록 돕고 기분도 좋게 만들어준다. 당신은 더 많은 에너지를 받고 생산적이게 된다. 그러나 과잉스트레스 상황에서는 코르티솔이 의도적으로 스트레스가 불편하게 느껴지도록 만든다. 그렇게 하지 않으면 당신은 스스로 자멸할 것이다.

이것을 잠시 생각해보자. 더 많은 스트레스를 받을수록 더 기분이 좋도록 설계되었다면 우리는 점점 더 많은 스트레스를 추구할 것이다. 스트레스는 좋은 기분을 더 강화할 것이고 두뇌에 있는 행복 메신저는 신바람이 날 것이다. 그러나 한계를 설정할 그 무엇이 없다면 당신은 결국 버섯처럼 불어나서 원자탄과 같이 될 것이다. 그러므로 더 나은 계획은 당신의 스트레스 반응체계가 처음에는 당신을 돕도록 허락하다가, 통제불능의 상태가 되면 저항하도록 만드는 것이다. 하나님은 바로 이와 같이 당신을 창조하셨다.

당신의 스트레스 내성은 무엇인가

우리들 각자는 행복 메신저가 고갈되기 전에 일정한 양의 슬픔 메신저를 견뎌낼 수 있는 용량을 갖고 있다. 이 용량을 '스트레스 내성stress tolerance'이라고 부른다.

무엇이 당신의 스트레스 내성을 결정하는가? 첫째는 유전적 유산이다. 스트레스에 대한 낮은 내성은 종종 가족 내에 전수된다. 예를 들어, 스트레스에 대한 반응으로 아드레날린이나 코르티솔을 대량 생산하는 성향(A형 성격)은 가족 사이에 공통적으로 나타난다. 내가 바로 이런 가정 출신이기 때문에 이를 잘 안다. 이것은 나의 할머니에게 있었고(항상 남자들에게만 있는 것은 아니다), 아버지와 삼촌에게 있었으며, 동생에게도 있다. 또한 이것을 나의 손자, 손녀에게서도 목격한다. 낮은 스트레스 내성이 모두 나쁘다는 말은 아니다. 그러나 당신이 스트레스를 조절해야지 스트레스가 당신을 통제하게 해서는 안된다.

다행스럽게도 우리 모두는 상당히 높은 스트레스 내성을 가지고 삶을 시작한다. 당신의 행복 메신저들이 지배했을 때 삶은 재미 있었고 흥분되었으며 즐거웠고 도전적이었다. 마땅히 그래야 했다. 그러나 그때 학교에서 중요한 시험이 있거나 어떤 학교 활동에 참가하도록 선발되었다. 그날 당신은 잠을 잘 수가 없었다. 밤새 잠을 설치면서도 당신의 몸은 아드레날린으로 범벅이 되어 계속 앞으로만 전진하도록 요구했다. 뼈저리 현실로 들어온 것이다. 그러다가 몇 년 뒤에 첫 번째 인터뷰 기회가 왔다. 어떤 직업을 위한 것일 수도 있고 대학원 입학을 위한 것일 수도 있다. 당신의 성격에 따라서 가슴 통증이나 두통이 온다. 편두통, 소화불량 등등.

우리는 모두 짧은 기간의 행복 메신저 기능장애를 경험해본 적이 있다. 그런데 10%이상은 항상 이런 방식으로 느끼며 살아나간다. 이들은 낮은 스트레스 내성을 지녔거나 아니면 그들의 스트레스 사건stressors이 너무 커서 정상적인 내성을 압도해버릴 수도 있다. 어떤 쪽으로든 불행감이 이기게 되고 물질에 중독될 위험이 더 커진다. (알코올 같은) 물질에 중독되면 신체적, 정서적 고통이 잠시 완화된다. 아니면 갑작스러운 스트레스에 압도당해 평생 불안으로 고통받는 사람이 된다. 우리들 대부분은 낮은 스트레스 내성보다는 과잉스트레스 때문에 더 고생한다.

이것이 아드레날린과 스트레스에 대한 영향을 이해하는 것이 불안을 이해하는 데 중요한 요인이기도 하다. 불안발작을 촉발하는 생화학적 변화는 장기화된 스트레스에 의해 설정되는 것이다.

내인성 불안

내가 이 책에서 설명하고 있는 형태의 불안은 '내인성 불안endogenous anxiety'

이라고 기술할 수 있을 것이다. 이런 불안은 두뇌 안에서 자체적으로 생긴다는 뜻이다. 이런 형태의 불안은 적어도 그 증상에 있어서 본질적으로 생리적인 것이지 심리적인 것은 아니다. 반면에 염려 불안은 순전히 심리적인 것이다. 우리의 가바GABA에는 아무 이상이 없다. 삶이 걱정하고 염려할 것을 많이 던져주면 우리는 걱정하는 법을 배운다. 이는 당신이 미쳐가고 있다고 생각하는 것을 멈출 수 있다는 뜻이다. 당신의 두뇌는 설계된 대로 이행하고 있을 뿐이다.

'내인성 불안'이라는 용어는 내가 우울증 분야에서 빌려온 것이다. 그 표현이 우리가 대항하려고 하는 것을 가장 정확하게 묘사하기 때문이다. 이에 상응하는 '내인성 우울증'이라는 용어는 생리적 우울증을 순전히 심리적이거나 반응성 우울증으로부터 차별화하기 위하여 자주 사용된다. 그렇다면 심리적 불안과 생리적 불안을 구분하지 못하는 이유가 무엇인가? 나는 '내인성'이라는 말이 이 흔한 생리적 형태의 불안을 정확하게 묘사해준다고 믿는다.

그러나 우울증과 불안 둘 다 내인성이라는 호칭에서 공통된 연결고리를 갖고 있을 뿐 아니라, 이 둘이 함께 발생한다는 사실에 주목할 필요가 있다. 우울증을 불안에서 분리시키는 것은 종종 매우 어려운 일이다. 그러므로 이 둘은 함께 치료되어야 한다. 우리는 12장에서 스트레스라는 공통된 연대가 이 둘을 함께 연결시킨다는 것을 보게 될 것이다.

가바GABA와 코르티솔의 연결고리

내가 지금까지 말한 것이 중요한 것은 사실이지만, 앞으로의 내용은 두 배로 더 중요하다. 나는 당신에게 가바와 코르티솔에 대해 언급했다. 자 이제 이 둘을 종합해 내인성 불안에 대한 우리의 이해를 완성하도록 하자. 내가 여기에 제시하는 것은 내인성 불안에 대한 가장 최근의 이해이다. 이것은 완전히 납득이 가며, 불안 문제로부터 회복하려면 무엇을 어떻게 해야 하는지를 정확하게 설명해준다.

나는 전문용어가 독자의 관심을 쉽게 멀어지게 한다는 것을 알기 때문에 전문용어의 사용을 최소화 하겠다. 그러나 여기서 나를 따라와 주기 바란다. 당신이 불안을 이기려 한다면 그 내면의 작동원리를 알아야 할 것이다. 이제부터 설명하려는 것이 다른 효과를 내지 못하더라도 적어도 당신의 마음은 하나님의 놀라운 창조에 대한 경외심으로 가득 차게 될 것이다.

첫째로 안정제에 대한 약간의 배경설명이다. 발륨Valium이나 리브리움Librium, 자낙스Xanax, 아티반Ativan, 그리고 기타 다른 안정제(벤조디아제핀 또는 간단히 벤조benzos라 부른다)가 불안증상을 완화시키는 이유는 아주 간단하다. 두뇌에는 그 자체로 자연 안정제 체계가 있다. 인공 안정제는 두뇌가 이미 스스로 하고 있는 것을 흉내 내고 모방할 뿐이다. 우리는 안정제가 처음 발견되었을 때 이를 알지 못했다. 과학자들은 뒤늦게 이를 알아냈다. 이것이 의미하는 바가 무엇인가? 바로 안정제를 복용하는 것이 두뇌에 낯선 어떤 것을 복용하는 것이 아니라는 것이다. 안정제가 효과가 있는 것은 두뇌가 그렇게 작용하도록 설계되어 있기 때문이다. 두뇌의 자연 안정제는 앞에서 언급한 두뇌의 '행복 메신저' 체계의 일부라는 말이다.

그렇다. 두뇌는 인공 대체물이 개발되기 오래 전에, 벤조benzos에 맞먹는 자체적인 안정제를 실제로 생산하고 있었다. 사실 두뇌 안에는 문자 그대로 이러한 안정제를 위한 수백만 개의 특별 수용체가 있다. 자연 안정제가 적절하게 공급될 때 우리는 평안하고 행복한 상태에 머문다. 그러나 자연 안정제가 바닥나면 불안해지고 슬퍼진다. 이 책 말미에서 자연 안정제를 회복하여 인공 안정제에 대한 의존도를 낮추는 방법을 설명할 예정이다.

우리가 평안해지려면 두뇌는 자연 안정제를 적절하게 공급해야 한다. 그러나 평안을 누리려면 자연 안정제를 생산하는 것만으로는 부족하다. 적절한 공급도 있어야 하지만 자연 안정제가 '벤조 수용체'라 불리는 '합류 정거장docking stations'에 도달해야 한다.

그리고 바로 여기에 내인성 불안을 이해할 수 있는 비밀이 숨겨져 있다. 너무 많은 스트레스, 너무 길게 지속되는 스트레스, 너무 낮은 한계치threshold를 가진 스트레스 반응체계는 부신에서 분비되는 코르티솔(슬픔 메신저) 수준을 끌어올리게 된다. 증가된 코르티솔은 두뇌로 가는 길을 찾아 자연 안정제가 수용체 자리를 도달하지 못하도록 막는다.

골디락스Goldilocks의 이야기를 한 번 생각해보라. 가바GABA는 침실이 어디 있는지를 알지만 침대로 갈 수가 없다. 골디락스(코르티솔)가 이미 그들의 침대에서 잠을 자고 있기 때문이다. 골디락스가 떠나기까지는, 당신은 부족한 잠에 시달릴 것이고 많은 불안을 겪을 것이다.

해결책은 무엇인가? 인공 안정제가 당신에게 어떤 도움을 주었든지 그 다음에는 스트레스 수준을 낮추고 자연 안정제를 증가시키는 법을 배워야 한다. 스트레스를 낮추면 슬픔 메신서(코르티솔)는 제거되고 자연 안정제가 회복되어 행복 메신저들이 다시 주관하게 되는 것이다.

그러나 가바는 이 그림에서 어떤 역할을 하는가? 나는 이미 앞에서 가바의 중요성에 대해 강조한 바 있는데, 이것이 안정제와 우리가 누리는 평안과 무슨 상관이 있다는 말인가?

다음 페이지에 나오는 그림은 가바가 어떻게 작용하는지를 보여준다. 이는 가바가 우리의 평안을 유지하기 위하여 벤조 안정제와 어떻게 협력하는지를 간단하지만 정확하게 보여준다.

앞에서 진술한 것처럼, 가바는 두뇌에서 '진정시키고 달래는calming' 역할을 하는 가장 중요한 신경전달물질이다. 두뇌 안에 있는 세포들의 절반 정도는 '가바 수용체 콤플렉스'를 가지고 있다. 이것의 기능은 두뇌 안의 흥분수준을 조절하는 것이다. 도표에서 보듯이 세 가지 수용체 자리가 있다. 이 세 개의 서로 다른 두뇌 화학물질은 진정효과가 있는 통로를 조정한다. 이 세 가지 수용체는 진정-경련sedative-convulsant 수용체, 가바 수용체, 그리고 벤조(벤조디아 제핀) 수용체이다. 이 마지막 자리가 벤조 안정제가 작용하는 곳이다. 이 수용체들 각각은 우리의 평안감을 통제하는 '진정' 채널에 대해 어느 정도 통제력을 가지고 있다.

각 수용체 자리가 서로 다른 모양을 하고 있다는 것을 주목해보라. 이것은 각 화학물질이 서로 다른 분자모양을 갖고 있기 때문이다. 하나의 화학물질은 바른 모양의 수용체에만 접속dock할 수 있을 뿐 다른 곳에서는 절대로 접속이 안된다. 열쇠가 자물쇠에 들어맞는 것을 생각하면 된다. 열쇠가 맞으면 자물쇠를 돌릴 수 있다. 맞지 않으면 자물쇠는 잠긴 채로 남아 있다. 그리고 열쇠가 돌아갈 때에만 문이 열린다. 이 경우에 적절한 분자 조합이 신경세포를 진정시키고 과잉 활동을 못하도록 '채널'을 열어준다.

세 개의 자물쇠 모두가 열쇠에 맞을 때 채널은 최대로 열리며 우리는 가장 평안한 마음 상태를 갖게 되는 것이다. 이해가 되는가? 이것은 도표 하단의 채널 크기 중에서 가장 크게 열린 네 번째 상태에 해당한다. 물론 이 평온 상태는 놀랍게 보이기는 하지만 자물쇠에 너무 많은 진정 열쇠가 있기 때문에 당신을 잠들게 할 가능성이 많다. 당신이 깨어있도록 하기 위해 두뇌는 자물쇠에서 진정 열쇠를 몇 개 뽑아 당신을 세 번째 상태로 돌릴 것이다. 만일(스트레스 때문에) 벤조가 고갈되면 그 때는 두 번째 상태가 지배하게 되고 당신은 불안해지기 시작한다. 그러나 이제 가바가 부족하게 되면 진짜 공황상태가 시작되며 당신은 첫 번째 상태를 경험하게 된다. 채널은 거의 폐쇄되고 '진정시키는' 효과는 차단되고 만다. 이것은 당신이 경험할 수 있는 최악의 불안 상태인 것이다.

무엇이 가바 차단을 초래하는가? 공범은 너무 많은 스트레스에 의해 만들어진 과잉 코르티솔이다. 이 슬픔 메신저들은 가바 수용체 자리에 접근하는 것을 막기 때문에 자연 가바가 도달하지 못하는 것이다. 인공 안정제(벤조)는 우리에게 약간의 도움을 줄 수 있지만 당신이 스스로 스트레스 수준을 낮

가바GABA는 어떻게 작용하는가
가바 수용체 콤플렉스

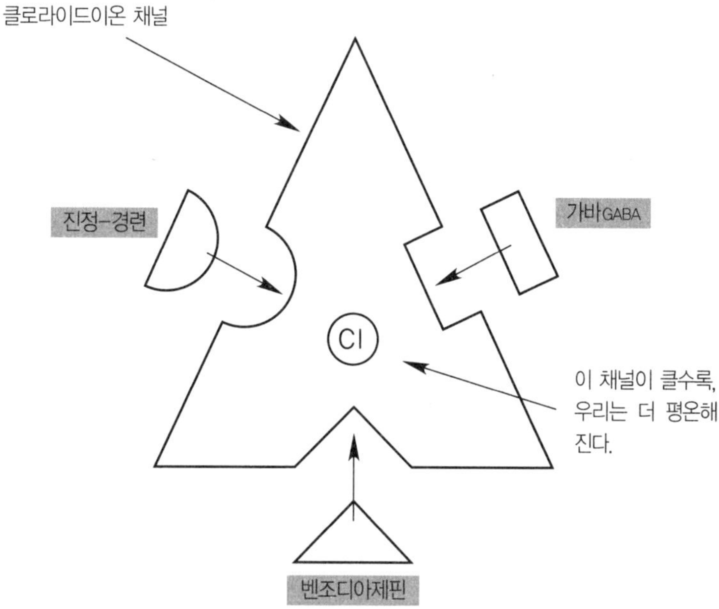

채널 크기	수용체 활동
Cl	가바나 벤조가 없다 채널을 닫고 더 많은 불안을 야기한다
Cl	가바만 있다 채널을 열고 약간의 평안을 생산한다
Cl	가바 + 벤조디아제핀 채널을 더 열고 더 많은 평안을 생산해낸다
Cl	진정제. 자체적으로 채널을 완전히 개방하고 행복감을 누린다

추기 전에는 평온을 완전히 회복하지 못할 것이다.

신경안정제가 어떻게 성공하고 실패하는가

이제 신경안정제가 어떻게 작용하는지, 그리고 왜 신경안정제가 자신의 일을 제대로 못하는지를 이해할 수 있게 되었을 것이다.

가장 흔하게 처방되는 안정제는 벤조(자낙스, 리브리움, 발륨, 아티반 등)이다. 이들은 놀라운 약이며 하나님의 선물임에 틀림없다. 바로 사용되었을 때, 벤조는 많은 비참한 영혼에 생명을 회복시켰다. 그러나 벤조의 행동반경은 너무나 광범위하다. 자신들의 자물쇠에 맞을 뿐 아니라 다른 자물쇠에도 맞아 들어갈 수 있다는 것이다. 그래서 벤조는 진정제 효과가 있다. 흘러넘쳐 진정 수용체 자리까지 막아버리기 때문이다. 때에 따라 우리는 잠을 자고 싶거나 수술을 받을 때도 있을 것이다. 그러나 항상 그런 것은 아니다. 그래서 너무 많은 벤조 복용은 위험할 수가 있다. 진정-경련 수용체에 작용하는 바르비트루약제barbiturates는 채널을 너무 극적으로 열어놓아 엄청난 진정효과를 낼 수가 있다. 알코올과 함께 복용하면 이 과잉진정은 호흡 중단까지 초래하여 굉장히 위험할 수 있다. 많은 사람들이 인공 안정제를 의도적으로 과다 복용하여 자살을 시도했다. 그러므로 매우 조심할 필요가 있다.

인공 안정제는 자연 벤조를 대체하며, 두뇌에게 자연 벤조 생산을 중단하라고 지시한다. 그러므로 한참 지난 후에는 자연 진정제가 더 이상 없기 때문에 인공 안정제 복용을 중단할 수 없게 된다. 이것이 바로 인공 안정제 복용을 아주 서서히 줄여야 하는 이유이다. 그래야 당신의 두뇌가 시간을 벌어 자연 벤조를 생산하기 시작할 것이기 때문이다. 우리는 6장에서 어떻게, 언제, 인공 안정제 복용을 중단해야 하는지의 중요성을 다루게 될 것이다.

가바 메신저는 어떤가? 스트레스는 그들의 수용체를 차단한다. 따라서 인공 가바는 당신의 불안을 완화하는 데 큰 도움이 되지 않는다. 스트레스로 활성화된 코르티솔이 통로를 막아버려 가바는 그 수용체에 도달하지 못한다.

그러나 당신이 스트레스 수준을 낮춘다면 가바를 회복할 수 있다. 이 책의 나머지 부분은 이것을 중점적으로 다룰 것이다. 낮아진 스트레스 수준이 당신의 자연 안정제를 회복할 수 있다는 깨달음이 불안문제로부터의 회복의 열쇠가 될 것이다. 당신이 어떤 중병으로 고생하는 경우가 아니라면, 남은 여생 동안 인공 안정제를 복용할 것이 아니라 자연 안정제를 회복하는 방법을 찾아내야 한다.

그러므로 이것은 기쁜 소식이며 동시에 나쁜 소식이기도 하다. 나쁜 소식은 불안을 치료하기 위해서 스트레스 수준을 낮추는 책임이 당신에게 있다는 것이다. 마술적인 치료 같은 것은 없다. 그러나 기쁜 소식은 불안 치료를 위해 스트레스 수준을 낮추는 것을 당신 스스로 책임질 수 있다는 것이다. 당신은 이것을 위해 다른 사람을 설득할 필요가 없다. 당신 혼자서 스스로 해낼 수 있다. 진실로, 이것은 희망을 주는 메시지다.

3장

공황을 이기는 힘

그의 영광의 풍성함을 따라 그의 성령으로 말미암아
너희 속사람을 능력으로 강건하게 하시오며 (엡 3:16)

마이클 커밍스Michael Cummings 목사는 그것이 오는 것을 예측하지 못했다. 그것은 마른 하늘에 날벼락처럼 찾아왔다. 자신이 아끼는 책들에 둘러싸인 아늑한 집 서재에서 편안하게 앉아 있었기 때문에 이를 전혀 예상치 못하고 있었다. 벽은 미식축구에서 태클을 하는 사진, 트로피를 든 사진, 중요한 사람들과 악수하는 사진 등, 특히 대학시절의 추억을 담은 지난 세월의 사진들로 단장되어 있었다. 그는 대학시절 운동 매니아임에 틀림 없었다. 또한 그의 서재는 대학 이후에 받은 성적우수상, 졸업장, 명예상장 등이 전시되어 있었다. 그는 만능선수와 같은 존재였다.

서른 아홉 세의 커밍스 목사는 자립적이고 강인하고 자기소신이 분명한 유능한 사람이었다. 그는 정기적으로 운동하고 건강식품을 먹으며 신체검사를 받아왔다. 그는 지도자가 되기 위해 태어난 사람이었다. 그리고 지금 대형 교회의 가장 젊은 담임목사로서 지역사회에 족적을 남기고 있다. 그렇기 때문에 토요일 아침, 설교 마무리를 하고 있을 때 갑작스럽게 찾아온 가슴통증은 너무나도 충격적이었다.

그러나 무서운 것은 고통만이 아니었다. 무슨 끔찍한 일이 곧 벌어질 것 같은 두려움이 있었다. 일찍이 경험한 적이 없는 파멸적 불운이 자신에게 곧 들이닥칠 것 같은 느낌에 사로잡혔다.

그는 그 느낌을 떨쳐버리고 고통을 무시하려고 애썼다. 그러나 이를 제거할 수 없었다. 무슨 일이 일어나고 있는 것인가? 자신의 몸에 맞지 않는 어떤 음식을 먹은 것일까? 단단한 벨트가 그의 호흡을 조여 오는 것처럼 느꼈다. 그러니 소화불량일 리는 없었다. 그에게는 산소가 필요했다. 그래서 자리에서 일어나 창문을 열고 상쾌한 아침 공기를 들이마셨다. 가을 하늘은 푸르고 청명했다.

커밍스 목사는 창가에 서서 깊은 숨을 들이쉬었다. 혹시 심장마비일까? 그는 의문을 가져보았다. 그럴 리가 없다. 그러기에는 너무나 젊다. 교인들이 심근경색 등으로 심장마비를 겪는 것을 보았지만 자신의 증상은 달라보였다. 그는 창문을 닫고 잠시 동안 서재를 서성이면서 자기가 경험하고 있는 이상한 느낌이 사라지기를 기다리고 있었다. 그의 토요일 일정은 빽빽하게 가득 차 있었다. 설교를 마무리해야 하고 결혼식에서 주례를 해야 하며 몇 군데 병원 심방이 있었다. 지금은 앓아 누워있을 때가 아니다!

그는 두려움을 더 이상 견딜 수 없는 지경에 이르렀다. 진땀을 흘리는 가운데, 자기 손에 작은 진동을 느꼈다. 그래서 아내에게 전화하기로 결심했다. 아마도 아내가 안심시켜주지 않을까? 그러나 그녀는 별로 도움이 되지 못했다. 그녀는 즉시 지역병원의 응급실로 가볼 것을 권했다. '나중에 후회하는 것보다 안전이 최고' 라는 평소 그녀의 소신 때문이었다. 그녀는 가슴통증으로 주체할 수 없을 정도로 떨고 있는 남편을 차에 태우고는 지역병원 응급실로 직행했다.

의사들은 가슴통증이 있는 사람들에게 하는 일상적인 테스트를 실시했다. 그러나 커밍스 목사의 심장에서 아무런 이상을 발견하지 못했다. 분명 심장발작을 하고 있는 것은 아니었다. 의사들은 며칠 분의 인공 안정제를 처방하고 '공황발작' 일지도 모른다는 막연한 말을 하면서 주치의를 꼭 만나보라고 충고했다.

커밍스 목사는 어느 정도 안도하면서 집으로 돌아왔다. '발작' 은 어느새 지나가고 다시 건강하고 자신감 있는 목사로 돌아왔다. 그날 오후에 기분이 호전되었고 마치 아무 일 없었던 것처럼 주일에 목사가 감당해야 할 임무를 모두 수행했다. 끔찍한 재앙을 피할 수 있었다는 기분 때문이었는지 그의 설교는 다른 날보다도 더 은혜롭게 느껴졌다.

그는 빠르게 그 사건을 마치 없었던 일처럼 잊기로 다짐했다. 처방받은 안정제를 모두 화장실 변기에 넣고 "이런 것과 함께 사느니 죽는 게 낫지" 라고 중얼거리면서 물을 내려버렸다. 다음 날 아침 그의 아내는 무엇이 그의 공황 상태를 야기했는지 알아보기 위해 주치의를 만나볼 필요가 있음을 상기시켜주었다. 커밍스 목사는 이를 일축해 버렸다.

"여보, 나는 지금 아주 좋은 상태라고. 아마 위장에 무슨 문제가 있었나봐. 나에게는 아무 이상이 없어."

사흘 후 그 일이 다시 발생했다. 이번에는 더 무서운 일이 일어났다. 그 상황이 닥쳤을 때 그는 교회사무실로 운전을 하며 가고 있었다. 가슴의 통증이 너무 극심해 교회 앞을 지나 바로 응급실로 향했다. 이번에는 자기에게 심장발작(심장마비)이 오는 것이라고 확신했다. 아마 지난 번에는 의사들이 무엇인가를 잘못 짚은 것이라고 생각했다.

결과는 마찬가지였다. 여러 검사를 해보았지만 그의 심장에는 아무 이상이 없었다. 이번에는 의사가 그에게 안정제를 주고 즉시 도움을 받으라고 지시했다.

커밍스 목사는 그 증상이 모두 사라진 후에도 안도하지 못했다. 그는 자기에게 무엇인가 이상이 있다는 것을 알게 되었다. 낙심이 되었다. 그것이 심장마비였기를 바랐다. 그렇다면 적어도 일종의 신분의 상징이라도 될 테니. 그의 교회 내 거물들은 거의 심장마비를 겪었기 때문이었다. 그런데 공황발작이라고? 도대체 그게 무엇일까? 그것은 자기와 같이 강한 사람이 아닌, 한없이 약한 사람들에게 일어나는 어떤 것처럼 들렸다.

공황발작은 강한 사람, 약한 사람을 차별하지 않는다. 오히려 강하고 힘센 사람들을 더 선호한다. 그리고 강한 사람일수록 심하게 넘어진다.

불안장애로 고생했던 유명한 사람들

불안의 가장 비극적 결과 중의 하나는 이것이 사람의 자기감sense of self을 무너뜨린다는 것이다. 당신의 자존감은 곤두박질치고 자신이 모든 사람보다 열등한 존재로 느껴진다. 당신은 수치심에 사로잡히고, 당신처럼 괴로움을 당하지 않는 사람들이 그렇게 부러울 수 없다. 그러나 인구의 12%가 불안 장애를 갖고 있고, 그 중 몇 명의 저명인사들은 불안장애를 겪으면서도 세상에 두드러진 족적을 남기기도 했다.

이 같은 유형의 문제에 대해 전혀 도움이 없던 시절에, 그들의 고통에도 불구하고 다른 사람들에게 감동을 주고 간 유명한 사람들은 누구인가? 여기에 몇 사람을 소개하면 다음과 같다.

- **알프레드 테니슨 경**Alfred Lord Tennyson: 1809~1892 : 유명한 시인으로 '신경질환'이 너무 심각하여 글을 쓸 수 없을 때는 절망감을 느끼기도 하였다.

- **샬럿 브론테**Charlotte Bronte: 1816~1855 : 재능 있는 작가이며 브론테 자매들 중의 하나로 1852년에 불안과 우울상태를 경험했다. 그녀는 소설 Villette 속의 루시Lucy라는 인물에게 자기 상태를 투영하였다. 소설 속 한 시점에서 그녀는 루시를 통해 다음과 같이 발언한다. "잠 못이루는 밤, 나는 며칠 밤을 뒤척이며 깨어있다. 연약해진 나는 마음을 잡을 수 없다." 이것은 불안불면증의 전형적인 사례다.

- **지그문트 프로이트**Sigmund Freud: 1856~1939 : 정신분석의 창시자로 불안신경증에 관한 유명한 논문을 썼을 때 그는 공황불안장애로 고생하였다. 그는 자신의 '발작' 에 대해 많이 염려하였다.

- **아이작 뉴턴 경**Sir Isaac Newton: 1642~1727 : 유명한 물리학자이며 수학자로, 1677년과 1693년에 신경쇠약을 겪었다. 극심한 불면증과 집중력의 상실 그리고 심각한 민감증 때문에 고생하였다. 그는 1684년까지 집 밖을 나가지 못했다. 광장공포증의 전형적 사례이다.

더 많은 이름을 열거하며 그들의 불안장애 에피소드－과거나 현대의 저명인사들의 이야기－를 들려줄 수도 있지만, 핵심은 충분히 전달했다고 생각한다. 당신이 극심한 불안증상으로 고생하고 있다고 해서, 당신 혼자 그런 것도 아니며 열등한 것도 아니다. 미쳐가고 있는 과정도 아니며 죽을 것 같은 기분을 상상해내고 있는 것도 아니다. 그리고 무엇보다 중요한 것은 남은 여생 동안 인공 안정제를 복용하면서 보내지 않아도 된다는 것이다. 당신의 문제는 치료될 수 있는 것이다.

공황불안장애란 무엇인가?

나는 보다 중요한 불안 문제들 가운데 몇 가지를 다루겠지만 대부분의 논의를 공황불안장애에 집중하려고 한다. 흔한 장애들 가운데 이것이 더욱 심각한 장애이기 때문이다. 그러나 공황불안장애는 다른 불안과 많은 공통점을 지니고 있다. 그러므로 나의 논의는 다른 불안문제에도 적용할 수 있을 것이다.

증상들이 너무나 비슷하기 때문에 공황불안발작은 종종 심장마비로 오인되기도 한다. 이것이 공황발작이 너무나 무서운 이유이기도 하다. 당신은 생명 자체가 경각에 달린 것처럼 느낀다. 그러므로 공황장애로 고통받는 사람이 처음 접하는 전문인은 십중팔구 응급실 의사일 가능성이 많다.

공황발작의 증상에는 어떤 것이 있는가?

공황장애를 겪는 사람은 다음 중의 어떤 (또는 모든) 증상을 보이며 자주 예측하지 못하는 공황발작을 경험한다.

- 호흡이 가빠지고 숨이 막힐 것 같은 느낌
- 어지럼증, 서 있을 수 없을 것 같은 느낌
- 떨림, 오한
- 진땀 흘림
- 목마름, 멀미, 복통
- 사고의 서행, 정서둔마
- 가슴의 통증이나 불편감
- 낯선 느낌, 자기 자신이나 자신의 주위로부터 유리되어 있는 느낌
- 미쳐버릴 것 같고 통제능력을 상실할 것 같은 느낌이나 죽을 것만 같은 느낌

공황장애는 몇 가지 중요한 특징이 있는데 누구나 이를 인식하고 있어야 한다. 첫째, 공황장애는 어떤 경고도 없이 일어난다. 흔히 가장 부적절한 시간에 일어나 당신을 당황하게 만든다. 심장이 뛰고, 가슴이 조여 오는 것 같고, 호흡이 가빠지고, 어지러움을 느낀다. 둘째로 공포감이나 통제력을 상실할 것 같거나 죽을 것 같은 느낌에 압도 당한다.

공황불안장애는 한 두 차례의 공황발작과는 다르게, 예상치 못하고 반복되는 극심한 공포감이 특징이다. 대개 가슴통증, 심장 떨림, 가쁜 호흡, 어지럼증, 복부 통증 등의 신체적 증상을 수반하는데, 심장마비와 비슷한 증상을 보인다. 결과적으로 공황장애는 철저하고 값비싼 의학적 절차가 대안적 진단을 내놓지 못할 만큼 제대로 진단되지 않는다.

공황발작은 얼마나 오랫동안 지속되는가? 다행스럽게도 고통스러운 당사자에게는 대부분의 발작이 몇 분, 대개의 경우 10분에서 15분 안에 끝난다. 이것은 기쁜 소식이다. 그러나 나쁜 소식은 공황발작을 겪으면 너무나 기진맥진하여 겁에 질리기 때문에 후에 일상적인 임무를 수행하지 못하게 된다는 것이다.

공황불안장애는 일정한 나이에만 발생하는가? 아니다. 공황장애는 어떤 나이에나 발생할 수 있는데 성인기 초기에 시작될 가능성이 많다.

남녀 모두에게 일어나는가? 그렇다. 그러나 이미 언급한 것처럼, 남자보다 여자들이 두 배나 더 공황발작으로 고생하고 있다. 왜 그런가? 우리는 실제 원인을 알지 못한다. 그러나 오늘날 여자들이 생계유지와 어머니(주부) 역할을 동시에 감당함으로 인해 더 많은 스트레스를 받는 데서 기인하는 것으로 보인다. 홀어머니는 공황불안장애에 더 취약하다. 그리고 우리가 곧 살펴보겠지만, 공황불안은 스트레스와 관련된 문제인 것이 분명하다.

당신은 그저 공황발작을 무시하거나 일축하고 정상적인 삶을 계속 영위할 수 있는가? 그렇지 않다. 나는 많은 이들이 공황발작을 '참고 웃어넘기고' 있다는 것을 안다. 그러나 이를 치료하지 않고 그대로 두면 공황불안장애는 더 심각한 문제로 이어질 수 있다. 광장공포증agoraphobia이라 불리는 공포증으로 발전할 수 있다는 말이다. 광장공포증이라는 말은 문자 그대로 '시장 공포증'이라는 뜻인데, 그 주요 특징이 넓은 공공장소에 있는 것을 두려워하는 것이기 때문이다. 치료받지 않은 공황장애 환자의 약 1/3이 특정 형태의 광장공포증으로 고통을 당하고 있다.

"나는 집을 나가면 다시 돌아올 수 없거나, 안전한 장소나 사람에게 돌아갈 수 없을 것 같은 두려움이 있어요. 이것이 광장공포증인가요?" 공황발작으로 고통당하는 분이 이렇게 내게 질문한 적이 있다. 그렇다. 광장공포증은 사실 낯선 장소에 대한 두려움이라기보다 안전한 장소로 돌아갈 수 없을 것 같은 두려움을 느끼는 것이다. 한 번 발작을 경험하면 그 장소에 대한 특별한 두려움을 갖게 된다. 예를 들어, 마트나 시장에서 장을 보다가 발작을 경험했다면 그 마트나 시장에 가는 것을 피하기 시작할 것이다. 다리 위로 운전하다가 발작을 일으켰다면 다리를 피하기 시작하거나 운전 자체를 중단할지 모른다. 장소와 공황발작 사이의 연합은 함께 견고해지는 것이다.

공황장애는 얼마나 흔한가

공황장애가 놀라운 것은 이 증상이 분명히 증가 추세에 있다는 것이다. 공황불안장애는 3백만에서 6백만 명의 미국인들에게 발생하고 있다. 사소한 공황발작이 얼마나 흔한 문제인지를 아무도 모른다. 사소한 발작은 일반적으로 치료받지 않고 지나치기 때문이다.

이미 진술한 대로 공황장애는 어떤 나이에나 일어날 수 있다. 자녀에게 나타날 수 있고 노인 그리고 그 중간 연령대에 언제나 발생할 수 있다. 그러나 성인기 초기, 즉 20대와 30대에 가장 흔하게 발생하고 있다. 호주의 한 통합 연구는 치료를 요하는 공황피해자에게서 다음과 같은 특징을 발견하였다.

• 73%는 여성이다.
• 65%는 기혼이다.
• 평균 연령은 37세이다.
• 첫 번째 공황발작을 경험한 평균연령은 26세이다.
• 지속적으로 공황증상을 경험한 평균 기간은 10년이다.

그렇다. 정말이다. 지속적으로 증상을 경험하는 평균 기간은 이 연구에서 보듯 10년이었다. 그것이 평균 기간이었다. 그러므로 어떤 사람은 10년 이하를 경험했고 다른 사람은 더 오래 경험했다는 말이다. 내 환자 중에 어떤 이는 20대 후반에 공황발작을 시작했는데 20년이 넘도록 그러고 있다.

이 연구에는 매우 흥미로운 다른 사실도 있었다.

누가 처음 문제를 진단했는가?
• 일반의사 — 53%
• 정신과의사 — 29%
• 심리학자 — 21%
• 스스로 진단 — 35%

다른 이차적 증상을 겪었는가?
• 광장공포증 — 65%
• 주요우울증 — 54%

그들의 문제를 진단하는 데 얼마나 걸렸는가?
• 일주일 — 25%
• 한 달 — 12%
• 6개월 이상 — 55%

그렇다. 공황발작으로 고통 받는 사람의 절반 이상이 6개월 이상 자기가 무엇 때문에 고통 받고 있는지를 몰랐다는 것이다. 이 연구는 호주에서 시행된 것이지만 미국이라고 크게 다르지 않을 것이라고 나는 확신한다.

여기서 강조하려고 하는 점은 이것이다. 공황으로부터의 자유는 당신 자신이 문제를 통제함으로써만 성취될 수 있다는 것이다. 당신은 몇 가지 방향에서 꾸준히 노력해야 한다. 당신에게 맞는 안정제를 복용해야 하고, 스트레스 수준을 낮추기 위한 생활스타일의 변화, 생각하는 습관의 변화, 긴장을 해소하는 방법과 아울러 어떤 형태로든 기독교적인 묵상을 터득해야 한다.

17장에서 살펴보겠지만 나는 묵상이 공황발작의 진로를 바꾸는 데 효과가 있는 것을 보고 놀랐다. 현대 영성에서 대체로 무시되고 있는 대단히 유익한 자원이 우리 그리스도인들에게 있다는 것을 알아야 한다.

공황발작과 공황장애

공황발작이 모두 심각한 공황장애로 발전하는 것은 아니다. 예를 들어, 높은 스트레스 아래서 발작을 경험한 많은 사람들이 한두 번 발작하고 다시 안할 수도 있다. 나는 이런 환자를 몇 사람 보았다. 물론, 어떤 이들에게는 처음이나 두 번째 발작이 그들의 높은 스트레스에 경종을 울리는 역할을 했다. 그들은 곧바로 삶의 변화를 시도해 더 이상의 발작을 막았다. 어떤 이들에게 발작은 단지 상황적일 수 있다. 그들은 극히 어려운 고난의 시기를 통과하였지만 삶의 많은 격변이 그렇듯이 상황은 결국 지나가 버린다.

그러나 삶의 어떤 외상trauma은 공황장애의 위험성을 높이는 것으로 알려져 있다. 이러한 외상은 당신의 방어력을 약화시킴으로써 스트레스에 대한 내성을 낮춘다. 그것은 또한 과장된 스트레스를 경험하도록 당신을 조건화하기도 한다. 스트레스 대처능력이 떨어지면 증가된 스트레스를 경험한다.

첫 번째 공황 또는 불안발작을 유발했던 사건들

괄호 안에 있는 숫자는 이 특정한 삶의 사건을 경험한 사람들의 백분율이다. 어떤 사람들은 이들 경험 중 하나 이상을 동시에 경험했을 수도 있다.

- 심각한 사고나 학대와 같은 삶의 주요 외상 (28%)
- 마약이나 알코올 남용 (25%)
- 가족 내의 죽음 (25%)
- 재정적 문제들 (17%)
- 주요한 질병 (14%)
- 이혼 (11%)
- 자녀출산 (11%)
- 실직 (11%)
- 우울증 (10%)
- 해고 (8%)
- 자동차 사고 (8%)
- 죽음 문턱의 경험 (8%)
- 임신 (3%)
- 특별한 선행 사건이 없었음 (36%)

스트레스를 효과적으로 대처하지 않으면 더 많은 스트레스로 귀결된다.

인생의 어떤 외상이나 주요 사건이 공황상태를 촉발하는가? 다시 한 번, 앞에서 언급한 호주의 치료 프로그램에서 첫 번째 공황이나 불안발작을 촉발했던 삶의 사건들을 조심스럽게 탐색했다. 공황발작에 대한 현재의 취약 정도를 판별할 수 있도록 돕기 위해 이것들 중 몇 가지를 도표 안에 열거하였다.

위 도표에서 중요하게 주목해야 하는 것은 열거된 삶의 경험들이 모두 높은 스트레스를 야기하는 사건들high stressor이라는 것이다. 이러한 사건으로 인해 공황발작을 겪고 있는 많은 이들은 생활사건을 해결한 후에 어느 정도 안도

할 수 있을 것이다. 그러나 공황 피해자의 36%는 발작에 앞서 일어났던 단 하나의 사건도 식별하지 못했다. 분명한 것은, 이 그룹의 사람들은 낮아진 스트레스 한계치와, 상호작용하는 생활양식에 의해 생성된 일반 스트레스 때문에 고통 받고 있었던 것이다.

어린 시절의 사건들이 공황장애의 발달에 어떤 영향을 미치는가? 다음 도표는 조금 더 놀랍다. 부정적인 아동기 경험이 나중에 당신을 높은 스트레스에 취약하게 만들 수 있다는 것에는 의문의 여지가 없다. 그러나 이 자료에서 우리가 배울 수 있는 것은 부정적 아동기 경험이 당신을 공황발작에도 취약하게 만드는 것처럼 보인다는 점이다.

공황 피해자들에게서 발견되는 구체적 아동기 사건들

- 원치 않는 아이로 태어났거나 소홀히 대해진 경험 (59%)
- 신체적 학대 (54%)
- 언어적 학대 (45%)
- 가정 안에서의 폭력 (37%)
- 부모의 폭력 (33%)
- 성적 외상 (31%)
- 혼자 방치됨 (31%)

이차 공포증

앞에서 언급한 것처럼 공황불안장애는 종종 우울증이나 알코올중독과 같은 다른 상태가 뒤따르기도 한다. 그리고 광장공포증 외에 다른 공포증을 유발할 수도 있다. 이런 '이차적secondary' 공포증 가운데 많은 것은 공황발작이 일어났던 장소나 상황과 연계되어 있다. 예를 들어, 공황발작이 엘리베이터를 타고 가는 중에 일어났다면 이에 대한 특정 공포증이 생길 수도 있다. 영화관에서 특정한 스릴러 영화를 보다가 공황발작이 닥쳤다면 영화관이나 무서운 영화를 전반적으로 두려워하게 될 수 있다. 이런 이차적 공포증 때문에 공황불안장애는 사람들의 삶을 아주 제한적으로 만든다. 많은 공황장애자들은 식품가게에 가서 쇼핑을 하거나, 운전을 하거나, 휴가를 가는 것 등의 일상적이고 정상적인 활동도 피하기 시작한다. 만일 이러한 두려움이 당신의 삶을 지배하도록 허락한다면 삶은 매우 비참해질 수 있다.

많은 사람에게 있어 정상적인 삶을 계속하게 하고 필요한 활동–의사를 만나거나 치과에 가는 것, 가족을 만나러 가는 것, 백화점 쿠폰을 모으는 것 등–에 참여하게 하는 유일한 방법은 사랑하는 사람이 동행하는 것이다. 이들은 혼자 있을 때 도저히 자신을 신뢰할 수 없다. 이들은 매우 취약하게 느끼며, 도와줄 사람이 곁에 없으면 공황발작으로 자신이 마비될까 봐 같은 상황은 두려워한다. 기본적으로 이들은 발작을 일으켜 자신을 무기력하게 만들 것 같은 상황은 모조리 피한다.

언제 공황발작이 발생하는가

공황발작은 밤이나 낮이나 어느 시간에도 일어날 수 있다. 발작은 당신이 어떤 신경이 곤두서는 일의 절정에 있을 때에도 해변에서 조용히 쉬고 있을 때에도 일어날 수 있다.

상당히 높은 비율(61%)의 발작이 잠들려고 할 때 일어난다. 많은 경우, 수면 중에 발작이 일어나 잠을 깨우기도 한다. 이런 유형이 흔하기 때문에 약간의 설명을 덧붙이겠다.

공황발작이 왜 쉬고 있을 때나 잠을 자고 있는 동안에 발생할까? 대부분의 스트레스 증상이 한창 스트레스를 받는 상황에서는 나타나지 않는다는 것은 이미 잘 알려진 사실이다. 긴장으로 인한 두통을 생각해보라. 두통은 당신이 마감시간에 쫓겨 일에 몰입하고 있을 때나 마무리하려고 서두를 때는 일어나지 않는다. 긴장으로 인한 두통은 일을 끝낸 다음, 아니면 더 흔하게는 집에 가기 위해 사무실을 나가려할 때, 운전해서 집으로 갈 때, 짐을 정리하고 앉으려 할 때 엄습한다. 아드레날린은 이렇게 작용한다. 응급상황에서는 아드레날린이 고통이나 스트레스 불쾌감으로부터 우리를 보호해준다. 아드레날린은 자기 일부터 완수한 후에 그 처벌을 요구하는 것이다.

나는 공황발작이 이러한 스트레스 패턴을 따른다고 믿는다. 공황발작은 매우 불안한 상황에 의해 촉발될 수도 있다. 그러나 발작은 스트레스 수준이 떨어지거나 당신이 쉬기 위해, 아니면 수면을 취하기 위해 누울 때 닥칠 수도 있다.

공황발작을 예방하기 위해 무엇을 할 수 있는가

무엇이 공황발작을 예방할 수 있는가? 예방을 잘 하는 것이다. 스트레스가 높은 상황이 끝나면 긴장을 풀기 위해 충분한 시간을 가져라. 그리고 천천히 긴장을 풀도록 하라. 다시 말해서, 아드레날린이 갑자기 떨어지게 하지 말라는 것이다. 당신이 직장에서 퇴근할 때 바로 바보상자 앞에 가서 TV를 켜지 말라. 잠깐 걷든지 산책을 하라. 천천히 긴장을 풀도록 하라. 꽃의 향기를 맡으라. 당신의 생각 속에 있는 '미해결 과제'에 귀를 기울여 보라. '마음을 깨끗하게' 하라. 즉 해결되지 않은 원한이나 분노 또는 실망을 해소하도록 하라. 새소리를 들어보라. 집에 가서 잠시 빈둥거려도 좋다. 그리고 앉아서 책이나 신문을 읽는 것도 괜찮다. 마지막으로 완전히 긴장을 풀고 쉬어라. 이 같은 느린 긴장풀기 패턴은 보다 심각한 스트레스 증상을 촉발하는 아드레날린의 급격한 하락을 막아준다.

공황발작을 예측할 수 있는가

때때로 공황발작은 아무 경고 없이 갑자기 일어난다. 그러나 어떤 경우에는 발작이 오고 있다는 신호가 있다. 경고신호를 일찌감치 인식하는 법을 배울 수만 있다면 틀림없이 발작을 저지할 수 있을 것이다.

공황발작 피해자들은 다음의 몇 가지 증상이 종종 공황발작을 유발한다고 보고하고 있다.

- 빛에 평소보다 민감해짐
- 터널 비전 또는 감소된 시야
- 목이 막힘
- 소화가 안됨
- 위장이 타들어가는 것 같음
- 날카로운 소리가 들리거나 소음에 민감해짐
- 불규칙한 심장박동
- 메스꺼움
- 머리가 멍해지거나 어지러움
- 바늘이 찌르는 것 같거나 몸의 어떤 부분이 타들어가는 느낌
- 반점이 생김
- 과호흡(호흡항진 : hyperventilation)

이들 경고신호 가운데 마지막 과호흡은 매우 중요하다. 당신이 이 증상을 일찍 감지할 수 있다면 공황발작을 막을 수 있다.

모든 사람이 공황발작 직전에 과호흡을 하는 것은 아니다. 그리고 과호흡하는 사람이 모두 공황발작을 하는 것은 아니다. 그러나 나의 경험에 의하면 높은 비율의 공황피해자들이 과호흡을 한다. 그들은 혈관 안의 부족한 이

산화탄소 때문에 야기된 형태의 공황발작을 겪는다.

당신의 호흡기 체계가 어떻게 작용하는지를 조금 더 설명하면 공황발작을 통제하는 데 어느 정도 힘을 얻을 수 있을 것이다.

보통 혈관에 있는 산소의 양과 이산화탄소의 수준은 조심스레 통제되고 있다. 허파는 피 속으로 산소를 집어넣는다. 그러면 후에 이 피가 근육과 다른 신진대사 기능에 의해서 생성된(탄산의 형태로 된) 이산화탄소를 수집하여 처분하도록 운반한다. 에어로빅 운동을 하기 시작하면 몸은 에너지를 태워버리는데, 이때 이산화탄소(탄산)를 배출하게 된다. 이산화탄소의 증가를 감지하는 순간 두뇌는 탄산에 대항하기에 충분한 산소를 들이마시라고 더 깊이, 더 빨리 호흡하라고 폐에 지시를 내린다. 이런 식으로 당신이 숨을 내시고 들이마시는데, 이 헐떡거림이 당신의 생명을 보전하고 있는 것이다.

불안에 의해 촉발된 과호흡 상태에서는 이런 정상적 호흡과정에 이상이 생긴다. 사건의 주기는 다음과 같이 진행된다. 생활이나 사고(생각) 속의 무엇인가가 당신에게 불안을 느끼도록 만든다. 이 상기된 불안이 호흡을 빠르게 한다. 당신의 몸이 응급상황이 생겼다고 생각하기 때문이다. 당신은 몸이 필요로 하는 것보다 더 많은 산소를 호흡하기 시작한다. 그러면 이산화탄소가 떨어진다. 충분한 이산화탄소가 없는 상태에서는 피가 폐기물을 운반해 나를 수 없게 된다. 이렇게 되면 극심한 응급상황이 발생한다. 당신이 공황에 취약한 사람이라면 이 응급상황이 공황발작을 촉발할 것이다.

공황발작을 예방하기 위해서 당신은 무엇을 할 수 있는가? 실제 사례를 중심으로 설명하도록 하겠다.

셜리Shirley는 유명한 LA의 고속도로를 통해서 매일 출퇴근을 한다. 매일 오후, 정체되는 퇴근길 시간을 때우기 위해 라디오를 틀어 뉴스를 듣는다.

아무 일 없이 잘 가다가 하루는 극심한 업무 스트레스 때문에 공황발작을 일으켰는데 그녀는 도움을 요청하기 위해 나를 찾아왔다. 나는 치료를 시작했다. 효과를 내려면 약간의 시간이 흘러야 하기 때문에 언제 어디서 공황

공황발작에 대해 갖고 있는 잘못된 신념

발작은 너무나 두렵기 때문에 당신은 쉽게 이 현상에 대해 이상한 것들을 믿게 된다. 자체적으로 만들어진 이러한 잘못된 신화를 계속 믿으면 공포의 강도는 배가될 뿐이다. 다음은 머리에 떠오르는 대로 바로 폐기해야 할 몇 가지 잘못된 신념이다.

• **공황장애는 심장마비(심장발작)를 일으키게 할 것이다.**
빠른 맥박과 심한 가슴두근거림(심계항진)은 공황발작의 일부이지만 심장발작의 형태는 아니다. 건강한 심장은 어떤 해도 끼치지 않고 매우 빠르게 작동할 수 있다. 공황상태에서 가슴통증은 빨리 사라진다. 이것은 계속적이고 짓누르는 것 같고, 압박을 가해오는 심장발작의 고통과는 다른 것이다. 심장발작의 고통은 움직일 때 더 악화되지만 공황상태의 고통은 오히려 가만히 쉴 때 더 악화된다.

• **공황발작은 호흡을 멈추게 하거나 질식하게 할 것이다.**
공황상태에서는 마치 가슴이 막히고 숨을 쉬지 못할 것처럼 느낀다. 이것은 질식으로 인한 현상이 아니고 대개 너무 많은 산소 때문에 발생하는 현상이다. 두뇌가 잘못된 메시지를 받고 있기 때문에 호흡을 하도록 강요하는 것이다. 그러나 공황상태에서 숨이 막히거나 질식할 것 같은 기분은 그것이 아무리 불쾌하다 하더라도 위험한 것이 아니다.

• **공황발작은 균형을 잃고 기절하게 만들 것이다.**
어지럼증을 느끼거나 주변이 빙빙 돌아가는 것처럼 생각하지만 이 감각은 곧 사라진다. 기절할 것 같은 기분이라면 앉아서 느리게 심호흡을 하라. 심장이 더 빨리 뛴다고 기절할 가능성은 없다. 움직이는 동작은 균형을 회복하도록 도울 것이다.

• **공황발작은 통제력을 완전히 상실하게 만들 것이다.**
통제력을 잃어가는 것처럼 느끼겠지만 실상은 당신의 몸이 당신을 해하는 것이 아니라 보호하기 위해 무엇인가를 하고 있는 것이다. 소리를 지르고 울고 금방이라도 죽을 것 같이 두려워할 필요는 없다. 완전한 통제력의 상실은 하나의 신화일 뿐이다.

• **공황발작은 미쳐가고 있음을 의미한다.**
지금까지 공황발작 때문에 미친 사람은 하나도 없다. 당신은 이상한 감각을 느끼고 경험하겠지만 이것은 두뇌의 혈액 흐름이 빠른 호흡 때문에 충격을 받은 동안만 지속될 뿐이다.

발작이 일어났는지를 알고 싶었고 그녀에게 발작 시기를 기록해 달라고 부탁했다. 일주일이 지나고, 그녀도 나도 놀란 것은 거의 모든 발작이 퇴근길의 고속도로에서 시작되었다는 것이다.

라디오를 켠 지 얼마 지나지 않아 그녀는 어지럼증을 느끼기 시작했다. 과호흡을 구분하기가 어렵기 때문에 셜리에게 과호흡을 하는지 안 하는지를 '시험'하는 방법을 일러주었다. 아니나 다를까, 그녀는 과호흡을 하고 있었다. 전 세계로부터 들려오는 나쁜 소식으로 인한 불안 때문에 그녀는 과호흡을 하였고 공황발작이 일어난 것이다. 어떤 때는 발작이 너무 심해서 갓길에 차를 정차해 놓고 진정되기를 몇 분씩 기다렸다.

과호흡 테스트는 무엇인가? 아주 간단하다. 숨을 내쉬고 호흡을 멈추도록 해보라. 과호흡 동안에 호흡하려는 충동은 너무나 강하기 때문에 공기를 들이마시고픈 압박감은 견딜 수 없이 불편하다. 그녀는 어떻게 발작을 막았는가? 그녀의 손을 코와 입 위에 대고 내뱉은 이산화탄소를 다시 호흡하려고 노력했다. 잠시 후 응급상황은 사라졌다. (공황발작을 막기 위해 이들 경고신호를 어떻게 사용할 수 있는지에 대해서는 나중에 더 언급할 것이다.)

그리고 셜리에게 다른 제안을 하나 더 했다. 퇴근길에 뉴스를 듣지 말라고 했다.

공황발작 피해자에게 다른 신체적, 정서적 질환도 발생할 수 있는가

공황불안장애가 있는 사람들은 흔히 또 다른 신체적, 정서적 질환을 가지고 있다. 이것은 종종 진단과 치료 모두를 힘들게 한다. 연구결과는 공황장애가 다른 장애와 병존할 수 있지만 대부분의 경우, 공황장애는 우울증, 물질남용과 연계되어 있는 것으로 나타나고 있다.

왜 이 두 가지인가? 분명한 것은 불안과 우울 사이에 강력한 생리적 연결고리가 있는데 연결고리는 여기서 그치지 않는다. 공황발작으로 고통받는 이들은 회복가능성에 대해 쉽게 환멸을 느끼고 또 완전히 실패자라고 느낀다. 이것은 반응성 우울증을 유발한다. 치료를 받지 않은 사람들은 '자가치료self-medicate'를 시도하는데, 공황의 고통으로부터 가장 쉽게 도피하는 방법은 알코올과 기타 향정신성 약물의 사용이다. 공황장애를 가진 사람들의 약 30%는 알코올을 사용하고 있고, 17%는 그 증상으로 인한 괴로움과 고민을 완화시키기 위해 다른 약들을 복용한다. 물론 아무런 효과가 없다. 이 장애가 얼마나 좌절감을 느끼게 하는지는 공황장애 환자의 약 20%가 자살을 시도한다는 통계에도 잘 드러나 있다.

공황과 연계된 다른 문제들에는 어떤 것이 있는가? 공황장애를 가진 사람들은 '과민성 대장 증후군irritable bowel syndrome'을 앓을 수 있는데, 이것은 위경련과 설사 또는 변비를 특징으로 하는 전형적인 불안문제다. 승모판탈출증MVP: mitral valve prolapse이라는 비교적 사소한 심장문제가 공황장애 환자들에게서 발견되기도 한다. 또한 공황장애는 심장발작이나 만성적 피로와 상관없는 가슴통증 등, 의학적으로 설명되지 않은 문제와 병존하고 있다.

공황불안을 이해하는 데 또 하나의 까다로운 요인은 한 가지 형태가 정기적으로 가족 안에서 일어난다는 것이다. 이 형태는 적어도 유전적 요인이 있다는 것을 암시하고 있다고 판단된다. 이 형태의 공황불안은 대개 20세 이전에 시작된다. 838명의 성인 친척들-부모, 자녀, 동기간-을 대상으로 한 연구는 20세 이전에 공황발작을 시작한 공황피해자의 가까운 친척들은 17배나 높은 발병률을 보이고 있음을 보여주었다. 이것은 공황장애의 위험도를 엄청나게 높이는 것이다. 이 연령대에 공황발작이 나타나는 것을 목격한 가족은 이 상태를 인지하고 다른 가족이 피해를 보지 않도록 조치를 취할 필요가 있다. 공황발작이 시작되고 있다는 첫 번째 신호가 나타날 때 바로 치료를 시작해야 할 것이다.

다른 나이에 공황발작이 생기는 것은 모든 가족이 고도의 스트레스 상황에 노출되어 있는 경우를 제외하면 가족 내부와 강하게 연계되어 있는 것 같지는 않다.

자신의 평안을 스스로 책임지기

불안은 여러 얼굴을 하고 있다. 불안은 당신이 연설을 하거나 시험을 치르기 전에 위장에 부담을 주고, 호통을 듣고 쫓겨나기 전에 느끼는 신경과민이기도 하며, 위험한 상황에 처했을 때 경험하는 심장 박동이기도 하다. 당신에게 경계를 취하게 하고 앞으로 닥칠 일에 대비하게 도와주기 때문에 약간의 불안은 좋은 것이 될 수도 있다. 그러나 정상적인 불안이 일상생활을 혼란에 빠뜨리고 통제력을 상실하는 것처럼 보이면, 당신은 불안장애로 고통 받고 있을 가능성이 높다.

불안전문가들이 지붕 위에서 외치고 싶은 메시지가 하나 있다면 이것이다. "불안으로 고생하는 사람은 자신의 불안에 스스로 책임을 져야 한다"는 것이다. 이것은 특히 공황발작을 하는 사람들에게 해당하는 말이다. 다른 어떤 약이나 심리치료, 영양섭취 또는 기타 '외부적' 자원도 불안문제를 완전히 치료해 주지 못한다. 당신은 회복에 스스로 참여하고 책임을 져야 한다. 사실, 나는 불안문제와 관련해 '치료'라는 말보다 '회복'이라는 말을 더 선호한다. 회복이라는 말이 사람이 거쳐야 하는 과정을 더 정확하게 묘사하여 주기 때문이다. 이러한 불안문제는 한 순간에 해결할 수 있는 어떤 것이 아닌 것만은 분명하다.

의학이 발달된 세계에서 당신은 "처방이 내려져야 한다"는 잘못된 믿음의 덫에 걸리기 쉽다. 예를 들어 독감에 걸렸다고 가정하자. 당신은 의사에게 간다. 그러면 의사는 약해진 체계에 바이러스가 감염되는 것을 막기 위해 항생제를 처방하고 당신은 집에 가서 약을 복용한다. 그리고 하루 이틀 만에 치료된 것처럼 느낀다. 더 심하게 예를 들자면 당신은 가슴속에 폐렴같이 느껴지는 통증을 일으킨다. 그리고 그것을 치료받기 위해 의사를 찾아간다.

의학적인 질병에 많은 치료법이 있다는 것은 하나님께 감사할 일이다. 그러나 불안문제는 다르다. 생리적 요인이 깊이 연관되어 있다 할지라도 불안의 문제는 다르다. 불안 치료제는 필요한 시발점은 될 수 있지만 아무것도 치료하지 못한다. 그것들은 다만 불안의 증상을 완화시켜줄 뿐, 원인을 제거하지 못한다. 오직 당신만이 원인을 다룰 수 있다. 불안으로 고생하는 사람들은 치료보다 회복을 필요로 한다.

우리는 스스로 돕는 것을 거부한다

우리는 모두가 스스로를 피해자라고 생각하는 시대에 살고 있다. 사람들은 자기들이 피해를 입은 상태에서 구조받기를 원한다. 또 복잡한 문제에 대해 빠른 해결책을 원한다. 오래된 불안문제로 고통 받던 한 환자가 이런 식으로 표현한 적이 있다. "아무도 나를 이 문제로부터 구조할 수 없다면, 내가 이 문제로부터 완전히 자유할 수 없다면, 만일 마술적 해답이 없다면, 기적의 약이 없다면, 세상에 무슨 소망이 있다는 말인가? 나의 회복을 위해 내가 책임을 져야 한다는 생각 때문에 나는 정신이 나갈 지경이다. 거의 매일 아침 잠자리에서 일어나는 것도 힘겨운데 나 스스로를 돌보라니 말이 되는가?"

나는 즉각적으로 반응하지 않고 오랜 침묵으로 응수했다. 나는 그가 자신의 좌절을 곰곰이 되새기면서 스스로 해답을 찾기를 바랐다. 마침내 그가 말했다. "박사님, 당신의 말이 맞다고 생각합니다. 지금까지 아무도 나를 구조해주지 않았어요. 앞으로 이 문제는 제가 통제해야겠어요. 제가 이 문제에 대해 너무 오랫동안 수동적이었어요."

그 환자가 절대적으로 옳았다. 자기역량강화self-empowerment는 평안을 성취하고 불안의 장기적인 폐해를 극복하는 열쇠다. 이 말은 하나님이 우리를 돕지 않는다는 말이 아니다. 물론 도와주실 것이다. 하나님은 모든 것이 절망적일 때 계속 나아갈 수 있는 용기를 주신다. 우리에게 희망을 주신다. 삶에 효과적으로 대처하도록 우리에게 필요한 힘을 주신다. 이러한 소망 없이는 어떤 인간적 고통도 감내할 수 없다. 그러나 어떤 때라도 하나님은 우리가 다른 사람에게 통제력을 내어주고 불안에 직면하여 무기력해지기를 기대하지 않으신다.

왜 내가 이 점을 여기서 강조하는 것일까? 불안문제를 지닌 대부분의 사람들이 그들의 개인적인 힘을 포기하기 때문이다. 그것을 장애에 내어주고, 도와주려 하는 의사에게, 그 사이에 복용해야 하는 약에게, 그리고 마냥 오래된 무기력감에 내어주고 있다. 당신이 무슨 일을 하든지 '피해자 의식'에 당신을 내어주고 체념하지 말라. 불안을 이기는 승리자가 되어야지 노예나 종이 되어서는 안 된다. 이것이 당신을 불안의 손아귀에서 벗어나게 할 태도다.

그러나 더 중요한 것은 무지나 신화(잘못된 믿음), 오명, 수치심에 굴복하지 말라. 이렇게 되면 당신에게 일어나는 일을 통제할 당신의 권리를 포기하는 것이 된다. 문제의 성격에 대해 무지하면 당신은 더 두려워지고 이 두려움은 더 많은 불안을 양산할 뿐이다. 어떤 대가를 치르더라도 불안이 더 많은 불안을 야기하는 이 악순환의 고리를 끊어야 한다. 그렇지 않으면 불안은 더 많은 불안을 야기할 뿐이다. 임상적으로 이 순환의 고리를 '두려움에 대한 두려움 반응fear-of-fear response'이라고 한다. 이는 불안장애 환자에서 흔히 나타난다.

스스로 행복과 평안을 창조하기

이 장을 경주의 출발 소리로 간주한다면 당신의 판단은 옳은 것이다. 스트레스는 불안의 원인과 오염원으로서 지배적이기 때문에 감소되어야 한다.

그리고 어떤 알약도 불안을 제거하지 못한다. 당신 스스로 불안을 다루어야 한다.

이는 사랑하는 사람이나 상사, 경제상황, 아니면 그 무엇에 스트레스와 불행의 원인을 투사하는 대신, 자신의 삶에 대한 책임을 스스로 져야 한다는 뜻이다. 우리는 우리 자신의 불행을 창조한다. 그러나 불행을 해결하는 데 책임을 짐으로써 우리는 기쁨을 창조할 수 있다. 이것이 바로 하나님께서 우리에게 바라는 것이며 그분은 우리가 더 완벽한 온전함을 성취할 수 있도록 능력을 부어줄 준비를 하고 계신다. 하나님은 우리 대신 그것을 해주시지 않는다. 많은 그리스도인들이 하나님이 그들의 불행에 대해 모두 책임지고 만사를 바로잡아주시기를 기대하기 때문에 이 말을 하는 것이다. 하나님은 그런 식으로 일하시지 않는다. 그분은 우리가 도움을 청하기를 기다리고 계시며 우리가 도움을 청할 때, 회복의 길로 우리를 인도하신다.

이는 새로운 사고방식과 인식하는 법을 배워야 한다는 것을 의미한다. 또한 균형 잡히지 않은 생활양식과 많은 행동을 변화시켜야 한다. 책임을 포기하지 않았는지, 당신의 관계들과 직업, 분노, 훈련의 부족, 초조함, 실망 등을 검토해보아야 한다.

나는 이 장의 나머지 부분에서 불안으로부터 회복되는 데 필요한 12단계를 제시하려 한다. 중독 회복의 12단계와 유일하게 비슷한 것은 숫자다. 불안문제 자체가 중독이라고 볼 수는 없다. 그러나 해답은 회복되는 것이다.

마치 회복 중에 있는 중독자처럼 가능한 한 일관성 있게, 그리고 진지하게 단계를 따라 해 보라. 이 말은 각 단계를 차례대로 숙고하되 그 단계에 주어진 함의에 주력하고 그 단계가 당신의 제2의 성품이 될 때까지 '노력' 해 보라는 것이다. 그리고 다음 단계로 넘어가라.

불안 극복 역량 강화를 위한 12단계

1. 그리스도 안에서 당신의 힘strength을 주장하라. 하나님의 말씀에 나오는 약속을 주장하라.
2. 그리스도께서 당신에게 주시는 능력power을 느껴보라. 인지적인 수준을 넘어서라. 그리스도의 능력이 당신의 골수에 스며들어 당신의 용기를 북돋우게 하라.
3. 당신의 두려움을 통제하라. 공황과 회복의 차이는, 회복된 피해자는 공황에 대한 두려움을 극복했다는 것이다.
4. 당신의 삶 속에서 '만일 했더라면'을 제거하여 버리라. 당신의 태도를 "그래서 어떻다는 거야?"로 바꿔라.
5. 당신의 수동성을 극복하라. 불안은 당신의 통제력을 없애지 못한다. 당신은 그것을 내려놓을 뿐이다.
6. 당신의 장애에 대해 찾아낼 수 있는 것을 모두 알아봄으로 당신의 능력을 증가시켜라. 지식과 이해는 당신의 응원군이다. 이것은 약물도 마찬가지다. 당신은 자신의 몸을 다른 누구보다 더 잘 안다. '전문가들'이 당신을 이리저리 조종하게 하지 말라. 당신이 전문가이다.
7. 무기력감에 의해 당신의 사기를 저하시키지 말라. 지식이 무기력감을 극복하는 열쇠라는 것을 기억하라. 그러므로 불안장애에 대해 배울 수 있는 것은 모두 배우라.
8. 당신을 불쌍히 여기라. 너무 많은 불안장애 피해자들은 자신을 최악의 적으로 대우하고 있다. 자신을 스스로 정죄하지 말라("나는 멍청이, 나는 바보 천치야" 등).
9. 당신의 문제가 당신을 지배하게 하지 말라. 문제를 이차적 위치로 몰아내고 생활에 우선순위를 두라.
10. 자기연민의 함정을 주의하라. "내게 화가 있으리라"고 말하는 대신

"이 문제에 대해 내가 무엇을 할 수 있는가?" 라고 말하라.

11. 좋은 지원그룹을 찾아보라. 이해해주는 또래집단이 있으면 개인적 능력감이 높아진다. 고립되면 초조해진다.
12. 절대로, 절대로 포기하지 말라. 히틀러의 공중폭격 아래 영국국민이 절망의 절정에 있을 때, 윈스턴 처칠 경이 했던 말을 기억하라. "절대로, 절대로 포기하지 말고 항복하지 말라. 어떤 일이 있어도."

4장

공황불안장애의 치료

이에 예수께서 그들의 눈을 만지시며 이르시되 너희 믿음대로 되라 하시니 그 눈들이 밝아진지라 (마 9:29-30)

아주 어릴 때부터 수잔Susan은 이런저런 일에 대해 불안하게 느꼈던 것을 회상할 수 있다. 아주 어린 소녀로서 그녀는 어머니에 대해 걱정하였다. 수잔이 학교에 가 있는 동안 무기력하고 불쌍한 어머니는 혼자 집에 있었다. 새 옷이나 새 구두를 샀을 때는 며칠 동안 잘못된 스타일의 옷을 산 것이 아닌가 걱정하거나 너무 많은 돈을 지불한 것이 아닌가를 걱정하였다. 집에서 나갔을 때는 모든 문들을 제대로 닫았는지, 창문을 열어놓은 채 나오지는 않았는지 걱정했다. 수잔은 애완견과 학교 성적, 평판, 그리고 미래에 대해서 걱정했다. 그녀가 걱정하지 않는 것은 거의 없었다.

열아홉 살 되던 해에 수잔은 대학생 친구의 영향으로 크리스천이 되었다. 약 3개월 만에 염려불안 성향으로부터 새로운 자유를 느꼈다. 그녀는 어떻게 기도하고 성경을 공부하는지를 배웠다. 그리고 이런 영성훈련을 통하여 큰 희망과 확신을 발견하게 되었다. 그녀의 불안한 성향은 이제 지나간 것처럼 보였다.

그러던 어느 날 수잔은 눈을 뜨자마자 새로 찾은 평정심이 한 순간 사라진 것을 발견하였다. 그녀의 모든 불안이 더 강화된 채로 되돌아왔다. "나에게 무슨 일이 벌어지고 있는 거예요?" 치료가 시작된 지 얼마 되지 않아 그녀는 탄식조로 물었다. "왜 불안이 되돌아온 건가요? 하나님께서 나를 그 모든 고통으로부터 자유하게 하신 줄 알았는데요. 제가 어디선가 하나님을 실망시켜드렸나요? 저를 버리신 건가요? 저는 이제 평생 실패자로 살 운명인가요?"

수잔의 경험은 흔한 일이다. 회심(구원경험)은 종종 놀라운 위로감과 불안으로부터의 해방감을 가져다준다. 믿음의 밀월 단계라 할 수 있다. 새 신자들은 흔히 새로 발견하게 된 기도생활과 성경으로부터 새로운 통찰을 얻게 되면서 굉장한 흥분을 경험한다. 하나님의 성령이 매우 가깝게 느껴지고 그의 위로는 아주 실감나게 느껴진다.

그러나 불안은 우리의 인격 안에 깊이 뿌리 내리고 있는 것일 수 있다. 하나님께서 때때로 이 뿌리를 기적적으로 제거하실 때도 있지만 더 흔하게는 구원을 통해 우리에게 열어준 성화의 과정을 시작하고 계속하도록 우리에게 요청하신다. 하나님은 우리가 영적 성장을 계속하고 유지하기를 기대하신다. 하나님께서는 우리의 성화를 이룰 수 있는 도구와 도구를 사용할 수 있는 능력, 그리고 결단할 수 있는 용기를 제공하신다. 그러나 우리는 이것을 어떻게 사용하는지를 배워야 한다. 하나님께서 우리가 성자가 되는 지름길을 제공하시는 일은 거의 없다.

"하나님께서는 당신을 버리시지 않았습니다"라고 나는 수잔에게 분명히 말해 주었다. "하나님께서는 그분이 약속하신 모든 것을 실천하라고, 계속 그분과 동행하라고 당신을 부르십니다. 당신은 그분이 베푸신 모든 자원이 당신의 모든 불안에 족하다는 것을 배워야 합니다. 당신이 하나님을 실망시켰을지 모른다는 두려움에 죄책감을 느낀다면 그것을 고백하고 그것을 당신 자신이 하나님께로 돌아가게 하는 데 사용하세요. 절대로 당신의 죄책감을 하나님으로부터 멀어지게 하는 데 사용하지 마세요."

수잔과 나는 다음 몇 회기에 걸쳐 불안한 시간들이 반드시 믿음이 없는 시간은 아니라는 관념을 함께 탐색하였다. 분명한 것은 불안감이 우리의 구원을 취소하는 것이 아니라는 것이다. 사실 위대한 성자들 가운데 많은 이가 깊은 어두움을 겪었으며, 공포를 이겨내기 위해 싸워야 했다. 예수님도 한 번은 하나님께 버림 받은 느낌을 받았다. 그의 겟세마네 경험은 무엇보다 유기감으로 가득찬 것이었다. 그런데도 예수님은 아버지의 계획에 끝까지 충실하였다.

극심한 불안장애는 그 뿌리가 너무도 깊어 여러 해 동안의 '믿음 성장시키기'와 전문적 치료가 문제를 통제하기 전에 먼저 요구될지도 모른다. 그러므로 우리가 너무 느리게 배운다고 자신을 너무 자책하지 않는 게 중요하다. 그와 같은 태도는 우리의 불행감을 조장할 뿐만 아니라 우리의 성장에도 방해가 된다. 우리는 하나님의 도우심 가운데 우리 안에 깊이 뿌리 내린 불안을 해결하도록 스스로 역량을 강화해야 한다.

불안 통제하기

앞 장에서 불안으로 고통받는 사람들이 자신의 치유적 운명을 스스로 책임지는 것이 얼마나 중요한지를 힘주어 강조하였다. 아무도 당신만큼 당신을 돌보아주고 당신의 사례를 '관리'해줄 사람은 없다. 경각에 달린 것은 당신의 평안이며, 당신의 마음과 몸을 당신만큼 잘 아는 사람은 아무도 없다.

'자기역량강화'의 한 방편으로, 당신은 공황발작의 원인 및 공황의 올바른 진단법과 치료적 대안들에 대해서 알아야 한다.

무기력을 피하기

지식은 당신을 스스로 통제하게 하는 데 한 몫을 한다. 이것은 무기력감에 대한 최고의 대안이다.

이 원리는 몇 가지 선택이 있는 어려운 치료 분야에서 현재 잘 확립되어 있다. 내 친구 한 명은 전립선암에 걸린 것을 알게 되었다. 며칠 동안 그는 완전히 무기력감에 빠졌다. 너무나 많이 서로 엇갈리는 충고를 들어서 거의 미칠 지경이 되었다. 암 발견으로 인한 우울증은 상당히 악화되었다. 그래서 이것을 자신이 감당해야 할 숙제로 알고 그 자신이 통제하기로 결심하였다.

전립선암 치료를 위해 알아야 할 것, 자기 나이의 남자들에게 가능한 치료법, 그리고 가능한 결과에 대해 알아보기로 마음 먹었다. 그의 태도변화는 극적인 것이었다. 어떤 치료도 자기가 갖고 있는 선택에 대한 지식만큼 그의 무기력한 우울증을 낙관적인 태도로 바꾸지는 못했을 것이다.

나는 아무리 심각한 불안장애라도 그것이 암만큼 심각하다는 암시를 할 생각은 없다. 그러나 환자가 느끼는 무기력감은 매우 유사하다. 불안장애 환자들을 위한 치료옵션은 항상 그렇게 명쾌한 것이 아니다. 그래서 이들은 많은 질문을 한다. 약을 복용해야 하나요? 신경안정제를 먹는다면 좋아질 확률은 어느 정도 되나요? 얼마나 오랫동안 약을 복용해야 하나요? 신경안정제가 중독성이 있는 것은 아닌가요? 도저히 약을 끊지 못하게 되면 어쩌죠? 나는 이 같은 질문에서 오는 혼란은 전적으로 지식의 부족 때문이라고 감히 말하고 싶다.

우리는 이미 필수 지식에 해당하는 것을 다룬 바 있지만 지금은 중요한 기본사항만을 검토해 보자.

무엇이 공황불안장애를 야기하는가

공황장애의 정확한 원인은 철저한 과학적 연구가 진행 중이지만 수수께끼와 같이 상당히 많은 조각들이 이제 들어맞고 있는 중이다. 2장에서 이미 거론한 대로, 중요한 열쇠는 가바와 스트레스로 인한 코르티솔의 상승이 서로 연관되어 있다는 데 있다.

기타 다른 원인으로는 유전적, 생리적 요인, 정상적 신체 감각에 대한 과잉반응 등이 있다. 일부 연구는 공황발작이 일어나는 것은 두뇌 안의 '질식 경보 기제suffocation alarm mechanism'가 죽음이 임박했다는 거짓된 정보를 보고하면서 그릇된 경보를 울릴 때라고 시사하고 있다. 이 보고는 공황발작의 감각을 정확하게 설명하고 있지만 그 원인은 설명하지 못하고 있다. 내가 보기에 공황장애의 원인을 이해하는 열쇠는 스트레스가 몸과 두뇌의 여러 영역에 얼마나 큰 충격을 주는지를 이해하는 데 있다.

또 사람의 몸이 어떻게 스트레스를 견뎌내는지와 관련해서도 상호작용적 효과가 있다. 앞에서 이미 논의한 것처럼 유전적 요인은 우리의 스트레스 반응 체계가 얼마나 반응적인지를 결정하는 데서 하나의 역할을 한다. 이것은 왜 똑같은 행동을 보고도 어떤 사람은 왜 다른 이들보다 더 흥분하는지를 설명해준다. 그러므로 부모로부터 물려받은 유전의 영향은 우리가 공황에 얼마나 취약하냐는 것보다 어떻게 스트레스를 다루는가에 더 영향을 미치는 것 같다. A유형 사람들－늘 쫓기고 항상 서두르며 성취지향적인 사람들－은 후천적으로 이런 성향을 갖게 되기보다는 이런 성향의 상당부분을 유전적으로 물려받는다. 그리고 나의 경험에 의하면 이들은 공황발작에 가장 크게 노출되어 있다.

정확한 진단을 확보하기

세상에는 공황불안장애의 진단과 유사하거나 혼동하게 하는 신체적 장애가 몇 가지 있다. 신체적 장애는 당신의 공황에 대한 대안적 설명에서 제외시키거나 치료하는 것이 중요하다. 어떤 경우에는 공황 증상이 진짜 공황불안을 전혀 반영하지 않으면서 치료를 요하는 다른 장애를 반영할 때가 있다. 오진은 심각한 오류를 낳을 수 있다. 다음은 공황장애의 진단을 어렵게 하는 주요 장애들이다.

승모판탈출증

간단하게 MVP라고 알려져 있는 승모판탈출증(Mitral Valve Prolapse)은 공황장애의 진단을 어렵게 하는 가장 중요한 신체적 상태가 아닌가 싶다. 출생시부터 있을 수 있는 이 상태에서는 심장 안에 있는 밸브(승모판)가 닫혀야 하는 상황에서 닫히지 않거나 자리를 이탈한다. 결과는 피가 밸브 밖으로 새어나가는 것이다. 승모판탈출증(이하MVP)은 공황발작에서 일어나는 불편감만 제외한다면 무해한 상태이다. 이에 대한 한 사람의 진술을 들어보라.

> "몇 주 전에 첫 번째 공황발작을 겪었어요. 심장마비나 뇌경색이 오는 게 아닌가 생각했어요. 신경과 전문의와 주치의를 찾아갔어요. 그리고 MRI와 초음파심장도를 찍었어요. 나의 발작은 심장이 뛰고 발열이 심하면서 왼쪽이 마비되는 것으로 나타났어요. 그날 이후로 서로 다른 시간에 왼쪽이 무감각해지는 것을 경험했어요. 발은 괜찮았고 얼굴 근육은 이상한 느낌이 왔다 갔다 하는 식이었어요. 신경과 전문의는 뇌 속에 종양이 있어서 마비가 오는 게 아닌가 하며 동맥경화증의 가능성을 제기했죠."

"MRI는 정상으로 나왔어요. 심장이 제대로 기능하는지 테스트하기 위해 초음파를 사용했는데 제가 승모판탈출증이 있는 것을 보여주었어요. 심장 안의 밸브가 피가 거꾸로 흐르지 않도록 닫혀야 하는데 끝까지 다 닫히지 않는 거예요. 제 나이(27세) 여자들에게 흔한 증상이래요. 이것은 없어지지 않지만 대개 별 것 아니라네요. 하지만 스트레스에 의해 악화될 수 있대요. 이것이 공황발작을 더 극심하게 만들었던 거예요."

이 이야기는 여러 번 반복될 수 있다. 그녀는 식견이 있는 의사가 MVP를 찾아냈기 때문에 운이 좋았다. 대부분의 경우 이 병은 진단되지 않고 간과된다.

MVP가 있는 환자는 어떤 증상을 경험하는가?

MVP와 공황장애는 너무 많이 연관돼 있으므로 이에 대해서는 좀 더 논의할 필요가 있다.

MVP를 가지고 있는 대부분의 환자는 이 상태가 있는 것을 인식하지 못한다. 어떤 환자는 상태가 몇 년 동안 진행되고 있었는데도 인생 후반에 증상이 나타났다. 뿐만 아니라, MVP의 증상들은 MVP가 없는 인구 집단 가운데서도 흔하게 발생한다. 이 모든 것은 MVP 증상들은 치료하기 어렵다는 사실과 함께 환자와 의사 사이에 마찰을 야기하기도 한다. 많은 경우 MVP 환자들은 단순히 '너무 걱정이 많은 사람들' 로 간주된다.

이를 염두에 두고 보면 MVP 환자는 대개 다음과 같은 증상을 보인다.

가슴통증은 일반 인구에 아주 흔한 것으로 심장질환이 아닌 데서 기인하는 경우가 많다. 흔히 MVP와 연계된 고통은 짧고 날카로우며 찌르는 것 같고, 심장질환 통증과 달리 주로 휴식을 취하고 있을 때나 간혹 운동할 때 발생한다. 그런데 MVP가 없는 대부분의 사람들이나 심장질환자들도 바로 이런 유형의 통증을 겪는다. 어떤 의사들은 이 같은 유형의 통증은 밸브가 심장박동과 함께 제자리에서 벗어날 때 벨브의 지원구조가 팽창되면서 생긴다고 본다. 이런 통증은 베타수용체 차단약(아드레날린을 차단하고 스트레스를 낮추는 데 사용됨)이나 칼슘 차단약(혈압을 낮추는 데 사용됨) 등의 약제에 반응적일 수 있다.

심계항진(palpitations, 심장이 뛰는 것을 의식함)은 MVP에 매우 흔한 증상이다. 이 상태는 공황에서 경험되는 것과 유사하기 때문에 종종 오해를 받을 수 있다. 심계항진은 가슴통증에 사용되는 약에도 잘 반응한다.

피로감은 MVP 환자들에서도 나타날 수 있다. 이것은 확실히 우리 사회 전체에서 가장 흔하게 듣는 불평 중 하나다. 게다가 어떤 확연한 의학적 문제와도 연결되지 않은 불평 중 가장 자주 듣는 불평이기도 하다. 피로감은 MVP와 공황불안에서 공통적으로 나타난다.

MVP가 심각할 수 있는가?

나는 지금까지 MVP가 대부분의 사람들에게 심각하지 않은 문제라고 강조하였다. 그러나 당신이 조치해야 할 일과 조치하지 않아도 되는 일을 알기 위해서는 당신의 특정한 상태에 대하여 심장 전문의와 의논할 필요가 있다.

MVP와 관련해서 염두에 두어야 할 두 가지 가능한 문제가 있다. 첫째로, 승모판이 점진적으로 퇴화할 수 있다. 이 상태는 극히 드문 경우다(일만 명에 한 명 꼴로 발생하는 것으로 추산된다). 그러나 당신에게 MVP가 있다면 이것을 직면할 필요가 있다.

둘째 심장밸브가 감염되어 심장내막염으로 발전할 수 있다. 심장의 안쪽 구조(이 경우에는 승모판)에 감염이 일어난 것이다. 이 감염은 밸브 구조의 오래된 이상 때문에 발생할 수 있다. 모든 MVP 환자들이 예방약을 먹어야 한다는 분명한 증거는 없다. 그러나 대부분의 심장전문의는 적어도 몇 명의 환자에게 감염위험이 있는 치과나 외과 진료를 받을 때 예방약을 먹도록 권유한다.

나는 MVP가 있는 사람들이 이 두 가지 심각한 가능성에 대해 인식하는 것이 중요하다고 말씀드리지만, 또한 그들에게 이런 경우는 극히 드물기 때문에 심각하게 고민할 필요는 없다고 말해주고 싶다. 당신의 주치의와 MVP의 위험에 대해 대화하라.

MVP를 위한 치료법은 무엇인가?

MVP에는 사실 치료제가 없다. 다만 증상을 치료할 뿐이다. 대부분의 심장전문의들은 좋은 운동계획, 건강한 다이어트, 삶의 스트레스를 다룰 수 있는 능력이 환자의 안녕감과 그와 연계된 증상들에 차도를 가져올 수 있다고 믿고 있다. 나의 환자 중 몇 명은 세 번의 많은 식사를 하는 것보다 하루에 소식을 여러 번 하는 것이 효과가 있다고 보고했다. 그들은 또한 붉은색 육류와 계란 제품, 그리고 지방의 소비를 줄이는 것이 소화체계를 좋게 한다는 것을 발견했다.

MVP의 증상은 신비스럽게 나타났다가 신비스럽게 사라지는 게 상례다. 다음 이야기가 보여주는 것처럼, 당신의 의사와 신뢰감을 바탕으로 좋은 관계를 갖는 것이 중요하다.

> "저는 좋은 의사를 찾는 게 힘들었어요. 어린 시절, 원인을 알 수 없는 '이상한 통증' 과 의사들이 설명할 수 없는 다른 증상을 자주 앓았어요. 그래서 의사들은 제 부모님에게 내가 주목을 받고 싶어서 증상을 만들어낸다고 말하곤 했어요. 제가 20살 때, 가슴 통증과 호흡곤란, 그리고 불규칙적인 심장박동 때문에 응급실에 실려 갔었어요. 저는 심히 약해진 기분이었고 극도로 불안했어요. 응급실 가슴통증과에서 첫 번째 의사가 불규칙적인 심장박동을 야기할 수 있는 단 한 가지는 코카인 남용 때문이라고 내게 큰 소리로 말했어요. 저는 그때 카페인조차도 몸에 나쁘다는 걸 알고 있었어요. 마약 가지고 놀 처지가 아니었죠."

"거기서 초음파 심장진단을 해 준 심장전문의에게로 보내졌고 승모판 탈출증이 있다는 진단을 받았어요. 그런 후, 의사는 이것이 저의 다른 증상의 원인일 거라고 했고 그것을 공황발작이라 말했어요. 또 이 병은 고칠 수 있는 것이니 걱정할 필요 없다고 말해 주었어요."

"몇 년 후 저는 직업을 바꾸었고 건강에 대한 계획도 수정했어요. 그리고 기록된 증상목록과 이전의 의료기록 모두를 가지고 새로운 의사를 찾아갔어요. 그 의사는 그런 것은 필요 없다며 한 가지 주된 증상을 알고 싶어했어요. 제가 '공황불안장애' 라고 언급했을 때, 그는 방에서 걸어나가더니 제약회사에서 자기에게 보내준 샘플 약을 가지고 와서 약 포장지에 적혀있는 지시를 따라 약을 복용하라고 말해주었어요. 그는 마치 내가 온갖 증상을 상상해 낸 것처럼 느끼게 만들었고 나의 문제를 심각하지 않게 취급했어요. 다시는 그를 찾지 않았고 저를 진지하게 취급할 의사를 찾는 것이 지금도 어려워요."

천식

공황의 주요 증상 가운데 하나는 '공기 허기air hunger' 이다. 호흡하기에 충분한 공기가 부족하다는 느낌이다. 당신은 밀폐된 공간에 갇힌 기분이고, 그 공간에서 빠져나가 열린 창문으로 갈 필요를 느낀다. '공기허기' 의 기분은 공황반응에서 실제로 오해하게 하는 면이 있다. 왜냐하면 사실은 과호흡 때문에 너무 많은 산소를 흡입하고 있기 때문이다. 비슷한 반응이 천식발작에서도 일어나는데 천식환자는 기도가 막혀 충분히 산소를 마시지 못한다는 게 다를 뿐이다.

최근의 연구는 증상을 변별하기 위해 공황발작을 천식발작과 비교하고 있다. 연구원들은 71명의 공황장애 환자를 71명의 천식환자와 비교하였다. 두 그룹 사이에는 호흡의 어려움을 겪는 면에서 여러 가지 유사점이 있었지만 공황그룹과 천식그룹을 구별하는 세 가지 증상이 눈에 띄었다. 천식환자들은 쌕쌕거림, 목에 끈적끈적한 담, 기침을 경험하였다. 공황발작 피해자들에게는 그런 증상들이 없었다.

환자는 오직 이 장애 아니면 다른 장애를 가져야 한다고 말하는 것이 아니다. 당신이 천식환자라면 공황불안 증상도 나타나게 될 것이다. 당신은 두 가지 상태에 대해 모두 치료를 받아야 한다. 그러나 쌕쌕거림과 목에 끈적거리는 담, 그리고 기침을 공황발작 기간에 동시에 경험한다면 이것을 의사에게 문의하여 치료를 받아야 한다.

발작심실상성빈맥 Paroxysmal Supraventricular Tachycardia

단번에 발음하기 어려운 병명이다. 간단하게 PSVT로 알려져 있는데, 공황의 빠른 맥박과 잘 구분되지 않는 빠른 맥박의 특별한 형태이다. 여기서 다시 한 번 우리는 그 증상이 공황불안장애와 상당부분 겹치는 또 다른 장애를 만났다. 잘 인식되지 않는 PSVT 증상들이 종종 공황불안장애로 오진되고 있다. 사실 이것들은 여러 가지 정신적인 문제에 속하는 것으로 판단되기도 한다. 한 연구에서 PSVT로 최종 진단되기 전에 의사들 – 정신과의사가 아닌 – 은 이 환자들의 54%의 증상을 공황이나 불안 또는 스트레스 때문으로 간주했다. 남자들보다 여자들이 이런 증상을 이런 장애의 하나로 오인하는 경향이 있었다.

PSVT를 배제할 수 있는 간단한 방법은 없다. 이는 아주 정상적인 심장을 가진 사람에게도 발생할 수 있다. PSVT는 빠른 심장박동이나 빈맥(일분에 맥박이 150~230회에 이름)이라는 특징이 있다. 갑자기 시작하여 가슴에 심계항진을 야기시킨다. 갑자기 멈출 수도 있다. 때로는 기침이나 갑작스러운 움직임이 빈맥을 멈추게 한다. 만일 공황발작 중에 위의 증상을 경험하면 의사에게 보고해야 한다. PSVT에는 치료방법이 있다. 그러나 진단을 제대로 하려면 한동안 맥박을 기록하기 위해 홀터 심전도기Holter monitor를 차고 다녀야 한다.

저혈당 Hypoglycemia

저혈당은 혈관이 정상보다 낮은 포도당 수치를 가지고 있을 때 불편한 신체적 증상을 경험하는 것이다. 저혈당은 비교적 희귀하며 대부분 당뇨병을 가진 사람들에게서 발견된다. 어떤 사람들은 충분히 발전된 당뇨가 없이도 저혈당으로 고생한다. 우리는 이를 '반응성' 저혈당이라고 부른다.

여기서의 문제는 인슐린의 부족이다. 인슐린은 몸 안에 당을 분해하여 저장하는 데 사용되는 호르몬이다. 너무 많은 양의 운동, 다이어트의 변화, 또는 다음 식사 전에 당수준이 떨어진 것이 저혈당 증상을 야기할 수 있다.

저혈당의 증상이 극심하게 나타날 때는 그 증상이 공황발작의 경우와 구분하기가 어렵다. 떨림, 과민성, 땀흘림, 머리가 몽롱해짐, 불안, 빠른 맥박, 불안정, 쇠약함 등이 증상이다. 유사성은 우연한 것이 아니다. 낮은 혈당과 맞서기 위해 부신은 아드레날린을 분비한다. 그러면 아드레날린이 혈관에 추가로 당을 흘려보내는데 이것은 공황발작을 촉발하는 다른 형태의 스트레스 반응이다.

저혈당이 공황장애의 원인이 되거나 공황장애를 악화시키는지를 어떻게 아는가? 당신이 발작할 때를 주의 깊게 관찰하라. 허기를 느끼는가? 식사하기 직전인가? 당이 어떤 형태로 불안을 완화시켜주는가? 공황발작으로 인해 이른 아침에 깨는가? 이것들 중 하나라도 해당된다면 전문의에게 낮은 혈당 또는 저혈당의 원인이 제거되어야 한다는 사실을 알릴 필요가 있다. 이 진단이 당신의 공황발작을 한꺼번에 제거해 주지는 못하겠지만 그 강도를 낮추어주고 그것이 찾아왔을 때 통제력을 높여줄 수 있을 것이다.

공황장애는 어떻게 치료하는가

공황불안장애와 광장공포증에 대한 경향성은 가족 안에서 전수된다. 그럼에도 불구하고 공황장애를 일찍 치료하면 광장공포증으로 진행되는 것을 막을 수 있다.

때로 '인지치료'라 일컬어지는 인지행동적 접근은 공황장애를 치료하는 데 있어서 분명히 다른 형태의 치료법보다 월등하다. 이 형태의 치료에서, 환자는 공황상태를 통제할 수 있는 것으로 보고 호흡훈련이나 불안을 촉발하는 상황에서 마음의 초점을 다른 데로 돌리는 훈련을 통해 불안을 감소시키는 방법을 배운다. 또 다른 접근에는 '노출요법exposure therapy'이라는 것이 있는데 환자는 위협적인 상황에 서서히 점진적으로 노출되게 된다. 이 점진적 노출은 공황장애로부터 올 수 있는 공포증을 완화시키는 데 도움이 된다. 노출요법에서 사람들은 자신이 그것에 둔감해질 때까지 아주 서서히 단계적으로 두려운 상황에 노출된다.

왜 인지행동치료법이 그렇게 효과가 있는가? 공황장애가 있는 개인들은 그들이 의식하지 못하는 사고 속에 왜곡이 있는데, 이 왜곡된 사고가 두려움의 주기를 강하하여 스트레스 수준을 높이고 공황발작을 촉발시키는 것이다.

인지행동치료에서 환자들은 다음과 같은 전형적 반응을 배운다. "저 끔찍한 느낌이 점점 나빠지고 있어. 곧 공황발작을 하게 될 거야. 곧 심장발작을 일으킬 거야"와 같은 반응이 "이것은 약간의 불편함일 뿐이야. 곧 지나갈 거야"와 같은 수정문장으로 대체된다. 이 대안적인 자기진술문들이 불안을 감소시키는 데 도움이 되고 공황발작을 차단한다. 이와 같은 방식으로 사고 유형을 수정함으로써, 환자는 자신의 불안문제에 대해 더 많은 통제감을 얻게 되는 것이다.

비록 약물치료와 인지치료를 병행하는 것이 공황불안장애를 치료하는 기본치료법으로 간주되고 있지만, 다른 형태의 치료가 필요할 때도 있다. 많은 공황피해자들은 내면에 깔려있는 취약성이 있어서 언제나 위험에 노출되어 있다. 이들은 자신의 부정적인 감정과 분리에 대한 두려움, 위축, 대인관계에서의 통제 욕구와 같은 주제에 초점을 맞추는 보다 넓은 심리치료법에서 혜택을 얻을 수 있다.

여기서 어떤 형태의 치료법을 사용해야 하는가? 하나는 정신역동적 심리치료법인데, 이는 치료자와 환자가 함께 환자의 문제 뒤에 깔려있는 정서적 갈등을 탐색하는 '대화요법talk therapy'이다. 정신역동적 접근은 공황발작에 작용하는 스트레스를 완화하는 데는 도움이 되지만, 발작을 직접 막는 데는 도움이 될 것 같지 않다. 실제로 이 형태의 치료법 자체가 사람들을 도와 공황불안장애를 효과적으로 극복하게 한다는 과학적 증거는 찾아볼 수 없다. 그러나 환자의 공황장애가 보다 광범위한 기존의 정서적 혼란과 함께 일어난다면 정신역동적 치료는 전반적 치료 프로그램에 유익한 보완이 될 것이다.

공황불안장애 치료 약물

어떤 사람들은 처방약을 복용할 때 공황증상으로부터 큰 안도감을 경험한다. 나는 공포에 대한 공포 반응fear-of-fear response이 강화되는 것을 막기 위해서 가능한 한 빨리 실제 공황발작을 중단시키는 것이 절대적으로 필요하다고 믿고 있다. 가장 효과적인 치료라 할지라도 효력을 보려면 얼마간 기다려야 하지만 약물복용은 공황발작을 즉각적으로 통제할 수 있다.

공황장애의 치료에는 몇 가지 형태의 약물이 안전하고 효과가 있는 것으로 입증이 되었다. 다음 장에서 이것들을 정확하게 어떻게 복용하여야 하는지에 대해 기술할 것이다. 큰 치료 계획에서 볼 때 특정한 약이 어느 위치에 적용되는지 각 약품에 대해 개관적 설명을 간단히 해보겠다. 여러 의약품에 대하여 알고 있는 것의 이점은 치료효과를 반감시키는 부작용을 제거함으로써 균형 잡힌 처방을 할 수 있다는 것이다. (겉 표기는 약의 일반적인 명칭이고, 괄호 안 표기는 상표명임을 참고하라.)

공황발작이나 공황불안장애의 치료에 사용되는 주요 약품에는 다음과 같은 것이 있다.

- **벤조디아제핀**(Benzodiazepines: 벤조: Benzos) : 지난 20년간, 벤조는 광장공포증을 겸한 공황불안장애를 치료하는 데 아주 성공적으로 사용되어 왔으나 일부 논란이 없었던 것은 아니다. 초기에는 임상가들이 이 약물에 의존성이 생기는 것을 제한하는 데 숙련되어 있지 않았다. 이제 관리하기가 더 쉬워진 새로운 벤조가 출현하면서 상당히 변화되었다. 공황장애치료에 대해 알프라졸람(자낙스), 로라제팜(아티반), 클로나제팜(클로노핀, 한국에는 '리보트릴' 이란 상품명으로 나옴)등, 이 모두는 임상적으로 효과적임을 보여주고 있다. 나는 처음에 자낙스Xanax를 선호하다가 나중에는 아티반Ativan으로 바꾸었는데, 이 약이 매우 빠르게 작용하기 때문이다. 모든 벤조는 이전의 안정제와는 다르게 7~8개월에 걸쳐 복용량을 늘릴 필요가 없이 유지될 수 있다.

- **삼환계 항우울제**(Tricyclic Antidepressants: TCAs) : 삼환계 항우울제는 광범위한 여러 종류의 불안장애를 치료하는 데 처음 사용되었던 약이다. 결과는 다양하다. 삼환계 항우울제(이하 TCA)는 효력을 나타내는 데 시간이 걸리고(2~3주), 몇 가지 매우 불편한 부작용을 보이는 게 흠이다. TCA는 이제 다른 형태의 치료가 효과가 없을 때나 높은 수준의 진정이 요구될 때에만 사용되고 있다. 가장 흔하게 사용되는 TCA는 이미프라민(토프라닐)과 클로미프라민(아나프라닐)이다. 아나프라닐Anafranil은 높은 수준의 강박적 사고가 있을 때 도움이 된다.

- **모노아민 옥시다아제 억제제**(Monoamine Oxidase Inhibitors: MAOIs) : MAOI는 '비정형' 우울증을 치료하는 데 사용되는 항우울제이다. 그러나 이 약은

공황불안장애를 치료하는 데 아주 효과적인 것으로 입증되고 있다. 어떤 임상가들은 MAOI가 시중에 나와 있는 약 가운데 가장 효능이 있는 항불안제라고 믿고 있다. 그러나 이 약은 상당한 부작용과 다이어트 제한 때문에 다른 형태의 치료가 별로 효과가 없을 때로 그 용도를 한정시키고 있다.

- **선택적 세로토닌 재흡수 억제제**(Selective Serotonin Reuptake Inhibitors: SSRIs) : 오늘날 공황장애를 치료하는 데 가장 널리 사용되는 치료제는 또 다른 형태의 항우울제인 SSRI이다. SSRI의 부작용 여부는 다른 약에 비해 양호하다. 이 약은 안전하며 중독성이 없고 상당히 효과가 높다. 이 약의 임상적 효능을 지지하는 데이터는 하루가 다르게 증가하고 있다.

조기 치료의 중요성

이미 앞에서 언급한 것처럼, 공황불안장애와 광장공포증의 발병성향(소인)은 가족을 통해 전수되는 경향이 있다. 그러나 스트레스는 공황과정을 유발하는 가장 중요한 촉발요인이다. 이것은 다른 공황장애나 가족력이 있는 장애 모두에 해당한다. 공황장애 성향(소인)이라는 것은 낮은 스트레스 한계치에 지나지 않으며, 스트레스 상황에서 아드레날린과 코르티솔이 분비될 더 높은 경향성을 말한다. 어떤 요인이 공황장애를 야기하든 간에 공황불안장애를 서둘러 치료하는 것은 절대적으로 필요하다. 공황을 더 일찍 치료할수록 재발가능성이 줄어들고 광장공포증으로 진행하는 것을 예방할 가능성도 높아진다.

연구결과는 인지행동치료와 약물치료를 병행하여 적절하게 조기에 치료하면 공황장애를 가진 사람들의 70~90%는 좋아진다는 것을 보여주고 있다. 대개 6주에서 8주가 지나면 의미 있는 차도가 보인다.

어떤 의사를 만나야 하는가?

치료를 어디서 시작하느냐보다 어디서 마무리하느냐가 훨신 더 중요하다. 불안장애의 치료에는 적절한 경력과 훈련과정을 마친 유능한 의사를 만나는 것이 아주 중요하다. 심리치료만으로는 부족하다. 정신약리학(적절한 처방약으로 치료하는 것)을 아는 분이 치료를 병행해야 한다. 그러므로 재정상황에 따라 목사, 상담자, 심리학자, 사회복지사, 정신과의사를 만남으로 시작할 수 있을 것이다. 당신이 만나는 전문가가 유능한 사람이라면, 그는 자신의 전문성과 다른 전문가와 협력할 의지에 관해 당신에게 알려줄 것이다. 내가 공황장애와 기타 여러 불안장애를 치료하는 것에 대해 배운 한 가지가 있다면 팀으로 접근하는 것이 최상이라는 것이다.

민감한 주제를 말하겠다. 많은 그리스도인은 심리학자나 정신과의사들에게 찾아가는 것을 두려워한다. 그 이유는 이들 전문가들과 관련된 고정관념 때문이다. 그리스도인들은 차라리 목사를 만나거나 시역 상담자를 만나는 것을 선호한다.

자, 여기서 나는 감히 임상심리학자들과 정신과의사 동료들의 분노를 살 만한 말을 하려 한다. 많은 상담자들은 매우 유능하다. 그들은 온전한 회복을 위해 필요한 모든 인지요법과 상담을 쉽게 제공할 수 있다. 그런데 그들이 유능하다는 증거는 팀 접근을 해서 심리학자나 정신과의사 동료와 협조하느냐의 여부에 달려있다.

이와 같은 협조체제가 왜 필요한가? 정신과의사는 의학적으로 훈련을 받았고 불안에 대한 약을 처방할 수 있는 전문성을 지니고 있다. 그리고 당신의 주치의가 간과할 수 있는 심각한 의학적 상태를 제거할 수 있는 전문성도 갖고 있다. 임상심리학자들은 불안 저변에 깔려있는 심각한 심리적 상태를 제거하는 데 도움을 줄 수 있는 복잡한 심리 검사를 실시할 수 있도록 훈련받은 사람들이다. 당신은 먼저 이들 전문가를 찾아갈 수도 있고 목회자나 상담자에게 문제를 제기할 수도 있다.

당신은 불안을 치료 받으려 할 때 전체적인 건강 검진을 위해 주치의부터 만날 계획을 세워야 할 것이다. 유능한 의사라면 이렇게 하도록 요구할 것이다. 많은 정신과의사들은 평범한 의료 검사를 실시하지 않고 주치의나 다른 전문가를 만나보라고 할 것이다.

법률소송이 난무하는 이 시대에, 의사들은 법률적인 두려움 때문에 증상의 신체적 원인을 배제하기 위해 비싼 검사를 어쩔 수 없이 실시한다. 그 다음에 그것을 불안문제라고 선언한다. 어쨌든 상담자나 심리학자를 만난다 하더라도 건강검진으로 시작하는 것은 반드시 필요하다.

여기에 도움이 되는 말이 있다. 당신이 의사를 만나거든, 당신에게 불안의 문제가 있는 것 같다고 반드시 언급하라. 이렇게 그에게 말해주면 당신이 이 가능성에 대해 마음이 열려 있다는 것을 알리는 셈이 된다. 당신과 대화한 후에 검사하고, 혈액검사와 기본적 기능검사를 실시한 다음 의사가 당신에게 신체적 질환이 없다고 확신하고 불안문제가 있을 수 있음을 가정한다고 치자. 그때에는 그 의사가 당신에게 불안문제를 입증하기 위해 필요 없는 검사를 가외로 더 주문할 필요가 없을 것이다.

공황장애의 치료

이제 치료의 문제를 다룰 수 있게 되었다. 진단을 받기 위해서 정신과의사를 만났다면 진단에 따라 그는 당신의 치료를 담당하든지, 심리학자나 상담자에게 위탁할 것이다. 이렇게 전문가들을 구별하는 것은 많은 일반인에게 혼란을 주기 쉽다. 앞에서 설명한 대로 기억해야 할 중요한 요점은 정신과의사 또한 의사라는 점이다.

여기서 나의 편견이 드러날 것이다. 약물치료를 하게 된다면 의학적으로

공황과 싸우는 대신에 저항하기

공황의 느낌에 맞서 싸우지 말라. 대신 저항하려고 노력하라. 여기에는 차이가 있다. 공황증상에 맞서 싸우려 하면 할수록 문제를 더 악화시킬 수 있다. 우선 불안에 대한 '투쟁-도피 반응fight-or-flight response'을 증가시킨다. 당신이 원수를 도와주는 셈이 된다. 공황에 대항해 싸우는 것을 멈출 수 있는 몇 가지 방법이 여기 있다.

- 증상으로부터 도망치지 말라. 어떤 불량배나 원수에게 하듯이, 정면으로 맞서도록 하라. 자신에게 말하라. "이 감정이 사라질 때까지 기다릴 거야. 그러면 다시 통제력을 되찾을 수 있을거야."

- 지금 당신의 몸이 당신을 위해 하는 것이 옳다고 받아들이라. 우리에게 일어나는 일은 몸이 원래 하도록 설계되어 있는 대로 하는 것이라고 믿는다. 불편하게 느낄지 모르지만 모든 고통이 그렇듯이, 그것은 나름대로 목적을 달성하고 있는 것이다. 그러므로 더 많은 두려움을 만들어내지 말고 당신 몸의 반응을 관찰하고 그대로 수용하라.

- 공황에 여백을 주고 지나가도록 허용하라. 많은 사람은 공황의 순간에 발작을 멈추기 위해 무엇인가를 해야 한다고 생각한다. 호흡 조절을 제외하고 당신이 할 수 있는 것은 아무것도 없다. 기다려라. 지나가도록 하라. 더 많은 두려움으로 반응하지 않으면 발작은 더 빠르게 지나갈 것이다.

- 발작이 단지 잠정적으로 끼어든 방해거리라고 당신에게 상기시키라. 모든 공황발작은 짧은 시간 동안만 지속된다. 지금까지 어떤 사람도 영원한 발작상태로 들어간 사람은 없다. 그 방해시간을 일순간 지나가는 것으로 수용하라.

훈련된 전문가와의 협조는 처음부터 필수적이다. 그리고 약의 복용은 대개 심각한 불안장애 치료의 초기 단계에 필수적이다. 그러나 공황과 연관된 사고 습관과 태도, 생활양식을 변화시키기 위해 필요한 장기적인 작업은 유능한 심리학자나 상담자가 더 잘 다룰 수 있다. 이런 습관을 영속적으로 바꿔놓는 데는 시간이 소요된다. 그리고 이러한 지속적 치료는 치료자보다는 코치처럼 훈련받은 사람에게 인도받을 필요가 있다.

인지행동치료의 세부 내용

인지행동치료는 너무나 중요한 형태의 치료법이기 때문에 조금 더 정보를 제공할까 한다.

인지치료에서 환자와 치료사 사이의 대화는 다른 형태의 심리치료와 다르게 환자의 과거에 초점이 맞춰지지 않는다. 그 대신 대화는 환자가 현재 겪고 있는 어려움과 성공, 그리고 환자가 배울 필요가 있는 정신적 기술에 초점이 맞춰진다.

인지행동치료의 행동적 부분은 긴장이완 기법을 배우는 것을 포함할 수 있다. 긴장을 이완하는 법을 배움으로 환자는 그의 공황발작을 위한 무대를 설정해주는 일반화된 불안과 스트레스를 감소시킬 수 있는 능력을 갖추게 된다. 행동치료는 또한 자기 호흡을 통제하는 법을 배우고 과호흡을 피하는 법을 배우게 할 목적으로 환자에게 호흡운동을 훈련시킨다. 과호흡은 어떤 이들에게 공황발작을 가속화시킬 수 있기 때문이다.

행동치료의 또 다른 중요한 측면은 '내수용 노출interoceptive exposure'이라 불리는 내면적 감각에 노출하는 것이다. 내수용 노출을 하는 동안 치료사는 공황과 연계된 내면적 감각을 개인적으로 평가한다. 그 평가에 따라 치료사는 환자에게 공황발작의 감각을 불러오도록 격려한다. 예를 들어, 맥박을 증가시킨다든지, 어지러움과 호흡기 증상을 촉발하기 위해 빠르게 호흡하게 하든지, 현기증을 촉발하기 위해 급회전을 시킨다든지 하게 하는 것이다. 치료사는 또한 비현실감을 유발하기 위해 운동을 활용할 수도 있다. 그 다음에 치료사는 환자에게 이산화탄소를 다시 호흡하고 산호흡입량을 줄일 목적으로 두 손으로 입과 코를 막는 방법을 배우게 함으로 이들 감각에 효과적으로 대처하도록 가르친다. 환자는 또한 공황적이고 경고적인 생각을 대체하는 법을 배운다. "나는 죽을 것이다" 와 같은 생각을 "약간 어지러울 뿐이야. 나는 이를 다룰 수 있어" 와 같은 생각으로 대체하는 것이다.

행동치료에서는 환자를 실제 생활 장면에 노출시킨다. 치료사와 환자는 환자가 특정한 장소와 상황을 피해왔는지를 판별한다. 만일 그랬다면 어떤 회피유형이 환자에게 문제를 야기하는지를 판별한다. 그들은 환자의 생활에 가장 심각하게 방해가 되는 회피행동을 놓고 작업하기로 합의한다. 예를 들어, 운전하는 것에 대한 두려움이 있는 환자도 있고 반찬가게에 가는 것이 몹시 힘든 환자도 있다. 어떤 치료사는 초반 회기를 실시하기 위해 광장공포증 환자의 가정을 방문할 수도 있다. 치료사들은 종종 환자가 회피해온 쇼핑 장소나 기타 다른 장소를 방문하기도 한다. 아니면 운전에 대한 두려움을 극복하려고 노력하는 환자를 동반해 함께 수행하기도 한다.

환자는 높아지는 불안수준에도 불구하고, 두려워하는 상황에 점진적으로 접근하여 그곳에 머물게 된다. 이와 같은 방식으로 환자는 그의 감정이 공포감을 느끼게 하는 것은 사실이지만(겁이 나지만), 상황이 그렇게 위험한 것은 아니며 무서운 감정은 지나간다는 것을 깨닫게 된다. 각 시도 때마다 환자는 자기가 견딜 수 있을 만큼의 두려움을 직면한다. 이 단계적 접근을 거치면서 환자는 치료사로부터 격려를 받고 숙련된 충고를 듣게 되며 그의 두려움을 점진적으로 통제할 수 있고 접근할 수 없었던 상황에 들어갈 수 있음을 발견하게 된다. 많은 치료사들은 환자들에게 회기 사이사이에 실행해야 할 '과제'를 준다. 때때로 환자는 치료사와 몇 회기 동안만 일대일 접촉을 하고, 나머지는 인쇄물의 도움을 받으며 혼자서도 작업하게 한다. 어떤 환자들은 종종 공황불안장애나 공포증을 극복하려고 노력하는 다른 사람들과 함께 치료집단에 가입하기도 한다. 이들은 일주일에 한 번 만나서 진전이 있는지를 논의하고, 격려의 말을 교환하며, 치료사로부터 지도를 받는다.

인지행동치료는 일반적으로 8주에서 12주의 작업을 요구하는데, 이 정도 기간은 상담을 해야 진정한 효과를 볼 수 있기 때문이다. 어떤 사람은 기술을 배우고 실천하기 위해 더 많은 시간을 필요로 할 수도 있다. 이와 같은 종류의 치료는 재발률이 낮다고 보고되고 있는데, 공황발작을 제거하거나 그 빈도를 낮추는 데 효과가 있다. 또 이러한 치료는 예측불안은 물론이고 두려워하는 상황을 피하는 태도를 감소시킨다. 내 경험상, 적절한 약물치료를 병행한 인지행동치료는 공황장애를 치료하는 데 가장 효과적인 방법이다.

5장

항불안제를 언제 어떻게 사용할 것인가?

내가 탄식함으로 피곤하여 밤마다 눈물로 내 침상을 띄우며
내 요를 적시나이다 (시 6:6)

"뭐라구요? 당신 미쳤어? 나보고 신경안정제를 먹으라구요? 당신 머리가 어떻게 된 거 아니야? 그런 약을 먹다가 들키느니 차라리 죽는 게 나아요. 약 같은 건 예전에 사라진 줄 알았는데요."

나는 전화 수화기를 내 귀에서 15cm쯤 멀리 떼어 놓았다. 나는 척Chuck을 몇 주 전에 LA에서 시카고를 가는 비행기 속에서 만났다. 내가 풀러신학교에서 가르치고 있다는 것을 알고 내 전화번호를 추적했던 것이다. 그는 우리가 비행기 속에서 나눴던 대화를 계속하기 위해 전화를 걸었던 것이다.

비좁은 비행기 좌석에 자리를 잡고 앉았을 때만 해도 우리는 서로 모르는 낯선 사이였다. 피상적인 인사를 나눈 후, 척은 자기가 LA에서 혼란스런 회의를 마치고 돌아가는 중에 있는 기업체 변호사라고 말해주었다. 결론을 말하자면 그의 삶은 통제 불능이었다. 머지않아 그가 매우 활동적인 그리스도인이라는 것이 드러났다. 그가 내게 전도를 하려 했기 때문에 이를 알게 되었다. 나 역시 그리스도인으로서 목회자 수련회에 강사로 가는 중이라고 말해줌으로 그의 긴장을 완화해 주었다. 우리는 다음 3시간 동안 보다 편안한 분위기에서 서로의 경험을 나누었다.

처음부터 척은 아주 외향적인 사람으로 다가왔다. 그는 자기 마음을 자유롭게 숨기는 것 없이 털어놓았으며, 그동안 우리는 가볍게 대화를 나누었다. 나는 참으로 고마운 생각이 들었다. 그가 어떤 사람인지 알 수 있어서 마음이 편했다.

그리고 그는 내가 임상심리학자라는 것을 알게 되었다. 잠시 긴장감이 돌았다. 마침내 척은 자기가 최근에 겪은 이상한 경험을 털어놓았다. 그가 말하는 경험은 공황발작이 분명했다. 사실 척은 그의 생애 전반에 이런 발작이 있었는데 언제나 이를 무시하고 넘어갔다. 그는 발작을 모두 비밀로 하였기 때문에 그의 아내도 이 사실을 모르고 있었다. 그러나 최근에 몇 차례의 발작은 너무나 심각했기 때문에 나에게 어떻게 하면 좋을지를 물었다. 나는 문제가 무엇인지 생각나는 대로 이야기해주고 심리학자나 정신과의사를 만나볼 것을 권했다. 그리고 다른 주제에 관한 대화로 넘어갔다. 깊은 내면에서, 척이 이번에도 태연스럽게 내 권고를 무시할 것 같은 인상을 받았다.

몇 주가 흐른 후, 그가 이렇게 나타나 자기가 만난 정신과의사와의 만남에 대해 보고하면서 전화로 자기의 좌절감을 토로하고 있었던 것이다. 내가 예상한 대로 정신과의사는 우선적으로 그의 공황발작을 멈추게 하기 위해서 자낙스를 포함한 표준적인 약제를 처방하였다. 척은 자낙스가 무엇인지 알고 싶어 했다. 의사는 효과 빠른 신경안정제라고 설명해 주었다. 그런데 바로 그때 그가 울컥하고 폭발했던 것이다. 정신과의사는 척이 공황발작과 자낙스에 대한 사전 지식을 가지고 있을 거라는 전제하에 약의 작용과 효능에 대해, 그리고 그의 회복에 미치는 이 약의 중요성에 관해 설명하지 않았다. 아무런 정보도 없는 상태에서 척의 편견이 개입한 것이고 척은 치료를 거부하게 된 것이다.

나는 그를 진정시키고 마침내 무엇이 그의 문제를 야기하고 있으며, 왜 그가 정신과의사의 추천을 따라야 하는지를 명료하게 설명해 주었다. 그러나 이 사건은 나에게 사람들이, 특히 그리스도인들이 신경안정제를 복용하는 것에 대해 얼마나 저항이 심한지를 상기시켜 주었다.

항불안제에 대한 편견 극복하기

이 책은 불안을 치유하는 자연스런 과정을 계속 강조하겠지만 독자는 다음의 요지를 충분히 파악할 필요가 있다. 공황장애의 초기 치료 단계에서는 약을 사용하는 것이 항상 필요하다. 왜? 공활발작이 앞으로 일어나는 것을 예방하기 위해서다.

신경안정제와 같은 약을 복용하려면 그 약이 어떤 것인지, 어떤 작용을 하는지, 약에서 무엇을 기대할 수 있는지, 얼마나 빨리 효과가 나타나기를 기대할 수 있는지, 언제쯤 복용을 중단해야 하는지를 반드시 알고 먹어야 한다. 언제 어떻게 항불안제(신경안정제) 복용을 중단해야 하는지를 아는 것이 너무나 중요하기 때문에 이 주제에 대해 한 장을 할애했다. 공황장애 환자에게는 항불안제, 특히 신경안정제를 언제 어떻게 사용하는지의 문제보다 더 혼란스럽고 공포스러운 것은 없다.

우리 문화는, 사실 합당한 이유로, 약에 대한 강한 거부 반응을 갖고 있다. 그럴 수밖에 없었다. 처방약의 과잉사용을 포함하여 약물의 남용은 통제

불능 상태였다. 그 결과 신경안정제 사용에도 심한 낙인이 찍혀 보통 사람들은 신경안정제 복용이 절대적으로 필요한 상황에서도 그 약을 복용한다는 생각에 저항감을 느낀다. 어느 정도 정상상태를 성취하기 위해 신경안정제를 복용해야만 하는 사람들도 그 사실에 대해 수치심을 느낀다. 다른 사람이 자기를 '약골'이나 '실패자'로 판단하거나 정죄할 것이 두려워 이 '비밀'을 의도적으로 은폐한다. 이 부적절하고 불필요한 비밀은 더 많은 불안으로 그들의 불안을 가중시킨다. 수치심의 감정이 상태를 더 악화시킬 뿐이다.

많은 환자들은 신경안정제를 먹는다는 생각에 과도한 시달림을 받아서 자신을 이 문제로 골머리를 앓는 사람으로 전락시키기도 한다. 그리고 치료사가 약간의 약을 복용할 것을 권하기라도 하면 사력을 다해 저항한다. 그들의 불안이 참고 견딜 수 없을 지경에 이르러 삶을 파괴하기 시작할 때가 되어서야 드디어 누그러진다. "그리고 제가 다른 사람에게 이를 비밀로 한다는 조건하에서 약을 복용하는 겁니다"라고 간청하듯 말한다.

물론, 당신이 사람들에게 어떤 약을 복용하는지 떠벌릴 필요는 없다. 그것은 당신 자신만의 일이지 다른 사람이 관여할 일이 아니다. 어떤 문제로 인해 어떤 치료를 받는지는 전적으로 사적인 문제다. 이런 정보를 사적으로 보전한다고 하여 어느 누구와 우정에 금이 가는 것도 아니다. 그러나 내 환자가 자신의 문제의 성격과 약의 목적에 대해 더 잘 알게 되면 수치심의 많은 부분이 그의 마음에서 사라지게 되고, 더 이상 치료를 비밀로 할 필요를 못 느끼게 된다. 안타깝게도 아직도 많은 무지한 사람들이 정서적 문제들을 오판하고, 어떤 형태로든 심리적, 의학적 치료를 받으면 낙인을 찍는다. 당신이 이런 사람들과 함께 있다면 문제를 알리지 않는 게 좋다. 당신이 받는 치료에 대해 죄책감을 갖거나 부족감을 느끼지 말라.

내가 여기에 제공하는 정보가 당신이 자신감을 얻고, 도움을 받는 데 있어서 하나님 앞에서 바른 일을 하고 있다는 확신을 갖게 하는 데 도움이 되기를 바란다.

여러 형태의 불안

항불안제 약물, 특히 신경안정제 사용에 대한 이해를 돕기 위해서 독자들에게 세상에는 다양한 형태의 불안이 존재한다는 것을 상기시킴으로 시작하려 한다. 어떤 불안은 약물을 일시적으로 필요로 하지만 또 어떤 불안은 그렇지 않을 수 있다. 어떤 형태의 불안은 아주 오랫동안 약물복용이 필요할 수도 있다. 어떤 피해자들은 남은 여생 내내 복용해야 겨우 생존할 수 있을지도 모른다.

어떤 불안문제가 일반적으로 약물복용이 필요 없는가? 한 가지 예는 공포증이다. 신경안정제는 공포증을 치료하지 못할 뿐 아니라 공포증을 더 다루기 쉽게 만드는 역할도 거의 하지 못한다. 공포증의 치료에는 구식의 좋은 심리치료, 특히 인지행동치료가 요구된다. 심리치료를 '구식'이라고 지칭하는 것이 이상하게 느껴질지 모르겠다. 항불안제의 사용이 우리 문화 속에 너무나 보편화되어서 우리는 신경안정제가 모든 불안문제를 치료하는 것은 아니라는 것을 망각할 때가 있다.

약물 복용으로 차도가 없는 또 다른 불안문제가 있는데 그것은 분리불안 separation anxiety이다. 사랑하는 사람으로부터 분리되는 것에 대해 극도로 불안해지는 증상이다. 이 같은 불안은 마음 안의 일정한 생각 패턴 때문에 발생하는 것으로, 이 사고유형을 다루는 심리치료에 의해서만 치료될 수 있다.

불안은 여러 가지 모습으로 나타난다. 어떤 형태의 불안은 아주 정상적인 것이며, 치료하기 위해서 괜찮다는 다짐이나 혹은 시간이 흘러가면 해결되는 것도 있다. 예를 들어, 나는 솔직하게 치과에 가는 것을 즐기지 않는다. 그것을 즐기는 사람이 과연 있을까? 내가 어릴 때 만났던 무능한 치과의사와의 몇 번의 불쾌한 경험 때문이다. 그때의 치과의사 친구들에게는 진심으로 사과한다. 당신들은 모두 필요한 일을 하는 훌륭한 사람들이었다. 하지만 나는 치과 약속을 생각하면 즐겁지 않다. 그래서 약속을 하는 때부터 무서운 의자에 앉는 순간까지, 많지는 않지만 어느 정도 내 의식 속으로 침투해 들어오는 불안을 감지할 수 있다. 그러나 "입을 크게 벌려보세요" 라는 소리를 듣자마자 불안은 모두 사라져 버린다. 불안의 문제는 바로 거기에 있다. 그것은 예측과 관련된 문제인 것이다.

어떤 형태의 불안은 사소한 것도 불합리한 것도 아니다. 우리가 이미 살펴본 것처럼, 이것들은 장애로 분류될 정도로 심각하며 당신을 집에 가두어 두고 당신의 삶에서 행복과 기쁨을 앗아갈 수도 있다. 이러한 형태의 불안은 심각하며 무시할 수도 없고 스스로 사라지지도 않는다.

이른바 의식을 변화시키는 약에 대해 강한 부정적 견해를 갖고 있는 일반인들에 의해 자주 간과되고 있는 또 하나의 요점은 불안을 치료하는 데는 신경안정제 말고도 여러 유형의 약이 있다는 것이다. 졸로프트(Zoloft:중독성이 없으며, 향정신성도 아니다)와 같은 항우울제는 불안문제에 대한 장기적 해결책으로 선호되고 있다. 신경안정제와 같은 약은 즉각적인 불안발작을 예방하기 위해 사용되기도 하고, 항우울제와 같은 약은 장기적으로 불안발작의 빈도와 강도를 줄이기 위해 사용되기도 한다는 것을 기억하라.

언제 약 복용이 필요한가?

공황불안장애의 치료를 시작하기 전에 환자는 언제나 철저한 의학검진을 받아야 한다. 그것은 고통스런 증상의(승모판탈출증이나, 갑상샘과다증, 간질발작, 심장부정맥과 같은) 의학적 원인을 배제하기 위해서이다.

어떤 항불안제가 어떤 문제에 사용되는가?

여기에 항불안제에 대한 정보를 가능한 한 많이 제공하겠지만 개괄적인 범주를 언급하는 것 외에 의도적으로 구체적인 복용량은 인용하지 않겠다. 그렇게 하는 것은 독자를 오도할 수 있기 때문이다. 오직 당신을 치료하는 임상의사만이 당신의 몸무게, 상태, 관련된 의료적 문제, 불안의 강도에 따라 적합한 복용량을 말해주어야 한다. 당신의 복용량을 다른 사람 것과 절대로 비교하지 말라. 우리 모두는 내성이 다르고 필요한 복용량이 다르다.

불안장애를 치료하기 위해 훈련받은 전문가로부터 믿을 수 있는 도움을 구하는 것이 중요하다. 많은 환자들은 부적절한 치료를 받음으로써 치료에 대한 희망이 산산조각난 경험을 갖고 있다. 신경안정제를 무조건 처방한다든가, 제대로 훈련받지 않은 전문가에게 약처방을 받는 것은 도움이 되지 않는다. 그것은 졸렬한 모방에 불과하다.

가족 중에 공황장애가 있다면 내가 어떻게 도울 수 있는가?

공황발작을 하는 사람들은 많은 지지와 격려가 필요하다. 다음은 당신이 실제로 도와줄 수 있는 방법이다.

- 공황불안장애에 대하여 배울 수 있는 것은 가능한 한 모두 배우기 바란다. 더 많이 알수록 실수를 줄일 수 있다.
- 공황장애를 겪은 사람들이 스스로에게 필요한 것이 무엇인지 안다고 가정하지 말라. 물어보라. 짐작하는 것은 긴장감을 더 조성할 뿐이다.
- 가족원에게 빨리 좋아져야 한다는 압박을 가하지 말라. 공황장애 환자가 자기의 회복을 위한 속도를 스스로 조절하게 하라.
- 모든 경험에서 긍정적인 것을 찾아 칭찬하고 강화해주라. 피해자가 극장이나 파티에 가는 것 등의 특정 목표를 성취한다면, 그것을 실패로 간주하지 말고 대단한 성취로 인정해주라.

- 회피하도록 거들지 말라. 피해자가 무엇인가 회피하려 한다면, 앞으로 작은 발걸음이라도 떼어 놓도록 그와 협상하라.
- 피해자를 기쁘게 하기 위해 당신의 삶을 희생하지 말라. 이것은 원한감정만 증가시킬 뿐이다. 당신 자신의 삶을 계속해서 충분히 살아가라. 조만간 불안장애 환자는 좋아지기 시작할 것이다.
- 발작을 일으키는 동안, 공황피해자에게 다음과 같은 말을 피하도록 하라. "긴장하지 마. 진정하라구. 불안해 하지 마. 겁쟁이처럼 행동하지 마." 이런 반응은 더 많은 불안을 야기할 뿐이다. 대신에 발작은 곧 사라질 것이며, 그가 다시 삶의 통제력을 회복하게 될 것이라고 침착하게 말해주라.
- 피해자가 공황발작을 일으켰을 때 과민반응을 하지 말라. 침착하게 객관적으로 행동하라. 공황장애 환자가 발작을 야기하고 있는 것이 아니며, 그는 그 순간에 통제할 수 있는 것이 아무것도 없다는 것을 기억하라.
- 당신 자신에게 불안할 수 있도록 허용하라. 장애를 가진 가족에 대해 염려하고 걱정하는 것은 극히 자연스러운 것이다.
- 인내하고 수용하라. 그러나 피해자가 영원히 장애인으로 남는 것을 수용하라는 뜻이 아니다. 문제를 공격적으로 치료하라고 격려하라. 한 가지 치료가 효과가 없으면 다른 시도를 하도록 권하라.

항불안제를 복용할 때 어떤 부작용을 예상할 수 있는가?

부작용이 없는 약은 없다. 연구가 계속되어 부작용이 적은 새로운 약을 개발하려 노력하고 있고 전혀 새로운 항불안제가 시장에 나와 있지만, 언제나 원치 않는 효과(부작용)와 맞서 싸워야 한다. 치료 실패의 가장 흔한 원인은 '순응하지 않는 것'이다. 바꿔 말해서, 환자가 의도적으로 약복용을 중단하는 것이다. 그리고 환자가 순응하지 않는 가장 흔한 이유는 부작용이 주는 불편함 때문이다.

신중을 기하라는 말을 먼저 해야겠다. 약을 먹는 사람이 누구든 그 약의 부작용에 대해 아는 것이 필요하겠지만, 잠재적 부작용에 대해 너무 많이 아는 것은 이미 불안에 취약한 상태를 부추길 수 있다. 당신이 약품 참고 교본을 들춰본다면 모든 약품에는 가능성 있는 부작용 목록이 길게 나열되어 있는 것을 발견하게 될 것이다. 어떤 약제는 서로 다르겠지만 거의 모든 약에는 중독, 흐린 시야, 혼동과 기억장애, 변비, 구강건조증, 두통, 고열, 고혈압, 저혈압, 근육경련, 구토증세 등과 같은 부작용 목록이 따라다닌다. 제약회사들은 이런 것들을 감안하고 있다.

나는 이러한 부작용이 중요하지 않다고 말하는 게 아니다. 내가 말하려는 것은 당신의 상상력이 날개를 펴도록 두어서는 안 된다는 말이다. 당신은 참된real 효과가 당신을 위해 작용한다는 점을 알 필요가 있다.

나는 약을 처방하고 나서 몇 주 후에 환자가 그 약복용을 중단했다는 것을 알게 된 경우를 수도 없이 경험했다. 왜 그런지 아는가? 약을 복용한 지 얼마 되지 않아서, 환자는 그 약이 일부 부작용을 갖고 있다는 말을 듣거나 읽게 된 것이다. 그 순간부터 그가 부작용을 경험하기 시작했던 것이다. 그러므로 당신이 상상력을 통제하라.

당신이 복용하는 모든 약제에는 당신이 알아둘 필요가 있는 필수 부작용 목록이 나와 있다. 다음의 네 가지를 확인하기 위해서라도 담당의사에게 반드시 문의하도록 하라.

- 가장 흔한 부작용은 무엇인가?
- 이 부작용 때문에 내가 해야 하는, 또는 하면 안 되는 것은 무엇인가?
- 부작용이 얼마나 지속되는가?
- 부작용이 심할 경우 나는 무엇을 해야 하는가?

어떤 부작용은 임시적으로 치료하는 처음 몇 주 동안만 지속된다. 알려진 잠정적인 부작용이 사라지지 않으면 복용하는 약제를 바꿔야 할지도 모른다. 많은 부작용은 복용량과 관련되기도 한다. 복용량을 줄이면(응급상황 외에는 반드시 의사와 상의하여 결정하라) 부작용은 줄어들거나 사라진다. 며칠에 걸쳐 점진적으로 양을 줄이면 부작용이 사라지는 것을 발견하게 될 것이다. 공황을 이기고 승리하려면 오래 견디는 인내가 중요하다.

중요한 부작용과 덜 중요한 부작용을 구분하는 것이 중요하기 때문에, 다음 도표에 불안 치료에 사용되는 약제의 부작용을 열거하고 그것들을 관리하기 위한 방법을 제시하였다. 어떤 약이든 부작용을 경험할 때마다 그 약을 처방한 의사와 상의하지 않으면 안 된다. 불편을 야기하는 부작용을 기록해두었다가 의사에게 전해 주는 것은 좋은 생각이다. 당신의 의사는 당신을 보다 편안하게 해주는 방식으로 약을 조절해주든지, 부작용의 대부분이 저절로 사라질 터이니 조금만 참고 먹으라고 요청할 것이다. 어느 쪽이든 다음에 제공하는 힌트는 당신의 치료 목표에 도움을 줄 것이다.

항불안제들의 공통된 부작용

중독(의존)

이것은 오직 한 가지 종류의 약제, 마이너minor 안정제(발륨Valium, 리브리움Librium, 자낙스Xanax, 아티반Ativan, 클로노핀Klonopin, 기타 이 범주에 드는 약들)에서 나올 수 있는 문제이다. 항우울제와 기분조절제는 중독성이 없다. 당신이 작은 안정제에 중독되는 게 염려된다면 위험을 줄일 수 있는 방법을 치료사와 의논하도록 하라. 서서히 약복용을 중단하는 데 주의를 기울이면 어떤 의존증도 쉽게 깨뜨릴 수 있다. 그러나 당신에게 중독의 이력이 있다면 마이너 안정제를 피해야 할 것이다.

변비

이것은 만성적인 문제가 될 수 있지만 당신에게 도움이 될 수 있는 것이 여러 가지 있다. 매일 하루 동안 8잔의 물을 반드시 마시도록 하라. 신선한 과일, 야채, 통밀빵이나 시리얼을 먹도록 하라. 걷기, 자전거 타기, 조깅, 기타 스포츠 등 운동을 매일 하라. 어떤 운동도 변비 예방에 도움이 된다. 이런 제안을 따르는데도 변비문제가 계속된다면, 의사가 배변 연화제(알약이나 액체로 됨)를 처방할 것이다. 아니면 메타무실Metamucil과 같은 자연 섬유질로 된 약을 먹으라고 권할 것이다.

구강건조증

항우울제에 흔히 따르는 이 부작용은 대개 수주 후에 사라진다. 물병을 하나 가지고 다니다가 입이 건조하게 느껴지면 한 잔씩 마시도록 하는 게 도움이 된다. 어떤 사람들은 가끔 껌을 씹거나 사탕을 먹기도 한다. 하루에 두 번씩 양치질을 하면 입의 느낌이 더 좋아질 수 있다.

두통

선택적 세로토닌 재흡수 억제제SSRI를 복용하면서 생긴 부작용일 가능성이 높다. 이러한 두통은 처음 수주가 지나면 저절로 사라진다. 반면에, 타이레놀Tylenol과 같은 진통제가 도움이 될 수 있다. 다음에 병원에 갈 때 의사나 간호사에게 이 사실을 알리도록 하라.

고혈압(긴장항진증)

이것은 흔히 항우울증에서 생기는 것이다. 당신 스스로는 이것을 감지하지 못할 것이다. 처음에 약을 복용하기 시작할 때 혈압이 정상인지를 확인하기 위해 의사나 간호사 또는 직원이 정기적으로 당신의 혈압을 점검할 것이다.

저혈압(기립저혈압)

당신은 이 문제를 어지럼증으로, 특히 갑자기 벌떡 일어날 때 감지할 것이다. 당신에게 이런 문제가 있다면(아침에 기상할 때 또는 누워 있다가 일어날 때) 앉았다가 일어날 때, 서서히 일어나는 게 도움이 될 수 있다. 만일 어지럽거나 힘들면 앉아서 그 기분이 사라질 때까지 든든한 것을 붙들고 있도록 하라. 하루에 8잔의 물을 마시는 것도 도움이 될 수 있다.

성욕이나 성기능상의 문제들

이것은 한 가지 유형의 SSRI에서 일어나면 보통 성에 대한 관심 부족, 오르가즘 불능, 오르가즘의 질 저하, 오르가즘 지연 등의 형태를 보인다. 때때로 성적 문제들은 질병에 의해 야기된 것인지, 스트레스와 우울증 그리고 불안이 성욕의 문제나 성적 수행의 문제를 야기할 수 있기 때문에 약물 때문에 오는 것인지를 분별하기 어렵다. 만일 성적 관심이 떨어지거나 성적 수행에 어려움이 있으면 의사나 치료사에게 알리도록 하라. 복용량을 줄이거나 다른 약을 추가하면 대개 이 문제는 해결될 수 있다. 때로는 약을 바꿀 필요가 있다.

빠른 심장박동(심박급속증)

당신은 이 문제에 대하여 의식하지 못할 수도 있고 빠른 맥박을 경련이나 가슴 두근거림으로 느낄 수도 있다. 빠른 맥박(일 분에 120번 이상)은 여러 약으로 치료를 시작할 때 흔히 일어나는 현상이다. 대부분의 사람들은 이에 적응하며 맥박은 서서히 정상으로 돌아온다. 심호흡이나 다른 이완기법이 도움이 될 수 있다. 이 문제가 지속되면 의사나 간호사가 당신의 맥박을 낮추기 위해 다른 약을 처방할 수도 있다.

졸음(비몽사몽)
새로운 약을 먹고 있을 때 처음 한두 주 동안 졸음이 오는 것은 흔한 일이다. 이 문제를 바로 의사에게 보고하라. 스케줄을 조절하여 짧은 휴식을 갖던지 낮에 잠시 수면을 취하도록 하라. 졸음이 사라질 때까지 운전이나 다른 기계를 운행하는 것을 피하라. 이 졸림 현상과 함께 당신은 신체협응에서 문제를 겪을 수도 있다. 이것도 졸림이 사라지면 함께 없어진다.

체중 증가
어떤 약은 복용과 함께 체중의 증가를 가져온다. 이것은 다음 몇 가지가 복합적으로 작용한 것일 수 있다. 체액저류, 식욕증가, 신체활동 부족, 탄수화물 신진대사의 변화. 체중증가에 대처하는 가장 효과적인 방법은 음식섭취량을 줄이는 동시에 신체 활동량을 늘리는 것이다. 고지방 및 고칼로리 음식을 저칼로리 음식으로 대체하라.

왜 약복용을 고려하는가?

이미 지적한 것처럼, 주요 우울증이 약 복용에 적합한 유일한 기분 장애는 아니다. 이제는 알겠지만, 모든 불안장애가 강력한 생화학적 혼란을 가지고 있으며 약에 잘 반응한다. 비교적 경미한 경우를 제외한다면 약을 효과적으로 사용하는 것은 공황장애 및 다른 불안장애의 초기 단계에서 효과적 치료에 필수적인 것이다. 적절한 약의 복용은 인지행동치료와 병합될 경우, 대부분 완전한 치료를 보장한다. 나는 이 접근에 대해 확신하고 있다. 내가 여러 해 동안 이 방법을 사용하고 있기 때문이다.

불안치료의 초기 단계에서 약복용이 특별히 중요한 이유는 불안의 경우,

우울증과 달라서 증상 자체가 더 많은 문제의 원천이 되기 때문이다. 다시 말하자면, 당신이 우울할 때 우울감은 당신을 진정시키고 회복에 도움을 준다. 그러나 당신이 불안할 때, 불안한 감정이 더 많은 불안을 야기하여 장애 자체가 문자 그대로 그 장애를 더 악화시킨다. 예를 들어, 공황장애에 대한 극심한 두려움은 더 많은 불안을 야기하며 더 많은 불안발작의 무대를 제공해준다. 이것은 앞에서 언급했던 두려움을 두려워하는 반응이다. 그러므로 불안의 경우, 이 악순환을 차단하고 구조를 안정시키는 것이 절대적으로 필요하다. 그래야 상담이나 심리치료를 시작할 수 있기 때문이다. 당신이 공황발작과 맞서 계속 싸우고 있다면, 애초에 당신의 불안문제를 촉발했던 인생의 문제를 다룰 힘을 얻기 어려울 것이다.

그러므로 약물치료는 불안 증상에 대한 두려움을 감소시켜 신경계를 안정시키는 데 도움을 준다. 또한 통제력과 자신감을 회복시켜주고 치료해야 할 내부 문제를 다룰 수 있도록 시간을 벌어주는 역할을 한다. 그리고 당신이 삶의 변화를 시도할 때 문제가 악화되지 않도록 보증해주는 역할을 한다.

모든 전문가가 알고 있는 것처럼, 증상을 제거하기 위해 약을 사용하는 데는 어느 정도 위험부담이 있다. 일단 증상이 사라지면 환자는 필요한 삶의 변화를 시도할 동기가 약화될 가능성이 있고, 불안문제를 야기하고 있는 내면적 갈등을 다루지 않게 될 가능성이 높아진다. 그러므로 어떤 치료사는 애초에 항불안제의 사용을 막기도 한다. 또 다른 치료사는 충분한 약을 쓰게 하여 경미한 증상은 완화시키되 충분히 불안을 남겨놓아 그의 근원적 문제에 주목하도록 동기를 부여하기도 한다. 그러나 모든 장애가 그렇듯이 사례마다 다르다. 얼마나 많은 약을 처방할 것인가는 치료사와 당신이 상의하여 결정할 문제다.

극히 경미한 공황장애를 제외하고, 나는 치료에 반드시 어떤 약 처방이 포함되어야 한다고 믿는다. 나의 경험상 공황의 괴물이 환자의 머리 위에서 버티는 한 치료의 진전을 보기가 어렵다. 발작 위험 부담이 버티고 있다는 사실은 당신의 모든 자신감을 붕괴시키며 치료 결과를 파괴시킨다. 몇 달의 수고가 단 한 번의 새로운 발작에 의해 물거품이 될 수 있는 것이다.

불안을 통제하기 위해 약이 필요하다는 것을 어떻게 알 수 있겠는가? 당신의 상태를 평가할 때 당신의 치료사가 반드시 고려하여야 할 몇 가지 신호를 말하자면 다음과 같다.

- 당신의 불안이 너무나 당신을 쇠약하게 만들기 때문에 약물치료가 없이는 치료에 진전이 없는가? 그렇다면 약물치료는 꼭 필요하다.
- 약물 없이도 진전이 있는가? 그렇다면, 약물 없이도 계속할 수 있을 가능성이 높다.
- 당신은 약물 없이도 집이나 직장에서 제대로 기능하는가? 그렇다면 약물이 필요 없을 것이다.
- 당신은 발작을 스스로 통제할 수 있다는 자신감이 있는가? 그렇다면 어떻게 그것이 가능한지 한 번 살펴보라.
- 당신은 자살충동이나 삶의 의욕이 저하되는 것을 느끼는가? 그리고 불안이 당신의 삶이나 타인의 삶에 어떤 위험요인이 되는가? 그렇다면 약물치료는 필수적이다.

항불안제의 유형들

현대 의학의 기적은 정신적, 정서적 장애로 고생하는 이들의 고통을 줄여줄 효과적인 약이 엄청나게 많아졌다는 것이다. 나는 인간의 고통을 최소화할 수 있는 시대에 살고 있는 것에 하나님께 감사하지 않을 수 없다. 특별히 공황발작이나 광장공포증, 강박충동장애를 고칠 수 있는 더 효과적인 약을 찾기 위한 연구가 계속되고 있다. 나는 앞으로 몇 년 안에 이 분야에 의미 있는 진전이 있을 것이라 믿고 있다.

반면에, 앞에서 거론한 대로 불안증상을 감소시키는 것처럼 보이는 약이 다섯 가지 나와 있다. 삼환계 항우울제TCA, 선택적 세로토닌 재흡수 억제제SSRI, 모노아민 옥시다아제 억제제MAOI, 벤조benzo, 아드레날린 차단제이다. 당신이 이 약들의 차이를 이해하는 것이 중요하다. 그리고 왜 특정 약을 먹는지도 알아야 한다. 한꺼번에 종합적으로 이해할 수 있도록 설명해 보겠다.

삼환계 항우울제TCA

이 약은 전통적으로 불안증세를 함께 보이는 심한 우울증의 치료에 사용된다. 항우울제가 장기적으로 불안을 완화시키는 데도 효과를 발휘하는 이유는 같은 신경전달물질의 부족이 우울증을 야기하고, 우리로 안정감을 느끼게 해주는 체계를 혼란에 빠뜨리기 때문이다.

열 두어 가지가 넘는 삼환계 항우울제 가운데 어떤 것도 불안을 감소시키는 효과가 있을 것이다. 예를 들어, 공황불안에 통용되는 약인 토프라닐(Tofranil:이미프라민Imipramine의 상품명, 우리나라에서는 이 약품명으로 안 들어옴)은 처음에 아주

불안을 치료하기 위해 사용하는 항우울제들

• 이 차트는 하나의 지침일 뿐이다. 의사와 상의없이 복용량을 바꾸지 말라.

속명	상표명	승인된 증상 (우울증 외에)	승인된 성인 복용량
삼환계 항우울제(TCA)			
클로미프라민Clomipramine	아나프라닐Anafranil	강박충동장애	100~250 mg/day
선택적 세로토닌 재흡수 억제제(SSRI)			
플로옥센트Fluoxtine	프로작Prozac	불안, 공황불안	10~80 mg/day
모노아민 옥시다아제 억제제(MAOI)			
페넬진Phenetzine	나르딜Nardil	공황불안	45~90 mg/day
트란사이프로민Trancypromine	파르네이트Parnate	공황불안	20~50 mg/day

적은 양을 투여하면서 점점 늘려간다. 부작용을 견뎌낼 수 있게 하기 위해 그렇게 하는 것이다. 온전한 양은 대개 하루에 한 번, 잠자리에 들기 전에 먹도록 처방된다.

네 명 중 한 명의 환자는 이런 과잉자극을 경험할 것이기 때문에, 삼환계 항우울제는 의사가 '느리고 천천히' 치료하려 할 때 가장 높은 효율을 나타낸다. 예를 들어, 이미프라민Imipramine은 처음에 10mg의 낮은 복용량으로 시작하여 점차 증가해 2일에서 4일 사이에 10mg에서 150~250mg까지 끌어올린다. 4~6주면 삼환계 항우울제에 반응하는 공황장애는 우울증과 달리 치료반응이 나타나는 데 12주까지 걸린다. 이미프라민imipramine, 데시프라민desipramine, 노르트립틸린nortriptyline은 대개 최상급이다. 이들 약품에 대해서는 상당한 자료와 경험이 축적되어 있기 때문이다. 독세핀(Doxepin, 우리나라에 안들어옴)과 아미트립틸린amitriptyline은 신체 내적 감각에 민감한 환자들에게 부작용이 있기 때문에 문제가 된다.

선택적 세로토닌 재흡수 억제제SSRI

새로 나온 세로토닌 재흡수 억제제 약품은 일회적 사례 연구나 조사에 똑같이 효과가 있는 것으로 나타났다. 처음에 2~5mg으로 낮게 처방된 복용량의 플루옥세틴Fluoxetine(상표명:프로작Prozac)은 점진적으로 20mg까지 증가시킬 수 있다. 파록세틴Paroxetine(상표명:팍실Paxil)도 비슷하게 처방될 수 있다. 서트랄린Sertraline(상표명:졸로프트Zoloft)은 하루 50mg으로 시작되었다가, 부작용이 없으면 2~3주 후에 하루 두 번씩 50mg으로 늘릴 수 있다. 세로토닌 재흡수 차단제 클로미프라민clomipramine(상표명:아나프라닐Anafranil)은 통제된 시험상황에서 효과가 있는 것으로 나타났는데, 더 많은 부작용과 관련되어 있는지도 모른다.

SSRI의 하나인 졸로프트는 공황발작을 포함해 불안을 치료하는데 여러 가지 이점이 있는 것으로 최근 밝혀졌다. 아마 이 약의 가장 큰 이점은 의존성이 없다는 것일 것이다. 프로작과 같은 다른 SSRI도 졸로프트만큼이나 효과적인 것 같다. 이 연구는 이 두 개의 약을 비교하지 않았다. 그러므로 당신은 이 옵션을 처방의와 상의해야 할 것이다.

모노아민 옥시다제 억제제MAOI

MAOI는 그들의 더 넓은 행동반경 때문에 어떤 환자들에게 삼환제 억제제보다 더 탁월한 것으로 생각된다. 페넬진Phenelzine(상표명:나르딜Nardil)은 가장 많이 연구된 약이다. 몸무게 1kg 당 1mg씩 주어져야 하는데, 처음에는 매일 두세 차례씩 15mg을 처방할 수 있다. 낮 시간에 깨어있으면서 밤 시간에 불면증으로 고생하는 문제는 아침과 저녁을 바꿈으로써 대처할 수 있을 것이다.

졸음, 체중증가, 성기능 저하 등은 나르딜의 사용을 제한하는 요인으로 작용할 수 있다. 환자는 또한 알코올과 기타 다른 약제를 피하고 이 약을 복용하는 동안에는 타이라민tyramine이 낮은 다이어트를 해야 한다. 이는 치즈나 와인 같은 가공된 음식을 피하는 것을 의미한다. 그러나 이것은 대부분의 환자에게 별루 실제적인 중요성을 지니지 못한다. 물론 환자들이 인지 장애가 있거나 충동조절 장애가 있을 경우 혹은 알코올이나 다른 마약을 남용할 경우를 제외하고 말이다.

벤조디아제핀Benzo

삼환계 항우울제 사용과 함께 발생하는 과잉자극 때문에, 그리고 모노아민 옥시다제 억제제의 영양 면에서의 상호작용에 대한 환자의 우려 때문에, 공황장애 환자의 약 25~30%가 벤조Benzo약을 장기적인 치료제로 요구한다. 처음에 벤조를 복용하면 그 순간 공황발작을 중단시킬 수 있다. 예민한 증상이 사라진 지 몇 주가 지나면 항우울제 사용이 시작된다. 8~12주의 항우울제 치료 후에는 벤조의 사용을 서서히 줄여나간다.

가장 흔하게 사용되는 벤조에는 알프라졸람alprazolam(상표명:자낙스Xanax)과 클로나제탐clonazepam(상표명:클로노핀Klonopin), 그리고 로라제팜lorazepam(상표명:아티

불안 치료제

이 도표는 단지 안내용으로 제시된 것이다. 주치의의 소견 없이 복용량을 변경하지 말라.

일반명칭	상표명	승인된 표시	성인복용 허용치
벤조디아제핀계 약물 BENODIAZEPINES :			
알프라졸람 Alprazolam	자낙스 Xanax	불안	0.75~4mg/하루
		공황장애, 공황발작	
		불안우울증	1.5~10mg/하루
클로르다이아제폭사이드 Chlordiazepoxide	리브리움 Librium	불안, 알코올 금단	5~300mg/하루
		수술전 진정제 투여	
클로나제팜Clonazepam 국내서는 '리보트릴' 이라는 이름의 상품명으로 판매	클로노핀 Klonopin	발작장애	1~6mg/하루
		공황발작	
Clorazepate*	Tranxene*	불안, 발작장애,	7.5~90mg/하루
		알코올 금단	
디아제팜 Diazepam	발륨 Valium	불안, 알코올 금단	2~40mg/하루
		근경련, 수술전 진정제 투여,	
		간질지속증	
Halazepam*	Paxipam*	불안	60~160mg/하루
로라제팜 Lorazepam	아티반 Ativan	불안	0.5~10mg/하루
		수술전 진정제 투여	
옥사제팜 Oxazepam	Serax*	불안, 불안우울증	30~120mg/하루
프라제팜 Prazepam	Centrax*	불안	20~60mg/하루

(위의 모든 약은 알코올이나 중추신경억제제와의 함께 복용을 피하라. 졸음으로 인해 당신은 운전 능력에 지장을 받을 수도 있다.)

일반명칭	상표명	승인된 표시	성인복용 허용치
비 벤조디아제핀계 항불안제 NONBENZODIAZEPINE ANXIOLYTICS **(아드레날린 차단제를 포함해서)**			
부스피론 Buprione	부스파 BuSpar	불안	15~60mg/하루
하이드록시진 Hydroxyzine	아타락스 Atarax (Atarax : 상품명, 국내수입 않됨)	불안	50~400mg/하루
		수술전 진정제 투여	
메프로바메이트 Meprobamate	Equanil*	불안	400~600mg/하루
프로프라놀올 Propranolol	인데랄 Inderal	불안	10~40mg/하루

*국내에서는 사용하지 않음

반Ativan)이 있다. 알프라졸람은 몸에 매우 빨리 흡수 처리되어 어떤 불안은 약 복용 도중에 증상이 되돌아오기도 한다. 그러나 바로 다시 이 약을 복용하면 발작을 중단시키는 데 도움이 된다. 클로나제팜은 높은 우울증 발병률과 높은 진정작용을 나타낼 수 있다.

알프라졸람에 대해서는 많은 정보가 나와 있기 때문에 이 약을 위한 복용량은 표준화되어 있다. 클로나제탐 복용량은 1/2이고, 로라제팜은 알프라졸람의 두 배다. 알프라졸람을 처음 처방하는 양은 0.25~0.5mg 씩 하루 네 차례 복용한다. 많은 환자들은 하루 2~4mg에 반응할 것이고, 6mg 이상을 요구하는 환자는 거의 없을 것이다. 반응은 매우 빠르며, 1~2주 안에 효과가 나타난다. 진정제 투여와 운동실조증ataxia에 따른 부작용으로 신체 일부 기능이 부자연스러울 수 있다. 또한 복용 후 한 두 시간 내에 복잡한 일을 하는 나이든 성인에서는 약간의 인지적 장애가 일어날 수 있다.

아드레날린 차단제

이미 앞에서 설명한 대로, 자낙스Xanax는 인데랄Inderal(propranolol)과 같은 아드레날린 차단제와 함께 사용되기도 한다. 이 약은 주로 심혈관계를 자극하는 신경계 안의 특정 수용체를 차단하는 역할을 한다. 그러므로 이들은 빠른 심장박동과 기타 심장반응을 야기하는 불안 혼란에 아주 효과적이다. 불안을 위해 사용되는 것보다 더 높은 양을 복용할 경우, 인데랄은 혈압을 떨어뜨린다. 천식이나 당뇨가 있는 환자는 피하는 게 좋다.

약은 얼마나 오랫동안 복용해야 하나요?

얼마나 오랫동안, 어떤 약을 복용하는가는 당신의 불안 정도에 달렸다. 보통 약을 복용하는 시간이 적어도 1년쯤 계속되는 것은 놀라운 일이 아니다. 그

후에 복용량을 서서히 줄여가면 되고, 재발하면 약 복용을 다시 시작한다.

약 복용은 당신의 회복을 가속화하고 재발을 방지하기 위한 목적으로 시행되는 것이며, 생산적이고 만족스러운 삶으로 돌아가게 하기 위함이다. 그러므로 이 두 가지 목적을 성취하기 전까지 계속해서 약을 복용해야 한다. 만일 약으로 인한 어떤 부작용으로 불편해진다면, 그 문제를 즉각 의사나 치료사에게 알려야 한다(부작용이 심각하면 즉각적으로 보고해야 한다).

모든 치료의 궁극적 목적은 약 없이 불안하지 않은 삶을 사는 것이다. 환자는 치료자와 협조하여 이 목표를 성취해야 한다.

6장

신경안정제 사용을 언제 어떻게 중단할까

온 무리가 예수를 만지려고 힘쓰니 이는 능력이 예수께로부터 나와서 모든 사람을 낫게 함이러라 (눅 6:19)

"제약 회사가 하와이를 싫어하는 게 분명해." 이 말은 미취Mitch가 일광욕으로 탄 몸을 기울어진 의자에 내맡기듯 앉으며 내뱉은 첫마디였다. 나는 그를 한 달 만에 만났다. 그는 휴가를 다녀왔는데 어디를 다녀왔는지 짐작이 갈 것이다! 그는 모래 해변과 코코넛 야자수, 부드러운 바람이 부는 전원적이면서도 이국적인 섬, 하와이를 다녀왔다.

이것은 그의 첫 번째 하와이 여행이었다. A 유형이면서 삼십대 후반인 미취가 몇 차례 공황발작을 일으킨 후, 내가 그에게 이 여행을 추천한 것이었다. 우리는 치료를 시작했다. 우선 신경안정제를 처방하고 그에게 의무적으로, 습관적으로 하는 주말여행 말고 장기 휴가를 다녀오라고 권했다. 그는 결단을 하고 가족과 함께 하와이로 가서 3주간을 해변에서 보내며 일광욕을 즐기고 구아바 주스를 마음껏 마셨다.

미취가 아드레날린 부재를 극복하고, 여유로움과 지루함에 대한 불평을 극복하는 데는 며칠이 걸렸다. 그리고 그는 하얀 자외선 차단제를 얼굴과 몸에 바르고, 페인트칠한 하와이 전사처럼 해변에 조용히 누워있는 자신을 발견하였다. 이렇게 한가롭게 게으름을 피우는 동안 그는 놀라운 마음의 평안을 발견하였다. 그의 험난한 비즈니스 세계는 몇 광년 떨어져 있는 것처럼 느껴졌다. 세상에 염려할 것은 하나도 없었다. 책임질 것도 없었다. 4~5일이 지난 후에는 회사로 전화하는 것도 중단하였다. 참으로 기분이 좋았다. 그래서 그는 더 이상 신경안정제를 먹을 필요가 없다고 결심하였다. 그러고는 갑자기 약을 끊어버렸다.

"제약회사들은 하와이를 싫어하는 게 분명해." 그는 내가 알아듣지 못했다고 생각했는지 이 말을 다시 되풀이했다. 그러나 나는 그가 무엇을 하고 있는지 정확하게 알고 있었다. 그는 공황장애 피해자들이 치료를 시작하고 난지 얼마 안돼서 하는 전형적인 실수를 저지르고 있었다. 기분이 너무 좋아지니까 스스로 약을 끊어버린 것이다. 몇 주 동안 아무 문제가 없었으니까 치료가 된 것이 분명하다고 생각한 것이다. 어쨌든 신경안정제처럼 효력 있는 약을 갑자기 중단하는 것은 좋은 방법이 아니다.

이제 나는 딜레마에 빠졌다. 이 사실을 단도직입적으로 말해줘야 하나, 아니면 서서히 해주어야 하나? 미취는 무뚝뚝한 사람(대개 A형 성격이 그렇다)이기 때문에 솔직하게 말해주기로 마음먹었다. 달리 어떻게 그의 주목을 끌 수 있겠는가?

"미취, 나나 당신 주치의와 상의하기 전에 치료약을 중단하지 말았어야 했어요. 하와이는 좋지요. 아름다운 하와이에서 원주민처럼 3주간을 해변가에서 즐긴다고 해서 15년간 미친 듯이 일했던 습관이 한순간에 사라지지는 않지요." 나는 계속해서 공황장애와 싸움을 할 때에야 비로소 그 질병이 영원히 사라지는 것이라고 설명해 주었다. 그가 성실하게 치료에 따르지 않으면 조만간 그 무시무시한 불안으로 인해 다시 나에게 도움을 청하면서 달려오는 것은 시간문제라고 경고해주었다. 그는 자신이 치료되었고, 그래서 공황발작이 다시 재발하는 것은 허용하지 않을 거라고 확신하면서 병원을 나섰다.

3주 후에 미취는 나에게 연락을 했다. 3주 동안 그의 발작이 없었기 때문이 아니라 그가 고집스럽게 발작을 무시하려고 노력했고, 그 발작은 오래가지 않을 것이라고 스스로 다짐했기 때문이었다. 전형적으로 보면 발작은 약을 중단한 지 1, 2주 후에 다시 시작된다. 특히 당신이 온전한 치료에 필요한 삶의 변화를 시도하지 않았을 경우에는 발작이 재발하게 되어 있다. 미취는 그 후에 다시 협조하기 시작했다.

후속 치료의 중요성

치료자의 처방에 순응하지 않는 것이 치료 실패의 가장 큰 원인이다. 이것은 모든 장애와 모든 치료에 적용되는 말이다. 당신의 다리가 부러졌다면 기분이 좋아질 때까지 몇 주 동안만 깁스붕대를 하고 있다가 모든 것이 치료되었다고 가정하고 그것을 풀지는 않을 것이다. 초반에 다시 자란 뼈는 약하고 다시 골절되기 쉽다. 골절된 뼈가 완전히 치료되는 데는 시간이 걸린다. 불안장애의 경우는 더더욱 그렇다.

또 하나의 좋은 예가 있다. 패혈증 인두염에 감염된 많은 환자들은 항생제 치료의 전 과정을 끝내지 않는다. 항생제를 복용한 후 며칠이 지나서 모든 것이 좋아졌다며 항생제 복용을 중단한다. 그러나 염증을 유발하는 균은 주춤하고 있을 뿐 제거되지는 않는다. 해가 동쪽에서 솟아나듯이, 그 균은 다시 힘을 얻어서 며칠 후에 되돌아오게 되어 있다. 그리고 그 균은 무엇이 자신을 대적하고 있는지를 알기 때문에 복수심을 가지고 더 세게 공격해온다.

이와 같은 예는 물리적인 세계에서 나온 것이다. 이것이 정서적 세계에도 적용될까? 나는 후속치료를 받을 필요성은 불안발작과 같은 문제에는 더 강도 높게 적용된다고 말하고 싶다. 신경안정제나 항우울제 같은 향정신성(정신에 영향을 주는) 의약의 치료처방에 순순히 응하는 것은(치료가 성공을 거두려면) 절대로 필요하다. 내 경험에 의하면, 지인들의 50%는 의사를 만나 약 처방을 받으라는 소견에 완전히 순응하지 않고 후속치료도 받지 않는다.

이런 이유 때문에 환자에게 의사의 소견을 정확하게 따르도록 정도 이상으로 강하게 설득한다. 여기에는 예외가 없다. 당신의 의사가 추천한 치료가 효과가 있을지를 아는 유일한 방법은 당신이 그대로 시행하는 것이다. 그리고 그것이 효과가 없으면 보다 지혜롭게 판단하여 다음 치료옵션으로 나아가는 것이다. 만일 의사가 올바른 치료를 지나치고 그것을 알지 못한다면, 당신과 의사는 비효과적 치료를 진행함으로 시간과 돈을 낭비하고 있는 것이다!

치료의 전 과정을 완성하기 전에 약 복용을 중단하는 것은 애초에 치료를 시작하지 않은 것보다도 더 나쁘다. 그리고 당신의 상태를 더 나쁘게 만드는 것은 '처음으로 돌아가 다시 시작하는 것' 만이 아니다. 어떤 향정신성 약물은 다시 복용할 때 효과가 없을 수도 있다. 그것은 마치 당신 몸이 약에 저항하는 것과 같다. 몸이 그것을 '기억하기' 때문이다.

왜 약이 효과가 없는가?

상당 기간 동안 약을 복용하고 있는데도 효과가 없다는 확신이 든다면 그 이유를 알아낼 필요가 있다. 어떤 설명들이 가능한가?

- 당신의 문제에 대한 진단이 정확하지 않을 수 있다. 당신은 의사나 심리학자와 만나서 문제의 성격을 다시 진단할 필요가 있는데, 문제의 실제 원인을 파악하기 위해 더 많은 평가와 검사가 요구될 수 있다.
- 다른 의학적 문제가 치료를 방해하고 있는지도 모른다. 예를 들어, 갑상선 이상증, 저혈당증, 승모판탈출증이 있을 수 있다.
- 문제에 맞는 약을 너무 적게 복용하고 있는지도 모른다.
- 잘못된 약을 복용하고 있는지도 모른다. 그렇다면 다른 약을 먹을 수 있도록 의사에게 물어보라.
- 본래 약과 대등하지 않은 복제약을 복용하고 있을 수 있다. 몇 해 전에 어떤 항우울제의 복제약이 시장에 나온 적이 있었다. 내 환자 중 일부가 이 복제약으로 바꿨는데, 한 달 안에 거의 모든 환자들이 원래의 약과 동일한 성분의 복제약임에도 불구하고 다시 우울증이 재발했다. 연구 결과, 화학적 관점에서는 동일하다고 해도 제조과정에서 너무 단단하게 만들어져서 그 알약이 위장에서 적절하게 분해가 안 된다는 사실이 밝혀졌다. 약 자갈처럼 단단해서 위장을 그냥 통과해 버렸던 것이다.
- 약을 먹어야 하는 시간에 약 복용을 지나쳤을 수도 있다. 이렇게 되면 혈관 안에 흘러야 하는 효과적 분량의 수치가 낮아질 수 있다.
- 일차적 문제와 함께 치료될 필요가 있는 다른 상태가 공존할 수 있다. 예를 들어, 우울증, 공포증, 강박충동장애를 함께 치료받는 경우이다.
- 인지행동치료나 지지적 심리치료를 받고 있지 않다면, 당신은 치료에 필수적인 생각과 삶의 변화를 시도하지 않고 있는지 모른다. 몇 가지 통제된 연구에 의하면, 인지행동치료는 다른 특성화되지 않은 형태의 심리치료보다 더 효과적인 것으로 밝혀졌다. 당신의 치료사가 인지행동치료 훈련을 받은 전문가인지 확인해 보고 필요하면 다른 치료사로 바꾸도록 하라. 공황발작에는 인지행동치료가 우월하다는 풍성한 증

거가 있는데도, (당신의 문제에는 다른 형태의 치료가 요구된다는 분명한 이유가 있다면 모를까) 전문가가 당신에게 이 치료를 거절한다면 그것은 비윤리적인 것이다.

언제 안정제 복용을 중단해야 하는가?

치료과정이 완전히 끝났을 때이다. 공황장애를 치료하는 데 사용되는 모든 약의 경우, 치료는 최소한 6개월에서 12개월 동안 지속되어야 한다. 질환이 재발하면 다시 시작할 수 있도록 치료를 서서히 종결하는 게 좋다. 만일 당신의 스트레스 수준이 현저히 줄어들지 않았고, 내가 이 책에서 추천하는 생활방식의 변화가 습관화되지 않았다면 약물치료를 중단하지 말라. 약물복용 중단 여부는 삶에 대한 통제력과 깊이 연관되어 있다.

내가 "의사가 제일 잘 안다"고 말하는 건 진심이다. 물론 모든 의사가 다 잘 아는 것은 아니다. 그래서 당신의 확신을 위해서 두 번째, 세 번째 선택이 필요할 수도 있다. 만일 당신을 치료하는 전문가를 믿을 수 없다면, 당장 중단하고 당신이 신뢰할 수 있는 다른 의사를 찾아라.

불안증 환자의 1/3 또는 1/2이 변화를 실천한 후에 약물을 중단할 수 있다. 벤조만을 복용하는 경우, 특히 약을 너무 빨리 중단하면 재발률이 더 높아진다. 벤조를 줄이면서 경미한 불안증상을 재경험한다 해도 크게 걱정할 것은 없다. 다시 서둘러서 약을 시작할 필요가 없다. 인공 안정제를 끊고 수 주 내에 당신의 두뇌가 사라진 벤조에 적응하고 자체적으로 자연 안정제를 대체할 수 있는지 기다려 보라.

더 실제적으로 말해서, 당신이 언제 약물을 고려해야 하는지에 대한 몇 가지 단서가 있다. 의사가 아닌 전문가의 도움을 받고 있더라도, 의사와 상의하지 않고 약을 중단해서는 안 된다. 다음에 몇 가지 단서를 제시한다.

- 일정 기간 동안 문제가 없었다고 확신할 때
- 치료 효과가 없는 것처럼 보일 때
- 낮은 양을 복용하는데도 부작용이 견딜 수 없을 정도로 나타날 때
- 당신의 임상의사가 중단할 때가 왔다고 생각할 때

어떻게 약 복용을 중단해야 하는가?

약 복용 중단에 대한 일반적인 규칙은 복용량을 아주 조금씩 줄이면서 매우 서서히 끊어야 한다는 것이다. 이것은 신경안정제나 항우울제나 마찬가지다. (프로작과 같은) 항우울제는 몸 안에 오래 머물러 있어서 자동적으로 줄어든다. 그러나 약 기운이 장기간 몸에 머물러 있다면, 당신은 첫 번째 약이 신체조직에서 완전히 '씻겨나가기 전'까지 다른 문제를 일으키는 유형의 약 복용을 시작해서는 안 된다.

약 복용 중단에서 문제를 가장 어렵게 하는 것은 금단증상이다. 이것은 매우 경미하고 하찮은 것이거나, 만일 자낙스를 오랫동안 많은 양을 복용하였다면, 발작과 같은 심각한 문제가 발생할 수 있다. 처방전을 준 의사가 당신이 기대하는 바에 대해 말해줄 수 있는 최선의 위치에 있다. 그래서 어떤 경우에도 스스로 판단해서 처방전 없이 약을 복용해서는 안 되는 것이다.

금단증상(약을 서서히 끊으면 일어나는 일이 없다)에는 반동 불안(rebound anxiety: 더 심하게 다시 나타나는 불안), 마음의 동요, 설사, 불면증, 두통, 귓속 이명, 저혈압, 흐려진 시야 등이 있다. 갑자기 자낙스를 중단하면 극심한 불안발작이 일어날 수 있다. 두뇌가 감각기능을 차단하기 위해 신경안정제라는 외부공급에 의존해 왔기 때문이다. 이 약을 갑자기 중단하면 많은 감각기능이 어떤 보호도 없이 그대로 노출되어 버린다. 이렇기 때문에 당신은 자낙스를 어떻게 중단할지에 대해 특별한 주의를 기울여야 한다. 만일 당신이 다른 약에 대해서도 이런

규칙들을 준수한다면 안심해도 될 것이다.

인데랄과 같은 아드레날린 차단제와 자낙스를 병행하면 공황발작을 치료하는 데 아주 효과적이다. 싸울 것인가 도주할 것인가의 반응을 감소시키는 아드레날린 차단제는 심장병 치료에서보다는 낮은 분량으로 사용되는데, 충분히 효력을 나타내려면 2주 정도 걸린다. 반면에, 자낙스는 불안을 조절하는 기능을 한다. 그러므로 자낙스는 아드레날린 차단제가 제자리를 잡았을 때 서서히 줄여나간다.

부스피론Bupirone(상표명: 부스파BuSpar: 불안치료제)이라 불리우는 새로운 신경안정제가 최근에 소개되었다. 적합한 유형의 환자에게 사용하면, 부스파는 부작용이 거의 없고 피곤함을 느끼지 않으며 의존성을 유발하지 않는다. 이는 어떤 면에서 약이 증상을 통제하는 데 더 많은 시간이(4주까지) 걸리고, 환자가 즉각적으로 효과를 느끼지 않기 때문이다. 이런 점에서 부스파는 항우울제와 같아서 사용하기가 더 안전하다. 부스파는 치료 초기단계에 자낙스와 함께 항우울제처럼 처방되기도 한다. 이것의 효과는 오래 지속되고 자낙스는 짧게 지속된다. 따라서 자낙스는 부스파가 효력을 나타낼 때까지 불안을 단기간 내에 통제한다. 그리고 나서 자낙스를 서서히 줄여가는데, 의존성 없이 불안을 통제하기 위해 부스파를 투입하는 것이다.

또 효과적인 신경안정제로 클로노핀Klonopin(상표명: 클로나제팜clonapepam)이 있다. 클로노핀에는 강력한 항발작 성분이 들어있는데, 복용을 중단하기가 쉽기 때문에 장기 복용에서 선호되는 약이다. 보통 의사는 당신이 오래 동안(6개월 이상) 자낙스를 복용했다면 처음에는 클로노핀으로 바꿔줄 것이다. 그리고 모든 신경안정제를 줄이기 시작할 것이다. 이와 같은 방식으로, 발작의 위험은 감소된다.

일반적으로 신경안정제보다는 항우울제를 중단하는 것이 더 쉽다. 따라서 당신은 항우울제의 복용을 더 오래할 수 있다. 때에 따라서는 당신의 불안문제의 특성으로 인해, 몇 년간 항우울제를 복용하도록 요구받을 수도 있다.

이런 처방에 너무 놀라지 말라. 다시 말하지만, 의사가 가장 잘 알고 있다.

당신이 공황불안장애를 반복적으로 경험하고 불안이 일반화되어 있다면 나중에 후회하는 것보다는 안전한 것이 낫다. 예방이 치료보다 낫다. 항우울제를 장기 복용하는 것이 불안과 우울증 모두의 발작을 미리 예방할 수 있다는 것을 제시하는 증거는 많다. 항우울제의 복용은 또 다른 정서적 고통을 겪는 것에 비하면 아주 작은 대가를 치르는 것이다.

자낙스의 복용 중지

이제 자낙스를 구체적으로 어떻게 중단하는지에 대해 언급하겠다. 당신이 이 원리를 깨닫기만 한다면 자낙스와 같이 효과적인 약을 복용하는 것에 대한 두려움이 사라질 것이다. 나는 마음의 안정감을 누리기 위해 자낙스를 복용해야 하는 많은 그리스도인들을 알고 있다. 그러나 그들은 이 약을 결코 중단하지 못할 것 같아 두려워하고 있다. 만일 당신에게 이런 두려움이 있다면 나의 충고가 당신에게 마음의 평화를 가져다주기 바란다.

자낙스를 갑자기 중단하는 데 따르는 증상이 심각하기 때문에 약을 사용할 때나 사용을 중단할 때 유능한 감독을 받을 필요가 있다. 다시 한 번 말하는데, 의학적 감독 없이 절대로 약 복용을 낮추지 말라. 높은 복용량을 오래 유지하면 주요 금단증상이 따르기 마련이지만, 많은 복용자들은 사소한 증상의 불편에 대비해야 한다. 적절한 도움을 받으면 이런 것까지도 쉽게 피할 수 있다.

몇 가지 심각한 금단증상이 있는데 서로 다른 두 종류의 약으로 치료해야 할 수도 있다. 현재 적용되고 있는 것을 알려주기 위해, 여기서 두 가지 약을 언급하겠다. 첫째는 테그레톨Tegretol이다. 이 약은 발작의 위험을 줄이고 고통을 통제하는 데 도움을 줄 수 있다. 그리고 클로노핀은 자낙스와 두뇌의 자연안정제 사이의 간격을 연결하는 데 도움을 준다. 이 과정은 의사가 면밀히 모니터해야 하는 상당히 긴 과정이다. 일단 금단현상이 끝나면 항우울제의 지속적인 복용이, 자낙스로 돌아가지 않고도 불안에 대한 진전을 유지하고 통제하는 데 종종 도움이 된다.

점진적으로 자낙스 복용 중단하기

자낙스를 소량(하루 3mg이하) 복용하였거나 짧은 기간(한두 달) 다량을 복용하였다면, 아주 효과적으로 거의 완전하게 중단하는 방법이 있다. (물론 당신의 주치의가 승인해야 한다.)

그 원리는 다음과 같다. 자낙스의 용량을 아주 서서히 줄여서 몸이 그 변화에 조금씩, 거의 알아차리지 못할 정도로 적응하게 하라. 이것은 용량을 아주 작게 해서 한 번에 한 알의 몇 분의 일로 잘게 줄이는 것을 의미한다. 알약을 작은 조각으로 부수는 것이 아니라 알약을 깎아내야 한다.

예를 들어, 0.5mg의 네 개 알약을 하루에 2mg씩 복용하는 사람이 있다고 하자. 이들 알약 중 하나를 중단한다는 것은 전체 양의 25%에 해당하는 것으로, 자낙스의 경우 이것은 너무 많은 양을 갑자기 중단하는 것이 된다. 이와 같이 급진적인 변화를 주면, 당신은 더 많은 불안과 더 증가된 긴장, 그리고 보편화된 불편감을 느낄 것이다. 또 다른 공황발작을 촉발할 수도 있다.

비결은 당신의 복용량을 25%보다 낮게 혹은 한 개의 알약 정도 줄이는 데 있다. 우선, 처방이 나와 있는 약 중 가장 작은 알약 – 0.25mg – 으로 실천하라. (당신이 하나의 0.5mg 알약을 복용하고 있었다면, 이를 두 개의 0.25mg 알약으로 대체하라.) 그리고 깨끗한 면도날이나 날렵한 칼을 이용하여 한 번에 한 개의 알약을 조금씩 깎아내라. 이렇게 약간 줄어든 용량을 며칠 동안 유지하다가 조금 더 줄이도록 하라. 며칠 간격으로 조금씩 깎아내려 가면, 체계적으로 깎아내는 만큼 두뇌로 하여금 자연 안정제를 생산하도록 허용하는 것이 된다. 당신의 두뇌는 저항하지 않고, 당신 기분은 좋아질 것이다.

계속해서 알약의 크기를 점진적으로 줄이되, 복용하는 양이 원래의 1/2이 되고, 다음에는 1/4이 되게 하라. 모든 알약을 깎아냈으면, 거의 아무것도 없게 될 때까지 다음 것을 또 깎아내려 가기 시작하라. 불안이나 금단증상이 조금씩 증가하는 기색이 오면 복용량을 불편감이 사라질 때까지 그대로 유지하라. 그 다음에 조금 더 깎아내기를 계속하라. 이 불편감이 며칠 이상 지속되어서는 안 된다. 만일 지속되면, 용량을 조금 높이고 불편감이 없어질 때까지 기다리라. 그리고 다시 시작하라. 언제든지 공황발작이 오면 의사와 상의하라. 어쩌면 당신은 신경안정제를 너무 빨리 중단하고자 하는지도 모른다.

내가 설명한 전 과정이 조금 지루하고 시간 낭비처럼 느껴진다는 것을 안다. 그러나 이 절차는 금단문제의 위험을 거의 전무 상태로 줄여줄 수 있다.

자낙스를 중단하는 동안과 그 후에, 당신에게는 상당한 정서적 지지와 일정한 다짐이 필요하다. 이러한 지원을 위해 나는 지속적인 상담이나 심리치료를 강력하게 추천한다. 커피를 비롯한 다른 각성제들을 자제하는 것도 중요하다. 카페인은 벤조에 길항작용(antagonist, 적대행위)을 하여 신경안정제의 작용을 막는다. 또한 알코올을 피해야 한다.

금단의 불편감 없이 자낙스로부터 벗어나는 열쇠는 인내심이다. 이 과정에서, 당신 두뇌의 화학공장은 자기가 잘하는 것 – 당신을 평안하고 안정되게 하는 것 – 을 하도록 훈련시킬 것이다.

지금부터는 불안 치료를 위한 천혜의 자원들을 살펴보기로 한다.

7장

자연 안정제 촉진하기

주께서 심지가 견고한 자를 평강하고 평강하도록 지키시리니
이는 그가 주를 신뢰함이니이다 (사 26:3)

인공 안정제가 효과가 있는 이유는 두뇌가 인공 안정제 분자에 대한 특별한 감각기를 가지고 있기 때문이다. 내가 이 책 초반에 언급한 것처럼, 최근 몇 년 사이에 이뤄진 이 발견은 두뇌 안에서 불안문제가 어떻게 생겨나며 문제들을 완화하기 위해 우리가 어떻게 효과적인 약제를 찾아낼 수 있는지를 이해하는 데 혁명적인 변화를 가져다 주었다.

후자에 대해 말하자면, 새로 '디자인된' 약제는 과거와 같은 시행착오 없이도 더 쉽게 발견될 수 있게 됐다. 옛날에는 수백 가지의 약품을 도움이 되는지 알아보기 위해 일일이 시험해 보았다. 지금 과학자들이 알아야 할 것은 두뇌 안에 있는 특정한 감각기의 분자구조molecular shape다. 그 다음에 컴퓨터로 가서 문제를 해결하기 위해 약제를 설계하면 되는 것이다. 모양이 서로 맞으면 약제를 찾아낸 것이다. 이것은 마치 자물쇠 안의 열쇠와 같은 원리다. 그것이 맞으면 자물쇠가 열린다. 그리고 당신은 자유롭게 되는 것이다.

이것은 또 다른 중요한 발견을 의미한다. 우리는 외부물질에 의존함 없이, 두뇌 자체의 자연스런 물질, 특히 안정제를 촉진하기 위해 많은 것을 할 수 있다. 사실은 두뇌가 자체적으로 자연 안정제를 생산하기 때문에 인공 안정제가 효능을 나타내는 것이다. 그러므로 내부적으로 자체적인 안정제를 더 만들수록 인공 안정제에 덜 의존하게 된다는 것은 이해할 만한 일이다.

자연 안정제 촉진을 위한 핵심 전략

자연 안정제를 촉진하기 위한 핵심 전략은 무엇인가? 전략은 두 가지 범주로 구분된다. 자연 안정제를 감소시키는 행동과 자연 안정제를 증가시키는 행동이다. 좋은 영양공급은 자연 안정제가 최선의 행동을 하고 이를 촉진하는 일에 한 몫을 한다. 이에 대해서는 이 장 후반부에서 다시 다루겠다.

자연 안정제를 감소시키는 행동들

무엇이 자연 안정제를 증가시키는지 아는 것만큼, 어떤 행동이 자연 안정제를 감소시키는지를 아는 것도 중요하다. 자연 안정제를 감소시키는 행동은 제거되어야 하고, 증가시키는 행동은 권장되어야 한다.

어떤 행동이 우리의 자연 안정제를 감소시키는가? 대부분의 경우, 그것은 투쟁-도피 반응과 관련된 행동들이다. 그것들은 우리의 아드레날린을 과도하게 사용하도록 원인을 제공하는 행동들이다. 앞에서도 강조했듯이, 우리가 파멸될 치명적 위험에 있는 것 같은 삶의 위협, 위험, 파국적 상황 등에서도 아드레날린이 급격하게 분비되지만, 우리 삶의 흥미 있고 도전적인 측면들도 우리의 아드레날린을 증가시킬 수 있다. 높은 스트레스 가운데 살고 있느냐의 여부는 당신의 각성작용이 얼마나 지속적인가와 관련이 있다.

여기에 자연 안정제를 감소시키는 몇 가지 더 중요한 행동들이 있다. 자연 안정제를 줄이거나 제거한다면, 당신은 자동적으로 두뇌를 도와 더 많은 자연 안정제를 생산하게 될 것이다.

- 스트레스

안정제 파괴범 목록에서 첫째 가는 것은 스트레스다. 그러나 스트레스라는 말은 사람마다 다른 의미를 지닌다. 예를 들어, 당신이 프로축구 팀의 감독으로 당신의 모든 삶을 운동장에서 보낸다면, 경기에 따라 아드레날린이 오르고 내리는 것 때문에 TV 앞에서 경기를 제대로 못한다고 생각하면서 선수들에게 고함을 지르는 사람들보다 훨씬 더 많은 스트레스를 받게 될 것이다(물론, 나는 원래 남아프리카 공화국 출신이기 때문에 축구보다는 럭비에 더 쉽게 흥분되지만, 그것은 또 다른 이야기다.).

나의 요지는 이것이다. TV와 연관된 아드레날린의 급격한 분비는 일시적인 것으로 곧 사라진다. 당신의 자연 안정제는 급격한 분비의 짧은 경험 때문에 증가되었을 수도 있다. 경기는 당신의 진짜 스트레스에 대한 기분전환이었기 때문이다. 그러나 해당 시합 팀의 감독에게는 완전히 다른 이야기이다. 그의 아드레날린은 완전히 독약이다. 그에게는 몸이 사느냐 죽느냐의 문제다. 그렇기 때문에, 코칭과 같이 고도의 자극적인 직업에 종사하는 사람들이 스트레스 관련 심장질환이나 불안에 쉽게 쓰러지는 것은 놀라운 일이 아니다. 10장에서 스트레스를 해소하는 방법에 대하여 더 자세하게 다룰 것이다.

- 지나친 각성, 흥분, 쾌락추구

끊임없이 흥분이나 쾌락을 추구하는 사람들(A유형 인간이라 불리는)은 스트레스 호르몬을 지나치게 많이 생산한다. 다만 그들은 흥분이 그들을 기분 좋게 만들어주기 때문에 그것을 모르고 있을 뿐이다. 두뇌 안에 있는 쾌락중추는 '행복' 신호를 보내지만, 더 많은 흥분을 추구하라고 응원하기 위해 그렇게 하는 것은 아니다. 그것은 단지 당신이 관여하고 있는 어떤 활동을 잘 감당하도록 돕기 위해서 그렇게 하는 것이다. 안타깝게도 장기적으로 볼 때, 오래 지속되는 흥분 또한 파괴적이다. 그것이 당신을 진정시키려는 자연 안정제를 붕괴시키고 있기 때문이다. 한 마디로 말해서 지나친 흥분은 당신의 평안과 안정에 해를 끼친다.

스스로 자문해 보라. 당신은 어떤 스릴이나 쾌감을 경험할 때 더 고무되는가 아니면 덜 고무되는가? 해답은 더 고무된다는 것이다. 흥분은 그 자체가 흥분제이다. 우리 삶에 묘미를 더하기 위해 자극이 필요하지만 너무 많은 흥분은 우리의 행복이나 안정 체계를 파괴시킨다. 내가 분위기를 깨는 소리를 하고 있다는 것을 안다. 그러나 사실 우리는 지속적인 쾌락을 위해 설계되어 있지 않다. 쾌락은 산 정상과 같아서 안정과 잔잔함, 고요함, 평안의 골짜기에 둘러싸여 있을 때만 진정한 기쁨을 주는 것이다.

• 갈등

갈등은 스트레스 다음으로 우리의 자연 안정제를 가장 흔하게 파괴하는 요인이다. 그 이유는 갈등이 투쟁-도피의 반응을 가장 강력하게 촉발하는 방아쇠이기 때문이다.

갈등은 여러 가지 형태를 취할 수 있다. 다른 사람과 갈등할 수 있고(대인관계 갈등), 성취될 수 없는 우리의 목표나 가치와 갈등할 수 있다(내면적 갈등).

나는 우리 뒷집에 사는 이웃이 그들의 재산을 보호하기 위해 커다란 개를 구입했던 약 1년여의 시간을 기억한다. 그들이 개인적 재산을 보호하기 위해 큰 개를 갖는 것에 대해 반대하는 것은 아니다. 나는 그런 보호의 필요성을 모르고 살았지만 이웃이 개를 갖는 것을 반대하지는 않는다.

문제는 개가 아니라 그 이웃이었다. 한 번은 그들이 오랫동안 자주 집을 비운 적이 있었다. 누군가가 와서 개에게 먹을 것을 주고 개를 점검하고 갔는

데 그것 역시 문제가 된 것은 아니다. 문제는 개가 밤낮으로 집 밖 마당에서 살았다는 것이다. 특별히 밤에 더 했다. 개가 하루 종일 자지 않고 한밤중에 별과 귀뚜라미와 그림자에 대고 짖었기 때문에 문제가 된 것이다.

내 잠자리는 심란하기 이를 데 없었고 나는 화가 나서 견딜 수 없었다. 우리는 짓는 개에게 불평을 털어 놓았지만 아무 소용이 없었다. 나의 행복 메신저들은 사라졌고 나는 참담해졌으며 극도로 불안해졌다. 드디어 나는 해결책을 강구하게 되었다. 귀마개를 꽂고 자는 것이었다. 효과가 있었다. 그리고 얼마 후 개와 그 주인은 다른 곳으로 이사를 갔다. 아마도 많은 이웃으로부터 원성이 있었기 때문이었을 것이다. 나는 교훈을 얻었다. 갈등은 당신의 평안을 죽일 수 있다. 그러므로 갈등을 없애는 해결책을 찾든지 갈등상황에서 당신이 벗어나든지 하라.

• 주장하지 못함

주장하지 못하는 것은 독특한 형태의 안정감 파괴지이다. 우리는 종종 생각한다. 우리가 입을 닫고 '웃고 참기만 하면' 그리고 '다른 뺨을 돌려대기만 하면' 우리는 더 좋아진 것이다. 정말 그런가? 절대로 아니다. 주장하지 못하면 적대감과 좌절감만 늘어난다.

특별히 그리스도인들은 자신의 생각을 주장하지 못한 것 때문에 문제가 발생한다. 첫째로 주장하는 것과 이기적인 것을 혼동한다. 둘째로 주장하는 것과 공격적인 것을 혼동한다. 그들은 주장하는 것을 분노의 한 형태로 생각한다. 제대로 적절하게 주장하지 않을 때 그렇게 되는 것은 사실이다. 대부분의 사람들은 다정하면서도 친절한 방식으로 주장하는 데 어려움을 갖고 있다. 그들은 애초에 주장하지 못한 것에 대한 소심함을 극복하는 한 방편으로 화를 내기도 한다.

분노나 이기심에 뿌리를 두지 않은 기독교적인 형태의 자기주장이 있다. 이런 주장은 솔직함과 기독교적인 사랑의 한 방식이다. 이는 진실을 말한다.

하지만 언제나 다른 사람의 권리를 배려하면서 그렇게 한다. 당신은 이런 사람들과 함께 하는 상황을 알고 있다. 그리고 그들은 조종당한다는 두려움 없이 자신을 자유롭게 할 수 있는 사람들이다.

당신이 기독교적인 방식으로 주장하는지를 어떻게 알 수 있는가? 만일 당신의 주장이 상대편에게 모욕감을 준다면 그것은 기독교적이지 않다. 기독교적인 주장은 언제나 치유적이며 파괴적이지 않다.

• 부족한 수면

나는 단 가지, 오직 한 가지 이유 때문에 향상된 수면 위생을 강력하게 주장하는 사람이다. 수면이 스트레스의 파괴로부터 나의 생명을 구했기 때문이다. 수면에 대한 필요는 내가 처음 스트레스라는 주제를 연구하기 시작했을 때 찾아낸 주요 발견 가운데 하나이다. 그날 이후로 수면이 하나님께서 우리에게 주신 위대한 해독제라는 것을 시간이 가면서 더 확신하게 되었다. 이는 스트레스의 해로운 효과에 대응하기 위해서도 그렇지만 우리의 자연 안정제를 촉진하기 위해서 하나님께서 주신 해독제라 할 수 있다. 이 주제는 너무나 중요하기 때문에 14장에서 더 자세하게 설명할 것이다.

• A형 행동에 순응하기

이른 바 A형 성격이 이른 나이에 심혈관 질환에 걸리기가 쉽다는 것은 잘 알려진 사실이다. A형 성격을 가진 사람은 본질적으로 네 가지 기본적 특징을 지니고 있다. 항상 서두른다(이발할 시간이 없고 하루하루 계획을 너무 많이 세운다. 당신 말의 문장을 당신이 마치기도 전에 대신 끝내준다). 정의감이 강하다(매우 깊게 상처를 받는다. 다른 사람 모두가 완벽할 것을 기대한다. 규칙 등을 지키지 않는 사람들을 보면 화가 치민다). 빨리 적대적이 된다(폭발하거나, 과도하게 반응한다). 그리고 반드시 통제감을 유지해야 한다(무기력한 감정을 싫어한다).

이러한 특징 하나 하나가 우리의 자연 안정제를 붕괴시키며 우리의 평온한 마음을 파괴한다. 왜 그런가? 이런 특징들은 모두 몸에 투쟁 혹은 도주의 신호를 보낸다.

자연 안정제를 증가시키는 행동들

우리의 자연 행복 메신저 또는 자연 안정제를 증가시키거나 촉진시키는 행동들을 검토해 보자. 이 중 많은 행동들이 나머지 장에서 다뤄질 것이기 때문에 여기서는 간단히 논하도록 하겠다.

- 휴식 시간 갖기

공학기술의 세계에서 기계를 설계하는 엔지니어가 대개 백분율로 표현되는 '의무 주기duty cycle'라는 개념을 개발하였다. 만일 기계가 50%라는 의무 주기를 가지고 있다면 이는 50% 이상의 시간을 돌려서는 안 된다는 의미이다. 만일 계속 돌려대면 기계는 과열과 소진의 위험을 감내해야 한다. 그들이 기계를 설계할 때, 예를 들어 당신의 세탁기를 돌리는 전기모터를 설계할 때 어떤 의무주기로 할지를 결정한다. 어떤 기계도 100%의 시간을 운용하도록 설계되지는 않는다. 그렇게 하려면 기계가 매우 견고해야 하기 때문이다.

인간이라는 '기계'를 한 번 살펴보면, 우리의 몸도 기계와 크게 다르지 않다는 것을 발견하게 된다. 우리에게도 의무 주기가 있는데 탈진하지 않고 계속 달릴 수는 없게 되어 있다.

인간 몸의 의무 주기는 무엇인가? 나는 이것이 사람들마다 다를 것이라고 확신한다. 그러나 내 의견으로는 우리의 의무 주기도 대부분의 기계와 마찬가지로 50%라 추정한다. 왜 나는 이것을 믿는가? 단서는 밤과 낮의 자연계 주기에서 얻을 수 있다. 우리는 낮에 일하고 밤에 쉬게 되어 있다. 이 주기를 어지럽혀 놓은 것이 전기의 발명이다. 이제 우리의 몸은 – 우리가 몸에 그 감각을 양보하지 않는 한 – 일상적 리듬 감각을 상실했다.

이미 언급한 것처럼 나는 남아프리카에서 성장했는데 전기가 없는 곳을 여러 곳 알고 있다. 촛불이나 기름이 매우 비쌀 수 있다. 그래서 어두워지면 휴식을 취하고 그 다음에 잠을 잔다. 이것이 태양만큼의 밝은 빛으로 빛을 비추어 시간을 연장하는 생활양식보다 더 건강한 삶의 형태라고 주장하고 싶다.

낮(밝은) 시간이 증가된 효과는 무엇인가? 스트레스는 늘어났고 안정제는 고갈되었다는 점이다. 무엇이 해결책인가? 우리에게서 사라진 휴식시간을 우리 삶 가운데로 다시 찾아와야 한다는 것이다. 내 말을 오해하지 말라. 특히 우리가 불안이나 스트레스 문제로 고통받고 있다면 휴식시간의 일부는 다시 찾아와야 한다고 말하는 것이다. 이 문제에 대하여는 9장에서 더 다루겠다.

• 묵상

이 책을 위한 자료를 수집하는 동안 공황장애와 같은 극심한 불안 문제로부터 회복을 촉진하는 데 묵상이 얼마나 효과적인지를 발견하고 놀라움을 금치 못했다(내가 놀란 이유는 17장에서 설명하겠다). 묵상이 회복에 크게 기여하는 이유는 묵상이 자연 안정제를 강력하게 회복시키는 역할을 하기 때문이라고 확신한다. 나는 이것에 대해 완전히 이해하고 있다. 당신이 잠깐 동안 영적 영역을 소홀히 했다면 묵상이야말로 긴장을 이완시키는 하나의 강력한 방법이다. 그리고 우리는 긴장완화가 강력한 항불안 기제임을 알고 있다. 이제 당신이 묵상을 참되고 타당한 영적 영역으로 회복시킨다면 전체적 효과는 엄청날 것이 틀림없다.

그러므로 우리는 강력한 안정제의 촉진제로서 묵상을 간과할 수 없다. 나는 기독교회의 상당수가 묵상이라는 개념에 대해 왜 그렇게 두려워하거나 저항하는지 이해할 수 없다.

그 대답은 아마도 우리 문화에서 불교나 초월 명상transcendental meditation: TM이 이 주제에 대하여 가지고 있는 영향력 때문이라고 생각한다. 대부분의 사람들이 묵상(명상)에 대해 생각하고 있을 때 그들은 옛날 크리스천 수도사들이 영적 훈련으로 사용했던 묵상을 생각하는 게 아니고, 선이나 초월명상을 하는 이들의 주문을 연상한다. 그래서 그들은 이를 멀리하려 한다.

나는 17장에서 이러한 왜곡으로부터 묵상을 구출하려 한다. 초월명상은 사이비종교적인 특징이 있지만 묵상은 이방종교만의 전유물이 아니다. 참으로 기독교적이며, 신체적으로나 영적으로 매우 유익한 것이다. 그러므로 우리는 그리스도와 그의 나라를 위하여 묵상을 다시 찾아 와야 한다.

• 유머를 찾아 즐기기

날이 갈수록 우리는 면역체계를 회복하는 데 유머와 웃음의 가치를 강조하는 연구들을 접하게 된다. 매우 심각한 면역력 결손 장애를 겪고 있는 사람들은 웃음(성경적 단어는 기쁨 혹은 희락이다)이 강력한 효과를 지니고 있다는 것을 발견하였다.

나는 웃음과 유머, 기쁨(희락)이 몸을 위한 양약이 될 뿐 아니라 마음을 위한 양약도 된다고 제안하고 싶다. 나는 이들이 자연 안정제 촉진제라고 확신한다. 나는 이 개념을 뒷받침하는 연구 자료들을 아직 발견하지 못했지만 이것은 시간문제다. 15장에서 이 개념을 더 탐색할 것이다.

• A유형 굴레에서 벗어나기

나는 A형 성격의 행동패턴을 몇 차례 언급했다. 당신이 자연 안정제를 증가시키려 한다면 이들 몇 가지 행동 유형에서 벗어나는 법을 배울 필요가 있다고 말하고 싶다. 이 모든 A형 유형은 안정제를 대적하는 세력이다. 당신은 스스로 A형 행동 습관의 변화를 시작할 수 있다. 다음은 당신 스스로 바꿀 수 있는 몇 가지 방법이다.

긴장을 완화하는 법을 배우라. 9장에서 기술하고 있는 형식적인 긴장완화 운동 외에도 긴장을 이완하는 다른 방법도 있다. 그리고 당신은 집에서 이를 실습할 수 있다. 준비가 되었을 때 조용한 장소를 정하고 편안하게 앉거나 누워서 눈을 감는다.

몇 가지 기법이 도움이 될 수 있다. 첫째, 마음을 진정시키는 음악에 귀를 기울이면서 상상 속의 멜로디를 따라 표류하게 하라. 잔잔한 환경 속에 있는 당신을 상상하라. 그리고 음악으로 당신의 근육을 이완하게 하라. 둘째로, 손과 이두근, 얼굴, 어깨, 가슴, 위장, 다리, 발의 근육을 번갈아가며 긴장했다 풀었다를 되풀이하면서 깊은 근육이완을 실시하라. 근육긴장 다음에 따르는 이완감에 초점을 맞추라. 마지막으로, 숨을 내쉴 때마다 "하나님, 저에게 평강을 주소서" 와 같은 문구를 반복하는 것과 같은 묵상기법을 사용하라. 10분간 계속하라. 호흡할 때마다 긴장이 풀리는 것을 느껴보라.

위 방법 중 하나로 이완하는 법을 배운 후, 스트레스를 느끼는 순간에 이를 활용하라. 스트레스를 야기하는 활동을 잠깐 중단하고 사적인 공간으로 가서 긴장을 풀라. 일상적 활동의 중압감에서 당신의 마음을 떠나보내라. 집에서 긴장을 풀고 이완했을 때를 기억하고 그 기분을 다시 살리도록 하라. 당신의 반응을 재훈련하라. 일단 빨리 이완하는 법을 배웠으면 당신이 자주 접하는 압박감에 의해 촉발된 정서적 반응을 심상을 사용하여 깨도록 하라.

먼저 긴장을 풀고 평소 당신이 긴장하게 되는 상황에 있는 것처럼 자신을 상상하라. 예를 들면, 마감시간을 앞두고 상승하는 압박감 같은 것이다. 그 상황을 상상하면서 이완의 의식을 유지하라. 어떤 긴장도 느끼지 않으면서 전 과정을 반복할 수 있을 때까지 이를 되풀이하라.

당신의 환경을 통제하라. A형 성격은 종종 그들의 환경을 적절하게 관리하지 못한다. 전화가 걸려오고, 방해꾼이 생기고, 요청이 있으면 스트레스가 쌓인다. 가능한 상황이라면 당신의 환경을 관리할 수 있는 적극적 조치를 취하라. 구체적인 예로, 현실적으로 약속을 조절하라. 달력에 충분한 시간을 분배하여 이 모임에서 저 모임으로 쫓겨다니지 않게 하라. 아침에 우선순위를 정하고 그 순서대로 이행하라. 매일 너무 많은 일정을 잡지 말라. 그날에 무엇인가를 완수했다는 느낌을 가질 만큼 활동을 하되 다 마치지 못할 것 같은 느낌이 들 만큼의 너무 많은 활동은 하지 말라. 다른 사람의 요구를 관리하는 법을 배우라. 경계선을 설정하라. 그들에게 당신이 얼마나 많은 시간과 노력을 베풀 수 있는지를 알게 하라. 또 그들의 요구를 수용할 수 없는 때를 알게 하라. 당신에게 다른 과제를 해주기를 원하는 사람이 있으면 그 요구의 긴박성을 평가하고 그것이 당신 우선순위 안에 드는지를 결정하라.

속도를 늦추라. 쫓기는 것처럼 행동하면 당신은 압박감을 느낄 것이다. 부담을 덜고 쉬어가라. 느리게 먹는 것을 연습하라. 음식이 입 안에 있을 때는 수저를 내려놓으라. 걸을 때는 걸음을 느리게 하라. 말할 때는 말 속도를 늦추어라. 다른 사람 말을 들을 때는 그들이 한 말을 간략하게 되풀어서 확인하라. 이렇게 하면 상대방을 더 잘 이해하는 데 도움이 될 것이고 당신의 초조함은 줄어들 것이다. 초조함은 A형 성격의 흔한 행동특징이다.

자연 안정제를 감소시키는 음식

음식은 몇 가지 방법으로 우리의 자연 안정제를 감소시킬 수 있다. 음식이 직접적으로 우리의 행복 메신저들에 영향을 끼칠 수 있거나 내부 스트레스를 일으켜 투쟁-도피 반응을 촉발시킬 수 있다.

다이어트와 영양의 문제 그리고 그것들이 불안에 어떤 영향을 미치는지의 문제는 그 동안 별로 주목을 받지 못했다. 특히 그것들이 당신의 자연 안정제를 증가시키는지 혹은 감소시키는지의 문제 역시 그 동안 주목을 받지 못했다. 그러나 당신이 섭취하는 것은 공황발작을 비롯한 불안 등에 적지 않은 영향을 미친다. 이것은 몸의 내면적 생리와 생화학에 직접적 영향을 미치기 때문이다.

어떤 음식이나 물질은 침착함과 흔들리지 않는 기분을 촉진하지만 어떤 음식은 불안에 더 취약하게 만드는 것이 사실이다. 불안문제로 고통받는 사람은 누구나 그들의 음식과 물질 섭취에 특별한 주의를 기울여야 한다.

대부분의 사람들은 먹고 마시는 것에 큰 관심이 없다. 그들은 '모든 사람이 무엇인가를 먹고 마시니까 안전하지 않을까' 라고 가정한다. 마약 외에도 어떤 물질은 중독적이다. 예를 들어, 커피나 콜라가 얼마나 중독적인지 아는가? 우리는 보통 이것이 사회 친목 등에서 인기가 있기 때문에 이런 중독은 그냥 넘어간다. 그렇다고 커피와 콜라의 인기가 중독성을 무해하게 만드는 것은 아니다.

더 중요하게는 이런 물질이 당신의 불안에 대한 내성을 떨어뜨린다는 것을 아는가? 바라기는 다음의 내용이 어떤 음식을 피해야 하고 어떤 음식을 가까이해야 하는지를 명확하게 해주었으면 좋겠다.

불안을 증가시키는 물질들

불안감을 가장 가중시키는 물질들은 흥분제다. 이 물질은 주로 몸의 각성과 경보체계에 대한 영향을 통해서 불안을 가중시킨다. 주어진 상황에 필요 이상의 아드레날린을 자극하여 불안을 유발한다. 우리의 행복 메신저들이 영향을 받았기 때문에 심장 속도가 빨라지고 혈압은 치솟고 불안증상이 나타난다.

불안을 가중시키고 공황발작을 촉진하는 모든 흥분제 중에서도 카페인이 목록 제일 상단에 있다. 카페인은 당신이 공황이나 불안에 취약한 것으로 드러나면 제일 먼저 중단해야 하는 물질이다. 나는 이 말을 함으로 여러분 중 많은 이들에게 나쁜 소식을 전하는 자가 된다는 것을 안다. 그러나 나에게 화를 내지 말라. 카페인만으로도 공황발작을 촉발할 수 있기 때문이다.

커피, 차, 콜라, 초콜릿, 코코아, 의사의 처방 없이 팔리는 약물 등에서 주로 발견되는 카페인은 몸 안의 몇 가지 체계를 흥분시킨다. 당신이 높은 스트레스 아래 있을 때와 같은 각성반응(증가한 아드레날린)을 만들어낸다. 그래서 당신이 경험하는 스트레스 효과를 배가시키는 것이다. 이것이 전부가 아니다. 이는 또한 두뇌 안의 진정시키는 메신저들을 감소시키는데, 교감신경을 더 활성화하고 반응하게 한다.

단기적으로 볼 때 각성이 오래 지속되지 않으면 카페인의 효과는 유쾌하고 자극적이다. 그래서 사람들이 커피를 찾는 것이다. 그러나 대부분은 거기서 멈추지 않는다. 그들은 점진적으로 카페인 섭취를 늘려 결국 자기를 통제하게 한다. 만성적 긴장과 과민성, 불면증의 악순환이라는 결과를 자주 카페인 섭취를 하는 대부분의 사람들에게서 본다.

만일 당신이 어떤 불안 증세로 고통을 받고 있다면 모든 카페인 섭취를 당장 그리고 완전히 멈추도록 하라. 그저 카페인 섭취를 줄이는 것만으로는 안 된다. 조만간 당신은 그 이전 상태로 서서히 되돌아갈 것이다.

카페인을 반드시 섭취해야 한다면 카페인 소비를 하루에 한 잔의 커피와 두 병 이하의 콜라로 제한하라. 물론 그것은 대단한 희생이다. 그러나 거기서 오는 이득은 향상된 수면, 안정과 평안 그리고(믿거나 말거나) 더 오래, 더 건강하게 산다는 것이다.

어떻게 카페인 섭취를 중단할 수 있는가? 두 가지 방법이 있다. '차가운 칠면조 고기'(갑자기 끊기)와 '치킨 수프'(서서히 중단)이다. 전자의 방법에서는 갑자기 끊는 대신 두통이나 피곤함과 같은 금단증상을 경험한다. 후자의 방법에서는 조금씩 줄여서 카페인에서 해방되는 것이다.

나쁜 반응을 야기하는 음식을 제거하라

어떤 음식이 가쁜 숨을 쉬게 하거나 코가 막히게 하거나 설사나 두드러기를 불러오면, 당연히 그런 음식을 피해야 한다. 이 같은 유형의 알레르기 반응은 몸에 스트레스가 된다. 이는 과잉스트레스에 영향을 끼치고 따라서 자연 안정제를 감소시킨다.

당신이 피해야 할 유형의 음식 반응이 있다. 당신이 갈망하거나 과식하는 음식은 그것이 어떤 것이든 두뇌를 활성화시키는 음식으로 행복 메신저를 공격한다. 이러한 음식이 두뇌의 신경전달물질을 해로운 방식으로 직접 영향을 미치기 때문에 당신이 이 음식을 갈망하거나 포식하게 되는 것이다. 대부분의 경우, 이것은 간편한 음식으로 설탕과 카페인을 함유하고 있는 음식이나 음료이다. 그러나 때로는 음식 중 갈증을 일으키는 물질이 옥수수, 우유, 효모 단백질이다. 많은 사람들이 옥수수, 우유, 효모 단백질에 민감한 반응을 보인다. 이들 물질 안의 단백질은 당신의 두뇌 메신저 기능에 직접 영향을 미친다.

이 책을 여기까지 읽었는데 당신이 기분이 좋지 않거나 혹은 음식이 당신의 몸 상태를 악화시킨다는 의심이 든다면 옥수수가 없는, 우유가 들어있지 않은, 이스트가 없는 음식을 먹도록 하라 (배우자가 해주는 식단을 위해 영양사나 의사와 상의하도록 하라).

자연 안정제를 증가시키는 음식

모든 음식이 우리의 자연 안정제를 파괴하는 게 아니다. 어떤 음식은 안정제를 촉진시킨다. 여기에는 우리 두뇌의 자연 안정제 생산을 증가시킬 수 있는 것으로 자연 음식 보조제나 음료가 있다. 물론 이 목록에 막대사탕, 카페인, 알코올, 니코틴, 중독성 물질은 들어가지 않는다. 그러므로 당신은 이런 물질들의 섭취를 줄이거나 제거하기 시작하라.

우리 각자는 어떤 음식에 알레르기가 있는지, 어떤 음식에 내면적 스트레스가 일어나는지가 서로 다르므로 이것에 대해서는 전문가와 상의해 보는 게 좋다. 그는 당신이 먹는 음식에 대해 책임을 지도록 지도할 것이다. 그러므로 내가 주는 지침은 구체적이기 보다는 일반적이다. 이미 제시한 조언들 외에도 다음은 건강하고, 균형 있고, 안정감을 강화하는 데 도움이 될 수 있는 몇 가지 지침들이다.

음식습관을 채식주의자가 되는 쪽으로 방향을 잡도록 하라. 나는 채식주의자는 아니다. 그러나 나는 모든 육류 섭취를 현저하게 줄였다. 나는 많은 채식주의자들을 알고 있는데 그들은 우리보다 침착해 보이고 더 평안을 누리는 것 같다. 육류에는 여러 문제가 있는데 그 중에는 지방 함유량뿐만 아니라 그 가축을 기르는 데 사용되는 호르몬의 문제가 있다.

채소와 과일 섭취를 늘려가라. 나의 문화적 배경에서는 채소가 모든 식사에서 큰 비중을 차지한다. 미국인들은 이파리로 가득한 샐러드로 식사를 대신한다. 이것은 괜찮지만, 그것에 샐러드 드레싱을 과하게 사용하는 것이 문제다.

자연스럽게 철분과 비타민을 공급하는 음식을 먹으라. 현대의 흥미로운 현상 중 하나는 우리가 자연 비타민을 조리 과정에서 파괴하고 그것을 인공 비타민으로 대체한다는 것이다. 물론, 미네랄과 비타민 필요를 보충하는 것도 필요할 테지만, 그것을 자연스럽게 공급하는 음식을 먼저 준비하도록 하라. 그 다음에 보충제를 먹도록 하라. 요즈음 음식에 부착된 상표를 보면 대개 비타민과 미네랄 정보가 제시되어 있다.

소화 체계가 거부하면 자극적인 음식을 먹지 말라. 나는 매콤한 음식을 좋아한다. 카레는 내가 제일 좋아하는 음식이다. 다행스럽게도 나는 심하게 맵지만 않다면 카레를 잘 먹는다. 당신은 어느 정도의 '매운 것'을 먹을 수 있는가? 중간 정도가 적당하다.

음식 섬유질 섭취를 늘리도록 하라. 곡물, 콩, 채소는 섬유질의 좋은 공급원이다. 내가 양배추를 날로 먹어도 된다는 생각에 익숙해지는 데는 시간이 걸렸다. 그러나 이제 나는 여러 채소를 날로 먹는 것을 즐기게 되었다. 양배추를 요리하면 오히려 영양소가 파괴될 수도 있다.

많은 물을 마시라. 정화된 물을 매일 6잔 이상 마시도록 하라. 요즈음에는 거의 모든 사람들이 어디를 가든지 물병을 가지고 다니는 습관을 들인 것 같다.

당신의 이상적 체중을 위해 권장량 이하의 칼로리를 섭취하도록 하라. 칼로리를 계산하는 것은 내 취향에 맞지 않는다. 내 접시에 놓인 것의 75%정도를 먹으면, 나는 잘하고 있는 것이고 몸무게도 늘지 않는다. 그러므로 접시에 놓인 것을 재는 습관이 있다면 모를까, 언제든지 조금이라도 남기는 버릇을 들이라.

모든 음식 군에서 균형을 유지하라. 과일과 채소(하루에 4~5회 정도 섭취), 통밀 곡물(아침 시리얼을 포함해서 하루 3~4회 섭취), 단백질(가금류, 해산물, 달걀 또는 채소류 - 하루 2회 섭취), 유류제품(낮은 지방 식품 – 하루 1~2회 섭취) 등이다. 더 자세히 알고 싶으면 다이어트 핸드북을 참조하라.

허브를 사용하여 이완하기

나는 한 번도 허브 옹호자가 된 적이 없었다. 허브가 효과가 있다 하더라도 처방약처럼 효능이 있거나 빠른 효과가 있는 것은 아니기 때문이다. St.

John's wort(개똥쑥의 한 종류)는 좋은 예이다. 이 약초가 경미한 항우울제라는 것을 확실하게 믿는다. 그리고 경미한 우울증 환자는 이것으로 도움을 받을 것이다. 그러나 그렇게 되기 위해서는 많은 양을 복용해야 하며, 치료효과를 보려면 꽤 오랜 시간을 기다려야 할 것이다. 이렇게 지연된 반응은 급성 우울증이나 공황발작으로 고통 당하는 사람에게는 별로 도움이 되지 않을 것이다.

보조제로서의 허브와 자연 치료제는 매우 도움이 될 수 있다. 그러나 처방약과 함께 허브 제품을 먹어서는 안 된다. 두 가지를 섞음으로써 치명적인 부작용이 발생할 수도 있기 때문이다.

몇 가지 자연 치료제가 긴장을 완화시키는 효과를 낼 수 있는데, 이는 자연 안정제를 증가시키는 데 도움을 줄 수 있다. 아마도 쥐오줌풀 뿌리Valerian root가 가장 유명한데, 그 주된 성분이 발륨Valium과 비슷하기 때문에 이것은 놀라운 일이 아니다. 긴장 이완 효과가 있는 다른 허브로 카모마일chamomile, 홉hops, 스컬캡skullcap, 시계풀passionflower 등이 있다. 좋아하는 정도에 따라 그 이름들은 다를 수 있지만, 이들 허브는 섞이시 사용할 수 있나.

일부는 물에 끓여서 차로 마셔도 되고, 어떤 것은 캡슐로 복용할 수도 있다.

그러나 만일 허브 치료가 원하는 효과를 보여주지 못한다면 그때는 지체 없이 보다 보편적인 치료법을 추구해야 한다. 자연 치료법으로 심각한 불안장애를 치료하려고 노력하다가 아무 효과도 보지 못한 환자들을 만나는 것은 나로서는 참 슬픈 일이다. 보다 빠른 방법이 가능한데도 어떤 사람들은 그런 방식으로 세월을 허비하고 있다.

음식 보조제로서의 약제

마지막 요점은 매우 중요한 문제를 제기한다. 당신이 불안문제를 치료하기 위해 복용하는 약은 결국 '음식 보조제' 밖에 안 된다는 것이다. 이것들을 처방에 의해서만 복용할 수 있다는 것은 당신을 보호하기 위해서다. 이것 때문에 당신이 그 약에 낙인을 찍을 필요는 없다.

이들 '음식 보조' 약품은 더 좋은 잠을 자게 하지만 수면제는 아니다. 이들은 당신의 나른함을 깨워줄 수 있지만 흥분제는 아니다. 이것들은 고통을 완화시켜줄 수 있으며 삶의 즐거움을 더해준다. 이것들은 중독성이 없는 처방약으로 당신 두뇌의 화학 메신저, 특히 행복 메신저에 균형을 잡아주는 역할을 한다.

이들은 리바운드를 야기하지 않으며(크게 떨어졌다가 급상승하는 일은 없다), 내성을 만들어내지도 않는다(당신은 원하는 효과를 위해서 더 많은 양을 섭취할 필요가 없다). 이 약품들은 당신의 스트레스 양을 줄여주는 한편 행복 메신저를 보강하는 데 사용된다. 그리고 만일 유전적으로 낮은 스트레스 내성을 물려받았다면 안심하고 장기간 복용해도 괜찮을 것이다.

불안 치료에 사용되는 항우울제를 포함한 이 약품들에 대해 마치 당뇨를 위해 인슐린을 사용하거나 혹은 영양결핍을 위해 비타민을 복용하는 것처럼 생각했으면 좋겠다.

그러므로 과잉스트레스로 아직도 고통받고 있다면 당신은 유전적으로 행복 메신저가 부족하여 일상적 스트레스를 제대로 감당하지 못하는 사람인지도 모른다. 당신은 두뇌 화학 불균형을 바로 잡아주는 약품의 도움을 받아서 자연 안정제를 대체할 수도 있을 것이다. 이것은 두뇌를 위한 음식이다. 이것을 현대 시대에 사용할 수 있도록 선물로 주신 하나님께 감사할 일이다.

8장

사고 습관 바꾸기

오직 마음을 새롭게 함으로 변화를 받아 (롬 12:2)

당신이 불안문제를 진실로 극복하기를 원한다면, 가능한 모든 각도에서 이 문제를 접근할 필요가 있다. 나는 여러 가지 치료법의 효력에 대한 문헌을 조심스럽게 검토해 보았다. 서로 다른 치료에 대한 반응은 불안으로 고통받는 사람마다 다르지만, 한 가지 효과적인 전략이 일관성 있게 효과가 있는 것으로 드러나고 있다. 몇 명의 연구가들이 그 중요성과 효과성을 부각시켜왔다. 사실, 이 효능성의 증거들이 너무 명백하기 때문에 당신의 치료계획에 이 전략을 포함시키지 않는다면 별로 진척을 보지 못할 것이라고 나는 강력하게 주장한다.

나는 어떤 전략에 대해 말하고 있는 것인가? 당신의 생각하는 습관을 변화시키라는 것이다.

이 전략의 효과를 지지하는 연구의 한 예로, 불안장애의 치료에 초점을 둔 프로그램 하나를 간략하게 언급하고자 한다. 불안장애 치료의 필요성에 대한 연구프로젝트라고 알려져 있는 이 연구에서, 연구원들은 518명의 불안 피해자들 중 29%가 공황발작을, 23%가 공황불안장애를, 나머지는 여러 가지 불안 문제를 갖고 있다는 것을 발견하였다. 82%는 치료와 함께 또는 치료 없이 불안 관련 약물을 복용하고 있었으며, 단지 3%만이 아무런 치료를 받지

무엇이 불안장애에 가장 효과적인 치료 방법인가?

호주에서 실시한 이 연구는 증세 완화를 경험한 환자들을 대상으로 여러 치료에 대한 효과를 특이하게 비교 분석하였다. 불안 치료에 가장 효과적인 방법은 당신의 생각을 바꾸고, 스트레스 수준을 낮추고, 긴장이완기법을 배움으로 자신의 회복에 대해 책임을 지는 것이다.

• 치료 방법	• 성공적으로 치료된 사람들의 백분율
자기인식, 생각과 더불어 노력	95%
지원그룹	83%
묵상	75%
인지행동치료	78%
자기도움 도서	75%
긴장이완	72%
심리치료(인지행동이 아닌)	59%
불안상황에 점진적인 노출	52%
최면술	25%
처방된 약	16%

(다음을 주목하라)

1. 위 치료방법 중 여러 가지가 치료에서 병행되었다. 참여한 사람의 36%가 그들이 시도한 치료 중 어떤 것도 효과가 없었다고 말했다.
2. 여러 치료의 상대적 효과를 비교하는 다른 연구에 의하면 인지행동적 개입은 80%의 공황해소를 보고하였고, 약물치료는 50~60%의 공황해소를 성취하였다. 그리고 인지행동적 개입과 약물치료를 병합한 치료가 가장 효과적이었다.

않고 있었다.

재미있는 것은 모든 시도된 전문치료들 가운데 장기적으로 불안 증상에 가장 효과가 있는 것으로 간주되었던 것은 묵상과 인지행동 치료였다. 가장 효과적인 자기도움 전략은 '자기 생각 다루기'와 '자기 인식 증가시키기 increasing self-awareness' 였다. 이것들은 불안발작을 예방하거나 중단시키는 데 동일하게 효과적이었다.

이러한 발견은 불안문제를 작업해 온 나의 경험에도 전적으로 일치한다. 묵상 역시 대단히 도움이 된다. 나는 17장에서 이 기법에 대해 설명할 것이다. 이 장에서는 당신이 생각하는 방식을 어떻게 바꾸어야 하는지에 초점을 맞추려 한다. 초점은 주로 공황발작에 맞춰지겠지만, 내가 여기서 기술하는 기법은 다른 형태의 불안에도 적용될 수 있다.

생각 조절 학습이 왜 중요한가?

모든 불안 피해자들은 새로운 사고방식을 배워야 하고 이전의 사고방식을 변화시키는 법을 개발해야 한다.

이유는 자명하다. 불안은 언제나 우리의 생각을 사로잡는다. 그리고 우리의 생각은 불안상태를 매우 쉽게 창조할 수 있다. 우리의 생각이 불안해질수록 불안발작에 더 취약해지기 마련이다.

공황발작의 경우, 자연 안정제의 고갈이 높은 스트레스에 의해 일차적으로 생겨난다. 당신의 사고패턴은 이 높은 스트레스에 기여하면서 구체적 발작을 위한 '방아쇠' 역할도 한다. 이미 설명한 것처럼 당신이 주어진 어떤 상황을 '위험하다'고 해석하면 당신의 두뇌는 투쟁-도피 반응으로 반응하여 공황 상황을 촉발한다.

발작은 극히 공포스러운 것이기 때문에 스스로 불안하게 생각하고 반응하도록 훈련하고 조건화한다. 불안에 대한 두려움이 불안을 영속화하고 이것이 발작을 야기한다. 이것은 악순환이다. 그리고 이를 깰 수 있는 유일한 방법은 이 사고과정에 '제동'을 거는 것이다. 우리가 아는 최상의 제동장치는 당신의 생각 형태를 다시 조건화하는 것이다.

그렇게 하지 않으면 남은 생애를 인공 안정제에 의존하게 된다. 앞의 연구에서 참가자 중 32%가 안정제에 대한 장기적 의존성을 키우게 되었다고 보고했다. 약물 복용의 평균기간은 43개월이었다. 자신의 사고유형을 조절한 사람들만이 약물 의존에서 비교적 자유로움을 성취하였다.

생각을 조절하기 위한 전략

사고패턴에서 본질적인 문제를 변화시키는 최선의 그리고 가장 효율적인 방법은 치료를 추구하는 것이지만, 다음과 같이 하는 것도 치료를 안내하거나 혼자 실천할 수 있는 연습을 하는 데 도움을 줄 수 있다.

여기에 기술하는 세 가지 기법은 생각 느리게 하기, 잘못된 신념에 도전하기, 자신에게 진실을 말해주기다.

운동선수나 음악가가 다짐하고 연습하지 않으면 최고의 실력을 발휘할 수 없듯이, 불안 피해자도 마음을 잡고 연습하지 않으면 불안으로부터 자유로울 수 없다는 것을 기억하라.

생각 속도 늦추기

여기서 우리가 목적하는 바는 당신의 사고 과정을 느리게 함으로 마음속에 휘몰아치는 생각을 '제어하는 것'이다. 생각을 변화시키려면 먼저 그것을 제어해야 한다.

우리들 대부분은 특히 불안할 때, 우리가 의식하지도 못하는 생각으로 홍수를 이룬다. 의식수준에서는 그 생각을 감지하지 못할지라도 우리의 마음은 이것들에 반응한다. 사실, 이 생각들은 '무의식적' 이라기보다 의식의 창문에서 빛처럼 스쳐지나가기 때문에 우리가 깨닫기도 전에 왔다가 사라지는 것이다. 생각을 늦추는 것은 우리가 생각하는 것을 바로잡도록 도와주는 한 가지 방법이다.

잘못된 신념에 도전하기

잘못된 믿음(신념)은 불안의 뿌리가 된다. 우리 자신과 우리 주변 세상에 대해 깊이 박혀 있는 신념들이 우리 안에 스며들어 있어서 그 거짓된 본질을 이해하지 못할 때가 있다. 그 신념들은 기만적이고, 잘못된 정보에 기초하고 있으며, 부정확하고, 악의적이다. 이것들은 우리의 잠재력을 자유롭게 성취하지 못하도록 방해한다. 또 우리의 안정감을 훼방하고 고통스런 불안을 만들어 낸다.

이런 신념들은 왜 우리를 교묘히 피해가면서 우리에게 영향력을 행사하는가? 문제는 이 신념들이 우리가 그 진정성에 도전할 능력이 없었던 생애 초기에 형성되었다는 점이다. 그렇기 때문에 우리는 이제 성인으로서 이것들에 도전하는 방법을 습득해야 한다.

그러나 잘못된 신념들에 도전할 수 있기 전에 그것들을 인식할 필요가 있다. 이것은 생각보다 어렵다. 그 신념의 많은 부분이 대단히 감지하기 어렵기 때문이다.

예를 들어 보자. 내가 다음과 같이 생각한다고 가정해 보자. '성공하지 않는 한 나는 아무것도 아니다.' 이것은 잘못된 믿음(신념)이다. 이것은 다른 무엇보다 성공에 가치를 둔 문화에 뿌리내리고 있는 신념이다. 무비판적으로 이 사고를 사들이기에 고통스런 결과가 생긴다. 은퇴 전에 사다리구조와 같은 기업에서 중간까지 올라갈 수 있다면, 나는 성공한 것인가? 내가 성공이라고 선언하기 전에 반드시 꼭대기까지 도달해야 하는가? 하지만 오직 한 사람만이 그 꼭대기에 오를 수 있다. 만일 이것이 공식이라면 우리 대부분은 결코 성공하지 못할 것이다.

불안으로 괴로워하는 사람을 치료하다 보면 이 문제가 얼마나 자주 등장하는지 이루 말하기가 힘들 정도이다. 우리 사회는 성공을 요구한다. 그러나 무엇을 얼마나 성취해야 성공이라 할 수 있는지 정의해주지 않기 때문에 마치 공중에 매달려 있는 듯이 막연하다. 그러므로 우리 각자는 이것을 스스로 풀어내야 한다.

"성공하지 않으면 나는 아무것도 아니다"라는 것이 잘못된 신념인 또 다른 이유는 이것이 하나의 사실이기보다는 정서적 진술이라는 점이다. 이것은 더 깊은 불안정감과 불완전에 대한 두려움으로 이어진다. 결과는 어떠한가? 누군가의 기준에 의한 대단한 성공도 이 불안정감을 고쳐주지 못한다. 엄청난 성공을 거둔 것처럼 보이는 사람에게 그의 성공이 불안을 치료해 주었는지를 자주 물어보았다. 대답은 언제나 같았다. 성공이 그를 치료하지 못했다는 것이었다.

이는 불안의 문제가 매우 뿌리 깊고 무력하며 잘못된 믿음으로 인해 갈등을 더욱 증폭시키고 있다는 것을 의미한다. 그래서 우리는 잘못된 신념을 식별해 도전해야 하는 것이다.

평생 치료에 참여하지 않고서 어떻게 생각하는 습관을 변화시킬 수 있겠는가? 한 가지 방법은 작은 수첩에 잘못된 생각이 포착될 때마다 당신의 신념을 기록하는 것이다. 페이지 꼭대기에다 날짜를 적으라. 하루 동안에 잘못된 믿음을 암시하는 생각을 포착하여 기록해 보라. 그리고 잘못된 신념에 대한 당신의 도전을 적으라. 그러나 기억하라. 우리 중 누구도 두 사람이 똑같을 수는 없다. 당신만의 독특하면서도 잘못된 신념을 찾아야 한다. 다음의 예는 내가 흔히 갖는 잘못된 신념과 그에 대한 나의 도전들이다.

- '나는 다른 사람들이 나를 대하는 방식의 피해자다.' 터무니없는 생각

이다. 나는 내 삶을 통제할 수 있고 그 결과를 변화시킬 수 있다.

- '나는 항상 실패하기 때문에 모험을 해서는 절대로 안 된다.' 터무니없는 생각이다. 전에는 실패했는지 몰라도 항상이라는 말은(늘 그렇듯) 거짓말이다. 나는 다시 시도해야 한다. 이번에는 성공할지 모르잖아.
- '내가 어떤 것에 대해 충분히 걱정하면 그것은 사라질 것이다.' 내가 가장 좋아하는 변형은 이것이다. 이 문제에 대해 항상 걱정하지 않더라도 이 일은 일어나게 마련이다. 어리석은 생각이다. 온 우주에는, 그 어떤 것에 대해 걱정한다 해도 그것을 예방하거나 변화시킨다는 증거는 전혀 없다. 예수께서 오래 전에 이에 대해 말씀하셨다.
- '사람들은 언제나 나를 사랑하고 존경해야 한다.' 누가 그렇게 말했나? 사람들은 내가 그들을 대우하는 방식대로 나에게 반응한다. 내가 타인의 존경을 원한다면 나부터 그들에게 존경을 보여야 한다.
- '나는 행복하거나 성공할 자격이 없다고 느낀다.' 이것은 말도 안된다. 나는 세상 어느 누구보다 행복하고 성공할 자격이 있다.
- '사람들이 내가 진짜 어떤 사람인가를 안다면 나를 좋아하지 않을 것이다.' 이것 역시 어리석은 말이다. 우리 모두에게는 역겨운 면이 있다(성경에서는 이를 죄라고 부른다). 진실은 투명한 사람들이 폐쇄적인 사람들보다 더 호감이 간다는 것이다. 그러므로 좀 더 투명해지려고 노력하는 것이 어떻겠는가?
- '나는 단지 있는 모습 그대로의 나일 뿐이다. 나는 변화될 수 없다.' 바보 같은 소리다. 누구나 변화될 수 있다. 이것이 쉽지는 않겠지만, 복음은 온통 사람을 변화시키는 이야기다. 그러니 그런 어리석은 생각은 버리고 변화를 시도해 보라.

이상은 몇 가지 예에 불과하다. 일단 당신의 잘못된 사고에 도전하기 시작하면 점점 더 쉬워지는 것을 발견할 것이다. 잘못된 신념을 바꿀 수 없다는 잘못된 신념에 도전하기 시작한다면 말이다.

어떤 생각이 잘못된 것인지를 분별하기 위하여 어떤 신념에 대해서든지 스스로 자문해볼 수 있는 네 가지 질문이 있다.

- 이 신념이 진실이라는 증거는 무엇인가?
- 이 신념은 언제나 옳은가, 아니면 예외가 있는가?
- 이 신념은 내가 스스로 생각할 수 없을 때 나에게 강요된 것인가?
- 이 신념은 나의 안녕을 촉진하는가, 아니면 해를 끼치는가?

자신에게 진실을 말하기

여기서 나의 목적은 당신이 불안을 조장하는 생각에 대항할 필요가 있을 때 끌어다 쓸 잘 시연된 '자기진술문'을 확보하게 하려는 것이다. 이것은 자주 시연하고 반복하여 연습할 필요가 있다. 그래야 필요할 때 바로 마음에 떠올려 사용할 수 있기 때문이다. 이 같은 진술문을 필요로 하는 상황이 있다. 각 상황에 맞는 몇 가지를 제시하겠다. 보다 개인적인 것으로 만들기 위해 당신 자신의 것을 첨가할 필요가 있다.

다음의 진술들이 암기될 때까지 따라 말해보라. 그리고 어떤 상황이 그 진술을 요구할 때 반복적으로 사용하라.

상황 : 불안이 닥쳐오는 것 같다

- 나의 감정과 싸울 필요는 없다. 잠깐 지속되다가 사라질 뿐이다.
- 나의 불안한 감정에서 내 생각의 초점을 다른 곳으로 옮기겠다.
- 그래, 나는 지금 약간 불안을 느낀다. 그것이 무슨 대수인가?
  누구나 불안을 느낄 때가 있는 것이다.
- 잠시 후면 괜찮아질 것이다. 나는 다른 것에 대해 생각하며 하던 일을 계속할 것이다.

- 불안은 내 몸만큼이나 오래된 것이다. 불안이 나를 통제하도록 놓아 둘 필요는 없다. 내가 불안을 통제할 수 있다.

상황 : 공황발작을 일으킨다

- 공황발작으로 죽은 사람은 없다. 그러니 긴장을 풀도록 하라.
- 공황은 절대로 오래 지속되지 않는다. 공황의 절정은 몇 분 내로 지나갈 것이다. 그리고 내가 통제할 것이다.
- 공황은 그저 불편할 뿐이다. 위험한 것은 아니다.
- 나는 전에 공황발작을 견뎌내고 살아남았다. 그러니 이번에도 생존할 것이다.
- 바로 지금 좋지 않은 감정이 느껴지고 있다. 이에 대해 나를 탓할 일은 아니다. 나는 이 감정을 어떻게 다뤄야 하는지 안다. 그리고 이 감정은 곧 영원히 사라질 것이다.

상황 : 스트레스 받은 상황 속으로 들어간다

- 나는 전에 스트레스 받는 상황에 들어가 본 적이 있는데 살아남았다. 이 상황도 견뎌낼 수 있다.
- 지금은 이것이 불가능한 상황처럼 느껴질 것이다. 그러나 무기력한 느낌을 피하고 용기를 가지고 앞으로 나아가야 한다.
- 내가 스스로 인정하는 것보다 나는 내 삶의 스트레스를 더 잘 통제하고 있다. 그러므로 스트레스를 정면으로 직면하겠다. 문제야 조심해라. 내가 간다.
- 이것 또한 지나가리라. 당신이 문제들을 견뎌내면 그것들은 오래 가지 않는다.
- 모든 것이 지나갔을 때, 나는 이것에 맞서 싸워 이긴 나를 보고 기뻐할 것이다.

상황 : 감정에 압도되는 느낌이 들 때

- 지금 내가 느끼는 감정은 이해가 가지 않는다. 그리고 나는 이런 감정을 원치 않는다. 그러나 지금 당장은 그 감정과 함께 살겠다.
- 나는 불안하지만 당장 내 앞의 과제에 초점을 맞추겠다.
- 지금 그것에 대해 바로 생각한다면, 나는 이 압도당하는 느낌을 나의 동지로 바꿀 수 있을 것이다. 이 느낌이 내가 찾는 해결책을 찾게 도와줄 것이다.
- 나는 늘 생각하던 것보다 더 많은 나의 감정을 통제하고 있다. 나는 이 감정을 무시하고 다른 것에 초점을 둘 수 있다.
- 감정은 하나의 환영幻影일 뿐이다. 그것은 내가 허락할 때만 존재한다.

9장

휴식과 이완

너희는 따로 한적한 곳에 가서 잠깐 쉬어라 (막 6:31)

이 장에서는 서로 연관되어 있으나 약간 다른 주제인 휴식과 이완에 대하여 다루고자 한다. 휴식rest은 심리치료사들이 말하는 마음 이완하기relaxation와 같은 것이 아니다. 잠을 잘 때, 당신은 휴식하는 것이지만 이완하는 것은 아니다. 수면이 일정치 않을 긴장이 가득할 수도 있다. 효과적인 이완은 당신이 잠들지 않을 것을 요구한다. 이완은 당신이 깨어 있는 동안에 해야 하는 것이다. 그렇지 않으면 혜택이 따르지 않는다.

이런 의미에서 치료사들은 약간 제한된 의미로 '이완' 이라는 말을 사용한다. 그들은 이것을 우리의 모든 각성체계를 진지하게 '꺼버리는' 의도적인 활동으로 본다. 깊은 이완은 당신의 몸이 각성과 스트레스 아래 있거나 공황발작 상태에 있는 것의 반대 상태로서 하나의 분명한 생리적 상태를 가리킨다.

내가 여기서 이완이라 지칭할 때는 이런 의미로 사용할 것이다. 불안과 맞서 싸우기 위해 이완과 두뇌 안의 자연 안정제를 양산하는 것의 중요성을 거론하기 전에, 이완과 가까운 사촌격인 휴식에 대해 언급하려 한다. 휴식과 이완은 나란히 함께 간다. 그렇지 않으면 서로 적대적으로 작용한다. 수면은 이완이 아닌 휴식의 아주 특별한 형태다.

휴식에 대한 하나님의 계획

오늘날 시간을 내서 휴식하는 것은 선택사항이 아니다. 휴식은 필수사항이다. 그런데도 많은 사람들이 삶의 다른 어떤 영역에서보다 이 영역에서 더 갈등하고 있다. 휴식할 시간을 갖지 않는 것은 위험천만한 일이다. 우리의 영혼은 너무 많은 서두름 때문에 고통당하고 있다. 우리가 서두르면 인생에서 놓치는 것이 많다. 추월선에서 살아가면 중요한 것을 소홀히 하게 된다. 인생에서 의식의 창문을 너무 빨리 지나가게 되면 창문이 희미해져서 제대로 감상할 수가 없다.

휴식을 더 강조하라는 가장 강력한 논증은 바로 성경에 있다. 우리 모두가 알고 있는 대로 성경은 하나님께서 세상을 창조하신 후에 일곱째 날 쉬셨다고 기록하고 있다. 그러므로 처음부터 성경은 우리에게 휴식(쉼)이 중요하다는 관념을 제시하며, 뿐만 아니라 구체적인 시간을 휴식을 위해 구분해 놓아야 한다고 가르치고 있다. 심지어 하나님도 쉬셨다.

그러므로 휴식은 성경에서 연약함이나 게으름의 표시가 아닌 신적인 활동으로서 하나님의 지혜와 거룩함의 표시로 제시되고 있다. 휴식이 하나님께 중요하다면 인간을 위한 휴식의 중요성을 최소화시킬 수 없다고 생각한다. 그러므로 우리가 휴식을 소홀히 하면 위험해질 뿐이다.

구약 율법을 보면 하루를 휴식하는 것은 의무였다. 사람들은 그날을 '안식일sabbath'이라고 불렀다. 안식일 율법을 범한 이스라엘인은 자신의 생명으로 그 죄 값을 치러야 했다. 오늘날도 쉬지 않는 것에 대한 처벌은 죽음이다. 다만 지금은 점진적인 죽음이다. 왜냐하면 쉬지 못하면 스트레스의 파괴적 영향력이 가중되어 점진적인 죽음을 불러오기 때문이다. 우리는 우리의 몸이 만성적 스트레스로부터 회복할 수 있는 시간을 허락하지 않는다. 그 결과 중의 하나가 생리적인 것에 기반을 둔 불안장애다.

이것은 또 하나의 심각한 문제를 발생시킨다. 우리가 과연 오늘날과 같은 빠른 속도의 삶을 살도록 설계되었는가? 하나님께서 우리를 계획하셨을 때, 우리가 오늘날 하는 것처럼 인간의 한계를 벗어나는 것을 염두에 두셨는가? 답은 '그렇다와 아니다' 이다. 하나님은 우리가 무엇을 할 수 있는지를 아셨다. 그러나 그분의 설계는 인간의 몸에 일정한 한계를 정해주셨다. 우리가 이 한계 안에 머물러야 할 필요가 있는 것은 휴식이 그만큼 하나님의 계획 안에서 중요하기 때문이다.

내가 머리말에서 언급한 것처럼, 우리는 낙다 걸음으로 살도록 설계되었지 초음속기의 속도로 살도록 설계되지 않았다고 믿는다(이 믿음을 지지하는 많은 과학적 증거가 계속 쌓여가고 있다). 지난 50년을 제외하고(이 기간은 인간 존재의 전체 기간에 비하면 아주 적은 기간이다), 인간은 그 몸을 위해 설정된 한계 안에서 생활할 수 있었다. 그러나 오늘날, 우리는 이 한계를 약간이 아니라 큰 차이로 초월하고 있다. 그에 대한 대가는 급속히 번져가는 스트레스성 질환과 불안장애, 특히 공황불안으로 나타나고 있다.

현대 생활의 속도 가운데 우리가 생존할 수 있는 유일한 방법은 휴식과 이완의 효과적인 습관을 개발하는 것이다. 한 마디로, 우리는 안식일을 지키는 것의 중요성을 재발견하여야 한다. 율법적으로 하루 휴식하는 것을 지키자는 말이 아니다. 안식일을 지키는 원리를 시행하자는 것이다. 이것이 우리의 유일한 희망이다.

쉬느냐 마느냐, 그것이 문제로다

셰익스피어에게 미안한 말이지만, 우리의 현대적 딜레마는 사느냐 죽느냐의 문제가 아니라, 쉬느냐 일하느냐의 문제인 것처럼 보인다. 쉬는 것은 인기가 없는 것 같다. 당신은 게으르고, 나태하고, 굼뜨며, 느려터진다고 낙인이 찍힌다. 심지어 나의 어린 시절에도 아버지는 내가 햇살을 즐기며 빈둥거리는 것을 보면, "너는 할 일이 없느냐?" 고 말씀하셨다. 나는 조심스럽게 말을 해야 했다. 그렇지 않으면 아버지는 내가 할 일을 생각해 내셨기 때문이었다. 우리의 노동윤리는 우리가 무엇인가를 하면서 바빠야 한다고 요구한다. 아무것도 안 하는 것은 질책을 받는다.

그리고 여기서 딜레마는 조금 더 복잡해진다. 쉬는 시간 없이 일하면서 조금 더 일의 속도를 내지 않는다면, 직장에서 살아남을 수 있는 이들이 몇이나 되겠는가? 누가 승진하겠는가? 느긋하게 대충 하라면서 일을 너무 진지하게 하지 말라고 하는 사람인가? 쉰 적이 없는 A 유형의 인간인가? 당신은 나만큼이나 그 정답을 알고 있다.

결국 우리는 지금 몸의 쉴 필요와 우리를 바쁘게 하라는 사회적 요구 사이에 끼어있는 셈이다. 이 무의미하지만 극심한 경쟁대열에 끼는 것 외에 할 수 있는 것이 무엇인가?

대답은 안식일 원리를 존중하고 필요한 휴식 시간을 눈코 뜰 새 없이 바쁜 생활 속에 집어넣어야 한다는 것이다. 만일 당신이 자연 안정제와 면역체계와 건강한 마음을 갖추면서 어느 정도 평온하고 풍요로우며 보람 있는 생활을 살기 원한다면, 당신 삶의 우선순위에 휴식을 배치해야 한다.

휴식할 수 있는 시간은 다 어디로 갔나?

우리는 너무나 성공에 목을 매고 있기 때문에 우리들 대부분은 매 순간을 활동으로 채우려 노력하고 있다. 우리가 먹고, 건강하고 잘 섭생된 아이들을 양육하고, 편안한 은퇴를 위해 저축을 하려면 이 활동 가운데 어떤 것은 반드시 필요한 것이다. 그러나 우리는 그 이상으로 넘어간다. 우리는 여러 날들을 너무나 많은 모험과 흥분으로 채우기 때문에 휴식할 시간을 찾기가 어렵다. 휴식은 높은 우선순위가 아니다. 따라서 휴식할 시간을 결코 챙기지 않는다. 우리 사회의 그 무엇도 휴식의 필요성을 강조하지 않는다. 쉬는 시간은 생기지 않는다. 목적지(성공, 명성, 인정, 물질적인 부)에 도달하는 데 너무나 심취해 있는 나머지, 삶의 여정을 반추할 시간도, 경치를 즐길 시간도, 아니면 인생의 여정에 있다는 것에 감사할 시간도 갖지 못한다.

물론, 공항에서 연착을 기다리거나 일거리를 가져오는 것을 잊어버렸거나, 아이가 축구 시합을 할 때 마치 우리가 그 시합을 하는 것처럼 몰두하고 있을 때면, 잠시 동안 휴식을 취한다. 사실 이것은 강요된 휴식이다. 쉬도록 강요 당하는 것은 별로 효과가 없다. 당신은 초조하게 시간이 지나가기를 기다리다가 당신이 하고 있는 과제로 되돌아간다. 당신은 절망하게 되고 당신의 아드레날린은 스위치를 끄지 않는다. 당신은 얼마나 오랫동안 여유를 갖도록 강요 당할지에 대해 마음이 초조하다. 그래서 근육의 긴장은 올라가고, 더 이상 내려가지 않는다. 스스로를 속이지 말라. 당신은 쉬고 있는 게 아니다.

진정한 휴식은 시간이 걸린다. 확장된 시간이다. 좌절감을 느끼지 않는 시간이다. 한가한 시간이다. 그것은 당신이 만반의 준비를 하고 기다릴 것이 없다는 것을 의미한다. 단절하고, 손을 놓고, 내려놓고, 이전에 무엇을 하고 있었는지를 잊고, 나중에 무엇이 기다리고 있다는 것도 망각해야 한다. 정규적인 일상으로부터 자신을 완전히 분리시켜야 한다.

쉬는 시간을 갖게 되면 어떤 혜택이 있는가?

휴식 시간을 갖게 되면 우리의 마음과 몸에 여러 가지 혜택이 간다. 휴식하는 것은 또한 우리의 관계와 영성에 영향을 미친다.

휴식이 관계에 어떤 영향을 미치는지를 예로 들기 위해 벤필드 가족의 사례를 보자. 나는 몇 년에 걸쳐 개인적인 문제로 벤필드 부부를 따로 만났다. 그런데 하루는 그들이 나를 함께 만나자고 요청하였다. 12년 된 그들의 결혼이 흔들리고 있었다. 그들은 자기들의 결혼에 대해 심각하게 고민하고 있었다. 특히 그들 자녀에게 영향이 가는 것에 대해 걱정이 많았다.

최근까지 이들은 잘 지내는 것 같았다. 그런데 요즘에는 사사건건 말다툼이 심했다. 아주 작은 일도 크게 확대가 되었다. 그들의 성생활은 전무했다. 두 사람 모두 압박감이 높은 직업에 종사하고 있었는데, 스트레스에 지쳐 있었고 대부분의 시간이 긴장의 연속이었다.

그들의 문제의 일부는 그들이 '지나치게 확장된 삶'을 사는 데 있다고 믿었기 때문에, 나는 그들에게 "두 분이 함께 하며 서로를 진정으로 즐기는 기회가 얼마나 자주 있느냐"고 물었다. 그들은 잠시 말없이 앉아 있었다. 그들은 서로를 쳐다보았다. 그때 부인이 나를 돌아보며 말했다. "우리는 함께 시간을 보낸 적이 없는 것 같아요. 그럴 시간을 찾지 못한 것 같아요."

그래서 나는 그들에게 '자유' 시간을 어떻게 보내는지 물어보았다. 그들은 자유 시간이 별로 없다고 고백했다. 그나마 자유시간이 생기면 긴장을 늦추는 데 사용한다고 말했다. 나는 계속해서 스트레스를 풀기 위해 하는 것이 무엇이냐고 물었다. 남편은 골프를 치러 나갔다. 내 사무실에 앉아 있는 그 시간에도 아드레날린이 그의 눈동자를 타고 흘러가면서 그의 두뇌 속에서 펌프질을 하는 것이 나에게 느껴졌다. 갑자기 그가 긴장을 했다. 그가 흥분하며 말했다. "저는 골프 코스에 있을 때 가장 편안해요."

그가 얼마나 분주한지, 그리고 골프에 대해 생각할 때 주의집중 지속시간이 얼마나 짧은지를 아는 나는 급소를 찔렀다. "당신은 언제 골프를 칩니까?"

그는 순간 머뭇거리다가 말했다. "아, 이른 아침에는 집 가까이 짧은 코스로 가지요. 일주일에 두세 번 골프를 치러 갑니다. 그러면서 정말 긴장이 풀어지는 것을 느껴요." 이러한 맥락에서, 그는 몇 차례에 걸쳐 자기는 "진짜로 긴장을 풀기 위해 시간을 갖고 있다"고 나를 안심시키려 하였다. 그는 또 아내의 항의에도 불구하고 토요일에도 몰래 골프를 치러 나가는 것이 밝혀졌다. 이것이 그들 사이의 주된 쟁점이었다. 아내가 남편을 도무지 구경할 수가 없다는 것이었다.

나는 아내에게 물었다. "부인은 어떻습니까?"

"아, 저는 우리 동네에 있는 평생교육원에서 될 수 있는 대로 많은 과목을 수강하려고 해요. 거기에는 그림그리기, 도예 등 다양한 흥밋거리가 많거든요." 그녀는 서둘러 덧붙였다. "모든 게 긴장을 풀어주는 것 같아요. 저는 이 활동을 통해서 많은 휴식을 가져요." 그녀가 또한 교회에서 여러 가지 사원봉사 활동을 하는 것을 알게 됐는데 이는 반대로 그녀의 남편에게 굉장한 긴장의 원천이 되었다. 왜냐하면 그녀는 제 시간에 식사를 차려주는 적이 없었고 매사에 늦었기 때문이다. 남편의 좌절감 수준은 아내 이상으로 높았다.

나는 그들이 시간을 함께 하지 않고는 그들 관계가 성장하고 번성하는 것을 기대할 수 없다고 설명해주었다. 그들에게는 함께 하면서 서로에게만 주목하는 관계 '휴식'이 필요했다. 모든 부부에게는 부부만이 함께 하는 시간, 그저 서로를 즐기는 시간이 필요하다. 이렇게 하는 한 가지 방법은 특별한 유형의 휴식을 위해 시간을 내는 것이다. 관계를 재건축하고 강화하는 데 우선순위를 두는 휴식 시간이 필요하다. 결혼 서약을 준수하지 못하는 것처럼, 이와 같은 형태의 안식을 준수하지 못하면 결혼은 깨질 수 있다.

휴식 재정의하기

벤필드 부부의 사례는 휴식의 의미에 혼선을 주는 중요한 요점을 제시하고 있다.

대부분의 사람들은 자기들이 '일상적으로 하는 일과 다른 어떤 것을 하기' 만 하면, 휴식하거나 긴장을 완화시키는 것으로 믿고 있다. 내 주변에는 조깅을 하거나 체육관에서 운동을 하는 것이 휴식하는 것이라고 믿고 있는 친구들이 있다. 어떤 이들은 심지어 심부름을 갔다 오는 것도 휴식이라고 생각한다.

그러나 벤필드 부부처럼, 골프를 치거나 여러 강의를 듣는 것에 열심을 내는 것과 같이 다양한 활동으로 대체하는 것은 휴식도 아니고 이완도 아니다. 이들 대안적인 활동은 당신의 정기적인 일상처럼, 당신의 아드레날린에게 요구적일 뿐이다.

예를 들어 휴가를 생각해보라. 휴가는 원래 휴식을 위해 고안된 것이 아닌가? 놀랐는가? 여행산업은 이것을 바꾸어 휴가가 무엇인가를 재정의하였다. 결과적으로, 이런 메시지를 판다. "휴가는 휴식을 위한 것이 아니다. 흥분되는 모험을 위한 것이다. 아직 알려지지 않은 지역으로 이국적인 여행을 떠나세요. 그리고 흥미진진한 새로운 지평을 탐색해 보세요." 그리고 나는 다른 어떤 사람보다도 아드레날린을 손질하는 데 나의 휴가를 써버리고 싶은 유혹을 받는다.

나는 이 원리를 나의 개인적 경험을 통해서 잘 안다. 최근에 나는 2주의 휴가를 다녀왔는데 나의 둘째 딸, 샤론과 13살, 15살 된 두 손자들과 함께 우리가 잘 알고 있는 유럽의 여러 장소를 배낭여행으로 가는 것에 동의했다.

하나의 휴가로서 여행은 대단히 멋진 것이었다. 우리는 이 여행을 손자들을 위한 '대략 둘러보는' 여행으로 계획하였다. 외국여행에 대한 취향을 고취시킬 목적으로 계획한 것이었기 때문에 우리는 계속해서 이동했다. 아이들은 자신들이 보고 싶은 것을 선택하였다. 그것은 분명 흥미진진했지만 동시에 벅차고 힘들어서 모두를 지치게 하였다. 우리는 열차 안에서 잠을 자고, 될 수 있으면 도보로 여행을 했다.

런던의 화려한 구경거리는 그들에게 굉장한 것이었다. 내가 과거에 그랬던 것처럼, 그들은 옥스포드에 매료되었다. 코츠월드 언덕(Cotswolds: 영국 잉글랜드 서남부에 있는 양의 방목지)과 블레님Blenheim 궁전은 옛 영국에 대한 새로운 감상거리를 제공해 주었다. 그리고 우리는 고속열차를 타고 파리로 가서 루브르 박물관과 에펠탑을 구경했다. 그 다음에는 스위스로 가서 하이킹을 하며 산에 올라가 작고 연약한 '에델바이스' 꽃을 내 눈으로 처음 보았고, 툰Thun 호수를 둘러보고, 흑삼림지Black Forest까지 갔다가 마침내 다시 런던으로 돌아와 유명한 장난감 가게에서 쇼핑을 하고 숙소로 돌아왔다.

휴식으로 들리는가? 전혀 아니다. 내 손자들이 나와 보조를 맞출 일은 아니었지만 나는 매일 밤 녹초가 되었다. 그 여행은 휴식을 위해 고안된 것은 아니었다. 다만 재미있고 유쾌하면 그만이었다. 나는 집에 돌아와 휴식하기 위해 직장으로 돌아갔다.

어떤 휴가는 휴식을 위해 계획되지 않는다. 그러나 여기에 우리의 문제가 있다. 안식일 휴식에 대한 필요는 무한정 뒤로 미룰 수 없는 것이다. 휴식에 대한 필요는 누적되다가 분주한 한 해 중 언젠가 현실이 되어야 한다. 그러므로 조금 휴식하기 위해 한 해를 기다리는 것은 누적된 불안과 스트레스의 결손을 해소해 주지 못한다. 휴식의 부족은 정기적으로 해결해주어야 한다. 매년 휴가는 하나의 보너스일 뿐이다.

그러므로 나는 여기서 매우 중요한 요점을 아주 분명하게 말하려고 한다. 휴식을 위한 시간은 매일같이 취해야 한다. 그리고 한 주 이상 연기되어서는 안 된다. 이것이 바로 안식일을 지키는 원리이다.

잠깐 출애굽기 23:12을 찾아보라. "너는 엿새 동안에 네 일을 하고 일곱째 날에 쉬라. 네 소와 나귀가 쉴 것이며 네 여종의 자식과 나그네가 숨을 돌리리라." 마지막 부분의 "숨을 돌리리라"가 원어성경에는 "기운을 되찾게 된다", "원기를 되찾게 되리라", "새롭게 된다refreshed"고 번역되어 있다. 나는 모세에게 주신 이 말씀이 매우 설득력이 있다고 생각한다. 나는 이 말씀을 무시할 수가 없다.

많은 개신교인들이 신약에서는 안식일을 지킬 것을 요구하지 않는다는 이론을 펴면서, 일곱 번째 날마다 쉬는 것, 즉 전통적 안식일 개념의 의미를 격하시키고 있다. 엄격하게 말해서 법률적인 관점에서 안식일을 그대로 지킬 필요가 없는 것은 맞는 말이다. 그렇다고 안식일 원리가 더 이상 중요하지 않다는 의미는 아니다. 이것은 소와 나귀, 나그네, 종 그리고 우리가 쉴 필요가 없다는 것을 의미하는가? 물론, 그렇지 않다. 무엇보다도 우리는 역사상 과거 어느 때보다 더 많은 휴식을 필요로 한다.

그 다음에 하나님께서 13절에서 "내가 네게 이른 모든 일을 삼가 지키라"고 말했다는 것을 유의해 보았는가? 이것은 관습을 퍼뜨리는 선언이지 않은가? 하나님은 여기서 진지하시다. 두 번 같은 말을 강조할 정도로 진지하시다. 그런데 왜 우리는 안식일 휴식의 원리에 거의 주의를 기울이지 않는가?

어떤 그리스도인들은 구약성경에 규정된 대로 안식일을 문자 그대로 지켜야 한다고 믿는다. 나는 그들이 그렇게 믿는 것에 대해 존경을 표하며 신학자들이 무엇이 옳은지를 밝혀주시기 바란다. 나는 문자 그대로의 안식일을 지키는 것에 대하여 반대하는 논조를 다 알고 있다. 예수께서 옛 언약과 안식일 준수를 완성하셨다는 것이다. 안식일을 그대로 지키는 것은 그리스도의 완성된 사역을 부인하는 것이 될 수도 있다. 구원에 대해서는 공로와 은혜를 혼합해서는 안 될 것이다. 그리스도만이 홀로 하나님을 만족시키실 수 있다. 우리의 안식일 휴식인 그리스도께서 오셨다. 안식일을 순수하게 준수한다는 것은 구약의 모든 의식 율법ceremonial laws을 포함해야 할지도 모른다.

안식일 휴식의 원리를 유지할 수 있는 일곱 가지 방법

1. 당신의 한계에 대한 인식을 개발하는 데 특별히 관심을 가지도록 하라. 우리 모두에게는 한계가 있다. 우리 중 한 사람도 슈퍼맨과 같은 사람은 없다. 하나님은 우리를 그렇게 만들지 않았다. 모든 피조물과 마찬가지로 우리는 한계가 있을 뿐 아니라, 그 한계 안에서 일하며 사는 법을 배워야 한다.
2. 절대로 당신의 한계에 도달할 때까지 일하지 말라. 많은 사람들이 탈진, 피로, 두통, 어지럼증과 같이 멈추라는 신호가 올 때까지 일하는 습관에 빠진다. 그들은 쓰러지기 직전까지 계속 일한다. 일단 스트레스 같은 증상을 경험하기 시작하면 당신은 지나치게 멀리 간 것이다. 한계 끝에 도달하기 전에 멈추는 법을 배우라.
3. 당신이 한계에 접근하고 있다고 깨닫는 순간, 멈추라! 바로 그 자리에서 멈추라는 말이다. 눈이 충혈되고 고통과 두통이 개입할 때까지 기다리지 말라. 당신의 목표는 스트레스 증상을 절대로 만들지 않는 것이며, 벼랑 끝까지 가기 전에 멈추는 것이다.
4. 일하는 시간 동안 정기적으로 휴식시간을 가져라. 정기적으로 멈추고 아드레날린 수치를 낮추기 위해 이완하면, 사실은 더 오래 일할 수 있다는 것을 발견하게 될 것이다. 이것은 마치 마라톤 경주를 하는 것과 같다. 전속력으로 달린다면 경주를 끝내기 전에 쓰러질 것이다. 당신이 페이스를 맞춰 속도를 조절함으로 에너지 고갈을 막는다면 몸은 경기 중에 원기를 재생하고 회복할 기회를 갖게 될 것이다.
5. 한계를 지나 스트레스나 고통에 빠진 자신을 발견하게 되면 일단 뒤로 물러나 회복할 수 있는 시간을 허용하라. 일단 고통이나 다른 스트레스 반응을 촉발하면, 몸은 당신이 만든 아드레날린 과잉소진으로부터 원상회복될 필요가 있을 뿐 아니라, 당신이 끼친 손상을 치유하여야 한다.
6. 매일 하루의 끝 무렵 양질의 안식을 취하라. 내가 나의 스트레스 남용에 대한 가장 중요한 발견은 매일 휴식하는 것을 소홀히 했다는 것이다. 나는 계속 쉬지 않고 일하면서 매주, 매달, 심지어 매년, 나의 고갈된 에너지를 보충할 수 있다고 생각했다. 사실, 이것은 미친 짓이다. 우리는 매일 새로워질 필요가 있다. 이것은 당신이 이완하고, 휴식하고, 매일 잠 잘 수 있는 충분한 시간을 자신에게 허용하는 것을 의미한다.
7. 주말에는 안식일 휴식을 취하라. 나는 구약에서 말하는 문자 그대로의 안식일을 주장하고 옹호하는 것이 아니다. 물론 그것도 그리 나쁜 아이디어는 아닐지 모른다. 내가 지지하는 원리는 '쉬어가는 시간break을 가지라'는 것이다. 기독교 사역에 종사하는 우리들이 아마도 가장 큰 공범자들일 것이다. 우리는 하나님의 일을 하기 때문에 인간의 몸 안에 있다는 모든 한계에서 면제 받을 수 있다고 생각하는 우를 범한다. 우리는 한계를 벗어날 수 없다. 일상적인 일에서 만큼 기독교적 사역에서도 휴식은 똑같이 중요하다.

나는 문자 그대로의 안식일 준수를 주장하는 것이 아니다. 우리가 준수해야 할 것은 안식일의 원리이다. 이것은 일주일에 하루 휴식의 날을 준수하는 것보다 모자라는 것이 아니라 오히려 더한 것이다. 매 시간마다 몇 분의 휴식이 필요한 것이며 적어도 적정량의 점심식사 휴식 시간이 필요하다. 매일은 그날의 휴식 시간(예: 하룻 밤의 단잠)이 필요하다. 그리고 매주는 휴식하는 하루(예배를 위해)가 필요하다.

지금 휴식할 시간을 가져라

휴식 해야 할 필요를 연차휴가가 올 때까지 늦출 수는 없다. 왜냐하면 아무리 많은 연차휴가도 당신이 이미 받은 손상을 보상할 수 없기 때문이다. 휴식은 당신의 투자에 대한 이자처럼, 받아야 할 때 찾아야 하는 것이다. 그렇게 할 때만 휴가는 삶의 일상으로부터 도피처가 될 수 있고 흥미로운 발견의 새로운 장을 열 수 있는 모험이 될 수 있을 것이다. 당신이 일 년 동안 정기적으로 휴식하는 시간을 갖지 않는다면, 당신은 축적된 몸과 마음의 상처들을 치료하면서 병원에서 휴가를 보내는 것이 더 좋을 수도 있다.

물론, 우리에게는 신나는 탈출구가 필요하다. 우리는 취미와 오락적인 휴식시간, 쾌락을 위한 시간을 가질 필요가 있다. 그러나 우리는 또한 순전하고 오염되지 않은 휴식을 위해 시간을 낼 필요가 있다. 휴식은 마무리 하지 못한 허드렛일을 해치우거나, 심부름을 가거나, 쇼핑몰에 가거나, 영화를 보러 가는 시간이 아니다. 이것들은 활동이다. 활동은 휴식을 자아내는 것이 아니다. 휴식의 특징이 되는 것은 그것이 또 다른 활동이 아니라는 점이다. 그것은 아주 편안한 여가이고 당신을 재발견할 수 있는 시간이며 당신의 감정을 되찾을 수 있는 시간이다. 또한 새로운 우선순위를 결정할 수 있는 시간이며, 균형감각을 재창조하는 시간이고 무엇보다도 당신의 영혼을 회복하는 시간이다. 그렇게 하는 중에 하나님과도 다시 연결될 수 있다. 추월선에서 삶을 살아가는 비극 중 하나는 하나님이 우리가 그 속도를 정하도록 허락하지 않는다는 것이다. 그분은 우리가 시골길로 가기를 원하시지, 지름길로 가는 것을 원치 않는다. 우리가 하나님보다 빨리 움직일 때 우리는 연결감을 상실하게 된다. 그러면 하나님과 우리 사이에 거리감이 생기게 된다.

또한 휴식하는 것은 이완하는 것과 다르다. 우리는 이완할 뿐 아니라 휴식하는 법을 배워야 한다. 우리는 이완의 중요성을 다음에서 다루려 한다.

스트레스와 불안 해독제로서의 이완

공황장애나 일반화된 걱정 또는 공포불안 같은 불안문제를 극복하려고 시도하는 모든 사람들은 먼저 특별한 기술에 숙달해야 한다. 그것은 언제든 선택하는 시간에 완전한 이완상태를 창조할 수 있는 능력이다. 쉬울 것으로 생각하는가? 그렇지 않다. 이완은 이 기술을 통달했다고 느끼기 전에 상당히 많은 연습을 필요로 한다.

이완 반응을 일으킬 수 있는 능력보다 불안 회복에 더 결정적인 도구는 없다. 당신이 숙달할 필요가 있는 다른 기술들의 성공은 이 기초적인 기술에 달려있다 해도 과언이 아니다. 만일 이완할 수 없다면, 당신을 불편하게 하는 불안을 치료할 수 없을 것이다. 사실은 이처럼 간단하다.

자, 그러면 진짜 이완이라는 것이 무엇인지 직접 살펴보도록 하자. 나는 늘 듣는 말이 있다. "아, 나는 이완하는 법을 알아요. 테니스 코트에 가서 상대를 이기는 것이지요." 또는 "이완이라구요? 물론이지요. 나는 어떻게 이완하는지 알아요. 오래된 TV 앞에 앉아 있으면 이완에 빠지거든요." 진짜 그런가?

당신의 불안을 치료하는 법을 배우고 스트레스 질환을 예방하기 위해 배워야 하는 이완 반응은 테니스장, 골프장, 축구장, 혹은 다른 운동장에서 공을 따라다니는 것과는 다른 것이다 (대부분의 스포츠가 공을 쫓는 것과 관련되어 있다는 것을 생각해 본 적이 있는가?). 물론, TV 앞에서 긴장을 푸는 것도 적절한 이완 반응은 아니다. 하루 일과를 마치고 촛불 옆에서 뜨거운 목욕을 하라. 그렇다면 당신은 바른 방향으로 가고 있는 것이다. 아니면 주일 오후에 공원에서 낮잠을 자거나 산책을 하라. 당신은 이제 감을 잡기 시작한 것이다. 그러나 이런 것도 당신이 거기에 경쟁이나 속도를 개입시키기 시작하면 쉽게 활동으로 변할 수 있다. 서두르지 않는 게 본질적으로 중요하다. 그리고 결과에 대해 기대가 없는 것, 여유로운 마음, 어떤 요구로부터도 자유로운 것도 마찬가지다. 이보다 더 좋은 것은 아무 활동도 없는 것이다. 이것이 가장 도움이 된다.

오락은 이완이 아니다. 스트레스나 불안장애 치료 경험이 있는 임상가가 이완에 대해서 생각하는 그런 의미에서의 이완은 아니라는 말이다. 스트레스와 불안에 대응하는 데 필요한 이완 반응은 당신의 마음과 근육 작동을 중단하는 것을 포함한다는 의미에서 독특하다. 이것은 '깊은 근육 이완' 이라고도 불린다. 왜냐하면 근육의 활발한 활동muscles firing이 극적으로 차단되는 것을 성취할 수 있기 때문이다. 결과는 당신의 수족이 몸에 연결되어 있지 않은 것처럼 느낀다는 것이다.

이것은 또한 모든 활동과 두뇌 안의 에너지 체계 그리고 몸 안에 있는 당신의 아드레날린 체계가 완전히 '차단되는' 독특한 상태이기도 하다. 사실, 그렇게 되면 당신의 혈관계, 호흡계, 근육계 및 모든 체계가 조용히 작동하는 상태로 느려진다. 이완은 그저 편안한 안락의자에 앉아 있는 것 이상이다. 이것은 기어를 역으로 넣는 것이지, 낮추는 것만은 아니다. 대부분의 사람들에게 이것은 낯설고 생소한 경험이다. 그러므로 이것을 배우는 데는 시간과 각오가 필요하다.

이 상태를 처음으로 '이완 반응' 이라고 묘사한 것은 허버트 벤슨Herbert Benson이었다. 이것은 우리 모두가 성취할 수 있는 반응이다. 그러나 스트레스라는 먼 길을 여행했을수록 당신이 되돌아가는 길도 그만큼 힘들다. 그러나 이완을 성취하였을 때, 그 보상은 노력한 만큼의 가치가 있다.

이완 반응의 혜택

이완은 하나의 치료 양식으로서 수천 년 동안 우리와 함께해 왔다. 때로 종교의 옷을 입고 병을 치료하는 데 사용되기도 하였다. 그러나 아주 최근까지도 의학은 이완을 소홀히 하였다. 이제 이완은 스트레스로 지칠 대로 지친 마음과 몸을 치료하는 데 있어 강력한 자원으로 인정 받고 있다. 이완은 무엇에나 좋은 것이다. 그리고 여기에는 예외가 없다.

이완은 무슨 일을 하는가? 우선, 아드레날린과 코르티솔 같은 슬픔 메신저를 비롯해 스트레스 호르몬을 감소시킨다. 또한 면역체계를 고양시키고, 당신의 고통을 견디는 내성을 높이며, 자연 안정제를 증가시키며, 망가진 조직을 수리하며, 몸에 원기를 되찾도록 해준다. 나는 겨우 그 혜택의 나열을 시작했을 뿐이다. 당신은 이완하는 법을 배워야 하며 그것도 자주 그렇게 해야 한다.

이완 반응

매우 특별한 이완 반응 동안에 무슨 일이 일어나는가? 아드레날린이 극적으로 떨어지며 불안의 공범인 코르티솔도 떨어진다. 이것이 이완이 당신의 불안 취약성을 그토록 심오하게 반전시키는 이유이다. 아드레날린의 급격한 감소와 직접적으로 연결되어 있는 다른 변화에는 다음과 같은 것들이 있다.

• 심장 박동수를 떨어뜨린다.
• 혈압을 떨어뜨린다(스트레스로 인한 고혈압을 치료하는 데 매우 효과적임).
• 몸 전체의 긴장된 근육을 풀어준다(근육축소두통을 포함해 모든 근육의 고통을 줄여준다).
• 전반적인 신진대사 비율을 낮게 한다(당신의 몸의 '마모' 를 줄이고, 노화과정을 늦추기도 한다).
• 창조능력을 증가시킨다.

위에 열거한 혜택은 마지막 것만 제외하면 모두가 낮추는 것과 연관되어 있다. 우리가 깊은 이완상태에 있을 때 두뇌 능력은 환상적으로 발휘된다. 이 모든 것은 『아드레날린과 스트레스』라는 나의 다른 책에 자세히 설명되어 있다(더 많은 정보를 원하는 분들은 이 책을 참고하기 바란다).

30년 이상 이완의 기술을 환자들에게 가르쳐온 경험에 비춰볼 때, 솔직하게 말해서, 이완은 모든 면에서 좋은 것이라고 말할 수 있다. 나는 이 운동이 시작될 때부터 '바이오피드백biofeedback' 운동에 참여해 왔으며, 지금도 캘리포니아 바이오피드백 학회의 회원이다. 바이오피드백을 바이오리듬biorythm과 혼돈하지 않도록 하라. 바이오리듬은 기분의 리듬이 이미 결정되어 있으며, 당신이 결정할 수 있는 패턴을 따른다는 전적으로 무익하고 잘못된 관념에 기초하고 있다. 반면에 바이오피드백(생체자기제어)은 이완 반응을 성취하는 데 있어 당신을 안내할 목적으로 생리적 피드백을 제공하기 위해 근육의 긴장과 피부 온도, 심장박동을 측정하는 특별한 도구를 사용하는 과학에 기초를 둔 과정이다. 이것은 스트레스와 불안 증상을 줄이고, 두통을 완화시키고, 힘을 길러주며, 집중력과 생산성을 향상시키며, 불면증과 피곤을 감소시키기 위해 사용된다. 나는 신체적이거나 정서적인 상태 가운데, 이완 반응에 의해서 원기가 회복되지 않는 것은 없다고 알고 있다. 이 반응을 스스로 배우는 데 어려움이 있다면 전문 바이오피드백 트레이너를 찾아보라.

반대로 이완에 좋지 않은 면도 있는가? 이완에 이르기 위해 해야 하는 여정만은 안 좋다고 하겠다. 굉장히 요구가 많고 여러모로 복잡한 삶을 사는 우리들 대부분에게 이것은 마치 이 산 꼭대기에서 저 산 꼭대기까지 여행하는 것과 같다. 그 사이에 무엇이 놓여있는가? 물론, 골짜기가 있다. 많은 이에게, 이 깊은 이완은 서툴고 비참한 골짜기가 될 수 있다.

왜 그런가? 우리의 몸이 일정 기간 높은 수준의 아드레날린 각성 상태에 있게 되면 우리의 몸은 높은 각성상태에 '적응'이 된다. 부정적인 결과가 나는데도 불구하고 사실 편안하게 이에 적응한다. 그것은 마치 매우 밝은 방에서 일하는 것과 같다. 우리의 눈은 그 밝음에 적응이 되고 얼마 지난 후에는 거기에 적응한다. 우리의 놀라운 몸은 이와 같이 설계되었다. 그래서 우리는 거의 모든 것에 익숙해진다.

그러나 우리가 밝은 방을 떠나서 어두운 복도로 움직이면 어두움은 눈이 다시 적응할 때까지 위태롭게 느껴진다. 우리의 눈은 밝은 빛 이외의 어떤 것에도 익숙하지 않다. 높은 각성에서 낮은 각성으로 움직일 때도 마찬가지다. 적응의 시기가 필요한 것이다. 이 적응은 회복 중인 중독자의 금단경험과 같은 것이다. 다만 여기서는 아드레날린에 중독된 것이 다를 뿐이다.

그렇다면 높은 스트레스가 있는 사람은 처음에 이완 반응을 어떻게 경험하는가? 비참한 기분이다. 처음에는 몸이 반발한다. 안절부절못한다. 몸을 꼬아댄다. 가만히 있지 못하고 괜히 들썩거린다. 화학물질이 낮아진 것 때문에 근육이 거칠게 움직인다. 근육들은 편안한 위치를 찾기 위해 끊임없이 몸부림친다.

바이오피드백 훈련의 초기 단계 중에 나에게 말 그대로 소리를 지르는 환자도 있었다. "당신은 미친 게 틀림없어. 이게 이완일 수가 없다고. 나는 너무 불편해요." 그들은 이전의 높은 스트레스수준으로 돌아가기 위해 싸움을 벌이는 것이다.

나는 침착하게 나를 신뢰하고 계속해보라고 그들을 격려한다. 마침내,

사람마다 걸리는 기간이 다르기는 하지만, 긴장이 풀리기 시작하면서 금단 증상이 사라지기 시작한다. 마지막 결과는 보기가 아름답다. 안정과 평안, 만족, 고요함이 찾아온다.

당신은 바이오피드백 도구의 도움을 받아 긴장을 측정하지 않고 이와 같이 깊은 이완을 성취할 수 있는가? 초창기에는 이것이 가능하다고 믿지 않았다. 그러나 많은 사람들이 이완을 혼자서 효과적으로 배우는 것을 보아왔다. 이제 당신도 그렇게 할 수 있다.

이완하는 방법

책 『아드레날린과 스트레스』에서 이완하는 법을 자습할 수 있는 연습문제를 제공하고 있다. 많은 사람들이 혼자서 하는 것을 어려워해서 저렴한 가격의 오디오 테이프를 제공한 적도 있다.

거기에서는 모든 근육을 점진적으로 이완하는 법을 자세하게 가르칠 뿐 아니라 마음을 이완하는 방법도 제공하고 있다. 여기에는 '생각 멈추기'와 '감각 자극하기' 연습도 포함되어 있는데, 이는 당신의 감각과 재연결하는 방법을 가르치는 내용이다. 예를 들어, 바쁜 일정에 몰두하다 보면 나의 촉감을 잃어버릴 때가 많다. 나의 촉감을 회복함으로써 각성수준을 낮추는 데 도움이 되는 유쾌한 감각을 효과적으로 사용하게 된다. 이러한 연습을 혼자 해 보고 얼마나 효과가 있는지를 확인해 보라.

여기서 잠시 지면을 할애해 점진적인 근육 이완 연습이 어떤 것인지를 보여 주겠다.

점진적 근육이완은 깊은 이완상태를 성취하기 위한 체계적인 기법이다. 이 기법은 몇 초 동안 하나의 근육을 긴장시키면 그것이 그 근육을 충분히 피로하게 함으로 이완을 촉진하게 된다는 원리에 기반을 두고 있다. 일단 숙달이 되면 이 기법은 잠들게 할 수도 있고, 임박한 공황발작을 막을 수도 있고, 바쁜 일정 중에 스트레스가 올라가는 것을 저지할 수도 있다. 나는 이것을 변호사와 의사, 교사 및 기타 여러 직업의 소유자에게 가르쳤는데 모두 하루에 한두 번 아드레날린을 낮출 기회가 있을 때마다 예방적으로 이 기법을 사용하는 것을 보아왔다. 스트레스와 불안 증상을 예방하는 것이 발작이 온 후에 이를 완화하려는 것보다 훨씬 낫다.

언제 이완해야 하나?

이완은 매시, 매일, 매주마다 일상이 되어야 한다.

당신은 시간마다 자신의 긴장을 점검하고 자신에게 "긴장을 풀고 편안하라" 고 말해야 한다. 나는 거울, 탁상시계, 운전대, 펜, 유리잔 위에 작은 색지 혹은 표시를 해서 이것이 자주 생각나도록 해보라고 권하고 싶다. 이 장 말미에 나오는 이완 연습 중 한두 가지를 가능한 자주 시행하여 그것이 습관이 되게 하라. 그리고 정기적으로 실습하라.

매일같이, 당신은 깊은 이완 속에서 적어도 30분을 보내야 한다. 이것은 누구나 할 수 있는 하루의 작은 부분이다. 이것을 할 수 있는 제일 좋은 시간은 일을 마치고 귀가했을 때나 초저녁 그 날의 업무를 완수했을 때이다. 어린 자녀를 둔 부모는 자녀들이 잠든 후가 좋을 것이다. 그때가 이완이 가장 필요한 시간일 것이다.

매주, 당신은 조금 더 긴 이완의 시간을 계획해야 할 것이다. 주일이나 휴일이 이상적이다. 이런 날에는 작업이나 정기적 활동을 줄이도록 하라. 다리를 위로 뻗고, 낮잠을 자거나, 그저 게으름을 부릴 수 있는 시간을 갖도록 하라. 불행하게도 많은 교회활동이 우리를 주일날 더 바쁘게 움직이도록 만든다. 이것은 하나의 함정이 될 수 있다고 믿는다. 휴식의 날에 느리게 움직이지 않으면 당신은 하나님의 의도에 어긋나게 움직이는 것이며 스트레스 피해를 자초하고 있는 셈이다.

우리 중 많은 이들은 잠시라도 한가하게 게으름을 피우면 죄책감을 느끼도록 양육을 받았다. 그러나 당신의 영적, 정서적, 정신적, 신체적 건강을 위해서, 당신은 충동적인 활동을 멈추어야 한다. 그리고 필요하다면 자신을 강제로라도 쉬게 해야 한다.

이완의 기본적인 요소들

이완에 어떤 신비스럽거나 비밀스런 것은 없다. 우리 모두에 의해서 촉발될 수 있는 몸의 자연스런 반응이다. 그 자체로서는 이완이 영적인 의미를 갖고 있지 않지만, 기도와 묵상을 함께 하면 강력한 영적 훈련이 될 수 있다. 이것은 실습할수록 쉬워진다. 당신이 몸의 어떤 부분을 이완하든지 간에 다음은 이완으로 가는 기본적 단계이다.

편안한 자세로 앉든지 누우라. 고통이나 압박감은 당신을 각성한 상태로 유지시킬 것이다. 그러므로 불편감을 최소화하도록 하라. 꽉 낀 옷을 입지 말고 느슨한 옷을 입으라. 그리고 안경을 벗으라. 당신 몸의 아래쪽을 지지하도록 노력하라.

방해를 받지 않는 환경을 만들라. 문을 잠그고, 전화선을 뽑고, 문밖에 표지판을 걸어놓으라. 배우자와 자녀들, 개와 이웃에게 방해하지 말라고 말해두라. 더 좋은 것은 그들이 당신을 찾을 수 없는 곳으로 가는 것이다.

운동을 위해서 정해진 시간을 떼어놓으라. 35분에서 45분이 이상적이다. 알람을 해 놓고 수시로 시간을 확인할 필요가 없게 하라.
잠에 빠지지 않도록 하라. 잠자는 것은 이완이 목적하는 바가 아니다. 잠이 필요하면 가서 잠을 자도록 하라. 그러나 잠을 이완과 혼돈하지는 말라. 이완은 의식적인 경험이지 혼수상태나 졸린 상태는 아니다. 잠에 빠지는 것은 당신에게 더 많은 잠이 필요하다는 신호인지도 모른다.

아무 활동도 하지 않는 상태를 유지하라. 꼼지락거리거나, 움직이거나, 일어나거나, 몸을 긁지 말라. 처음에는 강한 성분의 약을 복용하다 중단했을 때처럼, 낮아진 아드레날린 효과로 인해 금단증상을 경험할 것이기 때문에 위에 언급한 모든 것을 하고 싶을지 모른다. 불편감을 참고 견디라. 그러면 곧 그런 기분이 사라질 것이다(몸을 긁게 되면, 될 수 있는 한 빨리 이완된 자세로 돌아오라).

염려스런 생각을 피하라. 걱정거리와 염려를 제쳐두라. 모든 염려와 걱정을 옆으로 제쳐놓으라. 잠시 염려스런 세상으로부터 자신을 분리하라. 그리고 당신에게 압박을 가해오는 요구들에서 자유하라.

구체적인 이완 기법

이제 보다 구체적인 이완운동에 대해서 설명하겠다. 자신을 편하게 하라. 눈을 감고 세상을 차단하라. 팔이나 다리를 꼬지 않도록 하라. 구두나 안경을 벗도록 하라. 당신의 마음에서 걱정이나 원한 감정을 비우도록 하라. 스스로 평안과 안정감을 주장하라. 이제 다음을 하도록 하라.

등을 대고 바닥에 드러누운 채, 두 손을 머리 위로 올리고 쉬게 하되 아무것도 잡지 않도록 하라. 깊은 심호흡을 하라. 몇 초 동안 숨을 멈추도록 하라. 긴장을 풀고 숨을 내쉬라.

자, 이제 두 손을 뻗을 수 있는 만큼 뻗으라. 멀리 뻗어라. 그곳에 정지시키도록 하라. 이제 두 발을 갈 데까지 쭉 뻗으라. 팔과 다리를 서로 멀리할 만큼 뻗으라. 느리게 1에서 10까지를 세어보라. 1...2...3...4...5...6...7...8...9... 10.

긴장을 풀고 두 손과 발이 제 자리로 돌아오도록 하라. 다시 이 운동을 되풀이하라. 1...2...3...4...5...6...7...8...9...10.

이 스트레칭 연습을 다시 한 번 하라.

몇 분 동안 숨을 들이쉬고 내쉬기를 느리게 반복적으로 계속하라. 흉부 호흡을 하지 말고, 복식 호흡을 하라. 당신이 하고 있는 일에 집중하라. 숨을 들이쉴 때는 윗배를 바깥쪽으로 그리고 아래로 내밀라. 그래서 아래 복부가 팽창하게 하라. 숨을 내쉴 때는, 약간 윗배를 잡아끌어 허파에서 공기를 내보내도록 하라.

자, 이제 다시 2, 30분 동안 움직이지 말고 쉬면서 긴장을 풀고 이완하도록 하라(시작하기 전에 타이머로 시간을 맞춰놓는 것을 잊지 말라.).

이완 시간이 다 되었으면 천천히 일어나라. 느리게 움직여라. 잠깐 동안 앉아 있으라. 느리고 평화롭게 움직이라. 그리고 보다 휴식적인 자세를 유지하도록 노력하면서 일상적인 임무로 돌아가라.

당신이 위에 설명한 연습을 어떻게 하는지 습득하였다면, 앉아서도 한 번 해보라. 나중에는 운전을 하거나 일을 하면서도 할 수 있을 것이다.

바쁜 하루에도 이완을 시도하라

의식적으로 이완하기 위해서 당신이 할 수 있는 모든 기회를 이용하는 것이 중요하다. 어떤 사람과 갈등 중에 있는 자신을 발견하게 된다면 옆으로 나가서 가능하면 이완을 시도하라. 공황으로 발작할 것 같은 기분을 느낀다면 이완을 시도하라. 걱정이 되고, 긴장되며, 어떤 불안한 만남을 예상하고 있다면, 당신의 몸을 진정시키기 위해 이완을 사용하라. 그러면 마음도 곧 따라오게 될 것이다.

그러나 실습이 없이 이완을 잘할 것이라 기대하지 말라. 우리가 배우는 다른 많은 기술이 그렇듯이, 이완은 시간과 실습을 요하는 것이다. 처음에 성공하지 못한다고 실망하지 말고 거듭해서 다시 해보라. 당신의 삶 자체가 여기에 좌우될 수도 있다.

이완할 때는, 특히 다음 사항에 주의하도록 하라.

당신의 턱과 눈썹과 이마의 근육을 이완하라. 이들 근육은 특별한 주의를 필요로 한다. 이 부분은 당신의 불안과 혼란을 아주 쉽게 보여준다. 의식적으로 당신의 눈썹을 이완하라. 아래턱을 떨어뜨리라. 이를 악무는 것은 결코 필요하지 않다. 언제나 해결해야 할 문제가 있을 때마다 당신의 이마를 부드럽게 하고 턱을 떨어뜨려라.

주먹을 쥐는 일을 피하라. 또한 의자나 휠체어의 바퀴나 팔걸이를 잡는 일을 피하라. 때때로 우리 안에 긴장이 생기면 마치 세상에 버려지는 것 같아서 '무엇인가를 붙들고 싶은' 필요를 느끼게 된다. 특히 펜을 잡고 있거나, 차를 운전하거나, TV를 시청할 때 손의 긴장을 의식적으로 풀도록 하라.

위장 근육을 이완하라. 당신이 주의를 기울이면 종종 주먹에 맞을 것을 대비하는 것처럼 위장 근육에 힘을 줘 긴장하는 것을 지각하게 될 것이다. 우리는 마치 누군가의 공격에 대비라도 하듯이, 너무 자주 방어적 자세를 취하고 산다. 두뇌는 위장으로부터 보호 신호를 받아 몸으로 대비하게 한다. 그러나 공격을 받은 적은 거의 없다. 그런데 왜 이완하지 못하는가? 항상 배를 안으로 끌어당기지 말라. 당신의 자세와 모습에 대해 가끔 잊어버리고 그저 이완하도록 하라.

당신이 호흡하는 방식에 주목하라. 호흡은 우리의 스트레스를 보여준다. 호흡에는 두 가지 방법이 있다. 가슴으로 낮게 하는 경호흡shallow breathing이 있

호흡훈련

다음 훈련은 불안할 때 자신을 진정시키는 데 도움이 될 것이다. 이것은 또 과호흡이 시작되는 것을 막을 수 있다. 누워서 할 수도 있고 앉은 자세로 할 수도 있다. 주변에 다른 사람들이 있을 때는 눈에 띄지 않게 할 수도 있다.

1. 바닥이 편안한 곳에서 앉든지 누워라. 주변에 방해를 받지 않도록 하라.
2. 처음 5분 동안, 차분하게 누워서 호흡패턴을 바꾸지 말고 어떻게 호흡하는지 자기 호흡패턴을 관찰하라. 얼마나 빠르게 호흡하는가? 당신의 호흡이 일반호흡인가 복식호흡인가?
3. 그런 다음 처음 훈련과 편안하게 느껴지게 되었을 때, 공기를 들이쉬는 속도를 늦추도록 하라. 이것을 가능한 한 오래 지속되게 하라. 숫자를 세는데 천 하나, 천 둘, 하면서 얼마나 오래 할 수 있는지 보라. 숨을 들이쉴 때 위장이 올라가야 한다. 그리고 위장을 느리게 떨어뜨리면서, 숫자를 세면서, 가능한 한 숨을 내쉬기 시작하라.
4. 숨을 들이쉬고 내쉬는 것을 가능하면 오래 하려고 하면서 이 복식호흡을 거듭 반복해 보라.
5. 약 10여분쯤 후에, 통제하거나 숫자를 계산할 생각을 하지 말고 이 패턴의 호흡을 계속하라. 숨을 들이쉬고 내쉬면서 그 과정을 관찰하라. 공기가 당신의 허파를 채우는 것에 집중하고 그것이 피로 전환되고 당신의 몸을 돌며 순환하는 것을 상상해 보라.
6. 약 5분쯤 후에, 당신은 일어나서 일상적인 업무로 돌아갈 수 있다. 그러나 일어날 때 조심해야 한다. 너무 긴장이 풀려 실수하여 쉽게 넘어질 수 있기 때문이다.

고 복부로 하는 심호흡deep breathing이 있다. 가슴 수준의 호흡은 불안한 사람들에게 특징적으로 나타나는 것이다. 가슴 위 높은 지점을 중심으로 이뤄지며 호흡은 가볍고 빠르다. 복식호흡은 깊고 느리다.

당신의 호흡이 복식호흡인지를 시험해보는 한 가지 방법은 등을 뒤로하고 바닥에 누워 갈비뼈 바로 아래 위장 위에 손을 얹어보는 것이다. 숨을 쉴 때, 당신의 손이 당신의 몸에서 위로 올라가는지 내려가는지를 보라. 손이 위로 올라가면 복식호흡을 하는 것이다. 당신의 허파가 위장을 아래로 밀어, 이것이 손을 올라가게 하는 것이다. 낮은 호흡은 위장을 안으로 끌어들이며, 당신의 손은 등 쪽으로 떨어진다.

가슴근육으로만 호흡하지 않도록 하라. 이것은 응급상황만을 위해 의도된, 긴장된 불안한 호흡이다. 그것은 갈비뼈를 확장시켜 가슴 높은 곳에서 이뤄지는데, 느낌이 얕게 느껴진다. 호흡할 때는 위장을 사용하라.

향상된 호흡을 위해서 이 연습을 시도하라. 당신은 깊은 숨을 들이쉬면서 위장을 위로 밀어올림으로 복식호흡을 개발할 수 있다(호흡훈련을 위해서는 앞쪽의 6단계 지침을 읽어보라).

등을 방바닥에 대고 누워 당신의 손을 가슴 판 바로 아래에 있는 위장 위에 올려 놓으라. 숨을 들이쉴 때 위장을 위로 올리면서 그리 하도록 하라. 이것을 할 때 당신 손이 올라가는 것을 볼 수 있어야 한다. 그렇지 않으면 손이 올라가게 밀어 올리도록 하라. 숨을 내쉴 때 손이 내려가야 한다. 이것은 복식호흡이다. 이것은 이완적이고 평안하게 하는 호흡법인데 바로 차분한 사람들의 호흡 스타일이다. 복부로부터 호흡하면 긴장이 해소된다. 그러므로 언제나 이런 식으로 호흡하도록 해보라.

이완은 영성훈련을 촉진할 수 있는 놀라운 기회를 준다. 이는 묵상이나 기도, 성경암송 또는 단순히 하나님의 놀라운 길을 묵상할 수 있는 기회가 된다. 당신은 이완을 연습하면서 CD로 된 성경읽기나 오디오북을 들을 수도 있을 것이다. 우리가 그리스도인으로서 하는 많은 것들이 그 자체로 평화롭고 평안을 유도하는 것이다. 이를 극대화하고 스스로 자기 것으로 만들라.

10장

과잉스트레스 다루기

우리가 사방으로 우겨쌈을 당하여도 싸우지 아니하며
답답한 일을 당하여도 낙심하지 아니하며 (고린도후서 4:8)

스트레스! 어떤 사람은 이를 사랑하고 어떤 이들은 이를 싫어한다. 만일 당신이 스트레스를 사랑한다면 스트레스 때문에 죽을 것이 거의 확실하다. 스트레스는 자극적이며 동시에 흥분시키는 면도 있고 고통스럽기도 하다. 우리에게 활기를 주고 성취할 수 있는 에너지를 주지만 동시에 우리의 몸에 가중된 '마모'를 가져온다. 한 마디로 말해서, 스트레스는 죽음을 재촉하는 것이다. 이것이 당신을 일찍 무덤으로 데려가지 않으면, 스트레스는 그것이 만들어내는 불안으로 인해서 당신의 삶을 고통스럽게 만든다.

『아드레날린과 스트레스』라는 책을 쓴 후, 나는 스트레스와 스트레스 관리법에 대해 할 말은 다 했다고 생각했다. 그리고 그 원리들은 아직도 스트레스를 통제하는 좋은 기초가 된다. 그러나 그 책을 쓰고 난 후에, 스트레스에 대해 새로운 몇 가지 정보가 빛을 보게 되었다. 나는 내가 할 수 있는 한 간결하게 그 정보를 여기서 나누려 한다.

먼저, 개인적인 경험을 이야기 하겠다. 20년 전『아드레날린과 스트레스』를 저술하게 했던 그 연구를 시작했을 때, 사실 나 자신을 위해 그 책을 저술했다. 내가 지금까지 쓴 책들은 대부분 나 자신을 위해 쓴 것이 사실이다. (이 책도 예외는 아니다) 나는 다른 어떤 사람보다 이 메시지가 필요했다. 나의 스트레스 수준이 하늘을 향해 치솟고 있었기 때문이었다. 나는 혈압이 너무 높았고 자주 두통을 경험했으며 수면 습관은 엉망이었다. 나는 어떤 심각한 문제를 향해 가고 있었다.

지금 나의 스트레스 메시지에 대해 무슨 말을 할 수 있겠나? 문자 그대로 이것이 나의 삶을 구해주었다! 나는 부신 시스템과 아드레날린이 주는 흥분 중독의 위험성에 주의를 갖는 중요성을 과거 어느 때보다 확신하게 되었다. 여기서도 중요한가? 절대적이다. 당신의 불안문제를 치료하기 위하여, 특별히 공황을 야기하는 불안을 치료하려면 당신의 스트레스를 무시할 수 없다. 스트레스의 주인이 되어야지 종이 되어서는 안 된다.

내가『아드레날린과 스트레스』에서 제시한 스트레스 관리 원칙에 덧붙여서, 불안에 대한 당신의 저항을 강화시킬 수 있는 몇 가지 매우 중요한 전략을 소개하고자 한다.

현대의 전염병

최근에 손주들과 애니메이션 영화 '이집트의 왕자'를 관람하러 간 적이 있다. 모세의 삶을 서사시적으로 실감나게 묘사하고 있는 이 영화는 하나님께서 이집트인들에게 보낸 전염병 이야기를 공포스럽게 그리고 있다. 나의 손주들은 무서움에 움츠러들었다. 그리고 나는 역사적으로 가끔 괴질이 발생해 많은 사람이 일시에 죽어갔던 사례들이 생각났다. 중세에는 흑사병이 유럽을 휩쓸었다. 매독이 1500년대 유럽에 처음 출현했을 때, 네 명의 유럽인 중 한 명이 목숨을 잃었다. 1700년대에는 하와이 사람 두 명중 한 명이 홍역으로 죽어갔다. 한편 미국 원주민들은 초기 개척자들에 의해 건너 온 천연두 등의 전염병으로 죽어갔다.

우리는 오늘날 전염병에 시달리고 있는가? 의학은 엄청나게 발전하였고, 더 이상 조상들이 직면해야 했던 심각한 질병에 시달리게 될 가능성은 많지 않다. 그러나 우리를 괴롭히는 한 가지 끈질긴 전염병이 있다. 그리고 의학은 이를 예방하기 위해 한 일이 별로 없다. 그것은 바로 스트레스와 그로 인해 앓게 되는 병들이다. 우리는 스트레스성 질환의 증상 중 일부를 어떻게 치료하는지를 알고 있다. 그러나 이를 예방하는 데는 별 관심이 없는 것처럼 보인다.

이 질병은 얼마나 심각한가? 오늘날 열 명 중 한 명이 과잉스트레스에 희생되고 있다. 스트레스 증상치료를 위해 사용하는 완화제에 화학적으로 중독되는 사람들은 치명적인 길을 가고 있는 것이다. 다른 이들은 일찍 '탈락' 하여 이른 나이에 사회의 '주변 생존자' 대열에 합류한다.

우리 사회가 치르는 비용은 엄청나다. 과잉스트레스는 우리 사회에 적어도 600억 달러의 비용을 치르게 하고 있다. 우리 사회는 상실된 생산성과 과잉스트레스 질환치료에 드는 의료비, 직업상 재해, 교통사고(그 절반은 운전 중 마약이나 알코올 복용과 연계되어 있다)를 통해 비용을 치르고 있다.

너무 많은 스트레스, 숨기려 해도 숨길 수 없는 신호들

당신은 삶 속에 너무 많은 스트레스를 받고 있는지 어떻게 알 수 있는가? 다음은 중요한 신호이다. 숨기려 해도 숨길 수 없는 신호를 살펴보고, 점수를 자신에게 적용해보라.

〈채점 기준〉

0점: 이 증상을 전혀 경험하지 않는다면

1점: 이 증상을 한 달에 한 번 정도로 가끔 경험한다면

2점: 이 증상을 한 달에 한 번이나 한 주에 한 번 정도로 경험한다면

3점: 이 증상을 자주(하루에 한 번 이상) 경험한다면

〈질문〉

1. 어떤 두통을 느끼는가?
2. 심장박동이 불규칙하게 느껴지거나 지나치게 뛸 때가 있는가?
3. 관절에 자주 근육긴장이나 뻣뻣함을 느끼는가?
4. 어지럽거나 혼미해질 때가 있는가?
5. 자주 아픈가(감기, 독감, 목감기 등)?
6. 소화불량이나, 메스꺼움, 기타 위장의 불편함 때문에 괴로운 적이 있는가? 아니면 위궤양으로 고생하는가?
7. 잠드는 데, 혹은 일찍 일어나는 데 어려움이 있는가?
8. 아직 피곤한 중에도 자명종 소리에 일어날 때가 자주 있는가?
9. 마음이 아주 활동적이며 자주 많은 생각에 시달리는가?
10. 치아을 가는가? 아니면 턱뼈가 아픈가?
11. 도전적인 활동에 참여할 때 아주 흥분이 되는가?
12. 빨리 화를 내는가, 아니면 일이 잘못될 때마다 깊은 부당함을 느끼는가?
13. 높은 혈압이나 높아진 콜레스테롤 때문에 고통 당하는가?

점수가 어떻게 나왔는가? 분명한 것은 점수가 높을수록 스트레스 지수가 높은 것이다.

- 0~8점 사이의 점수가 나왔다면, 당신에게는 스트레스가 거의 없다. 불편한 점수가 1~2점 올라간다면, 특히 질문 13에 '그렇다'로 답했다면 도움을 요청하라.
- 9~15점 사이의 점수를 받았다면 어느 정도 스트레스를 받고 있다는 뜻이다. 어떤 증상이든 오랫동안 지속되고 있다면 그것을 제거하기 위해 도움을 받을 필요가 있을 것이다.
- 16~30점 사이의 점수가 나왔다면 높은 수준의 스트레스를 나타낸다. 전문적인 도움을 받으면 도움이 될 것이다.
- 만일 30점 이상의 점수가 나왔다면 당신의 스트레스 수준은 매우 높은 것이다. 즉시 전문적인 도움을 구해야 할 것이다.

왜 스트레스가 문제가 되는가?

스트레스는 몇 가지 이유로 문제가 된다.

스트레스는 정서적, 신체적으로 위험하다. 정서적으로는 불안과 우울증의 문제를 야기할 수 있으며, 신체적으로는 당신을 죽일 수 있다. 스트레스가 당신을 죽이지 않는다 해도 너무나 많은 고통과 불편을 초래하기 때문에 어떤 때는 차라리 죽고 싶다는 생각이 들게 한다.

우리는 다만 '질그릇' 일 뿐이다. 우리는 만들어질 때부터 연약하고 깨지기 쉬운 취약한 존재라는 뜻이다. 이는 사도 바울이 고린도후서 4장 7절에서 말하는 것으로, 그는 직설적으로, 우리가 인간으로서 연약한 몸, 즉 '질그릇' 속에 살고 있음을 강조하고 있다. 그가 말하는 요지는 우리에게는 한계가 있으며, 이 한계를 범하면 스트레스가 피해를 주기 시작한다는 것이다. 우리는 초인적인 존재가 아니다. 우리는 연약하고 깨지기 쉬운 우리 몸을 돌아볼 필요가 있다. 미처 옛날 사람들이 유약을 발라 강철같이 단단한 그릇을 구워내는 법을 배우기 전에 질그릇을 조심스레 돌봐야 했던 것처럼, 우리도 몸과 마음을 돌봐야 한다는 뜻이다.

우리 문화는 스트레스를 관리하는 법을 훈련시키지 않고 있다. 오히려 스트레스를 최대한 이용하고 있다. 당신은 직장에서 승진을 원하는가? 그렇다면 가장 가까운 경쟁자보다 더 열심히 더 오래 일해야 한다. 경쟁은 그 게임의 이름이며, 만일 게임을 제대로 못하면 지게 된다. 불행하게도 우리가 경험하는 스트레스의 대부분은 이런 저런 형태로 경쟁한 결과이다. 우리는 성공하기 위해 상대방을 경쟁적으로 대할 필요가 있는가? 나는 경주에서 누군가를 이겨야만 한다고 자신을 세뇌시키지 않고도 최선을 다해 내 일을 수행할 수 있다고 믿는다.

스트레스 자체가 죄는 아니다

많은 독실한 기독교 신자들이 높은 스트레스 아래 있으면 자기들이 죄를 짓고 있음이 틀림없다고 믿는다. 이 잘못된 믿음을 수정하기 위해 몇 마디만 하겠다. 스트레스는 그 자체가 죄는 아니다. 우리는 많은 스트레스를 피할 수 있다. 옳은 말이다. 그러나 어떤 스트레스는 우리의 통제 밖에 있다. 예를 들어, 비극적으로 사별하는 경우를 생각해 보라. 자녀나 배우자의 갑작스럽고 예기치 않은 죽음을 겪으며 살아가는 것 자체가 비극적이다. 이런 비극에 따르는 스트레스는 아주 자연스러운 것이다. 회사의 구조조정 여파로 실직을 당했다면 그것도 마찬가지다. 당신은 당신에게 일어나는 일을 통제할 수 없었다. 당신의 영적인 책임은 하나님께서 주신 자원을 활용하여 이 스트레스의 영향에 대처하고 이를 최소화하는 것이다. 그러니 당신 자신을 죄인이라 정죄하면서 사태를 더 악화시키지 말라.

물론 스트레스는 죄의 결과로 이어질 수 있다. 종종 기독교 지도자들이 실족하는 것을 보면 극심한 스트레스 와중에 있을 때였다. 스트레스는 삶에 대처할 수 있는 우리 능력을 저하시킬 수 있으며 명확한 판단을 못하게 할 수 있다. 그래서 어리석은 실수를 하고 나중에 후회를 하기도 한다.

그러므로 스트레스 자체는 죄가 아니다. 그러나 실족하고 타락할 수 있는 배경이 되는 건 사실이다.

스트레스란 무엇인가?

스트레스를 일으키는 원인에 대해 너무 많은 혼돈과 잘못된 정보가 난무하기 때문에 먼저 스트레스가 무엇인지를 확실하게 알려주고 싶다.

우리 중 많은 이들은 스트레스 요인을 엉뚱한 곳에서 찾기 때문에 스트레스에 굴복한다. 예를 들어, 우리 모두는 스트레스가 인생의 불쾌한 것들에서 온다고 생각한다. 우리는 삶에서 일어나는 긴장과 우리 주변에 벌어지고 있는 갈등, 가족의 죽음과 같은 파국적인 경험을 생각한다. 이 모든 불쾌한 경험들이 스트레스가 되는 것은 사실이지만, 정작 우리를 죽이는 종류의 스트레스-가장 치명적인 스트레스-는 인생의 불쾌한 것들에서 오지 않는다. 어떤 사물이나 상황이 우리를 괴롭히거나 상처를 주면 우리는 그것을 피하기 위해 조치를 취한다. 그러나 오히려 인생의 재미있고 도전적인 것들에서 오는 스트레스가 우리를 파괴하는 주범이 된다. 우리를 몰두하게 하는 것에서 파생되는 흥분 스트레스는 너무나 유쾌하기 때문에 우리는 그것을 제거하기 위해 아무것도 하지 않게 된다.

그리고 스트레스에 대해 알아야 할 것이 한 가지 있다면, 바로 이것이다. 스트레스가 인생의 좋은 일에서 오는 것이든, 나쁜 일에서 오는 것이든, 나쁜 영향을 주는 정도는 언제나 똑같다는 것이다.

그렇다면 스트레스란 무엇인가? 몇 가지 예를 들어 설명하겠다.

스트레스는 당신의 한계를 넘어 일이 확장되는 것이다. 당신이 대처할 수 없을 것 같은 도전에 맞닥뜨리게 되거나, 당신이 다룰 수 있는 기술이 없는 임무를 요구받게 될 때 당신의 체계는 응급 모드로 들어간다. 당신의 몸은 아드레날린을 빠르게 생산하기 시작하는데, 이 아드레날린 급등효과가 바로 우리가 스트레스라고 부르는 것이다.

스트레스는 적절한 회복시간 없이 자신을 혹사overextending시키는 것이다. 당신의 삶에 일련의 위기가 닥치게 되면 스트레스 수준은 극적으로 증가할 것이다.

스트레스는 인간으로서 할 수 있는 것보다 더 많이 할 수 있다고 믿는 것이다. 앞에서 '의무 주기' 라는 용어를 사용하며 들려주었던 공학 유추를 기억해보라. 그것이 여기에도 적용된다. 전기 모터는 의무 주기를 갖고 있다. 모터가 일정한 시간 동안만 돌아가도록 설계되어 있기 때문이다. 그것을 의무 주기보다 더 길게 사용하면 기계는 소진될 것이다. 그것은 공학적 사실이다. 어떤 엔진이나 모터도 쉬지 않고 계속 돌아가도록 설계돼 있지 않다. 인간의 몸도 이와 다르지 않다는 것을 기억하라. 인간의 몸은 대부분의 기계보다 더 낮은 의무 주기를 갖고 있다.

바로 지금, 당신이 무슨 생각을 하는지 거의 귀로 듣는 듯하다. 그러나 모든 스트레스가 나쁜 것은 아니다. 삶에 어느 정도 스트레스가 있어야 한다. 그렇지 않으면 나 자신에 대해 기분 좋게 느낄 수가 없을 것이다. 내 말이 맞는가 ? 잠시 동안 '좋은' 스트레스와 '나쁜' 스트레스라는 개념에 대해 살펴보도록 하자.

내가 도전과 변화, 흥분, 일이나 놀이에 대한 열정에서 오는 모든 스트레스는 나쁜 것이니까 피해야 한다고 주장한다면 그것은 부당한 말이다. 이 모든 것이 전적으로 나쁜 것은 아니다. 그러나 당신의 삶에서 일어나는 이 흥분할 만한 것들이 많은 스트레스의 원천이 된다. 높은 수준의 흥분을 오랫동안 유지하면 그것이 좋은 것이든 나쁜 것이든 스트레스가 당신을 죽음으로 몰아갈 것이다.

그러면 '좋은' 스트레스와 '나쁜' 스트레스의 차이는 무엇인가 ? 우리가 질문해야 할 것은 세상에 과연 좋은 스트레스 같은 것이 존재하느냐는 것이다. 잘못된 믿음 가운데 하나는 스트레스는 사실 긍정적인 것이어서 이것을 올바른 방향으로 틀어주면 된다는 관념이다. 그러나 이러한 관점은 과학적으로 타당한 견해가 아니다. 여러 해 전에 홈스Holmes와 라헤Rahe라는 두 연구가들이 좋은 스트레스와 나쁜 스트레스를 대조하여 검토한 연구물이 있었다. 그들은 어떤 스트레스도 장기간 지속되면 몸에 나쁘다는 결론에 도달했다.

스트레스가 무엇인가를 설명할 수 있는 가장 좋은 방법은 몇 가지 유비 analogy를 사용하는 것이다.

첫 번째로, 스트레스를 일련의 '언덕과 골짜기'에 비추어 생각해보자. 높은 각성의 모든 산은 그것이 당신의 인생에서 좋은 것으로 말미암든 나쁜 것으로 말미암든, 뒤에 회복의 골짜기가 수반되어야 한다. 매일의 일상은 몸이 회복될 수 있도록 낮은 각성상태로 돌아옴으로 끝을 맺어야 한다. 매일의 도전은 당신의 몸과 마음을 침착하게 진정시키는 것으로 마무리를 해야 마땅하다. 그리고 일하는 매주는 휴식으로 마무리를 해야 한다. 당신이 이렇게 할 수 있다면 당신은 몸과 마음과 영이 건강해질 것이다. 사실, 스트레스는 좋은 부분도 있다. 그러나 스트레스의 '언덕'을 휴식의 '골짜기'로 인도하지 않는다면, 당신의 몸은 원기를 회복할 수 있는 시간이 없을 것이다. 그러면 서 서서히 탈진으로 가는 길에 들어서게 될 것이다.

또 하나의 유비는 '추월선에 서 있는 고성능 경주용 자동차'를 생각하는 것이다. 경주용 자동차는 짧은 여정을 매우 빠른 속도로 여행할 수 있지만 장거리 여행을 위해 고안된 것은 아니다. 이들이 사용하는 연료는 고옥탄가이며, 엔진은 거의 폭발 직전으로까지 조정되어 있다. 따라서 경주용 자동차의 엔진은 빠른 속도로 짧은 질주를 할 수 있다. 대단하다. 그러면 장거리를 달릴 수 있는가? 아니다. 그럴 수 없다. 그러므로 높은 옥탄가로 힘을 받는 삶을 원한다면 당신의 '엔진'이 한 바퀴 돌고 주저앉더라도 놀라지 말라. 우리는 애초에 그와 같이 고성능의 빠른 속도의 삶을 살도록 설계되지 않았다.

앞에서 언급한 대로 우리는 높은 속도의 빠른 여행을 위해 고안되지 않았다. 우리는 원래 '낙타 여행'을 하도록 만들어졌다. 우리는 경주를 끝내도록 설계되었지, 우승하도록 설계되지 않았다. 이것은 우리가 많은 시간을 우리의 바쁜 삶에서 휴식과 회복을 위해 투자할 필요가 있음을 의미한다.

'시계와 조급함', 우리가 시간에 맞서 경주하고 있다고 느끼게 하는 조급증은 순진한 사람들을 죽음으로 몰아가고 있다. 이들은 바로 자기들 눈앞에서 그 질병이 해를 끼친다는 사실을 모르는 사람들이다. 우리의 문화는 조급함의 문화다. 다른 비서구적 문화와 다르게 우리는 시간을 '원수' 라고 생각한다. 그래서 항상 시간이 우리를 적대시하는 것처럼 시간 전에 모든 일들을 마치려고 노력한다. 또한 우리는 사실상 시간을 숭배한다. 모두가 볼 수 있도록 큰 괘종시계를 높은 탑 위에 걸어놓는다. 그리고 큰 종을 달아두어 우리가 얼마나 조금 성취하고 있는가를 상기시키기 위해 큰 종을 울려댄다.

시간의 흐름을 알려주는 것이 우리를 느리게 움직이게 하는 데 도움을 주었던 시절이 있었다는 것을 상기하는 것은 큰 도움이 될 것이다. 나의 할아버지는 복도에 있는 큰 시계가 아침에 열 번 울릴 때, "아직 시간이 넉넉하게 남았다" 며 "잠깐 쉬는 시간에 강가에 가서 낚시나 하자꾸나" 라고 말씀하시곤 했다. 요즘은 나의 디지털 손목시계가 시간이 다 되었음을 신호로 알려주어서 나는 환자에게 다음과 같이 말한다. "시간이 다 되었네요. 이제는 서둘러 다음 환자를 볼 시간입니다." 그러나 나의 위장은 할아버지의 괘종시계가 울릴 때와 똑같이 느끼지는 않는다.

부신 소진

스트레스 연구의 할아버지 한스 셀예는 장기화된 스트레스로 인해 부신(편집자주: 좌우의 콩팥 위에 있는 내분비샘. 아드레날린과 다른 호르몬들을 분비함)이 만성적 소진상태에 빠져 그것이 해야 할 일을 제대로 못한다는 것을 지적한 첫 번째 과학자였다. 나는 이 책에서 이런 효과에 대해 몇 차례 언급하였다.

이 과소기능 상태는 하룻밤 사이에 일어나는 것이 아니며, 몇 단계를 거쳐 점진적으로 진행된다. 스트레스와 싸우는 첫 번째 단계에서 부신은 과기능hyperfunction을 하는 성향이 있다. 부신은 높은 양의 아드레날린과 노르아드레날린, 코르티솔을 생산한다. 스트레스가 계속되면 부신은 그 생산량을 확대하기 시작하며 혹사당하는 것처럼 느끼기 시작한다.

두 번째 단계는 부신이 잠정적으로 과소기능underfunction의 상태가 된다. 당신은 부신이 고갈되어 '급락세'로 돌아서는 것을 발견하게 될 것이다. 이로 인해 오랫동안 피로감을 느끼게 되는데, 특히 주말이나 저녁시간에 당신이 지쳐 있을 때 그럴 것이다.

당신이 건강하다면 세 번째 단계가 시작된다. 부신은 부족한 것을 채우고 자신을 재건하기 시작한다. 사실 부신은 그것을 더욱 필요로 하는 더 높은 요구를 채우기 위해 자신을 확장함으로써 좀 더 높은 요구에 적응하는 것이다.

높은 수준의 스트레스가 계속되면 네 번째 단계가 시작된다. 부신은 다시 한 번 자신을 소진시키며 과소기능의 만성적 상태로 남게 된다. 부신은 아드레날린을 과잉생산해 공황이나 우울증과 같은 기분의 변덕을 야기하다가 급락세로 돌아서는 것과, 남은 아드레날린을 과잉생산하는 것 사이를 오간다. 스트레스와 맞서 싸우는 호르몬이 부족하게 되면서 당신은 어떤 스트레스 상황도 다루기 힘들게 될 것이다. 당신은 스스로 무너지는 것을 느끼게 된다. 이 시점에서 당신의 스트레스 내성은 바닥을 친다. 아드레날린 체계를 통해 공급하도록 설계된 하나님의 도우심 없이는 당신 혼자서 발버둥을 치는 신세가 된다.

어떻게 부신 소진이 시작된 것을 알 수 있는가 ? 다음은 숨길 수 없는 몇 가지 신호이다.

- 만성적으로 낮은 스트레스 내성 감각
- 자주 느끼는 피로감
- 반복되는 우울감, 특히 일을 마칠 때나 혹은 쉬려고 할 때
- 알레르기나 천식이 악화됨
- 자극을 제공하는 물질을 갈망함
- 카페인 중독

어떻게 만성적인 부신 소진 상태에서 회복할 수 있는가? 꾸준히 부신 각성을 낮추려 노력하여 당신의 부신 상태를 재설정하도록 하라. 당신의 몸은 낮은 수준의 기능에 적응하고 치료되는 데 시간을 필요로 한다. 다음은 일반적 지침이다.

- 생활스타일을 단순화하여 스트레스를 절대적 최소치로 낮추도록 하라. 취미를 찾아보라. 많은 양의 신선한 공기를 마시고 충분히 햇빛을 보라.
- 수면 시간을 8시간 반에서 9시간 사이로 늘리도록 하라(이것에 대해서는 14장에 더 이야기하겠다).
- 모든 흥분제를 제거하되 특히 카페인과 니코틴, 알코올, 기분전환용 약물을 일상에서 제거하라. 이런 것들은 몸의 화학체계에 혼란을 야기한다.
- 소화를 방해하거나 알레르기를 야기할 수 있는 음식을 멀리하라.
- 비타민 B나 C, E를 식사에 보충하도록 하라.
- 스스로를 조금 덜 심각하게 취급하라. 그리고 삶을 보다 존중하는 마음으로 대하라.

숨겨진 스트레스 요인

모든 스트레스 요인(스트레스를 일으키는 자극)을 쉽게 인식할 수 있는 것은 아니다. 어떤 스트레스 요인은 '숨겨져' 있다. 우리가 볼 수 없는 곳, 즉 우리 뒤에서 영향를 끼친다는 뜻이다.

스트레스가 해를 끼치면서도 어떻게 우리의 의식을 피해갈 수 있다는 말인가? 우리는 적응력이라는 놀라운 인간적 특성을 지니고 태어났기 때문에 그것이 가능하다. 우리의 몸은 더위에서 추위, 높은 위도에서 낮은 위도, 어려운 신체 노동에서 앉아서 아무 일 안하는 일에 이르기까지 다양한 상황에 적응할 수 있는 능력을 지녔다. 앞에서 언급한 것처럼 밝은 햇살에 있다가 어두운 방으로 들어가면 처음에는 아무것도 볼 수 없다. 그러나 눈이 어두움에 적응이 되면서 어둠 속에서도 보기 시작한다. 이것이 바로 적응력이다. 그리고 이것은 스트레스 체계를 비롯해 몸의 모든 체계에서 작용한다. 대부분의 경우, 적응력은 좋은 것이고 우리로 변화하는 환경에 적응하도록 도와주지만 부정적인 측면도 있다. 우리의 몸이 환경에 너무 쉽게 적응하는 위험이 있기 때문에 우리는 그렇게 되는 것을 의식하지 못한다.

한 가지 예로 혈압을 생각해보자. 위기의 순간에 혈압은 상승할 것이다. 당신은 화가 난 상태에 있고 위협이 되고 있는 상황에 대처해야 할 필요가 있다. 그러나 그 분노가 빨리 해소되지 않으면 혈압은 계속 오를 것이고, 몸은 높은 수준의 혈압에 서서히 적응하게 된다. 시간이 지나면 당신은 그것을 지각하지 못하게 된다. 사실 우리 중 많은 이들은 혈압의 높고 낮음을 단언할 수 없다. 그것은 몸이 높은 수준의 혈압에 적응되어 우리가 그것을 느끼지 못하기 때문이다.

이것을 좀 더 단순하게 표현해보자. 오랫동안 많은 스트레스를 경험하면, 몸은 투쟁-도피 상태가 되어 계속해서 지속되는 스트레스에 적응하게 된다. 이것이 바로 스트레스 반응의 내용이다. 스트레스는 우리로 싸우든지 도망하는지, 도와주도록 고안된 응급 반응이다. 그러나 당신이 응급 스타일의 삶을 살아가면 부신계는 더 이상 도움이 되지 않는다. 부신계는 당신의 원수가 되어 서서히 당신을 파괴할 것이다.

그러므로 아래에 언급하고 있는 것들은 당신도 모르게 스트레스를 야기할 수 있다.

- 분주한 고속도로에서 운전하는 것
- 십대 자녀의 스테레오 시스템에서 들려오는 소음
- 소음이 심한 고속도로나 기찻길 옆에서 사는 것
- 외로움
- 불평하는 이웃
- 집이나 직장의 변변찮은 조명
- 부적절한 시간 관리
- 약속 시간에 항상 늦는 것
- 마감 시간에 쫓기는 너무 많은 과제들
- 밤마다 짖어대는 개

이 모든 것은 계속되는 스트레스의 원천이 될 수 있다. 당신이 이것들의 존재에 적응하기 때문에 더 이상 스트레스로 인식하지 않을 수도 있다.

스트레스를 야기하는 신념들

우리가 간과해서는 안 되는 아주 중요한 스트레스 요인은 우리의 신념 자체다. 이는 더 많은 스트레스를 가져올 수 있다.

어떤 특정한 형태의 생각은 스트레스를 야기할 뿐 아니라 가중시킬 수 있다. 어떤 종류의 생각이 스트레스를 만들어 내는가? 대개 당신의 몸에 놀 랍고 짜증나는 메시지를 보내는 생각이다. 이들은 비상 사태가 아닌데도 '비상'이라고 외치는 지령이다. 스트레스 수준을 낮추려면 자신에게 안심이 되고 마음 든든한 메시지를 보낼 필요가 있으며, 모든 자기-메시지 뒤에 놓여있는 신념에 조심스럽게 주목할 필요가 있다.

어떤 신념이 부적절한 경고성 메시지나 비상을 알리는 자기메시지를 부추기는 성향이 있는가? 다음에 나오는 것은 스트레스를 유도하는 중요한 신념 목록이다. 각 범주 안에 여러분이 자문해보아야 할 몇 가지 중요한 질문을 제안했다. 여러분이 하는 대답은 자신의 생각을 어디서부터 변화시켜야 하는지를 보여줄 것이다.

사람을 기쁘게 하려는 메시지

- 당신의 자존감은 다른 사람의 의견에 좌우되는가?
- 자신의 필요를 챙기는 것보다 다른 사람의 필요를 돌보는 것을 더 잘하는가?
- 다른 사람을 불쾌하게 하는 것이 두려워 직면이나 갈등을 피하는가?
- 다른 사람이 당신보다 더 똑똑하다고 생각하여 종종 자신의 생각을 말하지 못하는가?
- 다른 사람을 불쾌하게 하는 것을 피하려고 당신의 부정적인 감정을 억누르는가?
- 당신은 어떤 대가를 치르더라도 상관을 기쁘게 해야 한다고 느끼기 때문에, 그를 기쁘게 하기 위해 정도 이상으로 노력하는가?

통제 관련 메시지

- 어떤 상황을 통제하고 있다고 느끼지 못하면 불편한가?
- 통제를 못하는 것이 연약함이나 실패의 신호라고 믿는가?

- 책임을 다른 사람에게 위임하는 것이 어려운가?
- 주어진 일을 다른 사람이 잘 못한다고 믿기 때문에 당신이 직접 하는 성향이 있는가?

좋은 인상을 주려는 메시지

- 다른 사람에게 어떤 인상을 주느냐 하는 것에 과도한 주의를 기울일 때가 많은가?
- 어떤 무리 속에 있으면 자신을 많이 의식하게 되는가?
- 당신에 대한 인상을 좋게 하기 위해 사람들에게 주는 인상을 '관리'하려 노력하는가?
- 실수를 하면 수치심을 느끼는 성향이 있는가?
- 무엇에 실패하면 자신을 용서하기가 어려운가?

자신감 관련 메시지

- 인생의 대부분의 일을 다룰 수 있을 것 같은 강한 자신감이 있는가?
- 자신의 수행능력을 다른 사람과 많이 비교하는가?
- 당신의 인생사에 대해 결정하고 판단하는 데 자신이 있는가?
- 당신은 상식이 통하는 좋은 사람인가?
- 칭찬을 받으면 솔직하게 칭찬을 받아들이는가?

완벽주의

- 다른 사람보다 더 잘 수행하여야겠다는 강한 압박감을 느끼는가?
- 어떤 일에 실패할 때 비판이나 자기거절로 자신을 처벌하는가?
- 어떤 프로젝트를 끝내지 못했을 때 종종 불편하게 느끼는가?

내가 지금까지 언급한 어떤 경향성도 오래 지속된 비합리적 신념에서 나왔을 가능성이 높고, 이러한 비합리적 신념은 당신에게 높은 스트레스를 조장하는 메시지를 보내도록 만들었을 것이다. 잠시 시간을 내어 당신의 반응을 평가하고 그 뒤에 깔려 있는 신념을 바꾸도록 하라. 만일 당신의 사고 생활thought life을 본 궤도에 다시 올려놓을 수 있다면 스트레스와 불안을 현저하게 줄일 수 있을 것이다.

부신계를 과용하는 것

내가 이미 수차례 언급했듯이-나는 이 점이 너무 중요하기 때문에 다시 반복해서 말한다-과잉스트레스는 부신계에서 응급 스트레스 호르몬을 너무 많이 방출한 결과다. 한 마디로 말해서, 당신이 과도한 아드레날린을 생산해 내면 당신은 스트레스 아래 놓여 있는 것이다. 아무런 위협이 없는데도 당신의 몸은 투쟁-도피 반응에 동원된다. 그리고 이 증가된 아드레날린의 방출은 많은 스트레스 증상 중에서도 특히 공황불안을 야기하는 것이다.

이러한 아드레날린 홍수의 결과는 무엇인가? 몇 가지로 요약해 보겠다.

첫째, 가장 심각한 것은 혈중 콜레스테롤 생산이 증가된다는 것이다. 당신의 콜레스테롤 수준은 반드시 다이어트와 연관되어 있는 것만은 아니다. 그것은 스트레스와도 연결되어 있다. 그리고 당신이 아드레날린을 높일 때마다 당신의 간은 더 많은 콜레스테롤을 생산한다.

둘째, 심장근육에 혈액을 공급하는 혈관이 좁아진다. 이로 인해 심각한 결과가 발생할 수 있으며 불안발작이 나타날 경우에는 더욱 그렇다.

셋째, 콜레스테롤을 제거하는 신체 능력이 떨어진다. 몸은 콜레스테롤을 필요로 하게 되고 몸은 그것에 더 집착한다.

넷째, 혈액의 응고경향성이 증가한다. 높은 수준의 아드레날린은 당신이 부상을 당해 많은 피를 흘려 죽을 수 있는 응급상황을 위해 설계되어 있기 때문이다. 우리는 아드레날린이 높아질 때마다 혈액의 응고력이 올라가도록 창조되었다. 그러나 심장의 혈관이 나쁜 콜레스테롤에 의해 좁아졌을 때, 혈액을 응고시키는 아드레날린 각성 반응은 심장발작을 일으키게 하는 마지막 요인이 된다.

이 모든 것을 균형 있게 바로 보자. 높은 수준의 아드레날린이 잠시 분출되는 것은 해롭지도 위험하지도 않다. 결국 아드레날린 때문에 우리가 흥분하고 삶의 재미를 느끼게 되는 것 아닌가! 우리 모두에게는 우리의 각성이 예민해져 높은 속도를 한가하게 누리는 도전의 순간이 있다. 그러나 삶이 균형 잡혀 있다면 상기된 기분은 서서히 안정을 찾을 것이고 당신의 체계는 점차적으로 정상을 되찾을 것이다.

이것은 무엇을 의미하는가? 좀 더 적은 아드레날린으로 생활하는 법을 배워야 한다는 의미이다. 우리는 좀 더 낮은 수준의 흥분감으로 사는 법을 배워야 하며, 삶 속에서 몸이 회복하는 데 필요한 시간을 투입하는 법을 배워야 한다. 그리고 분노와 좌절, 초조, 격분은 아드레날린을 촉발하기 때문에 이들 감정을 통제하는 데 필요한 기술을 배울 필요가 있다. 현대 생활의 더 빨라진 속도는 우리에게서 자연스럽게 회복하는 시간을 빼앗아갔다. 밤이 짧아졌고 필요한 만큼 충분히 잠을 자지 못한다. 특히 주말은 목회자들에게 극심한 스트레스를 줄 수 있으며 실제로 많은 목회자들이 적절한 휴식을 누릴 수 있는 시간을 갖지 못하고 있다. 그들은 증가한 스트레스 증상으로 그 대가를 지불하고 있다.

삶에서 스트레스 몰아내기

예방은 언제나 치료보다 낫다. 그렇다면 삶에서 스트레스가 증가하는 것을 막을 수 있는 몇 가지 방법에는 어떤 것이 있는가?

스트레스를 효과적으로 관리하기 위해서 다음과 같이 할 수 있다.

삶에 경계선을 설정하라! 몸은 비상 상황과 그렇지 않은 상황 모두를 통보받을 필요가 있다. 그러므로 당신이 일을 하고 있는지 쉬고 있는지를 분명히 하라. 다른 사람에게 책임감을 느끼는 것에 대해 의도적으로 경계선을 긋도록 하라. 책임이 없는 일에 대해서 책임을 감수하지 않도록 하라.

빨리 갈등을 해소하라! 분노나 원한 감정보다 더 스트레스를 느끼게 하고 스트레스를 유발하는 감정은 없다. 언제든지 갈등에 직면하게 되면 몸은 '투쟁-도피' 모드로 들어간다. 위협을 느끼지만 무엇을 해야 할지 모른다. 몸에게 마땅히 해야 할 일에 대해 말하는 것은 당신에게 달려있다. 따라서 당신이 해야 할 가장 명백한 일은 가서 문제를 당장 해결하는 것이다. 만일 밤새도록 갈등이 당신과 함께 있도록 허용하면 갈등은 수면을 방해해 잠을 설치게 할 것이다. 이것은 다음 날 갈등을 해결하려 할 때, 당신을 덜 효과적이게 만든다. 갈등이 곪은 것은 스트레스 질환의 주요 원인 중 하나다.

먼저 유쾌하지 않은 과업을 처리하도록 하라! 우리 중에 어떤 사람들은 일을 미루는 버릇이 있다. 내가 그렇기 때문에 잘 안다. 그러나 미루는 습관은 당신을 낮은 스트레스 상태에 두지 않는다. 오히려 스트레스 수준을 높인다. 그러므로 어디서든지 할 수만 있으면 시간 안에 일을 마치도록 하라. 특별히 유쾌하지 않은 과제일수록 그것을 빨리 끝내도록 하라. 이런 과업은 바로 처리할 필요가 있다. 몸의 안건(실천해야 할 의무 목록)에서 빨리 제거하여 버릴수록 당신의 몸은 다시 낮은 스트레스 상태로 돌아갈 수 있다.

스트레스에 대해 자신에게 '예방접종'을 하라! 적은 양의 투약으로 예방접종을 하게 되면 그 병에 대해 몸의 저항력이 강해지는 것처럼, 적은 양의 스트레스에 효과적으로 대처하게 되면 스트레스 저항력이 강화된다. 스트레스에 가장 취약한 사람들은 아무런 스트레스를 경험하지 않은 사람들이다. 그들은 갑자기 위기의 소용돌이에 빠져들 때 위기에 대처하는 어떤 기술도 갖추고 있지 않기 때문이다. 매사를 너무 심각하게 취급하지도 말라. 상대방의 입장을 이해하려 노력하되 매사를 개인적으로 받아들이지 말라. 다른 사람들을 빨리 용서하는 법을 배우라. 그 용서를 통해 당신은 혜택을 입을 것이다.

'회복시간' 을 갖는 것에 대해 확고한 태도를 견지하라! 스트레스 받는 기간이 있으면 그 후에 반드시 회복시간을 갖도록 하라. 이것에 실패하면 몸은 따라가지 못한다. 몸은 자체적으로 치유될 수 없으며 원래상태로 되돌아가지 못한다. 그러므로 안식일 휴식을 취하는 것이 매우 중요하다. 당신에게는 휴식시간이 필요하며 하루를 쉬는 것이 필요하다. 정기적인 휴가가 필요하며 가끔 개인 수련회를 가는 것이 필요하다.

아드레날린 각성을 최소화하라! 아드레날린은 활기를 북돋우며 자극적이고 흥분하게 만드는데, 문제는 우리가 그것을 중독되는 지경에 이를 때까지 추구한다는 것이다. 많은 사람들이 도전의 스릴이나 변화의 스릴을 좋아한다. 이는 아드레날린이 계속 나오면서 기분을 좋게 하기 때문이다. 이것은 위험한 것이다. 너무 많은 아드레날린은 장기적으로 당신을 죽음으로 몰아갈 수도 있다. 아드레날린은 몸의 높은 옥탄 연료이기 때문이다. 앞에서 언급한 것처럼 높은 옥탄엔진은 오래 가지 못한다. 그런 엔진은 높은 속도로 짧은 시간동안 달리도록 고안된 것이기 때문에 바로 교체되어야 한다. 기억하라. 우리의 몸은 장거리 경주를 낙타의 속도로 여행하도록 설계되었지, 고속경주를 단시간에 마치도록 설계되지 않았다. 그러므로 종종 삶에서 약간의 권태와 지루함을 즐기는 법을 배우라. 여가와 오락을 위한 시간을 갖자. 이렇게 하는 것이 장기적으로 스트레스가 당신을 죽이는 것을 막을 수 있다.

개방적이고 건강한 관계를 유지하라! 우리는 서로를 필요로 하며 서로 조화롭게 살아가야 한다. 이것은 영적, 정서적, 신체적으로도 중요하다. 갈등 환경 속에서 사는 사람들, 예를 들어 늘 싸우는 가정이나 갈등이 있는 교인들은 항상 높은 스트레스 아래에 놓여있다. 주변에 당신을 사랑하고 돌보아주는 사람들을 곁에 두도록 하라. 위기의 순간에 의지할 수 있는 친구를 사귀도록 하라.

거절하는 법을 배움으로 자신에게 쉴 틈을 주라! 우리 삶에서 매우 큰 스트레스 요인은 '거절하지 못하는 것' 이다. (필자에게도 이런 성향이 있다.) 결과는 어떤가? 우리는 점점 더 바빠져서 영적으로나 정서적으로, 신체적으로, 새롭게 갱신할 시간이 없어지게 된다. 이런 스트레스 상황에서 행복메신저는 멀리 도망쳐 버린다. 우리는 팔이 닿는 거리에 스트레스를 달고 사는 셈이다. 스트레스와 싸우는 것은 정말 스트레스 받는 일이다. 당신이 정말 "아니요"라고 말하지 못하는 사람이라면 자기주장훈련을 받을 필요가 있다. 자기주장훈련은 다른 사람이 당신을 짓밟지 못하도록, 사람들이 당신을 위해 생각해내는 활동에 압도당하지 않도록, 타인의 부탁을 사랑스럽게 거절하는 훈련이다. 당신의 'No' 는 당신의 'Yes' 에 의미를 준다. 만일 모든 것에 "예" 라고 말한다면, 본질적으로 아무것에도 'Yes' 라고 말하지 않는 셈이다. 거절하지 못하는 삶을 살면 스트레스가 당신을 집어삼키고 당신을 텅 빈 껍질로 뱉어낼 것이다.

스트레스 받을 때는 주요 결정을 뒤로 미루라! 변화는 스트레스를 유발한다. 만일 당신이 이미 스트레스 아래 놓여 있다면 더 많은 스트레스를 받아들임으로 상황을 악화시키지 말라. 기다릴 수 있으면 기다려라. 긴장을 풀고 어떤 큰 움직임이나 변화를 잠시 연기하라. 집이나 아파트를 리모델링하는 것, 새로운 집이나 아파트로 이사하는 것, 선택적 외과수술, 다른 직업을 찾아보는 것, 중요한 재정투자를 하는 것, 새로운 구매를 하는 것 등이다. 당신을 더 많은 스트레스로 유도할 수 있는 것들은 기다릴 수 있으면 기다려라. 우리가 흔히 충동적으로 하는 많은 것들은 심사숙고 후에 할 수 있는 것들이다. 충동성은 언제나 우리의 스트레스 수준을 높인다.

스트레스를 날려버리기 위해 영적 자산을 사용하라! 나는 이 문제에 대해서 이 책 마지막 장에서 더 언급할 것이다. 이것은 기본적으로 중요한 것이기 때문에 그에 합당한 주의를 받아 마땅하다고 생각하므로 본격적인 논의는 뒤로 미루겠다.

만일 당신이 이 모든 제안을 시도했는데도 아직도 매우 불안하며, 우울하고, 녹초가 되어 있다면, 지금이야말로 전문적인 도움이 필요한 때다. 이것은 당신이 약하다는 것이 아니며 다만 당신이 인간이라는 신호일 뿐이다. 당신의 인간됨을 받아들이는 것은 그렇게 나쁠 것이 없다. 슈퍼맨이나 슈퍼우먼 노릇을 하는 것은 정말 힘든 일이다. 그런 사람은 모든 것을 혼자 다 하려고 하는 슈퍼멍청이라고 부르는 게 나을 것이다. 나는 이 묘사가 다른 누구보다 나에게 잘 어울린다고 고백해야겠다. 당신은 어떤가?

11장

염려하는 습관을 깨기 위한 7주 계획

공중의 새를 보라 심지도 않고 거두지도 않고
창고에 모아들이지도 아니하되 너희 하늘 아버지께서 기르시나니 (마 6:26)

왜 어떤 사람은 항상 행복하고 어떤 사람은 항상 비참한지에 대해 의문을 가져본 적이 있는가? 그것은 대단히 신비로운 게 아니다. 대답은 앞 장들에서 분명하게 제시되었다. 대부분이 두뇌의 화학작용 때문이다.

그러나 이 개념을 너무 확대하지는 말라. 어느 시점까지만 두뇌의 화학작용이 우리의 기분에 대해 할 말이 많다. 무엇이 우리의 두뇌 화학작용을 어지럽게 하는가? 그 불균형이라는 것이 모두 '생리적'인 것인가? 그래서 우리는 그것에 대해 아무런 통제력이 없는가? 아니면 그 불균형이 우리 머릿 속에서 무엇이 진행되고 있는지에 기인하는 것은 아닌가? 내가 이 책에서 계속 보여주려 하였듯이, 어떤 형태의 불안은 혼란스런 두뇌 화학작용으로 시작하여 우리 마음속으로 들어오고, 다른 형태의 불안은 마음에서 시작하여 두뇌의 화학작용을 어지럽히는 것으로 진행된다. 염려 불안은 후자에 속하는 것이다.

누군가가 바른 말을 했다. "염려는 흔들의자와 같다. 당신에게 무엇인가 할 일을 주지만 당신을 아무 데도 데려가지 못한다." 염려는 성경이 분명히 피하라고 경고하는 한 가지 형태의 불안이다. 대체로 염려는 쓸모가 없고, 불필요하며, 거북스러운 것이고, 아무 열매가 없으며, 초대한 것도 아니고, 짜증스러운 것이다. 나는 '대체로'라고 표현했다. 왜냐하면 염려는 본질적으로 하나의 경고신호이기 때문이다. 이것은 우리에게 위험이 숨은 곳에 도사리고 있다고 말해준다. 이것을 합리적인 한계 속에서 우리에게 위험을 피하는 방법을 안내하는 쪽으로 사용한다면, 염려가 우리에게 도움이 될 수 있을 것이다. 그러나 염려는 극단으로 치닫기도 한다. 우리에게 존재하지 않는 위험에 대해 경고하기 때문이다. 사소한 함정을 과장하고 우리의 안정을 해침으로 우리를 비정상으로 만들기도 한다.

여기에 염려 불안을 대처하는 방법을 배우는 데 갈등이 있는 것이다. 우리는 어떻게 염려의 좋은 기능(닥쳐오는 위험에 대해 경고하고 행동을 취하도록 한다)을 보전하는 동시에 무익한 염려를 줄이거나 제거할 수 있는가? 우리가 모든 불안을 제거한다면 염려를 없앨 수 있다. 만일 당신이 이렇게 한다면 아무 양심이 없는 위험한 인물, 즉 반사회적 인격 장애자sociopath로 끝이 나고 말 것이다. 그러므로 건설적인 염려는 보전하고 헛된 염려는 제거하려고 노력해야 하며 이를 통해 적절한 균형을 성취해야 한다.

누구나 염려한다

지나치게 염려가 많은 독자를 위해서 한 가지 중요한 점에 대해 위로의 말을 하려 한다. 누구나 다 염려한다. 모든 것이 정도의 문제다. 우리는 염려하도록 만들어졌다. 염려가 없으면 생존할 수 없다는 사실도 불안의 일부다.

샤워를 하고 나오면서 거울을 보았는데, 내가 전에 몰랐던 작고 암흑색의 흉한 것이 내 등에서 자라는 것을 발견했다고 가정해보자. 나는 남아공에서 성장하면서 강한 햇빛에 많이 노출되었고 강한 햇빛 때문에 치명적인 피부암의 위험에 놓일 수 있다는 것을 알고 있다. 그러나 바로 그 순간에는 이에 대해 걱정하고 싶지 않았다. 나는 미룰 수 없는 강의 때문에 여행이 계획되어 있었고 그래서 내 피부상태를 마음에서 제쳐 놓았다. 그리고 여행에서 돌아오면 의사에게 보이기로 마음먹었다.

다음 날 아침 비행기에서 아침식사를 하는데, 나는 등에 난 그것으로 인해 강박적인 나 자신을 발견했다. 나는 그것 때문에 계속 걱정하고 있었음을 깨달았다. 이것이 악성종양인가? 피부암은 매우 빨리 진행되기 때문에 서둘러 조치하지 않으면 전이되어 심각한 문제가 될 수 있다. 내 마음은 분주히 움직였다. 생각을 접으려고 애쓰지만 멈추지 않는다. 나는 아침 식사를 옆으로 밀어놓는다. 아침을 먹을 수가 없다. 나는 자신을 나무란다. 왜 의사에게 그것을 바로 보여주지 않았을까? 내가 그것을 무시한 것은 어리석었다.

이 각본에서 무엇이 진행되고 있는가? 내 마음은 할 일을 하고 있다. 나의 게으름에 위험이 있다고 경고하고 있는 것이다. 또한 어떤 행동을 취하도록 강요하고 있다. 이런 염려 불안을 주신 하나님께 감사한다. 그 염려가 나의 생명을 구할 수도 있기 때문이다.

자, 이제 그 암담한 며칠이 지난 후 집에 돌아와 의사를 만나러 갔다고 가정해 보자. 의사는 나에게 피부에 난 그것이 단지 나이와 관련된 정상적인 결과라고 확신시켜 준 다음 이를 제거하고 나를 집으로 돌려보낸다. 그러나 이것이 정상이라고 믿지 않으며 재발할 것을 두려워한다. 그것에 대한 악몽을 꾼다. 그리고 새벽에 깨어 재발을 염려한다. 이런 저런 의문을 가져본다. 의사가 틀렸으면 어떡하지 ? 그가 무엇인가를 놓쳤다면 ? 나는 다시 잠들지 못한다. 다음 날 의사에게 전화를 걸어 그것이 암이 아닌 것이 확실하냐고 물어본다. 의사는 분명히 아니라고 말해준다. 반시간 후에 나는 다시 염려하고 있다.

분명한 것은 현재 내가 하고 있는 일들이 무익하고 쓸 데 없다는 점이다. 이와 같은 염려는 평안을 깨뜨린다. 이것은 도움을 주는 것이 아니라 나를 비참하게 만들 뿐이다. 그리고 내가 이와 같이 자주 염려하면 정서적으로 혼란에 빠지게 된다. 염려는 통제에서 벗어나 잔인한 폭군으로 변한다. 어떤 사람들에게는 그것이 하나의 중독과도 같은 느낌이다. 그들은 도저히 그것을 중단할 수가 없다.

어떤 이들은 중독의 개념을 염려에 적용하였지만 나는 이 두 개념을 서로 비교할 수 없다고 생각한다. 무익하고 쓸 데 없는 염려가 멈출 수 없다는 측면에서 중독적 특성을 지니는 것은 맞지만 어떤 즐거움을 제공하지는 않는다. 중독에 굴복하면 큰 안도감과 도취감, 즐거움이 따라온다. 그런데 염려는 그 전에도, 그 후에도, 그 과정에도 온통 비참함 일색이다. 그래서 나는 이것을 '습관'이라고 부르고 싶다. 나쁜 습관으로서 쓸모없는 염려에 비견될 만한 상대는 없다.

오늘날에는 염려할 것이 참 많다. 경제, 에이즈AIDS 위기, 유행병처럼 번져가는 깨진 결혼과 십대들의 임신, 직장 불안, 승진 전망, 이상 기후, 지구촌의 혼란 등이다. 예수님의 말씀이 옳다. "세상에서는 너희가 환난을 당할 것이다."(요한 16:33) 우리 중 어떤 이는 환난을 더 당하는 것 같다. 그러나 사실은 쓸모없는 염려가 삶을 위한 에너지를 고갈시키고, 우리의 효율과 효과를 감소시킨다는 것이다. 우리는 스스로 전혀 통제할 수 없는 것에 대해 가장 많이 염려하는 성향이 있다. 우리가 염려하는 것의 95%는 결코 일어나지 않는다. 그리고 나머지 5%는 우리가 염려하든 안 하든 일어날 것이다.

유명한 저자이며 의사였던 크로닌A.J.Cronin은 염려를 다음과 같이 정리했다.

- 결코 일어나지 않는 일들 — 40%
- 세상의 모든 염려로도 변화시킬 수 없는 과거사 — 30%
- 건강과 관련된 염려 — 12%
- 사소한 기타 염려 — 19%
- 진짜, 타당한 염려 — 8%

나는 진짜, 타당한 것에 대한 염려가 오직 8%밖에 안 된다는 크로닌 박사의 추산은 나의 경험에도 부합한다고 말하고 싶다. 그것은 항상 그랬던 것이다. 그래서 예수께서 이 점을 강조하기 위해 이런 질문을 던지셨다. "너희 중에 누가 염려함으로 그 키를 한 자라도 더할 수 있겠느냐", "너희가 걱정한다고 해서 그 걱정이 너희 목숨을 한 순간이라도 연장시킬 수 있겠느냐" (마태 6:27)

염려의 죄

염려를 '죄'라고 부른 것은 내가 좀 판단적이어서라기보다 하나를 강조하기 위해서다. 염려 불안은 성경이 분명히 보여주듯이 우리에게 나쁜 것이며 따라서 하나님의 선한 계획에도 반대되는 것이다. 염려는 하나님보다는 자신에게 의존하는 것을 포함하고 있으며 믿음의 여정에 방해물이 된다. 이와 같이 염려는 죄다. 우리가 거짓말을 하거나 간음을 했을 때와 마찬가지로 염려했을 때도 우리는 하나님의 치유와 용서가 필요하다.

그뿐만 아니라, 염려는 임상적 관점에서도 흥미를 불러일으키는 문제다. 우리 모두는 미래의 사건에 대해 사전에 그것에 대해 생각함으로 예상하거나 준비하는 내재적인 성향을 가지고 있다. 우리는 문제를 이해하거나 해결하기 위해 생각이나 심상을 사용하여 도움을 받는다. 그러나 염려는 어떤 사태에 대해 생각하는 것 이상이다. 그것은 생명력을 앗아가는 경향이 있다. 그것은 끊임없이 부담되는 생각을 연결하여 우리의 일에서 우리를 분산시킴으로 '내면의 적'이 된다. 염려는 문제를 해결하는 쪽으로 방향을 정하는 것처럼 생각하게 함으로 우리를 속이지만 문제를 해결하는 적이 없다. 우리는 염려하는 것에 종지부를 찍지 못한다.

펜실베니아 대학교의 한 연구팀은 염려를 '부정적이고 상대적으로 통제할 수 없는 생각과 심상의 사슬' 이라고 정의하였다. 또 다른 사람은 염려를 '절대로 지지 않을 빚에 대하여 미리 지불한 이자' 라고 기술하였다. 아마 염려의 특징을 가장 잘 포착하지 않았나 싶다. 대부분의 염려는 미래(내일에, 다음 주에, 내년에 무슨 일이 일어날 것인가)에 초점을 맞추지만, 상당히 많은 염려는 또한 과거에도 초점이 맞춰진다.

대부분의 염려는 순환적인 길을 따라간다. 아무 데서나 시작했다가 시작했던 곳으로 돌아온다. "마감시간을 맞춰야 해… 마감시간은 중요해…나의 상사는 마감시간 지키는 것을 강조해… 내가 마감시간을 못 맞추면 월급이 오르지 않을 거야… 승진은 끝난 거라구…아마 해고되겠지… 나에게 무슨 일이 일어날까?… 이것은 내가 아는 유일한 직업인데… 집세는 어떻게 지불하지?… 아이들은 어떻게 될까?… 내가 이 생각을 멈추지 않는다면 이 과제를 제 시간에 마무리하지 못할 거야… 이 마감시간을 지켜야 한다고."

인구의 약 15%는 만성적 염려자로 분류할 수 있을 것이다. 일곱 명에 하나 꼴이다. 만성적 염려자란 누구인가? 연구자들은 당신이 하루에 한 시간 반 이하로 염려한다면 그 정도로는 당신에게 염려 문제가 없다고 생각하는 경향이 있다. 놀랍지 않은가? 그런데 상당히 많은 염려는 무의식적으로 이루어지는 게 아닌가. 칫솔에다가 면도 크림을 바르다가 정신을 차릴 때에야 비로소 당신은 염려하고 있었다는 것을 깨닫는다.

염려의 결과는 어떤 것인가? 물론 비참함이다. 그 외에도 두통, 수면부족, 식욕 상실, 과식, 좌절에 대한 낮은 내성, 초조함, 신경질, 비뚤어진 성품 등의 결과도 있다. 염려는 또 고혈압과 심장질환, 위궤양을 만들어낸다는 보고도 있다. 아직 확실한 증거는 없지만, 염려는 암을 악화시키는 요인으로도 의심 받고 있다.

염려 습관 깨뜨리기

이것을 읽는 여러분 가운데 많은 이들이 지금쯤 조바심을 내며 이런 생각을 하고 있을 것이다. '맞아요. 나는 염려가 에너지의 낭비라는 것에 동의합니다. 그러나 어떻게 염려를 중단할 수 있지요?' 나는 이 장의 남은 지면을 염려습관을 깨뜨리기 위한 7주 계획에 할애하였다. 나의 전략은 다음과 같은 논조를 따라 진행될 것이다. 모든 염려를 제거할 수도 없고 또 제거해서도 안 된다는 점을 인정한 다음, 먼저 우리 염려들을 들춰보고 그 중에 어떤 것이 필요하고 불필요한지를 가려내야 한다. 이것은 말처럼 쉬운 일이 아니다. 다음에 예시된 전략을 아주 조심스럽게 따라가라. 그리고 쓸데없는 염려를 제거하기 시작하되, 필요한 염려를 처리하는 전략을 세우도록 하라.

다음은 이 7주 계획을 어떻게 진행할 것인지에 대한 몇 가지 지침이다.

- 각 주의 연습문제는 다음 주에도 계속되어야 한다. 다시 말해서, 지난 주의 연습문제를 새로운 주의 연습문제를 실습하면서 계속하라는 것이다. 모든 연습문제는 전체를 하나로 보아야 한다.
- 만일 연습문제 중 어떤 것이 어렵게 느껴지거나 예상보다 더 시간이

걸리면, 다음 주로 넘어가게 하고, 다음 연습문제로 나아가는 것을 지연시켜라. 서두를 것 없다. 더 시간이 필요하다면 진도 나가는 것 때문에 불안해 하지 말라.

- 항상 그 유명한 AA 명언을 따르라. '하루에 한 가지씩!' 알코올 중독자 가운데 남은 생애 동안 술을 마시지 않고 맑은 정신을 유지할 것이라고 상상하는 사람은 거의 없다. 그러나 '하루에 한 번' 술을 안 마시는 것은 상상할 수 있다. 하루가 한 달이 되는 것이고 한 달이 모여 한 해가 되는 것이다. 많은 알코올 중독자들이 하루 한 번씩 절주하면서 평생을 절주하게 된 것이다. 염려습관을 깨는 것은 하루 한 번씩 하는 프로젝트다. 하루씩 염려를 안 하고 지나간 것에 만족하라.

염려 습관을 깨뜨리기 위한 7주 계획

첫째 주

목적 : 당신이 염려하는 모든 것을 발견하여 체계적으로 기록하기

쉽게 주머니나 지갑에 넣을 수 있는 스프링 달린 작은 노트를 구하라. 적당한 크기로 하여 언제나 지참할 수 있는 것이어야 한다. 월요일부터 시작하여 무엇인가 걱정하는 것이 발견되면 그것을 노트에 적는다. 날짜와 시간, 장소, 그 염려가 얼마나 오래 당신을 괴롭혔는지, 그 염려를 하게 만든 주변 상황 그리고 당신이 그 염려에 대해 무엇을 했는지를 기록하라. 예를 들어, 당신이 사무실에 도착했는데 집에 가스 불을 껐는지에 대해 걱정하는 자신을 발견했을 때 그 날짜와 시간, 무엇 때문에 염려했는지 등등을 기록하는 것이다. 제일 좋은 것은 그 장소와 시간에 곧바로 기록하는 것이지만, 그렇게 하는 것이 편리하지 않을 수도 있다. 그럴 경우에는 기회가 주어졌을 때 기록하라.

동일하게 중요한 것은 당신이 그 염려에 대해 무엇을 했느냐 하는 것이다. 나중에 집에 돌아갔는가? 남은 하루를 염려하면서 보냈는가? 이웃에게 전화를 해서 대신 가스 불을 점검해 달라고 부탁해 보았는가?

그 주말에 노트를 가지고 당신의 염려를 검토해보라. 그리고 자신에게 두 가지 질문을 해보라.

1. 나의 염려 가운데 현실이 된 것은 몇 가지나 되는가? 해고 당했는가? 집에 불이 나서 전소되었는가? 비행기가 추락했는가? 여기서 추구하는 것은 당신의 염려가 얼마나 쓸데없는 것이었는지를 스스로에게 증명하는 것이다.
2. 나의 염려 속에서 내가 탐지할 수 있는 주제들은 무엇인가? 모든 염려가 일에 대한 것인가? 가족에 대한 것? 과거? 미래? 돈? 죽는 것? 질병? 무엇에 대해 염려하는가?

이 주제들을 보고 어떤 주제가 가장 흔한가를 살펴보라. 이 연습을 하다 보면 당신 삶의 어떤 측면이 당신에게 더 많은 염려거리를 주는지 결정하도록 도와줄 수 있을 것이다. 지금부터 이 주제와 관련된 염려만을 가지고 일하도록 하라. 일단 당신이 발견한 가장 흔한 주제를 정복하였다면, 당신 생활의 다른 염려 영역을 위해 이 계획을 되풀이할 수 있다. 자, 이제 우리는 두 번째 주의 활동으로 나아갈 준비가 되었다.

둘째 주

목적 : 우리의 '관심사'를 '염려'와 구분하는 것

우리들 대부분에게 있어서 아마 염려 불안의 가장 혼란스러운 측면은 우리가 염려를 '관심사'라고 규정할 수 있는 건강한 감정으로부터 구분하는 일일 것이다. 염려를 관심사와 분리시키는 것은 상당히 도움이 된다. 하나는 건강하지 않은 것이고, 다른 하나는 건강한 것이다.

간단하게 말해서, 염려라는 단어는, 끊임없이 생각은 하면서 문제해결을 위해서는 아무런 행동도 취하지 않는 그런 유의 열매 없는 정신적 활동을 지칭하는 데만 사용되어야 한다. 왜냐하면 아무런 행동도 취하지 않는 것은 그런 행동이 가능하지 않거나, 혹은 우리가 행동 취하기를 거부하기 때문이다. 이와 같은 조바심은 의미가 없으며 어떤 발전도 만들어내지 못한다. 우리가 염려할 때, 우리는 몸 전체에 응급비상 반응을 야기한다. 그 결과 문제를 해결하는 쪽으로 한 발짝도 나아가지 못하면서 탈진하든 혼란스러워지든, 방향감을 상실하게 된다.

반면에, 관심사는 문제해결을 위해 행동을 취할 것을 염두에 두고 문제에 초점을 맞추는 정신적 활동을 지칭하는 것이다. 관심사는 사랑과 배려에서 자연스럽게 솟아나와 목적을 향해 방향을 잡는다.

사랑하는 사람이 외과수술을 받게 되어 있다고 가정해보자. 나는 그 기분을 잘 안다. 왜냐하면 나의 아내 캐서린이 몇 주 전에 중요한 수술을 했기 때문이다. 나는 대기실에 앉아 손에 땀을 흘리고 있었다. 그 느낌은 염려인가, 관심사인가? 나는 내 상상력을 방치했기 때문에 염려의 요소가 있었다고 자인할 수밖에 없다. 그러나 내 기분의 대부분은 관심사에 지나지 않았다. 나는 아내를 사랑하였기 때문에 그녀가 편안한 마음으로 수술이 잘 진행되기를 원했으며, 그 결과가 좋기를 소망했다. 이 관심사로 인해 의사와 아내를 위해 더욱 기도할 수 있었다.

그러므로 두 번째 주를 위해, 당신이 첫 번째 주 연습 때 선정한 염려주제에 집중하기를 바란다. 이번에는 이 주제에 맞는 염려들만 기록하라. 다시 말하는데 첫 번째 주에 한 것처럼 모든 세부적인 것을 기록하라. 주말에는 노트를 펴놓고 앉아 각 염려거리들을 조심스럽게 검토해 보라. 이번에는 자신에게 다음 질문을 던져보라.

1. 염려는 진짜 염려였는가, 혹은 관심사였는가? 여기서 추구하는 목표는 염려(쓸데없고, 무의미하며, 비생산적이다)를 관심사(순수하고, 배려심이 많고, 사려 깊은 생각)로부터 분명하게 차별화하는 것이다. 당신의 염려항목을 일일이 붉은색 펜으로 표시하라. 각 범주에 드는 숫자를 세어보라. 나중에 당신이 염려보다 관심사를 늘려가고 있는지를 확인하고 싶기 때문이다.
2. 각 염려를 검토하고 자문해 보라. 이 염려를 어떻게 관심사로 전환할 수 있는가? 다시 말해서 당신은 어떤 자기대화를 사용하여 염려를 관심사로 재구성할 수 있겠는가? 당신이 완성한 일이 완벽주의자인 상관에게 합격판정을 받을 수 있는지 염려했다고 가정해 보자. 이제 그 일은 이미 넘겨졌기 때문에 그것에 대해 염려하는 것이 그 일을 더 완전하게 할 수 있는 것도 아니다. 그래서 당신은 스스로 이렇게 말할 수 있을 것이다. "나는 최선을 다했다. 나는 완전하지 않다. 완전은 나에게나 다른 누구의 기대 밖에 있는 것이다. 만일 나의 상사가 나에게 그 일을 다시 부탁한다면 적어도 나는 어디서 그것을 시작해야 하는지를 안다. 나는 관심은 가지고 있겠지만, 염려는 그냥 스쳐 지나가도록 하겠다." 이 시점에서, 당신은 염려를 관심사로 전환시켰다. 여기에 차이가 있는가? 물론 차이가 있다. 쓸데없이 걱정할 때보다 당신이 관심이 있다는 것을 확인할 때 당신의 몸과 마음은 전적으로 다른 메시지를 받는다. 전자(염려)는 투쟁-도피 반응을 촉발하지만, 후자(관심사)는 진정시키는 효과를 나타낸다.

셋째 주

목적 : 염려와 관심사의 차이를 매일의 활동에 적용하는 것

전 주에 당신은 염려를 기록했고 주말에 '염려'와 '관심사'로 범주화하였다. 나중에 염려까지도 자기대화를 통해 재구성함으로 염려를 관심사로 탈바꿈

할 수 있다는 것을 배웠다. 모든 염려는 그것에 대한 당신의 태도를 바꾸거나 그것을 보다 긍정적 관점에서 바라봄으로 더 건강한 관심사로 전환될 수 있다. 당신은 다음 주 수술에 대해 염려하는가? 그렇다면 당신에게 말해줌으로써 염려를 관심사로 바꿔보라. "나는 의사가 최선을 다하도록, 하나님께서 나를 안전하게 지켜주시기를, 내가 빠른 회복을 할 수 있도록 기도할 것이다. 나머지는 하나님께 맡긴다. 나의 염려는 아무것도 더 좋게 하지 못한다. 나는 관심은 갖겠지만, 염려하지는 않겠다."

자, 이번 주에 당신이 각 염려를 계속 기록하기를 원한다. 그러나 이번에는 염려가 일어나는 순간 그것을 관심사로 재구성하기 위해 노력하라. 이것은 조금 더 어렵다. 그래서 당신에게 좀 더 실습을 할 수 있게 하기 위해, 지난 주 연습이 필요했던 것이다. 다음 세 가지를 시도해 보라.

1. 염려를 기록하라. 이 규칙은 항상 적용된다. 당신의 염려를 기록하는 행위 자체가 당신의 가장 자주 하는 염려를 식별하게 도와줄 것이기 때문이다. 그리고 당신의 염려가 실제로 아무 쓸모가 없는 것임을 볼 수 있게 도와주기도 한다.
2. 염려를 검토하고 그 순간 바로 그것을 관심사로 전환하는 방법을 찾아보도록 하라. 당신은 이제 첫 번째 실제 생활 개입을 실천하고 있는 것이다. 염려가 일어날 때, 이를 즉각적으로 도전하여 보다 긍정적인 것으로 전환하고 있는 것이다. 재구성을 기록하라. 만일 염려가 너무 쓸모없어서 관심사로 전환할 가치도 없는 것이라면, 당신은 이미 그 메시지 내용을 알고 있는 것이며 무엇을 해야 할지도 아는 것이다. 그냥 버리도록 하라.
3. 주말에 염려를 관심사로 바꾸는 데 얼마나 성공했는지를 점검하라. 매번 성공하지는 못했을 것이다. 그러므로 필요하다면 다음 주에도 연습을 계속하라. 사실 당신은 재구성 연습을 생각하지 않고도 습관

이 될 때까지 계속 해야 한다.

넷째 주

목적 : 당신에게 다가오는 자동적 사고를 포착하기

자동적 사고란 살며시 들어오는 무의식적 사고다. 대개 이는 예기치 않았던 것이기 때문에 불안을 야기한다. 많은 염려자들에게 자동적 사고가 그들 삶의 독이 된다. 종종 이러한 사고는 염려의 사슬이 된다. 그러므로 여기서 연습해야 할 것은 자동적 사고가 뿌리를 내리기 전에 이를 털어버리는 것이다. 이를 할 수 있는 최선의 방법은 자동적 사고가 스며들기 전에 그것을 의식화하는 것이다. 다시 말해, 당신이 자동적 사고를 검토하면, 자동적 사고가 갑자기 찾아올 때보다 불안을 자아내지 않는다는 것이다.

다음의 연습문제는 자동적 사고를 사로잡아서 개방하는 데 도움을 줄 것이다.

1. 하루가 지날 무렵 묵상을 위해 20분을 따로 떼어두라. 특별히 이 연습문제를 풀기 위해 작은 노트를 준비하라. 그리고 이 묵상하는 시간에 마음에 떠오르는 모든 염려와 불안, 관심사, 괴로운 생각, 사건 또는 사람을 기록하라. 당신의 노트는 비밀이 보장된다. 그러므로 하찮게 보이는 내용이라도 기록하라. 그날을 돌아보되 모든 염려스런 생각을 다시 포착하라.
2. 부담되는 아이디어 목록을 검토해보라. 스스로 자문해보라. "이들 중 당장 다룰 수 있는 것은 어떤 것인가? 내가 변화시킬 수 있는 것은 없는가?" 그렇다면 당장 행동을 취하라. 그리고 그 관심사를 마음에서 지워버려라.
3. 그때 그곳에서 해결할 수 없는 목록의 나머지 관심사에 대해서 잠시

기도하라. 당신이 변화시킬 수 없는 관심사는 하나님께 맡겨라. 그런 다음 노트를 덮고 하나님께서 모든 일을 주관하고 계심을 신뢰하라. 당신이 생활의 모든 측면을 통제할 수 없다는 것을 인정하고 해야 할 일을 하도록 하라.

4. 만일 어떤 관심사가 계속 부담이 되면 다시 한 번 노트에 기록하라. 나는 이어지는 연습에서 부담되는 생각을 유쾌한 생각으로 대체하는 법을 가르쳐줄 것이다.

당신을 괴롭히는 부담스러운 생각과 아이디어를 가능한 한 모두 기록하는 것이 얼마나 가치 있고 중요한지는 아무리 강조해도 지나치지 않다고 생각한다. 기록한다는 것은 그것들을 기억에서 몰아내는 역할을 한다. 그렇지 않으면 두뇌의 기억재생기제에 의해 계속 살아있게 된다. 그러므로 당신의 노트는 외장 메모리로서 역할을 하게 된다. 그 기억은 어디나 가져갈 수 있는 것이다.

• **변형** : 어떤 생각으로 괴롭힘을 당할 때마다 노트를 사용하는 것이다. 마음속에 떠오르자마자 그것을 적도록 하라. 같은 생각을 자주 적어도 상관없다. 계속 적으라. 이는 두뇌로 원치 않는 자료를 '포기' 하게 만든다. 두뇌는 그 정보가 다른 곳에 저장되고 있다는 것을 안다.

다섯째 주

목적 : 불쾌한 생각을 대체시키기 위해 유쾌한 생각을 시작하기

1. 카드에 당신에게 기쁨을 가져다 줄 수 있는 활동을 5~6가지 써보라. 이 활동들은 과거로부터의 사건(행복한 어린 시절의 외출)이나 현재(지난 번 해변에 간 것이나 친구를 만나러 간 것), 또는 가까운 미래에 일어날 것을 예상하는 유

쾌한 활동(다가오는 방학)이 될 수 있다.

2. 각 유쾌한 활동이나 사건 옆에, 당신의 흥미를 끌거나 사로잡는 2~3 가지 구체적 아이디어나 사건의 측면을 기록하라. 만일 당신에게 휴가 계획이 있다면 구체적인 아이디어로, '옷을 챙긴다', '방문할 장소를 알기 위해 여행 안내서를 검토한다' 등의 기록을 할 수 있을 것이다.
3. 이 카드를 항상 지참하라. 한 두 시간마다 카드를 꺼내 유쾌한 활동이나 사건을 선택하여 당신이 기록한 구체적인 아이디어 중 하나에 대해 의도적으로 생각해보라. 그것이 자아내는 기분을 순간적으로 즐기도록 하라. 거기에 수반되는 유쾌한 감정을 향유하라. 5~6분 동안 그것에 대해 생각해보라. 그런 다음, 카드를 제자리에 집어넣고 하던 일을 계속하라.

• **변형** : 장소나 시긴 대신에, 격리하기 원하는 자신의 특징 목록을 만들어보라. 더 사랑하는 사람이 되기를 원하는가? 더 배려하는 사람이 되고 싶은가? 이런 것들을 생각하라. 아니면 당신이 좋아하는 시나 성경구절을 갖고 다니는 쪽을 선택할 수도 있다. 이런 것들을 검토하라. 이런 것에 대해 의도적, 의식적으로 생각하고 할 수 있는 한 그 생각을 즐기도록 노력하라.

여섯째 주

목적 : 자기대화self-talk를 탐색하고 전환시키는 것

당신은 자기 자신과 가졌던 대화를 의식하는가? 그리고 그런 자기대화가 당신의 염려성향에 얼마나 책임이 있는지 자주 의식하는가? 당신이 배우자나 자녀, 상관, 피고용인, 목사 또는 친구에 대해 당신 자신과 대화한 것을 기록해보라. 당신은 자신과의 대화내용에 놀랄 것이다. 우리는 이 생각들을 글로

써 본 후에야 우리 생각이 얼마나 비합리적인가를 비로소 분명히 알게 된다. 다음과 같은 자기대화의 특징에 대해 생각해보라.

- 자기대화는 정서적으로 민감한 경우가 많다. (실제 또는 가상적인) 상처로 시작되어 다른 감정에 의해 강화되기도 한다.
- 자기대화는 생생한 상상에 의해 강화된다. 현실과 일치되는 경우는 별로 없다. 과장이 심하고 우리를 과민하게 만든다.
- 자기대화는 과도하게 일반화한다. 한 가지 작은 사건을 취해서 모든 일이 동일한 것처럼 입증하려 한다.
- 자기대화는 대부분의 경우 비합리적이고 비논리적이다. 의심과 불확실성을 키우며 현실에 만족하는 법이 별로 없다.
- 자기대화는 보통 모든 것을 '파국'으로 몰아간다. 항상 다음과 같은 문장으로 끝이 난다. "나는 재수가 없다, 지겹다, 아무도 나에게 관심이 없다."
- 자기대화는 대개 자기 연민적이고 이기적이다. 당신은 대화의 중심이며 모든 과실의 피해자다. 그리고 당신은 그런 수렁에서 허우적거리는 것을 좋아한다.

당신의 자기대화를 향상시키는 것이 이번 주 훈련의 목적이다. 건강하고 성공적인 사람들은 그들의 부정적 자기대화를 인식하고 멈출 수 있다. 그들은 그 내용과 논리를 분석하고, 터무니없고 상상 속에만 있는 것은 제쳐두고 현실에 비춰 시험하고, 무엇이든 필요한 행동을 취하고, 자기대화 속에 더 건강하고 현실적인 아이디어를 투입할 수 있다. 이렇게 하면 염려스러운 생각에 영향 받는 것을 막아준다.

다음은 당신의 자기대화를 감시하도록 도와줄 연습문제이다.

1. 적어도 한 시간에 한 번, 당신에게 신호를 보내기 위해 알람이나 어떤 장치를 사용하라. 하루 중, 이 연습을 위해 쉬는 시간이나, 커피타임, 또는 다른 자연스런 휴식시간을 사용할 수 있다.
2. 신호를 받은 순간 당신이 하고 있는 일을 중단하고 이전 5분 동안 당신 자신과 나누었던 대화를 매우 조심스럽게 검토해보라. 그것을 노트에 기록하라. 가능한 한 많은 아이디어나 자기진술문을 떠올리도록 하라. 신호가 오는 순간, 자신과 나누던 대화에 특별히 주목하라.
3. 당신의 자기대화 문장 목록을 보고 자세히 검토하라. 각 문장에 대해 다음과 같은 질문을 해보라. 그것은 사실인가? 그것이 사실인지 어떻게 아는가? 그것이 현실인가? 내가 과민반응 하고 있지는 않은가? 여기서 진짜 이슈가 무엇인가? 이 생각이 나를 어디로 끌고 가는가?
4. 당신의 부정적 자기대화를 긍정적이고 현실적이고 안심시키는 문장으로 의도적인 변화를 시도하라. 다음과 같이 자신에게 말하라. "이런 일이 나에게 일어난 것은 불행한 일이지만 이것이 끝이 아니다. 혹은 누가 내가 이렇게 되어야 한다고 말했나? 나는 비합리적이고 비논리적이다. 그러므로 나는 나의 현재의 생각에 주의를 기울이지 않겠다."
5. 당신의 생각을 함께 나눌 대상(친구나 배우자)을 찾아보라. 비합리적 자기대화는 다른 사람과 열린 대화를 할 때 가장 잘 도전 받는다. 나아가 그것을 하나님과 나누라. 결국 기도란 이런 일을 위해 있는 것이 아닌가!

• **변형** : 당신은 자기대화를 언제든 모니터할 수 있다. 정해진 시간에 신호를 받았을 때 하는 법을 알았다면 하루 중 아무 때나 자기대화를 포착하도록 하라. 친구와 대화하는 동안, 아니면 마켓에서 줄 서 있는 동안 하는 자기대화를 모니터하라. 당신이 스스로에게 하는 말을 의식하는 수준을 높이도록 하라. 이렇게 하다 보면 생각의 흐름을 잡는 데 도움이 될 것이다.

일곱째 주

목적 : 염려를 의도적으로 연장하기

심지어 만성적 염려자들도 가끔은 걱정하지 않는 때가 있다고 알려져 있다. 염려하는 시간 뒤에 일체 걱정하지 않는 시간이 따른다는 이 현상은 몇 가지 재미있고 유용한 발견으로 이어졌다. 짧은 시간 동안의 염려(예를 들어, 10분 이하) 또는 (30분 이상의) 그보다 좀 더 긴 시간의 염려는 염려하는 성향을 짧게 하는 경향이 있다는 연구결과가 있다. '중간' 범주(10분에서 30분 사이)의 염려는 최악의 결과를 낳는다. 이 효과를 '부화incubation' 라고 부르는데, 왜 염려가 저절로 불어나는 성향이 있는지를 설명해준다.

우리가 만성적 염려자라 할지라도 항상 염려하는 것은 아니다. 우리가 항상 염려했다면, 우리는 그 염려를 진압했을 것이다. 우리가 짧은 시간 동안 염려하지도 않고 이를 제쳐놓지도 않는다면 이 역시 그 염려를 소멸했을 것이다. 그 대신 우리는 불안한 느낌을 정착시킬 만큼 염려하고, 염려가 '부화' 할 수 있도록 잠시 염려를 내버려둔다. 나중에 그 문제로 되돌아와 더 많이 염려할 준비를 갖추고 있음을 발견한다. 이 패턴은 염려가 뿌리를 내리게 하고, 소멸에 대해 아주 저항적으로 만든다.

이것은 마치 창고 문에 페인트칠을 하는 것과 같다. 아주 얇은 페인트로 칠하고 내버려두라. 그러면 페인트가 곧 지워져 버릴 것이다. 진한 페인트로 두껍게 칠해보라. 그러면 페인트가 제대로 마르지 않기 때문에 잘 달라붙지 않아 역시 빨리 벗겨질 것이다. 그러나 적당한 양의 페인트로 칠하고 마를 수 있는 시간을 줘보라. 거기다 다시 한번 한 겹을 더 칠하고 마르게 한 후에, 또 한 겹을 더 칠해보라. 당신은 강하고, 불침투성의, 거의 파괴되지 않는 페인트 막을 만들게 된다.

자, 이 과정은 창고 문에 페인트칠 하는 데는 좋을지 모르지만, 마음을 불안으로부터 보호하는 데는 좋지 않다. 당신이 쉽게 염려한다면, 그 염려는 커져서 거의 모든 치료에도 저항하는 고착된 습관이 된다. 이렇게 고착된 염려습관은 성령에도 저항한다고 말하고 싶다. 그래서 성경이 염려 불안을 죄로 규정하는 것이라고 나는 확신한다. 우리는 이런 염려를 제거하기 위해 열심히 노력해야 한다.

그러므로 마지막 연습을 위해, 나는 당신이 이 부화원리를 어떻게 유리하게 사용하여 염려습관을 소멸할 수 있는지 보여주고 싶다. 그 절차는 다음과 같다. 무엇에 대해서든 염려하는 자신을 발견하면(아마 지금쯤 당신은 이것에 숙련된 달인이 되었을 것이다), 혼자 있을 수 있는 곳으로 가서 그 염려를 마음에 그대로 갖고 있으라. 자, 이제 그 염려에 초점을 맞추라. 그것에 대해 생각하라. 계속 그것에 대해 생각하라. 그것이 마음에서 떠나지 않게 하라. 만일 염려가 마음에서 사라지면 다시 그것을 데리고 오라. 할 수 있는 한 그렇게 계속하되 10분을 넘기지 않도록 하라. 다시 말하면, 의도적으로 당신의 염려에 대해 생각하는 것을 선택하되 그것을 10분 이하로 제한하라는 것이다.

여기에 무슨 일이 일어나고 있는가? 먼저, 무엇에 대해 걱정하는 것을 선택함으로 염려의 역동을 차단하는 것이다. 염려는 바로 이를 두려워하고 피하려 하기 때문에 문제가 되는 것이다. 그러므로 당신이 염려하는 것을 선택하면 애초부터 진 게임을 하는 것이다. 둘째로 골치 아픈 문제를 생각하도록 스스로를 강요함으로써 다른 일이 벌어진다. 즉 당신의 마음이 그것에 대해 지쳐서 포기하게 된다. 마음은 새로운 것을 원하여 다른 것에 대해 생각하는 쪽으로 간다.

이 절차는 일관성 있게 실습하기만 한다면 염려와 그것이 야기하는 불안을 소멸하는 데 강력한 힘을 발휘한다. 그러나 언제든지 기도하는 마음으로 그렇게 시도하라. 하나님은 당신의 문제에 관심이 있으시며 당신이 그것을 극복할 수 있도록 도와주실 것이다.

염려를 이기는 법

염려를 이기려면 노력과 인내가 필요하다. 당신은 하룻밤 사이에 염려에 굴복한 것이 아니다. 그래서 그만큼 빨리 사라질 것도 아니다.

당신이 무엇을 하든 당신에게 "염려하지 마"라고 충고하는 사람을 피하라. 이렇게 말하기는 쉽다. 나는 티셔츠에서도 보았고, 자동차 범퍼스티커에서도 보았다. 마치 "걱정 말라"는 것이 위대한 심리적, 영적 발견이라도 되는 듯이 홍보하는 것을 보았다. 그러나 사람들에게 그저 걱정하지 말라고 말해주는 건 전혀 도움이 되지 않는다. 그것은 과체중인 사람에게 "너무 많이 먹지 마"라고 말하는 것과 같다. 맞는 말이지만 전혀 도움이 되지 않는다. 염려 불안을 극복하려면 당신이 왜 걱정하고 염려하는지를 이해하고 그게 얼마나 쓸모없는 짓인지를 알고, 염려를 행동으로 전환하는 법을 배워야 한다.

나는 독자에게 염려 습관을 깨뜨리기 위한 7주 계획을 제시하였다. 이 장을 몇 마디 말로 끝맺도록 하겠다.

우리 기독교 신앙에는 염려와 맞서 싸우는 데 있어서 커다란 도움을 받을 수 있다는 것을 기억하라. 내가 염려에 사로잡혔다고 생각했을 때에도 여러 번 그리스도를 믿는 나의 신앙이 이를 극복하도록 도와주었다. 하나님은 우리가 어떻게 만들어져 있는지 알고 계신다. 그리고 내가 심리적 관점에서 어떤 실질적인 도움을 제시했다 해도 그것은 다량의 영적 갱신spiritual renewal과 함께 취해야 한다. 염려에 대한 첫 번째 방어책은 하나님께서 우리에게 의미 있는 삶을 살도록 힘을 주시며, 우리가 직면하는 모든 경험과 우리가 대처해야 하는 모든 도전을 감당할 수 있게 하신다는 것을 이해하는 것이다. 하나님께서는 걱정을 야기하는 모든 상황에 대처하실 수 있다. 나는 이것을 확신한다.

둘째로, 당신의 불안이 쓸모없는 것이 아니고, 염려하는 불안만 문제가 된다는 것을 기억하라. 때때로 불안은 행동하라는 부름이며, 당신의 무기력을 떨쳐버리고 당신의 삶을 통제하고 주관하라는 부름이다. 우리는 일정한 형태의 실존적 불안을 경험하도록 설계되었다. 우리가 잠재력을 성취하지 못하고 삶 속으로 전진하지 못한다면, 우리는 이 불안 때문에 미쳐버릴지도 모른다. 그러므로 서둘러 신경안정제를 복용해서 그것을 없애려고 하기 전에, 당신의 불안이 당신에게 무엇을 촉구하고 있는지를 먼저 이해하도록 하라.

셋째로, 당신은 구약의 요셉이 그의 죽음을 모의했던 이들에게 한 말을 기억하는가? "당신들은 나를 해하려 하였으나 하나님은 그것을 선의로 바꾸사"(창 50:20). 젊은 요셉에게 그랬던 것처럼 당신에게도 마찬가지라는 믿음을 가지고 하루를 시작하라. 그렇게 하면 당신의 곤경에서 빠져나가야 한다는 염려의 필요성은 소멸될 것이다.

그러나 살다 보면 염려가 너무 커서 어떠한 기도나 믿음으로도 지탱할 수 없을 것 같은 때가 있다. 하나님은 그것도 이해하신다. 그러니 담대함으로 내가 앞에서 제시한 방식대로 염려 불안에 대처하도록 하라.

12장

불안과 우울증의 연결고리

내 영혼아 네가 어찌하여 낙망하며 어찌하여
내 속에서 불안하여 하는고 너는 하나님을 바라라
그 얼굴의 도우심을 인하여 내가 오히려 찬송하리로다 (시 42:5)

만일 불안이 따로 존재하고 다른 문제와 팀을 이루지 않는다면 대처하기가 훨씬 더 쉬울 것이다. 그러나 불안은 홀로 존재하지 않는다. 불안과 함께 동반하는 여행자들이 있는데 일부는 단순히 동행하는 것으로 만족하지만, 일부는 행동에도 동참할 것을 고집한다. 그러므로 불안문제를 극복하기 위해 노력하는 사람은 누구나 이런 무임승차자들 중에서도 특히 우울증을 어떻게 다루어야 하는지를 배워야 한다. 그것들은 불안에 붙어서 살아가며 우리가 생각하는 것보다 훨씬 더 삶을 복잡하게 만들고 있다.

어느 것이 먼저인가?

그녀의 남편이 머시Mercy를 처음 나에게 데려왔을 때 그녀가 우울증이라는 것이 명백했다. 우울증의 모든 증상이 내 눈에 보였다. 그녀의 눈 속에 지쳐 있는 기색, 눈 맞춤을 회피하는 것, 치료에 대한 거부감, 나른한 무기력감, 의자에 힘없이 앉아 있는 모습까지, 우울증이라는 것이 온통 그녀의 얼굴에 쓰여 있었다. 그리고 그녀가 살아갈 가치가 없으며 차라리 죽었으면 좋겠다고 말했을 때, 나는 이 케이스가 쉽지 않은 사례가 될 것임을 알았다.

치료가 그녀에게 도움이 되지 않는다는 뜻이 아니다. 사실 그녀의 우울증은 예후가 매우 좋으며, 치료도 대개 아주 효과적이다. 그러나 초기 단계에서 환자의 협조를 얻어내는 것이 아주 힘들다. 내 쪽에서 한 마디 말실수라도 하면 머시는 일어나서 나갔을 것이다. 그런 일이 일어나고 말았다. 다행히도 자주 일어난 것은 아니지만 나를 긴장시키기에 충분했다.

그러나 머시의 남편이 지나가는 말로 그녀의 공황발작에 대해 언급한 것은 세 번째 회기에서였다. 나는 구체적으로 물어보지는 않았지만, 그녀의 우울증은 다른 진단을 무력화시킬 만큼 심각한 것이었다. 그래서 나는 즉시 그녀의 공황발작에 대해 탐색하기 시작했다.

"당신은 어떻게 그것이 공황발작이라는 것을 압니까?" 나는 남편에게 물었다. 머시는 결혼한 직후부터 증상이 나타나기 시작했다. 처음 그녀가 발작을 했을 때 둘은 너무 놀라서 그녀를 응급실로 데려갔다. 철저한 검진 결과, 의사들은 그녀가 공황발작을 일으킨 것이라며 주치의와 상의해서 후속 치료를 받으라고 지시한 후 돌려보냈다. 그런데 그녀는 한 번도 치료를 받지 않았다. 곧 공황발작은 진정되었고, 그들은 우울증이 발병할 때까지 이를 잊고 있었다. 거의 같은 시기에 공황의 기분이 엄습하기 시작했다.

나는 안도의 한 숨을 쉬었다. 임상적 그림이 제대로 그려지기 시작했다. 나는 우리가 정확하게 무엇에 맞서고 있는지를 알게 되었다. 그리고 다행히

지금은 아주 복잡한 정서적 문제에 대해서도 효과적인 치료가 가능하다.

그러나 여기서 일어나는 의문은 이것이다. 불안과 우울증이 동시에 공존한다면 어느 것이 먼저인가? 유감스럽지만 우리는 그것을 알지 못한다. 어떤 경우는 공황발작으로 시작해서 나중에 우울증이 발현하기도 한다. 우울증은 대부분의 공황발작 환자들이 느끼는 통제감 상실에 대한 반응일 수 있다. 이미 우울증을 앓고 있는 사람에게 공황이 나타날 수도 있다. 심지어 이 두 가지가 동시에 출현할 수도 있다.

예를 들어, 스트레스나 유전요인과 같은 공통분모가 이 두 가지 문제를 유도하고 있다 할지라도 여기서 내가 강조하고 싶은 요점은 두 가지가 단지 공존할 뿐, 별개의 문제로 치료된다는 것이다. 효과적인 치료는 심리치료와 약물치료를 병행하는 것이다. 다행스럽게도 선택적 세로토닌 재흡수 억제제 SSRI는 별 부작용이나 위험부담이 없이 다양한 장애를 치료하는 데 광범위한 효능을 보이고 있다. 나는 이 치료와 당신이 어떻게 협조해야 하는지에 대해 더 말할 것이다.

불안과 우울증이 공존하는 것이 얼마나 보편적인가?

불안과 우울증이 공존하는 것은 매우 흔한 일이다. 약간의 불안도 없는 우울증은 보기 힘들고, 약간의 우울증도 없는 불안을 보기 힘들다고 말할 수 있다. 이는 동전의 양면과도 같다. 그것은 어떤 쪽이 윗면이 되어 먼저 떨어지느냐의 문제다.

임상적 관점에서 보다 중요한 문제는 '다른' 문제가 치료받을 필요가 있느냐 하는 것이다. 다시 말해, 당신의 주 문제가 우울증으로 보이는데도 불안이 심각하지 않다면 불안을 치료할 필요가 있겠느냐 하는 것이다. 아니면 불안이 지배적인 문제라면, 당신은 우울증에 대해서 염려할 필요가 있는가 하는 것이다. 대답은 이차적인 문제가 사람을 쇠약하게 할 정도냐 하는 심각성 여부에 달려있다. 만일 그렇지 않다면 주 문제가 치료될 경우, 이차적인 문제는 좋아질 것이다. 그것은 주 문제의 증상에 불과할지도 모른다.

그러나 전문가들은 어떻게 생각하는가? 일상적 의료행위에서 보면, 대부분의 환자에게서 불안은 우울증과 함께 나타난다. 시카고의 성누가 의료센터의 정신과의사 존 자재카John Zajaecka 박사에 따르면, 우울증 환자의 약 60%가 우울질환 전개과정의 어느 시점에서 일어난 공존질한comorbidity으로 불안증후군을 겪는다. 전형적으로 나타나는 것을 보면 불안에는 범불안장애, 공황불안장애, 강박충동장애, 사회공포증, 외상후스트레스장애, 또는 혼합된 불안-우울증이 포함되고 있다.

다른 우울환자들에게는 불안이 아직 덜 발달한 증후군으로 발전할 수도 있을 것이다. 그런데 이것은 정서적 경험으로부터의 온전한 회복을 방해할 수도 있다. 불안은 우울증상이 개선된 후에도 잔여증상으로 지속될 수 있다.

세 가지 합병증의 문제들

불안과 우울증의 공존을 더 넓은 시각에서 볼 때, 세 가지 합병증의 문제가 불안이나 우울증의 증상을 더 심화시킬 수 있다는 것을 설명하겠다. 그것은 저혈당증과 생리전증후군, 알코올중독이다. 그러므로 우울증은 여기서 홀로 물을 흐리게 하는 증상이 아니다. 이 세 가지 흔한 문제는 불안이나 우울증을 훨씬 더 다루기 힘든 문제로 만들 수 있다. 이것들도 우울증이나 불안과 동시에 치료될 필요가 있는 것이다.

저혈당증

앞에서 간단히 언급한 것처럼, 저혈당증은 단순히 '낮은 혈당'이라는 의미다. 이것은 혈관 안에 정상수준 이하의 포도당이 있을 때 불편한 신체적 증상을 경험하는 것이다. 이 상태는 당뇨병 환자에서 나타나는데 아직 임상적 당뇨로 발전하지 않은 사람들에서도 발생한다. 이들은 '기능성' 혹은 '반응적' 저혈당을 갖고 있는 것이다.

여기서 기억해야 할 중요한 요점은 저혈당 증세가 심각한 경우, 공황발작 증세와 대부분 동일한 증세를 보인다는 점이다. 실제로 몸은 낮은 혈당에 의해 나타난 내면적 응급상태에 패닉으로 반응할 수 있다. 증상은 떨림, 어지럼증, 진땀 흘림, 불안, 빠른 맥박, 허약함 등으로 공황발작에서도 나타나는 증세들이다.

공황발작과 저혈당증의 유사성은 우연의 일치가 아니다. 짐작이 가는가? 공통된 연결고리는 아드레날린이다. 혈당수준이 낮을 때마다 부신은 간의 저장소로부터 가외로 당을 방출하고 빨리 혈관 속으로 보내는 것을 돕기 위해 아드레날린을 내보낸다. 하지만 이미 알고 있듯이, 아드레날린은 혈압을 높이고, 심장박동을 증가시키고, 땀을 촉발하고, 근육을 긴장하게 함으로 응급상황에 대비하는 '투쟁-도피'의 호르몬이다. 따라서 두 반응은 서로 매우 닮았다. 이 사실은 진단을 복잡하게 할 수 있다.

그래서 나는 앞의 공황 사례에 나오는 머시를 철저한 검진을 해달라는 부탁과 함께 그녀의 주치의에게 보냈던 것이다. 이렇게 하는 것이 항상 기능적 혹은 반응적 저혈당을 확인해 주지는 못하더라도 의사들은 대개 당신에게 증상으로 인한 문제의 가능성에 대해 주의하게 한다. 의사는 공황발작을 위한 어떤 형태의 치료를 시작하기 전에 신체질환으로 인한 증상일 가능성을 반드시 고려해야 한다. 여러 해 동안 심리치료를 받고 나를 찾아온 사람에게 몇 가지 기본적인 테스트를 실시했을 때, 문제가 심리적인 것이 아니고 신체적인 것임을 발견한 경우가 얼마나 많았는지 언급하기가 두려울 정도다.

오진의 가능성은 엄청난 것이다.

당신은 자신의 공황발작을 관찰하고 평가해 줌으로써 의사를 도와줄 수 있다. 다음의 질문들을 고려해 보라.

- 공황발작과 함께 잠을 깨는가? 만일 그렇다면 혈당이 아침에 가장 낮은 수준이기 때문일 수 있다.
- 자신의 공황발작에서 일정한 패턴을 볼 수 있는가? 혈당은 식사 전 그리고 마지막 식사 후 2~3시간 뒤에 가장 낮다.
- 어떤 형태로든 당이 공황을 완전히 없애주는가? 사탕이나 주스, 케이크같이 단 음식이 기분을 좋게 해준다면 저혈당일 가능성이 많으니 검진을 받아야 할 것이다.

생리전증후군

흔히 PMS Premenstrual syndrome라고 알려져 있는 생리전증후군은 생리하기 전 며칠 또는 1~2주 전에 발생한다. 몇 가지 연구에 의하면 이것은 아주 흔한 증세로 모든 건강한 여성의 30~95%가 이 증후군을 경험한다. 지배적인 증상은 우울감, 초조감, 불안이다.

스트레스가 생리를 지연하거나 건너뛰게 함으로 생리주기를 가속화시킬 수 있기 때문에 이는 PMS 증상을 강화시킬 수 있다. 일반적으로 생리 전, 도중, 후에 나타나는 패닉(공황)은 생리를 둘러싼 스트레스를 악화시키는 요인의 하나로 지적된다. 이때는 공황만 치료하는 것으로는 부족하고 PMS를 위한 완화책도 고려해야 한다.

PMS라는 주제는 방대한 주제이며, 나의 책 『여자도 잘 모르는 여자의 성: Secrets of EVE: 홍성사』에서 잘 다루었기 때문에 여기서는 자세히 다루지 않겠다. PMS의 치료는 몇 가지 측면에서 진행될 수 있는데, 일부는 공황장애의 치료와 겹치는 부분이 있다. 당신이 PMS로 고생하고 있다면 당신의 식단에 특별히 주목할 필요가 있다. 특별히 설탕이나 소금, 지방분이 많은 음식을 피하라. 폭식은 금물이다. 그리고 몸무게를 줄이는 것은 틀림없이 도움이 된다. 그러나 항우울제를 복용하고 있다면 의사와 상의 없이 절대로 체중감량 프로그램에 들어가는 일이 없도록 하라. 지방 수준이 갑자기 낮아지면 지방 분자에 정상적으로 결합되어 있는 약성분이 떨어져나가 약에 과부하가 걸릴 수 있다. SSRI는 아주 안전하지만, 오래된 삼환계 항우울제는 독성반응을 유발할 수 있다. 먹어서 좋은 음식으로는 고단백 음식이나 통밀, 채소, 씨앗, 견과류가 있다. 또한 비타민(특히 B와 A)을 보충제로 먹을 필요가 있다.

의약분야에서는 프로작과 같은 SSRI가 PMS를 치료하는 데 매우 효과적인 것으로 입증되고 있다. SSRI는 항우울제이지만 우울증과 공황장애 모두를 치료하는 데 도움이 된다. 한 가지 약품이 세 가지 문제에 모두 효과적인 것이다. 돌 하나로 세 마리 새를 잡을 수 있다는 것은 아주 산뜻한 아이디어로 보인다.

알코올

나는 지금 주로 크리스천 독자들을 위해 이 책을 쓰고 있지만 나의 독자들이 알코올의 위험성으로부터 자유하다고 가정할 수는 없을 것이다. 당신이 알코올 중독자가 아니라 할지라도 알코올을 조금이라도 소비하는 것은 공황불안이나 우울증에 심각한 합병증을 유발할 수 있다. 한 가지 예로 알코올은 공황장애와 우울증을 치료하는 데 사용되는 표준 약물의 신진대사를 교란시킨다. 알코올을 제거하는 데 사용되는 똑같은 효소가 항우울제를 제거하는 데도 사용된다. 만일 당신이 알코올을 섭취하면 이러한 효소를 증가시키게 된다. 그리고 이 효소들은 공격적으로 항우울제를 따라가서 그것을 제거하여 불안과 우울증에 취약하도록 만든다.

알코올은 일차적으로 중추신경계를 억제시키는 진정제이다. 이것은 감정을 비롯해서 두뇌를 느리게 하고 '무감각' 하게 만든다. 그래서 많은 이들이 이것을 현실 도피의 수단으로 사용하는 것이다. 술은 억제나 긴장, 두려움이나 불안을 제거한다. 많은 우울한 사람들이 알코올을 자가치료의 수단으로 사용한다. 문제는 둔감해지는 것을 유지하기 위해 알코올을 계속 섭취해야 한다는 것이다. 중단하면 이전보다 더 우울해진다.

더 많은 양의 알코올을 소비하면 전체 신경계는 침체되어 판단과 조절이 곤란해진다. 그래서 교통 경찰관이 음주운전이 의심되는 운전자에게 '똑바로 걷게 하는' 테스트를 하는 것이다. 술에 취한 사람은 똑바로 걷지를 못한다.

알코올은 몇 가지 효과를 지니는데 이것을 이해하는 것은 중요하다. 알코올은 저혈당 반응을 유도하는데, 이는 간이 포도당의 전신인 당원glycogen을 생산하는 일을 중단하기 때문이다. 결과는? 낮은 혈당, 즉 저혈당이 되는 것이다. 공황발작에 취약한 사람들은 낮은 혈당에 다른 사람들보다 더 취약하기 때문에 공황발작이 곧바로 뒤따르게 된다.

알코올은 또한 균형 잡힌 판단을 감소시킨다. 따라서 당신이 당황스러운 행동이나 나쁜 결정의 결과에 눈을 뜨게 되면 불안이 증가하게 된다. 당신의 불안한 감정을 완화시키거나 사회적 불편감을 극복하기 위해 알코올을 마시는 것은 후에 더 많은 불안을 위한 무대를 제공할 뿐이다. 나는 많은 사람들이 깊이 자리 잡은 치료되지 않은 불안문제 때문에 알코올중독으로 내몰린다고 믿는다. 내가 몇 년간 관찰한 알코올중독 환자들의 경우가 그랬다. 알코올은 공황이나 기타 불안감을 일시적으로는 완화시켜주는 역할을 하는 것 같다. 그러나 장기적으로 심각하고 부정적인 결과를 초래한다.

내가 아는 유명한 정치인은 정계에 입문한 직후부터 술을 마시기 시작했는데 공활발작을 일으키기 시작했다. 모임이나 저녁파티를 하기 전에 그는 패닉상태에 빠졌고 자신이 사회적으로 매우 부적절하고 불안하게 느껴졌다. 전에는 알코올을 마신 적이 없었는데 정계에 입문하면서 위스키에 손을 대기 시작했다. 그는 술이 자신을 이완시키고 불안을 잠재운다는 것을 발견하였다. 그는 거기에 걸려들었고 불안을 이런 식으로 오랫동안 자가치료 하였다. 그러던 어느 날 그의 아내는 술기운에서 나온 그의 만용 때문에 그의 알코올 의존증을 알아차리게 되었다.

내가 그의 불안문제를 극복하기 위하여 인지치료 및 이완치료와 함께 적절한 약물치료를 받아볼 것을 권했을 때, (이것이 알코올중독자가 되는 것보다 안전할 텐데) 그는 펄쩍 뛰었다. 알코올은 즉석 치료제였다. 다른 모든 것은 많은 시간과 노력을 요하는 것이었다. 내가 알고 있는 바로, 그는 아직도 술을 많이 마시고 있으며 자신의 음주문제를 부인하고 있다. 최근에 내가 그를 사교 모임에서 만났을 때, 그는 알코올성 간장질환의 모든 증세를 가지고 있었다. 그러나 그는 아직도 자신이 알코올 중독이 아니라고 믿고 있다.

만일 알코올이 당신의 버팀목이 되고 있다면 당신은 그 미혹에 눈을 떠야 한다. 그리고 당신에게 행사하는 술의 마력에 솔직해질 필요가 있다. 당신의 불안에 눈을 뜨는 것은 시간을 요하는 어려운 과업이다. 그러나 장기적으로 볼 때, 불안에 직면하면 보다 영속적인 치료를 받을 수 있다.

우울증 치료

만일 당신이 우울증이라고 의심이 되거나 동반 우울증으로 진단을 받았다면 어떻게 치료를 받아야 하는가?

우울증과 불안을 동시에 앓고 있는 경우는 다음 시나리오 중 하나에 해당한다. 당신의 불안이 주요 문제이고 우울증은 불안의 부작용일 가능성이 있다. 혹은 당신의 우울증이 주 문제이고 불안은 우울증의 부작용일 가능성이 있다. 아니면 당신에게 두 개의 공존하는 독립된 문제가 있을 수도 있다.

불안이 주요 문제인 경우

모든 가능성을 놓고 볼 때 당신의 문제가 주로 불안이라면 불안을 치료할 때 우울증은 완화될 것이다. 흔히 공황불안장애나 다른 불안상태의 치료는 항우울제의 사용을 필요로 한다. 당신은 두 가지 상태에서 동시에 도움을 받을 수 있기 때문에 이것은 예기치 않은 행운일 수 있다.

그러나 불안이 주요 문제라면 특히 초기단계에서는 항우울제만으로는 안 된다. 어떤 항우울제는 불안을 치료하는 데 효과적이지만 문제를 다른 통로로 접근하기 때문에 효과가 나타나는 데 시간이 걸린다. 그러므로 당신이 공황발작을 경험하고 있다면 발작의 재발을 막기 위해서 보다 즉각적인 조치가 필요하다. 앞서 언급한 것처럼 발작 자체가 너무나 무섭기 때문에 이는 '공포에 대한 공포fear of fear' 반응을 일으킨다. 당신은 발작을 일으키는 것을 두려하고 이것이 당신의 불안을 실제로 발작을 일으키는 지점까지 끌어올린다. 적절한 안정제를 사용하면 치료 초기에 이런 발작을 최소화할 수 있다.

심리치료는 여기서 매우 중요하다. 극심한 불안의 문제는 당신을 쉽게 의기소침하게 만든다. 이것은 반응성 우울증으로 발전할 수 있다. 심리치료는 부정적 사고를 다루고 낙관적인 자세를 유지하는 데 도움을 준다. 이는 다시 당신의 스트레스 수준을 떨어뜨리고 자연 안정제나 행복 메신저를 회복시키는 데 도움을 준다.

우울증이 주요 문제인 경우

이 경우에는 우울증이 우선적으로 치료 대상이 되어야 한다. 불안증상을 완화하기 위해 약한 안정제를 복용하는 동안 불안은 우울증에 부차적이며, 일단 우울증이 걷히기 시작하면 불안은 사라질 것이다. 종종 불안은 우울증에 대한 염려 때문에 생긴다는 의미에서 '반응적'이다. 당신은 절망의 늪에서 어떻게 빠져나올 수 있는가에 대해 확신이 서지 않는다. 당신이 이 상황에서 어느 정도 불안을 느끼는 것은 자연스러운 것이다. 치료가 진전을 보이면서 불안은 곧 사라질 것이다.

당신은 우울증이 주 문제라는 것을 어떻게 알 수 있는가? 몇 가지 단서가 있다. 첫째로 자신의 삶이나 가까운 가족의 삶에 우울증의 내력이 있으면 당신이 지금 경험하고 있는 것이 우울증 문제일 가능성이 높다. 주요 우울장애는 '삽화적episodic' 이다. 당신이 새로운 삽화를 예방하기 위해 약물과 함께 장기적인 치료를 받지 않는다면 또다시 재발한다.

또 증세의 상대적 심각성에 따라 우울증이 주요 문제인지를 판별할 수 있다. 무엇이 상대를 압도하는가에 따라 진단은 달라진다. 당신은 항상 우울하면서 가끔씩 불안한가? 그렇다면 우울증이 치료의 주된 초점이 되어야 할 것이다.

당신에게는 공존하는 두 가지 별개의 문제가 있다

심각한 공황장애나 다른 불안문제가 있는 사람이 주요 우울장애로 발전하는 것을 막을 방법은 없다. 이들 각 장애의 기저에 깔려 있는 기제는 아주 다르다. 두뇌 안에서 영향 받는 부위도 다르고 메신저도 서로 다르다.

어느 증상이 지배적인가에 따라 약물 복용량은 치료에 맞게 조절되어야 한다. 다시 말해서 당신에게 불안문제만 있다면 낮은 양의 항우울제만 있으면 된다. 동반 우울증이 있다면 우울증까지 치료할 정도로 복용량을 높여야 할 것이다.

우선 의사는 당신의 우울증 안에 있는 불안이 우울증의 한 증상인지, 물질남용장애나 약물부작용 또는 환경적 스트레스와 같은 다른 요인의 결과인지를 판단해야 한다.

특정 약물의 상호작용 효과

우울증을 약물치료하는 동안 선택적 세로토닌 재흡수 억제제SSRI의 부작용으로 불안이 자주 나타난다. 대개 항우울제 사용을 갑작스럽게 중단하면 불안을 포함하는 금단증상을 불러올 수 있다. 따라서 한두 번 항우울제 복용을 건너뛰면 24시간 내에 '반향성 불안rebound anxiety'을 경험하게 될 수 있다. 세린, 프로작, 웰부트린을 쓰면 중단 후 금단증상이 덜 빈번이 나타난다. 그러므로 어떤 약물이든 중단하기 전에 의사와 상의하라.

불안과 우울의 복합치료는 각 환자의 상황에 따라 처방되어야 하는데 여러 가지 약물 사용이 요구된다. 그 결과 한 가지 약만 복용할 때에 비해 더 많은 부작용이 있을 수 있다. 그렇다고 이로 인해 약물 복용을 지체할 필요는 없다. 왜냐하면 약물을 혼합해서 사용하면 많은 경우 그 효과도 강해지기 때문이다.

일반적으로 항우울제는 불안이 동반된 우울증에 최고의 효능을 보이며 1차 치료제를 대표한다. 주의할 것은 특별히 SSRI처럼 활성화가 강한 약물은 낮은 도수로 천천히 가는 것이 좋다. 불안유발성이 낮은 약물은 불안하고 우울한 환자들에게 가장 잘 맞는다. 예들 들어 항우울제의 일종인 SSRI는 우울증뿐 아니라 강박충동장애, 공황장애, 사회공포증에 효과적이지만 활성화가 강하기 때문에 갑자기 중단하면 금단증상이 심할 수 있다.

SSRI처럼 삼환계 항우울제 또한 불안을 동반한 우울증은 물론 구체적인 불안증후군(예: 공황발작을 위한 imipramine)에도 효과적이다. 그러나 활성화가 강해 과다복용할 경우 치명적 위험성이 있다. 모노아민 옥시다이제 억제제는 많이 사용되지 않는 편인데 치료에 저항적인 환자에게 특히 효능이 있다. 불안과 우울증이 공존할 때 이를 치료하는 근래의 전략에 대해서는 당신의 주치의가 최신 정보를 제공할 것이다.

진단되지 않고 치료받지 않은 불안은 환자의 우울증 경로를 심각하게 악화시킬 수 있다. 불안과 그 원인에 대한 정확한 인식은, 복합적인 우울 삽화를 성공적으로 치료하는 데 아주 중요한 첫 번째 과제이다. 그리고 다양한 치료 선택이 가능한 초기 개입은 불안을 동반한 우울증의 효과적 치료에 필수적이며, 부작용을 최소화하면서 단일 또는 복합 치료 전략을 조심스럽게 선택하는 것은 치료 효과와 회복을 극대화하는 데 핵심요인이 된다.

13장

두려움에 맞서 싸우기

내가 여호와께 구하매 내게 응답하시고
내 모든 두려움에서 나를 건지셨도다 (시 34:4)

제대로 된 환경만 주어진다면 우리 모두는 비합리적인 두려움과 공포증을 개선시킬 수 있다. 우리는 모두 이런 저런 것에 공포 반응을 보일 수 있다. 공포증의 원인은 유전자에 있는 것이 아니라 당신의 생활경험에 있는 것이다. 개별 공포증에 대해 입증된 약물치료 같은 것은 없다. 그러나 특정한 약물이 당신이 공포스런 상황을 직면하기 전에 불안 증세를 감소시키도록 도움을 줄 수는 있다. 이는 공포증을 치료해 주는 약물 같은 것은 없다는 말이다. 즉 당신은 스스로 두려움을 다스리고 처리해야 한다.

예를 들어 샐리의 경우를 보자. 그녀는 건강하고 순기능적인 가정에서 성장한 매우 유능한 기업체 중역이다. 그녀의 부모는 그리스도인으로, 사랑이 많고 배려심이 있으며 소유욕이 강하지도 않았다. 샐리 자신도 어린 시절에 어떤 외상이나 나쁜 경험이 없었다고 인정했다. 그런데도 그녀에게는 폐소공포증claustrophobia이 있다. 엘리베이터나 옷장과 같은 작은 공간에 있는 것을 두려워한다. 그녀는 높은 곳, 비행, 뱀, 노상강도, 심지어 죽는 것도 두렵지 않지만 그녀를 작은 방에 놓아두고 문을 닫으면 극심한 공포에 빠져들기 시작한다. 가장 강력한 불안과 두려움에 압도당한다. 그리고 불안과 두려움을 분리하는 것이 어렵다.

처음에 내 사무실에 앉는 것부터 샐리에게는 약간의 문제가 되었다. 작은 사무실은 아니었지만 그렇다고 큰 사무실도 아니었다. 진짜 문제는 문을 닫는 것이었는데, 복도에 있는 사람들이 우리가 하는 이야기를 듣는 것을 원치 않았기 때문이었다. 첫 번째 회기에 그녀를 위해 문을 조금 열어둔 채로 목소리가 들리지 않게 낮은 목소리로 속삭이듯이 대화를 나누었다. 다음 회기에는 매 10분마다 몇 분씩만 문 닫아놓고 대화하였다. 그리고 세 번째 회기가 되었을 때 그녀는 문을 닫는 것을 편안하게 받아들였다.

이것은 두려움과 공포증에 대해서 내가 강조하고 싶은 요지를 잘 예시해준다. 두려움은 직면해야 한다. 그러나 두려움을 강화하는 쪽으로 해서는 안 된다. 거의 모든 공포증은 극복이 가능하다. 다만 시간과 노력이 요구되는 것이다. 어떤 상황에서든지 당신이 두려워하는 실제 상황에 노출하는 것이 그 두려움을 극복하는 가장 효과적인 방법이다.

샐리의 공포증은 어떻게 발전한 것인가? 최선을 다해 판별한 바에 의하면 그녀의 폐소공포증은 그녀가 유치원에 다닐 때 화장실에 가서 문을 잠그고 문을 열 수 없게 되었을 때, 그 단일 사건의 결과로 생긴 것이었다. 그녀는 극도의 공포에 빠져들었고 기술자가 와서 문을 열었을 때에는 이미 기절해 있었다. 그때 바로 도움을 받았더라면 피해는 최소화되었을 터이었다. 그러나 그 사건은 조용히 처리되었고 샐리는 그 후에 다시는 화장실 문을 닫지 않게 되었다. 당신은 이것이 어린 샐리에게 어떤 문제를 야기했는지 상상할 수 있을 것이다.

당신은 이를 치료하기 위해 공포증의 근원을 알지 못해도 된다. 그 후에 나는 초기의 가능한 원인을 탐색하는 데 시간을 낭비하는 일을 포기하였다. 기껏해야 그럴듯한 설명을 얻을 수 있을 뿐이다. 어떻든 원인을 모르고도 치료는 계속될 수 있다.

사람들은 어떻게 공포증을 경험하는가?

많은 사람들은 어떤 상황이나 사물에 대해 강렬하게 비합리적으로 두려워하는 특정 공포증을 경험한다. 두려움의 대상에는 개, 폐쇄된 장소, 높은 곳, 에스컬레이터, 터널, 고속도로 운전, 물, 비행, 출혈 있는 부상 등이 있다. 공포증은 극심한 두려움일 뿐 아니라 비합리적인 두려움이다. 당신은 세계에서 가장 높은 산에서 쉽게 스키를 탈 수 있으면서도 사무실 건물의 10층 이상을 올라가면 패닉 상태에 빠질 수 있다. 공포증을 가진 성인은 자기의 두려움이 비합리적이라는 것을 깨닫는다. 그런데 두려워하는 대상이나 상황을 직면하거나, 직면하는 것을 생각만 해도 공황발작이나 극심한 불안이 촉발된다.

특정 공포증은 열 명 중 한 명 이상의 사람들에게 발생한다. 무엇이 공포증을 야기하는지는 아무도 모른다. 가족력과 관련이 있어 보이며 여성에게 좀 더 많다. 공포증은 보통 사춘기나 성인기에 처음 나타난다. 공포증은 갑자기 시작해서 지속적으로 나타나는데 성인 공포증의 약 20%만이 그 증상이 저절로 사라진다. 어린이가 특정 공포증, 예를 들어 동물에 대한 두려움을 가졌을 때 어떤 것은 성인기로 이어지기도 하지만 대개 시간이 지나면 없어진다.

왜 공포증이 어떤 사람에게는 사라지고 어떤 사람에게는 지속되는지 그 이유는 아무도 모른다. 두려움의 대상을 피하기 쉽다면 공포증을 가진 사람들은 치료할 필요를 느끼지 못할 것이다. 때때로 이들은 공포스러운 상황을 피하기 위해서 중요한 진로결정이나 개인적인 결정을 하기도 한다.

두려움과 공포증

모든 공포증은 그 두려움의 원천이 잘못된 것이기는 하지만 두려움을 느낄 수 있는 능력은 처음부터 우리 내부에 설계되어 있는 것이다. 당신은 두려워할 수 있다. 그러므로 두려움은 완전히 정상적이고 심지어 필요하기까지 하다. 그러나 공포증은 불필요한 것이다. 공포증이 건강하고 필요한 것이라고 주장하는 전문가는 한 명도 없다. 일반적인 두려움과 덜 일반적인 단순 공포증의 주된 차이는 정도의 문제다. 일반적인 두려움은 약간의 불편함을 줄지라도 직면할 수 있는 것이고 일상적인 생활에 별 지장을 주지 않는다.

이와는 대조적으로 공포증은 적어도 부분적으로나마 그와 연계된 무능력에 의해 정의되고 있다. 그러므로 높은 곳에 대한 두려움은 어지럼증과 두려움을 초래하지만 당신은 그래도 엠파이어스테이트 빌딩 꼭대기까지 올라갈 수 있다. 발코니 가장자리에 가면 놀라게 되고 그 두려움은 당신을 뒤로 물러서게 한다. 그러나 고소공포증 환자height phobia는 어떤 대가를 치르더라도 높은 빌딩을 피하려 들 것이고 처음 몇 층 이상은 절대로 올라가지 않으려 할 것이다.

두려움은 일상생활에 별 지장을 주지 않지만 공포증은 상당한 지장을 초래한다. 당신이 공포증 환자라면 두려움의 대상을 피하기 위해 큰 고통이라도 감수할 것이다. 기본적인 삶의 기쁨과 쾌락을 박탈당하면서까지 이를 피하려 들 것이다.

무엇보다 중요한 것은 공포증이 두려운 상황을 피하는 것으로 그치지 않는다는 것이다. 두려운 사건에 대한 인식은 연쇄적으로 생리적, 행동적 반응을 촉발해 심각한 결과를 초래한다. 숨을 멈춘 채로 동상과 같이 얼어붙거나 마치 도피하려는 것처럼 본능적으로 움츠러든다. 또한 심장이 너무 빨리 격렬하게 뛰어 가슴 밖으로 튀어나올 것 같기도 하다. 공포증 발작은 궁극적인 투쟁-도피 반응이라 할 수 있다.

공포증의 원인

샐리의 폐소공포증처럼 공포증은 외상trauma과 조건화conditioning라는 두 가지 원인으로 귀인된다. 공포증은 당시에는 해결할 수 없었던 아주 무섭고 외상적인 경험에 의해서 생겨날 수 있다. 아니면 당신 내면으로 '조건화' 될 수 있다.

나는 병에 대한 병적인 두려움이 있는 가정에서 성장한 여인(내담자가 아니다. 낸시라고 부르겠다)을 알고 있다. 아주 어릴 때부터 한 때 간호사였던 그녀의 어머니는 각종 무서운 병에 대해 계속하여 낸시에게 설명해 주었으며 조심하지 않으면 그녀가 이런 병에 걸릴 수 있다고 위협했다. 낸시는 언제나 손을 씻고, 무엇을 만지기 전에 깨끗이 닦고, 아픈 증상에 주의를 기울이고, 아픈 친구를 멀리하고, 할 수 있으면 집에 머물라고 가르침을 받았다. 어머니는 그녀에게 항상 병균이 사방에 널려있으며 죽음을 위협하는 질병이 바로 가까이 있다는 것을 상기시켜 주었다. 실제든 상상이든 열이 조금만 나도 그녀는 의사에게로 달려갔다.

독자가 상상할 수 있는 것처럼 낸시는 병에 대해 병적인 두려움을 갖게 되었다. 감기만 걸려도 그녀는 자기에게 깊이 자리 잡은 암이 있다고 생각하게 되었다. 또 거기에 그치지 않았다. 그녀는 병원과 의사들을 두려워하게 되었다. 낸시는 병과 병에 관련된 모든 것이 두려웠다. 병은 확실한 죽음을 의미했다. 그녀는 비합리적인 생각에 의사에게 가지만 않으면 병을 피할 수 있을 거라 생각했다. 피해야 할 일은 그녀에게 심각한 병이 있다는 것이 발견되는 것이었다. 의사에게 가는 것이나 의료검사를 받는 일이 가장 강력한 공황 반응을 일으키게 하였다.

그러므로 어떤 공포증은 중병과 같은 특정적으로 나쁜 경험이 있어야 생기는 것이 아니다. 공포증은 왜곡이나 거짓말에 거듭 노출되면 그런 경험에 의해 학습될 수 있다. 기쁜 소식은 이렇게 학습된 것이 또한 노력으로 잊힐 수 있다unlearned는 것이다.

핵심 두려움

모든 공포증 뒤에는 일련의 핵심 두려움들이 있다. 예를 들어, 당신에게 폐소공포증이 있다면 질식할 것 같다거나 폐쇄된 지역에 갇힐 것 같다는 두려움

흔한 두려움과 공포증

높이	고소공포증
열린 공간	광장공포증
고양이	고양이혐오증
천둥	천둥공포증
번개	번개공포증
폐쇄된 공간	폐소공포증
개	개공포증
말	말공포증
먼지와 병균	불결공포증
어두움	어둠공포증
뱀	뱀공포증
흐르는 물	물공포증
불	불공포증
동물	동물공포증

이 생긴다. 당신의 실제적인 두려움이 무엇인지를 아는 것은 공포증을 없애주지 못하지만 그것을 해소하기 위해 노력하도록 동기를 부여할 수 있다.

예를 들어, 당신이 비행공포증의 원인(비행기 불시착으로 죽을지 모른다는 것)을 안다고 해서 그것이 공포증을 치료하지는 못한다는 말이다. 공포증은 훨씬 더 비합리적이다. 논리적으로 반응하거나 사라지지 않기 때문이다. 공포증은 신념에 토대를 두고 있다기보다 일련의 감정에 기반을 두고 있다.

공포증의 종류

세상에는 여러 종류의 두려움과 공포증이 있다. 당신은 어떤 사물이나 장소 또는 상황을 두려워할 수 있다. 특정 동물들이나 비행기를 타는 것, 주사 맞는 것을 두려워할 수 있다. 이것은 단순 공포증simple phobias으로 알려져 있다. 파티나 모임과 같은 특정한 사회적 상황에 있는 것을 두려워할 수도 있다. 이것은 사회공포증social phobia이다. 그 유형과 관계없이 공포증은 언제나 비합리적인 두려움이다.

공포증은 일생 중 언제나 시작될 수 있고 끈질긴 면이 있다. 어린 시절에 어두움을 두려워하는 것과 같은 어떤 두려움은 발달 과정상의 것이기 때문에 나이가 들면 없어지기도 한다. 그러나 청년기 이후에 시작된 두려움은 전문적인 도움을 받지 않으면 좀처럼 없어지지 않는다.

대부분의 공포증은 다음과 같은 기본적 두려움에서 기인한다.

죽음이나 극심한 고통에 대한 두려움

생에 대한 본능은 너무나 강력한 것이기 때문에 죽음에 대한 위협은 견딜 수 없을 정도로 공포스러운 것이다. 극심한 고통으로 고생할 것에 대한 생각은 우리 모두에게 참을 수 없는 것이다. 특히 사랑하는 사람이 엄청난 고통이나 아픔을 겪는 것을 보았을 때는 더욱 그렇다.

통제력 상실에 대한 두려움

우리 모두는 삶에 대해 통제감을 느낄 필요가 있으며 자연히 그 통제력이 다른 사람에게로 넘어가는 것에 저항한다. 우리는 현재와 미래를 통제하고 있는 것처럼 느낄 필요가 있다. 따라서 신뢰하지 못하는 사람이 우리의 미래에 대해 영향력을 지니면 극도로 불안해진다. 사랑하는 사람의 갑작스런 죽음이 그렇듯이 심각한 중병도 통제력을 상실했다는 느낌을 만들어낼 수 있다.

감금 당하거나 구속되는 것에 대한 두려움

정서적으로나 신체적으로 덫에 걸리는 것에 대한 두려움은 도피본능을 자극한다. 고장난 엘리베이터에 갇히거나 바쁜 삶의 상황 속에 갇히는 것도 이와 마찬가지다. 나는 잠시 동안 열악한 작업 상황에 갇힌 것처럼 느낀 적이 있었는데 이로 인해 극도의 공포심으로 떤 적이 있다.

조롱, 망신, 수치심을 당하는 것에 대한 두려움

'가면이 벗겨지거나' 우리의 깊은 자아에 대한 진실이 그대로 노출되어 조롱거리가 되는 것은 우리 모두가 갖고 있는 기본적 두려움이다. 우리는 거절이 아니라 용납을 필요로 하며 판단이 아니라 이해를 필요로 한다. 우리의 개인적 가치가 그것에 의해 결정되거나 무너지기 때문이다.

버림받는 것에 대한 두려움

인간으로 태어난 아기는 살아있는 생물체 가운데 가장 연약하다. 그러므로 어린 시절부터 우리에게는 안정감에 대한 욕구가 있으며, 버림받는 것(유기)에 대해 위협을 느낀다. 이 두려움은 '분리불안'이라는 특별한 문제를 초래할 수도 있다. 이것은 처음으로 학교에 가는 자녀에게만 있는 것이 아니고 어린 시절에 부모에게 버림받았던 성인들에서도 발견된다. 이들은 후에 가족으로부터 분리되었을 때 불안해 한다.

이상하거나 낯선 것에 대한 두려움

인간은 변화를 잘 다루지 못한다. 대체로 우리는 습관에 따라 움직이는 존재들이며 일상과 질서를 필요로 한다. (당신의 십대자녀에게 이것을 말해줘 보라.) 익숙하지 않은 것은 불안을 촉발한다. 어린 아이들은 '낯가림 불안'이라는 시기를 거치는데 낯선 사람들은 예측할 수가 없기 때문이다. 변화는 많은 스트레스를 야기하며 일상적인 것을 뛰어넘을 것을 요구한다. 반드시 외상적인 것만이 스트레스를 유발하는 것도 아니다. 새로운 직장에 취직하거나 결혼을 하거나 회갑을 맞는 것 등의 '좋은' 삶의 변화도 스트레스를 야기한다.

그러므로 이들 두려움 가운데 어떤 것을 경험하더라도 그 두려움과 연계된 공포증이 유발될 수 있다. 당신은 모든 공포증의 뿌리를 이러한 기본적 두려움에서 찾을 수 있을 것이다.

그렇다면 단순한 두려움이 어떻게 공포증으로 바뀌는가? 대부분의 경우 이런 일은 어린 시절에 발생한다. 그러나 공포증은 두려움이 심각해진 성인기에도 발전할 수 있다는 증거가 있다. 몇 시간 동안만 엘리베이터에 갇혀도 엘리베이터에 대해 공포감을 가질 수 있다.

아동기 이전 두려움의 원천

여기서 고려해 보아야 할 흥미롭고 중요한 문제는 공포증과 두려움이 태어나기 전, 혹은 출생 시점에 형성될 수 있느냐 하는 것이다. 지난 30년 동안 쌓인 연구에 따르면 어떤 두려움은 아동기 이전에 각인될 가능성이 있다. 새로 출현하고 있는 '분만 전 심리학' (perinatal psychology: 태어나지 않은 유아를 연구하는 심리학)이라는 분야는 외상적traumatic인 출산이 아이의 인격형성에 미치는 영향을 연구하고 있다. 예를 들어, 인생 후반의 감금당하는 것에 대한 두려움은 신생아가 아주 느리게 산도를 통과했던 난산의 경험과 상관관계가 있다는 것이 밝혀지고 있다. 또 죽음에 대한 공포는 신생아가 인공호흡에 의해 무의식에서 소생되었을 때 출생시 죽음의 문턱까지 갔다 온 경험에서 유래한 것일 수도 있다는 것이다.

출생에서 오는 두려움에 대한 증거는 심리치료 과정에서 찾을 수 있다. 환자들은 최면상태에서 출생경험을 다시 하면서 그들의 공포증을 극복할 수 있었다.

나는 이런 사례를 경험한 적이 없다. 그러므로 이런 주장의 타당성을 평가할 수는 없다. 어떤 형태의 공포적 각인은 아주 어린 나이에 일어날 수 있다고 믿지만 이른 바 '회복된 기억recovered memories'이라는 것을 신뢰하지는 못한다. 나는 회의론자에 가까워서 그런지 내 경험에는 소위 회복된 기억이라는 것이 맞는 것보다는 틀린 경우가 더 많았다. 그러나 태어나지 않은 태아는 출생 전에 두려움으로 각인될 수 있다는 타당한 증거가 있다. 그래서 우리는 공포증의 원인을 언제나 발견할 수 없다는 것이다. 공포증 피해자는 공포증의 존재를 받아들이고 무엇이 공포증의 원인인지를 밝히는 데 너무 많은 시간을 낭비하지 않아야 한다. 대신에 공포증을 제거하는 데 노력을 아끼지 않아야 한다.

회복으로의 접근

어떻게 두려움과 공포증을 다룰 수 있는가? 심리치료에 대한 지난 35년간의 연구는 두려움이나 공포증을 '둔감화desensitize' 시키는 접근이 가장 효과적이라는 것을 반복적이고 분명하게 보여주고 있다.

내가 순전히 통찰 지향적인insight oriented 치료접근에 대해 회의적인 이유 가운데 하나는 공포증이나 다른 정서적 문제의 뿌리(원천)를 캐기 위해 초기 인생 경험을 탐색했을 때 기껏해야 알아낼 수 있는 것이 '그럴듯한' 설명인데 그것도 올바른 설명이 아닐 수 있다는 것이다. 기억은 시간이 가면서 왜곡된다. 따라서 절대적 진실에 도달하는 것은 불가능하다. 당신이 얻게 되는 것은 대개 공포증을 야기한 가상의 어린 시절 경험에 대한 마음의 왜곡(최선의 경우)이나 조작(최악의 경우)이다. 나는 수영을 두려워하는 것 때문에 고통을 당하던 여성 환자를 기억한다. 그녀는 어릴 때 수영장에 빠졌는데 이모에 의해 구조되었다고 주장했다. 그녀는 두려움의 감정과 물 아래 빠져 들어갈 때 물을 삼켰던 경험을 생생히 기억할 수 있기 때문에 물에 빠진 것은 바로 자신이었다고 완강하게 주장했다. 그런데 환자의 어머니는 물에 빠진 사람이 환자가 아니라 환자의 사촌이었다고 내게 설명해주었다.

물론 누가 빠졌는가는 그렇게 중요한 것이 아니다. 옆에서 물에 빠지는 것을 목격하는 것도 당신에게 생존에 대한 두려움을 불어넣을 수 있다. 그러나 우리 삶의 초기사건에 대한 절대적 진실은 실제로 발견할 수 없다는 것이다. 이미 말한 대로 우리는 '그럴듯한 설명'에 만족할 수밖에 없다. 솔직히 말해서, 그럴듯한 설명이 그를 두려움에서 자유하게 하는 데 도움이 된다면 그것이 절대적 진실이 아니더라도 문제가 되지 않는다. 그게 도움이 된다면, 나는 심리학자로서 '그럴듯한' 설명으로 만족할 준비가 되어 있다. 나는 우리가 밝혀낸 것이 실제 이야기라고 믿으면서 치료 현장을 걸어 나온 적이 한 번도 없다. 그것이 자유를 가져다 준다면 별 문제가 되지 않는다. 진실은 결코 알려지지 않을지도 모른다.

당신의 공포증을 위한 자조적 도움

공포증에 대해 전문적인 도움을 받으라고 강력하게 추천하겠지만 당신이 스스로 할 수 있는 부분도 많이 있다. 특히 단순 공포증일 경우에는 더욱 그렇다. 스스로 자신을 치료하려고 할 때의 위험은 병을 치료하는 것이 아니라 오히려 공포증을 강화시키는 결과로 이어질 수 있다는 것이다. 그러므로 여기서 제시하는 도움이 즉각적인 향상을 가져오지 않는다면 공포증 치료 경험이 있는 치료사를 만나보라고 권하고 싶다. 나는 두 가지 이유로 이 말을 한다. 모든 치료사가 공포증 치료를 위해 훈련된 것은 아니다. 그리고 모든 치료사가 이 특화된 문제에 올바로 접근하는 것도 아니기 때문이다.

> 비행공포증은 자가치료가 효과적일 수 있는 아주 흔한 공포증이다. 이것이 얼마나 문제가 될 수 있는지 한 피해자의 이야기를 들어보자.
>
> 나는 비행기 타는 것이 죽을 만큼 두렵다. 그래서 나는 더 이상 비행기를 타지 않는다. 비행기의 문이 닫히고 내가 갇혔다고 느낄 때 그 기분은 죽을 맛이다. 내 심장은 쿵쿵 뛰고 땀이 쏟아진다. 누가 내게 말을 걸어와도 잔뜩 긴장해서 무엇인가 다른 데에 몰두하게 된다. 비행기가 이륙하기 시작하면 나가지 못하리라는 느낌이 강화된다. 통제력을 상실하고, 흥분하며, 비행기 안쪽 벽을 기어 올라가는 내 모습이 그려진다. 그러나 물론 그러지 못한다. 비행기가 추락하는 게 두렵다. 그저 갇혔다는 느낌뿐이다. 직업 전환을 고려할 때마다 난 생각해야 했다. '비행기를 타야 하는 부담이 있는 직종인가?'

자신을 위해서 스스로 하든 심리치료사와 상담을 하든 당신을 치료하는 데는 두 단계가 있다. 당신이 전문 치료사를 만날 의도가 있다 할지라도 치료과정에 대한 다음의 설명은 당신을 예상되는 치료과정에 익숙하게 도와줄 수 있을 것이다. 심리치료사는 이 순서를 따라야 한다. 첫 번째 단계는 '심상 둔감화imagery desensitization'이고, 두 번째 단계는 '실제 상황 둔감화real-life desensitization'이다. 공포증을 극복할 수 있는 유일한 방법은 단순하게 그 두려움을 직면하는 것이다. 좀 겁나는 일처럼 들릴지 모르지만, 공포증을 극복하는 유일한 길이다.

둔감화는 불안과 불안을 야기한 그 특한 상황 사이의 연결고리를 새롭게 학습하는 과정이다. 당신을 지배하는 힘을 깨뜨리는 것이다. 공포증이 계속 당신을 장악하는 방법 중 하나는 당신이 두려워하는 것을 회피하는 것이다. 극복 과정의 일부는 당신이 두려워하는 대상 혹은 장소와 좋은 감정을 다시 연결시키는 법을 학습하는 것이다. 당신은 그 대상과 침착함, 안정감, 이완감의 감정을 연결시킴으로 그렇게 할 수 있다.

심상 둔감화

당신은 단순히 공포스러운 상황을 직면하도록 자신을 강요함으로 진짜 공포증의 힘을 깨뜨릴 수 없다. 만일 그렇게 할 수 있다면, 그것은 아마 애초부터 공포증이 아니라 단지 나쁜 두려움이었을 것이다. 물속으로 뛰어들려는 시도, 뱀을 집어 들려는 시도, 닫힌 장 속에 자신을 가두려는 시도, 아니면 당신의 공포증을 직면하려는 시도는 거의 틀림없이 투쟁-도피 반응을 촉발하고 공포증을 강화시켜줄 뿐이다. 그러므로 공포증을 아주 점진적으로, 그것이 당신에게 스며드는지도 모를 정도로 아주 느리게 접근해야 한다. 느리게 하면 할수록 더 좋다. 그리고 시작하기에 가장 좋은 곳은 당신의 상상 속이다. 일단 당신의 상상이 더 이상 공포증에 총체적인 심리생리적 반응을 촉발하지 않는다면 온전한 회복에 반쯤은 다가간 셈이다. 당신은 한 번에 한 가지씩 다뤄야 한다. 첫 번째 공포증을 정복하면 다른 공포증도 극복하기 쉽다. 그러므로 그 기법을 배우기 위해서라도 위협적이지 않은 것부터 시작하라.

당신은 두 가지 방법으로 자신을 준비할 필요가 있다.

• 깊은 이완상태에 이르는 법을 배우라(내가 9장에서 이것을 다뤘기 때문에, 이것이 왜 중요한지 알 것이다).

• 점진적으로 증가하는 일련의 단계 계획(위계)을 따르도록 하라. 그리하면 두려워하는 것에 점점 더 가까워질 것이다.

예를 들어, 뱀 공포증을 위해 상상 속의 위계를 개발하는 것은 아주 쉽다. 당신이 해야 할 것은 뱀이 2km 밖 무거운 병 속에 있다고 상상하는 것이다. 당신의 위계는 단순히 그 유리병에 점점 더 아주 느리게 다가가는 것이다. 비행공포증도 마찬가지다. 당신의 상상 속에서 비행장을 몇 km 거리에 두어라. 그 비행장에 점점 더 가까이 가는 것이 위계이다.

이제 최악의 시나리오가 무엇일까를 상상하라. 뱀을 담은 병이 당신 바로 앞에 있고, 게다가 비행기 안쪽 자리에 앉아있는 것이다. 자, 그러면 위계의 한쪽에서 반대쪽까지 움직이게 해줄 일련의 단계들을 써보라. 10여개의 단계가 필요할 것이다. 다음은 비행공포증의 좋은 예이다.

• 비행장이 2km 밖에 떨어져 있는 것을 상상하고 비행기가 이륙하는 것을 구경한다.
• 1km 밖까지 움직여서 비행기가 이륙하는 것을 본다.
• 공항 바로 옆까지 가서 구경한다.
• 공항 청사 안으로 들어가 구경한다.
• 예매 창구에 가서 제일 좋아하는 곳까지 가는 표를 구입한다.
• 출국하는 출구로 걸어가서 그 후의 움직임을 바라본다.
• 당신이 원할 경우 비행기 내부로 들어가 어디론가 떠난다는 자유함으로 편한 자리에 앉는다.
• 비행기 승무원들이 문을 닫는 것을 바라본다. 그러나 이륙하지는 않는다.
• 엔진 시동소리를 듣지만 비행기는 아직 이륙하지 않는다.

- 이륙의 스릴을 경험한다.
- 높이 날아오른다.
- 당신의 목적지에 도착한다.

실제 위계는 특정 두려움에 맞춰져야 할 것이다.

이제 당신은 심상 둔감화를 이행할 준비가 되었을 것이다. 위계를 준비하기만 하는 것은 당신을 불안하게 할지 모르니까 편안한 안락의자를 찾든지 침대에 누워라. 약 10~15분 동안 깊은 근육이완을 한 다음 완전히 이완된 기분일 때, 위계의 첫 단계를 상상하라. 그것을 시각화하도록 하라. 당신이 느끼는 불안이 사라질 때까지 계속 상상하라. 어떤 불안이 남아있다면 진정시키는 위로의 말을 하라. 안전한 거리에 떨어져 있다는 것을 자신에게 재차 확인해 주도록 하라.

몇 분 후에도 불안이 사라지지 않으면 상상하기를 멈추고 불안이 통제될 때까지 이완을 계속하라. 그런 다음 이완하는 동안 심상을 다시 떠올리라. 적어도 이것을 아주 느리게 하면서 30분은 보내야 한다.

어떤 불안도 느끼지 않을 때까지 이 연습을 되풀이하라. 당신은 조만간 어떤 불안도 느끼지 않은 채 심상을 완성할 수 있을 것이다. 그렇게 되었을 때에만 위계의 다음 단계로 나아가라.

어느 정도 시간이 걸리겠지만 마침내 어떤 불안감 없이 완전한 위계를 마무리할 수 있을 것이다. 이 시나리오가 당신의 상상 속에만 존재한다는 것은 옳은 말이다. 당신은 공포 대상이 상상 속에 있는데도 몸을 이완하는 훈련을 시작했던 것이다

실제 상황 둔감화

이것은 좀 더 어려운 단계다. 그러므로 인내심 있는 가족이나 가까운 친구가 당신을 지원해주도록 도움을 요청할 수도 있다. 그 아이디어는 상상 속에서

거쳤던 공포증 위계를 조금씩, 아주 느리게, 실제 상황에서 시도해보자는 것이다.

절차는 다음과 같다.

- 시작하기 전에 깊은 이완을 하면서 10~15분을 보내라. 당신의 불안 수준이 조금이라도 올라가면 이완연습으로 돌아가라. 이완은 당신의 투쟁-도피 반응에 대응하려는 것이다.
- 도와주는 친구와 함께 위계의 첫 번째 단계를 시도하라. 예를 들어, 비행 공포증의 경우라면 비행장 2㎞ 가까이까지 운전하고 가서 긴장을 풀고, 비행기가 오고 가는 것을 약 30~40분간 구경하라. 불안감이 올라가면 이완하게 하는 긍정적인 위로의 말로 대응하라. 그리고 집으로 돌아가라. 당신의 상상 속에서 스스로 훈련했던 단계를 절대로 뛰어넘지 않도록 하라. 불안한 감정을 전혀 느끼지 않을 때까지 첫 번째 단계를 반복하라.
- 불안이 더 이상 느껴지지 않는 것이 확인되면 위계에서 다음 단계로 나아가라. 거기에 머물러서 전혀 불안을 느끼지 않을 때까지 되풀이하라. 투지와 인내가 이 게임의 관건이다.
- 다음 단계를 시도하되 위계 꼭대기까지 가보라. 다만 표를 사서 실제로 비행하는 것은 비행할 이유가 생길 때가지 보류하라. 아마도 하와이로 비행하는 때까지?
- 각 주기를 필요한 대로 자주 반복하라. 어떤 단계가 높은 불안을 일으키면 그 이전 단계로 후퇴하라. 자신에게 인내심을 발휘하라. 어떤 날은 다른 날보다 더 잘 될 수 있다.

공포증 치료에 이 접근은 아주 효과적이다. 혼자 성공하지 못했다면 전문 치료사의 도움을 받도록 하라. 당신은 자신을 위해서도 하나님을 위해서도 당신의 공포증을 극복할 책임이 있다.

사회공포증은 어떻게 치료할 수 있는가?

사회공포증social phobia은 어린 시절 외상보다는 인격적 요인과 관계될 때가 많아서 별도로 취급되고 있다. 한 피해자는 사회공포증으로 인해 야기된 어려움을 다음과 같이 토로했다. "저는 데이트나 파티에 가지 않아요. 한 동안 강의실에도 갈 수가 없었어요. 대학교 2학년 때는 한 학기 동안 집에만 있어야 했어요."

또 한 명의 사회공포증 환자가 설명하였다. "나의 두려움은 어떤 사회적 상황에서도 발생합니다. 나는 집을 나서기도 전에 불안해지고 강의실이나 파티나 어느 곳에 가든 불안감은 상승합니다. 저는 위의 통증을 느낍니다 감기에 걸린 것 같다고나 할까요. 심장은 뛰고 손바닥에는 땀이 흥건해지죠. 저는 제 자신이나 다른 사람들로부터 분리된 그런 느낌을 갖습니다."

독자가 보는 것처럼 사회공포증은 사람을 아주 난처하고 쇠약하게 만든다. 사회공포증을 가진 사람들은 자신들의 감정이 비합리적이라는 것을 인식하고 있다. 순전한 의지력 만으로는 이 두려움을 통제할 수 없다. 하지만 두려워하는 상황을 직면하기도 전에 상당한 두려움을 경험한다. 그들은 대개 상황을 직면하기도 전에 많은 불안을 느끼며 상황이 진행되는 동안에도 계속 큰 불편감을 느낀다. 이후에도 자신이 어떻게 판단되었을까 또는 다른 이들이 자기에 대해 뭐라 생각했을까를 염려하는 가운데 불편하고 불쾌한 감정이 한동안 남아있다.

사회공포증으로 고생하는 사람들의 약 80%는 인지행동 치료와 약물치료 또는 두 가지를 병합해서 치료를 받을 때 증상이 완화되는 것을 볼 수 있다. 치료는 사회적 상황을 다른 시각으로 보는 법을 배우는 것, 위협적으로 보이는 상황에 직면하기 쉬운 방식으로 노출시키는 것, 불안을 감소시키는 기법을 배우는 것, 사교기술, 이완 기법을 배우는 것을 포함하고 있다.

어떤 사회공포증은 앞부분에서 설명한 둔감기법에 잘 반응한다. 그러나 어린 시절 외상보다는 비합리적 사고에 의해 더 통제 받는다는 면에서 조금 다르다. 이것은 모노아민 옥시다아제 억제제MAOI, 선택적 세로토닌 재흡수 억제제SSRI, 그리고 고성능 벤조Banzo를 포함하는 약물에 의해 효과적으로 치료된다. '수행 공포증(독창을 부르거나 강의를 해야 하는)'이라 불리는 형태의 특정 공포증에 시달리는 사람들은 인데랄Inderal이라는 약물의 도움을 받을 수 있는데, 이 약은 아드레날린의 급격한 분비를 막는 역할을 한다.

그리고 당신 스스로 공포증을 통제하고 다룰 수 있는 몇 가지 방법이 있다. 이제 당신을 위해 스스로 할 수 있는 몇 가지를 더 살펴보도록 하자.

14장

수면과 평안

내가 누워 자고 깨었으니 여호와께서 나를 붙드심이니이다 (시 3:5)

하나님이 주신 선물 가운데 잠보다 평안하고 불안하지 않은, 실존을 유지할 수 있도록 우리를 도와줄 수 있는 더 큰 선물은 없다. 수면은 우리에게 주어진 가장 강력한 치유 기제 중 하나로 잠을 잘 못자면 높은 스트레스 상태가 된다. 적당한 수면을 취하지 못하면 두뇌와 몸은 역기능을 보인다. 잠을 완전히 박탈당하면 미치고 결국 죽게 될 수도 있다. 다행히도 자연은 우리를 보호해주는데 수면이 부족할수록 두뇌가 수면을 강요할 가능성이 있다. 충분히 잠을 자지 못하는 그 중간 상태가 문제가 되는 것이다.

우리는 여기서 쌍방향 도로를 보고 있다. 어지러운 잠, 혼란스런 잠은 하나의 증상이자 원인이 된다. 이것은 극심한 스트레스와 불안의 증상이면서 지나친 스트레스와 불안의 원인이기도 하다.

두뇌의 '행복' 메신저인 세로토닌은 잠이 들게 도와주는 핵심 역할을 포함해서 우리에게 좋은 일을 해준다. 이것은 충분하고 풍성해야 할 뿐 아니라 좋은 수면을 위해 적당한 곳에서 적절히 작용하여야 한다. 세로토닌은 몸의 생리가 수면을 위해 준비되도록 해준다. 그리고 '신체 시계'라 불리는 저 환상적 기제가 졸음이 오게 하고 당신이 꿈나라 여행을 떠나도록 해준다. 만일 세로토닌이 제 할 일을 제대로 하지 않으면 아무리 노력해도 편안한 잠을 잘 수가 없다.

불면증

영어에서 가장 무시무시한 단어가 있다면 그것은 불면증insomnia이다. 이 단어는 언급만 해도 어떤 사람을 패닉상태에 빠지게 하기에 충분하다. 이 증상에는 고통과 혼란, 좌절, 두려움이 따른다. 잠을 잘 수 없는 것보다 사람을 더 쇠약하게 하는 것은 없다.

불면증은 얼마나 흔한 병인가? 성인 미국인의 약 절반 정도가 밤에 잠들지 못한다. 최근 갤럽에서 1,000명의 성인을 대상으로 조사한 바에 의하면, 미국 성인의 49%가 불면증을 포함한 수면 문제로 고통을 받고 있다. 많은 이들은 도움을 청하기를 망설이고 있다. "미친 듯이 빨라지고 있는 현대 사회의 속도가 더 많은 미국인들을 각성 상태로 몰아가고 있다"고 갤럽조사를 주관했던 미국수면재단의 의료과장 알렌 팩Allan Pack 박사는 말한다. 잠들기 어려운 것 이외에도 인구의 1/4에서 1/3은 잠들기 어려움과 너무 일찍 깨는 것과 같은 불면증으로 고통 받고 있다. 이들 중 절반은 자기의 문제를 '심각하다'고 평가하였다.

높은 에너지와 기대에 의해 쫓기는 사회에서 숙면을 고집하는 것은 별로 미덕이 아니다. 그리고 수백만의 사람들에게 건강하게 숙면한다는 것은 그저 꿈일 뿐이다.

따라서 수면 문제는 아주 흔한 문제다. 그러나 무엇이 이 수면 문제의 원인일까? 대부분의 수면 전문가들은 스트레스와 일이 원인이라고 말한다. 불면증 네 개의 사례 가운데 세 가지는 그 원인을 명확하게 규명할 수 있다. 그 원인으로는 의학적인 문제나 정신과적 질환들, 약물의 사용, 환경적 혼란, 부실한 작업 교대일정으로 인한 생리적 리듬 장애, 호흡일시정지와 같은 수면 내재적인 문제 등이 있다.

6개월 이상 지속되는 불면증은 저절로 없어지는 일이 거의 없다. 미국인 성인 6명 중 한 명은 만성적 불면증으로 고생하고 있다. 많은 전문가들은 불면증이 제대로 치료되지 않고 있다고 믿고 있다. 실은 만성적 불면증을 앓고 있는 사람의 80% 정도가 약물복용과 관계없는 치료, 즉 수면에 대한 그릇된 믿음을 수정하고 건강한 수면 습관을 가르치는 몇 가지 치료법으로 혜택을 얻을 수 있다. 피해자들은 몇 가지 기법을 시도해보고 자기에게 가장 잘 맞는 방법을 찾아보는 게 필요할 것이다.

우리는 왜 잠을 자는가?

간단한 대답은 우리가 피로해지기 때문이다. 이것은 너무나 간단하다. 우리는 무엇인가가 회복될 필요가 있기 때문에 잠을 잔다. 잠은 신체적, 심리적 체계, 즉 우리의 모든 체계를 재충전하는 데 필수적이다. 나는 더 나아가 수면은 우리의 영적 안녕을 위해서도 중요하다고 덧붙이고 싶다.

과학자들이 두뇌 속을 탐색하여 우리가 왜 잠을 자며, 수면 중에는 무슨 일이 일어나는가에 대해 최선의 통찰을 가져다 주었다. 두뇌가 두피에 기록될 수 있는 전기활동을 한다는 발견이 있은 직후에 연구원들은 수면이 두 가지 형태로 구성된다는 것을 발견하였다. 두 가지 형태는 꿈(Rapid eye movement:

REM-빠른 눈동자 움직임) 수면과 비꿈 수면(꿈과 관계 없는 수면)이다. 각 수면은 두뇌 안에 특징적으로 다른 형태의 전기활동을 야기한다. 수면과 가장 분명하게 연결되어 있는 두뇌 부위는 신피질 가운데 전두엽으로 밝혀졌다. 당신의 손을 앞 이마에 올려보라. 바로 이 부위를 만지게 될 것이다. 두뇌 중 매우 분주한 전두엽은 언어와 단기기억 그리고 융통성 있는 사고를 담당한다.

우리의 몸은 무거운 육체노동을 하지 않으면 낮 동안에 긴장을 풀고 이완하지만 두뇌는 그렇지 않다. 두뇌는 계속해서 일을 한다. 신피질의 전두엽은 바쁜 하루가 끝날 무렵에 이완과 재충전이 가장 필요하다. 그러므로 수면은 신체적 휴식과 재충전을 위해서뿐 아니라 정신적 휴식과 재충전을 위해서도 필요한 것이다. 곧 알게 되겠지만, 문제는 우리 대부분이 두뇌에 필요한 휴식보다 몸에 필요한 휴식의 균형을 잡아주기 위해서 충분한 신체적 활동을 하지 않는다는 데 있다.

수면이 정말 중요한 것인가?

요즈음에는 그리스도인을 포함해서 많은 사람들이 모든 잠이 필요한 것은 아니며 '삶을 잠으로 날려버리는 것'은 일종의 '태만'이라고 확신하기 때문에 너무 많은 잠을 자면 죄책감을 느낀다. (죄책감을 느낄 대상을 쉽게 찾아내는 것을 보면 참 신기하기까지 하다.) 그러니 잠이 얼마나 중요한 것인가? 내 말을 믿으라. 잠은 대부분(95%)의 사람들이 생각하는 것보다 훨씬 더 중요하다.

수면의 중요성을 강조하는 '수면 부족에 대한 연구'가 있다. 다음 연구를 읽어보면 당신도 수면의 중요성에 대해 확신할 수 있을 것이다.

시카고대학 수면연구실험실의 알렌 레츠쉐펜Allan Rechtschaffen 박사는 수면을 박탈당한 쥐에게 생리적으로 어떤 일이 일어나는지를 연구하였다. 그가 발견한 것은 오랫동안 잠을 자지 못하면 쥐가 죽는다는 것이었다. 그리고 쥐가 죽는 데 오랜 시간이 걸린 것도 아니었다. 쥐를 이런 식으로 죽이는 데 2-3주밖에 걸리지 않았다. 동물들은 꿈 수면(꿈을 꾸는 단계의 수면: 쥐도 꿈을 꾼다)만 박탈해도 7주 후에 죽었다.

실험 기간 동안 체온 변화를 포함해 쥐가 겪는 변화를 관찰하였다. 실험 초기에 쥐들은 따뜻한 것을 찾았고 체온이 오히려 상승했다. 그러나 나중에는 신진대사율이 올라가는데도 체온이 떨어지기 시작했다. 그리고 심장박동과 근육 기조, 전기적 두뇌 활동은 죽는 날까지 사실상 변하지 않고 일정한 수준을 유지했다. 죽음의 정확한 원인은 신비로 남아있다. 다만 우리가 아는 것은 잠을 자지 않으면 우리가 계속 살아갈 수 없다는 것이다.

수면 부족이 인간에게 미치는 영향에 대한 다른 연구들은 꿈 수면을 방해하면 일주일 이내에 정신분열과 같은 증상을 드러내기 시작한다는 것을 보여주고 있다. 정신분열이 전두엽과 연계되어 있기 때문에 여기에 문제가 있는지도 모른다. 전두엽은 낮 동안 가장 활동적이며 수면 중에 휴식이 가장 필요한 부위이기도 하다. 그들에게 필요한 것은 꿈 수면이다. 그러므로 꿈 수면을 못하게 하면 정신분열을 야기하는 것과 다를 바가 없게 된다. 다행히도 정상적인 꿈 수면으로 돌아가면 그런 증상은 사라진다.

부족한 수면의 결과

여러 연구가 보여준 것처럼 수면 부족은 삶의 여러 측면에 영향을 미친다. 잠을 못잔 사람들은 대부분의 시간에 피곤해 있고, 생각이 둔해지고, 비합리적이고 신경질적으로 된다. 수면 문제가 있는 사람의 1/3은 졸음운전을 시인하였고 4%는 피로감 때문에 사고를 냈다. 그리고 매년 수면장애가 국가 건강비용에 거의 160억 달러를 더하고 있으며(미국의 경우), 불안이나 심장질환과 같은 문제에 영향을 미치고 있다고 전문가들은 말하고 있다. 많은 사고와 직장에서의 생산성 저하는 여기에 포함되지도 않았다.

성인의 약 1/3이 주중에 6시간 반 이하를 자고 있으며 주말에 모자라는 수면을 보충하고 있다고 보고하였다. 사람은 하루 여섯 시간만 자도 각성도가 떨어진다. 사람들은 며칠 밤을 대여섯 시간만 수면하면 심각하게 졸음이 오는 것을 느끼게 된다. 반응시간, 판단력, 창의력은 떨어지고 여러 가지 수행 시험에서 더 많은 실수를 범한다.

이 연구결과는 상당히 염려스럽다. 수면부족이 직장에서의 높은 오류가능성과 연결되기 때문이다. 엑손 발데스호Exxon Valdez의 침몰, 우주선 첼린저호 폭발을 비롯해 몇 가지 대재앙이 적어도 부분적으로는 관련자들의 부족한 수면 때문이라는 게 밝혀졌기 때문이다. 기차 기관사들의 70%가 기차 운행 도중 졸음을 경험한 적이 있다고 보고하였다. 국립교통안전청에서는 피로가 트럭운전 사망 57%의 촉발요인이었음을 발견하였다.

부족한 수면은 우리 생활의 모든 측면에 영향을 미친다. 당신은 버스에 오르기 전에 운전사가 전날 잠을 충분히 잤는지 묻고 싶을 것이다. 나는 꿈나라에서 충분한 수면을 취하지 않은 사람에게 외과수술을 부탁하지 않을 것이며 내가 탄 비행기의 조종을 맡기지 않을 것이다.

그러나 여기에서 말하고 싶은 것은 부족한 수면의 가장 중요한 부분이 행복 메신저들과 가바GABA, 자연 벤조, 세로토닌에 미치는 영향이다. 이것들은 모두 부족한 수면에 영향을 받는데 영향을 받으면 우리는 더 많은 불안을 느끼고 잠드는 것이 더 어려워진다. 당신을 심각하고 심약하게 하는 불안을 치료하고 싶다면 우리를 무기력하게 만드는 이 악순환을 반드시 시정해야 한다.

대부분의 사람들은 의사의 도움을 받는 대신에 조용히 고통을 감수하고 있다. 그들은 효과가 별로 없는 가정요법을 시도한다. 졸음이 오게 하기 위해 집에서 책을 읽기도 하고(수면 문제가 있는 사람의 64%가 시도하고 있음), 침대에 들기 전에 따뜻한 목욕을 하고(47%), 이완기법을 시도하기도 한다(41%).

왜 자연 수면을 충분히 취하지 못하는가?

왜 충분히 잠을 못 자는 것이 문제가 되는가? 왜 매일 충분한 휴식을 주고 원기를 재충전하는 잠을 자지 못하는가? 왜 그렇게 많은 사람들이 자연스럽게 잠들지 못하는가? ('자연스런' 잠이란 인위적인 수면제에 의지하지 않는 잠을 뜻한다.)

대답은 아드레날린, 더 구체적으로 말하자면 그 가까운 사촌간이라 할 수 있는 코르티솔에 있다. 앞 장에서 읽은 것을 기억하겠지만 아드레날린 수치가 올라가면 코르티솔 수치도 올라간다. 그리고 스트레스 수치가 올라가면 아드레날린도 올라간다. 이 두 가지는 모두 스트레스와 맞서 싸우는 몸의 대표적 호르몬이다. 코르티솔 분비가 높으면 몸은 전쟁 상태에 돌입하여 스트레스와 싸우도록 우리를 돕는데, 그 스트레스는 공격자로부터 도피하는 것이 될 수도 있고 우리 권리를 찾기 위해 싸우는 것일 수도 있으며 외상에 대처하는 것, 마감시간을 맞추는 것, 중병과 맞서 싸우는 것 등이 될 수 있다. 이 사건들은 모두 스트레스 투쟁 호르몬의 수치를 높일 수 있다.

아드레날린과 코르티솔은 대개 저녁나절에 급격히 떨어진다. 물론 위험이나 흥분할 일이 지나갔다고 가정하고 떨어지는 것이다. 당신이 집으로 돌아와 긴장을 풀고 잠들려고 준비하면 세로토닌이 핵심적인 역할을 한다. 그러나 세로토닌이 스트레스 아래서 실패하는 첫 번째 행복 메신저이기 때문에 적절하고 휴식적인 수면을 얻을 능력이 없다는 것은 너무 많은 스트레스를 받고 있다는 첫 번째 신호이다.

당신은 이제 답을 알고 있다. 세로토닌과 수면은 서로 연계되어 있다. 만일 당신이 잠들고 싶다면 세로토닌에게 관대해야 한다. 너무 많은 스트레스는 코르티솔을 증가시키고 세로토닌을 고갈시킨다. 이것은 다시 잠드는 것을 방해하고 수면 양에 간섭한다. 이야기는 거기서 끝나지 않는다. 적절한 수면 없이는 제대로 기능을 하지 못하고 대처 기술도 감퇴하게 된다. 결과는? 당신은 더 스트레스를 받게 되고 더욱 코르티솔을 더 증가시킨다. 악순환이 시작되면 같은 패턴이 되풀이된다. 오늘날 많은 사람들이 이러한 악순환을 겪고 있다.

신체 시계와 수면 주기

삶을 통제하고 수면 습관을 어느 정도 정상궤도로 돌려놓으려면 몸이 수면 주기를 어떻게 조율하는지를 이해해야 한다. 많은 사람들이 이러한 단순 기제에 대해 무지하다.

두뇌에는 매우 정확한 '시계'가 장착되어 있다. 그러나 이것은 그냥 시계가 아니다. 이 시계는 두뇌 오케스트라의 모든 단원이 시간을 지키고 조율하도록 하는 지휘자 기능도 하고 있다. 한 번 상상해 보라. 두뇌의 리듬이 하나의 중앙 시계에 의해 통제되고 있다고.

신체 시계, 더 정확히 '두뇌 시계'는 두뇌 중앙에 깊숙이 위치해 있다. 짐작이 되는가? 이곳이 행복 메신저인 세로토닌의 저장소 역할을 하는 두뇌 부위이다. 이는 두뇌 시계의 '주요 추main spring'라고 불려왔다. 하루 일정한 시간에 세로토닌은 멜라토닌melatonin으로 전환된다. 그렇다. 이것은 약국에서 수면유도제로 판매되고 있는 것과 같은 합성물이다. 나중에 멜라토닌은 다시 세로토닌으로 전환된다.

정말 신기한 것은 세로토닌에서 멜라토닌으로 그리고 다시 세로토닌으로 전환되는 주기를 완전히 마치는 데 24시간이 아닌 25시간이 걸린다는 것이다. 연구자들이 실험대상자들을 햇빛이 전혀 들지 않는 땅속 깊은 탄광 속에 두고 실험을 했는데 참가자들이 25시간 주기를 따른다는 것을 발견하였다.

그렇다면 우리는 무엇 때문에 24시간 주기를 따르는가? 햇볕이다. 밝은 빛이 태양이 떠오르는 것과 함께 24시간마다 호르몬 분비선을 재가동하는 것이다. 이 같은 방식으로 우리 두뇌 시계는 자연의 일상적인 빛과 어두움의 주기로 시간을 지키는 것이다. 만일 자연 주기가 24시간 미만이면 우리는 혼란을 경험할 것이다. 우리 각자는 자신의 두뇌 시계에 따라 살며 매일 같은 시간에 잠들 수 없다. 우리는 각자 나름의 리듬을 갖고 있는 것이다.

두뇌 시계의 24시간 주기는 매우 중요하다. 이것은 저녁에 수면을 위한(어두움의 개시) 몸의 화학을 조절하고 아침에는 기상을 위해(낮의 개시) 신체 화학을 조절한다. 이것이 잠자리에 들기 전에 집을 어둡게 하는 것이 중요하고 기상할 때는 많은 빛을 확보하는 것이 중요한 이유이다. 우리는 더 이상 별빛 아래서 잠을 자지 않고, 밤 시간에도 인공 빛을 사용하기 때문에 빛과 어두움이라는 자연 주기와의 접속을 상실하였다. 좋은 수면 상태를 위해서는 잠들기 전에 어두움을 조성하고 기상할 때 충분한 빛을 확보해야 한다.

빛과 어두움의 자연 주기가 필요하다는 것이 실제로 드러난 것이 바로 '계절성 정동 장애seasonal affective disorder'라 불리는 특별한 형태의 우울증을 통해서다. 이 우울증은 오랜 시간 구름과 어두움이 지속되는 북반구 국가에서 발견된다. 빛이 부족하여 호르몬 분비선이 재셋팅을 못하게 되면서 너무 많은 멜라토닌이 생산되거나 세로토닌으로 재전환되지 못한 것이다. 이는 두뇌 속에 세로토닌이 부족함을 의미하며 이것이 바로 우울증을 유발하는 것이다. 해결책은? 아주 간단하다. 이런 기후에서는 '밝은 방'을 만들어 햇빛이 부족한 사람들에게 매일 적당량의 고강도 빛을 쬐게 하는 것이다.

그러나 문제는 스트레스와 코르티솔이 자연 수면 과정을 파괴하는 데 영향을 미친다는 점이다. 스트레스로 인해 적절한 수면이 방해받고 있으며, 이로 인해 더 많은 불안이 야기된다는 것에 대한 정보가 거의 알려지지 않았다는 사실에 놀라움을 금치 못한다. 나는 강한 확신을 가지고 말할 수 있다. 당신의 수면 습관을 향상시키면 자연 안정제는 증가될 것이고 코르티솔의 행복 메신저 파괴는 저지될 것이다.

얼마나 많은 수면이 필요한가?

대부분의 사람들은 잠이 부족한가? 아니면 잠을 충분히 자는가? 나는 미국 전역은 물론, 세계의 다른 지역에서도 모든 사람은 더 많은 잠을 자야 한다고 주장하는 것으로 약간의 유명세를 타고 있다. 나는 26년 전에 제임스 돕슨James Dobson 박사의 라디오 프로그램에 출현하여 수면의 필요성을 강조한 바 있는데, 이 프로그램은 여러 차례 재방송되었다. 그때 주장한 것을 조금도 바꾼 적이 없다. 그뿐만 아니라 나는 말한 대로 실천하고 있으며 내 자신의 충고로 인해 엄청난 혜택을 입었다.

얼마나 많은 잠이 필요한가에 대한 논쟁은 오랫동안 진행되었다. 이 문제를 해결하는 것이 얼마나 어려웠는가를 대조시키기 위해 최근 잡지 기사의 두 가지 사례를 인용하겠다. 대부분의 성인은 매일 밤 7시간 반의 수면을 취한다고 보고한다. 데이튼 보훈병원(오하이오주에 위치)Dayton Veterans Affairs Medical Center의 마이클 보넷Michael Bonnet과 케터링 의료센터Kettering Medical Center in Dayton, Ohio의 도나 아랜드Donna Arand에 의하면 이것은 너무 적다. 그러나 영국의 레체스터샤에 있는 로보로 대학Loughborough University in Leicestershire, England의 이보네 해리슨Yvonne Harrison과 제임스 혼James Horne은 대부분의 사람들이 7시간 반의 수면으로 적당하게 기능할 수 있다고 주장한다. 그들은 그 이상 자는 것은 음식을 과식하거나 술을 과음하는 것과 다를 바가 없다고 말한다.

섭식과 수면을 비교하는 것은 개의치 않겠다. 그러나 수면은 음식과는 다르다. 당신의 몸은 필요한 만큼만 잔다. 반면에 당신은 몸이 필요로 하는 것보다 훨씬 더 많이 먹을 수 있다. 물론 전문가들이 동의할 수 없을 때는 문제가 되겠지만.

1993년에 국립정신건강연구소에서 실시한 연구에서, 최대로 오래 잘 수 있는 기회가 주어진 사람들이 매일 밤 평균 8시간 반을 잤다고 보고하였다.

이 숫자는 지금 대부분의 사람들이 필요로 하는 수면 양으로 인용되고 있다. 이 연구에 참여했던 사람들은 이전에는 하루 평균 7시간을 잔 사람들이었는데 평소보다 더 잔 것 때문에 더 에너지가 넘치고 더 행복했으며 덜 피로감을 느낀다고 말했다.

스트레스 해독제로서의 수면

당신이 알아차렸겠지만, 나는 우리 대부분이 더 많은 잠을 자야 한다고 설득하려 노력하고 있다. 수면은 스트레스에 대한 최상의 해독제일 뿐 아니라 불안에 대한 해독제도 된다. 수면은 우리의 자연 두뇌 안정제를 촉진할 뿐 아니라 과잉스트레스가 끼치는 피해를 반전시키기도 한다.

이미 언급한 것처럼 나는 수면의 가치, 특히 스트레스 문제와 관련된 수면의 가치에 대해 특별한 연구를 시행한 바 있다. 매우 소심스럽게 의견을 말하자면, 수면은 스트레스로 힘든 하루에서 우리를 재충전하기 위해 하나님께서 주신 가장 중요한 대책이다. 하나님은 우리 삶에 수면에 대한 필요를 설계해 넣으셔서 하루에 한 번 잠을 자게 하셨다. 아마도 하루치의 스트레스가 우리가 다룰 수 있는 적정한 양임을 아셨기 때문일 것이다.

물론 문제는 서구 문화가 수면을 존중하지 않도록 가르쳤다는 데 있다. 우리 사회에서는 잠sleep을 나쁜 것으로 가르친다. "우리는 할 수 있는 한 적게 자려고 노력하여 하나님을 위해 가능한 한 많은 일을 해야 할 것이다"라는 것이 많은 설교자의 메시지이다. 많은 사람들은 너무 많이 자면 죄책감을 느낀다. 그래서 죄책감을 완화하려고 몸의 필요를 무시하고 억지로 일어나 일상으로 나아간다. 이는 자신에게 해로울 뿐이다.

수면을 위해 합리적인 공식을 결정하도록 돕기 위해 앞에서 언급했던 것을 다시 상기시키겠다. 수면에는 꿈 수면dream sleep과 비꿈 수면non-dream sleep

두 가지 유형이 있다. 당신이 실제로 꿈을 꾸기 전의 수면, 즉 비꿈 수면의 기능은 신체적 휴식과 재충전을 제공하는 것이다. 이것은 신체적으로 사용된 근육과 신체의 부위들이 스스로를 치료하는 시간이다. 만일 신체적 노동을 많이 했다면 아마도 많은 비꿈 수면을 필요로 할 것이다.

목회를 하거나 학계에 계신 많은 분들은 대부분의 일이 정신적인 것과 관련되어 있다. 이런 경우에 바로 꿈 수면이 개입하는 것이다. 꿈 수면의 기능은 마음을 활성화하는 것이다. 꿈 수면 동안 두뇌는 기억을 결집하고 해소되지 않은 문제를 청산하며 기억할 필요가 없는 것은 망각하게 도와준다. 많이 잊어버리지 않으면 두뇌는 곧 메모리의 기능을 소진하고 우리는 심각한 상황에 처하게 될 것이다. 이것은 마치 당신 컴퓨터의 하드드라이브와 같다. 가끔씩 당신은 드라이브를 '청소' 해야 한다. 바로 꿈 수면이 당신의 마음을 위해 이런 작업을 하는 것이다.

그러나 여기에 딜레마가 있다. 주로 정신노동에 종사하는 사람들에게 필요한 충분한 꿈 수면을 얻기 위해서, 적당한 양의 비꿈 수면을 할 수 있도록 꿈 꾸는 시간을 벌어야 한다. 그 주기는 다음과 같이 진행된다. 우리는 90분 간격으로 잠을 자고 그 간격 끝에는 잠을 깬다. 많은 경우 우리는 다시 잠든다.

꿈꾸기는 90분 주기의 마지막 부분 가까이서 시작된다. 그러므로 우리가 잠들지 않으면 적당한 양의 꿈 수면을 못 취하게 된다. 이것이 바로 우리가 충분한 꿈 수면을 갖지 못할 때 정신이 몽롱하고 두통을 느끼는 이유다.

한 가지 덧붙여, 잠자는 시간의 길이가 중요한 이유 중 하나는 밤이 깊어질수록 점점 더 많은 시간을 꿈을 꾸는 데 소비한다는 것이다. 예를 들어 처음 90분 주기에 3분 동안 꿈을 꾼다고 하자. 다음 주기에서는 이것이 6분으로 늘어난다. 다섯, 여섯 주기쯤 되면(7시간 반에서 9시간) 우리는 20분 이상의 꿈꾸는 시간을 갖게 되는 것이다.

이것이 의미하는 바는 가장 많은 양의 꿈꾸는 시간이 5번째 주기 이후에

나 주어진다는 것이다. 만일 당신이 6시간만 잔다면 꿈꾸는 시간을 몇 차례 놓치게 되고 꿈 수면이 모자라게 될 것이다. 그러므로 (심한 신체노동을 한다면 모르지만) 신체적인 휴식을 위해서 잠이 그만큼 필요하다는 말이 아니라 정신적 휴식을 위해 필요하다는 것이다. 그리고 현대 생활양식에서는 대개 신체적 휴식보다는 정신적 휴식이 더 많이 필요하다.

그렇다면 건강한 수면 계획을 세우는 데 도움을 받기 위해 어떤 결론을 내릴 수 있겠는가? 첫째로 꿈 수면은 비꿈 수면만큼이나 우리의 안정과 평안을 위해 중요하다는 것이다. 둘째로 더 많은 수면의 필요를 느끼기 위해서는 운동을 통해서 신체적 피로감을 증가시킬 필요가 있다는 것이다. 셋째, 수면을 취할 더 많은 시간을 확보하기 위해 우리의 생활양식을 바꿔야 한다는 것이다.

운동은 두 가지 형태의 수면을 모두 향상시킨다

다른 장에서 운동의 중요성을 거론하지 않았기에 수면을 향상시키기 위해 운동이 얼마나 중요한가에 대해 몇 마디 하고자 한다.

신체적 활동(운동은 이 가운데 한 가지 요인에 불과하다)은 신체적 건강에 필수적이다. 이것을 모르는 사람은 없다. 그러나 운동은 우리의 정서적 건강을 위해서도 필수적이다. 앉아서 일하는 생활양식은 고혈압이나 콜레스테롤 증가, 심장질환, 비만 등 많은 건강문제 위험요인으로 지적되고 있다. 운동은 잠을 향상시키는 데도 중요하다. 여러 연구결과들이 미국인의 60%가 여가적인 신체활동에 거의 참여하지 않고 있고 미국인의 80%가 신체적으로 적절하게 활동적이지 않다는 것을 입증하고 있다.

증가된 신체활동을 하면 어떤 혜택이 있는가? 당신의 수면 습관을 향상시킨다. 근육의 피로감을 느낌으로써 비꿈 수면의 필요성을 증가시킨다. 운동은 또한 엔돌핀(자연 안정제)을 자극하며 혈액순환, 소화, 배설을 좋아지게 한다. 운동이 또한 우울증과 불안도 감소시킨다는 것을 알고 있다. 무엇보다 중요한 것은 운동이 과잉 공급된 아드레날린을 신진대사 시키도록 돕는다는 것이다. 아드레날린이 많아지면 당신은 각성상태에 머물러야 하기 때문에 잠들기가 어려워진다.

운동은 활기차야 한다는 일반적 관념에 도전하는 보다 최근의 발견이 있는데, 유익하기 위해서 운동이 반드시 격렬할 필요는 없다는 것이다. 신체적 활동의 가장 큰 혜택은 산책이나 자전거 타기와 같은 정식 운동 외의 비교적 덜 격렬한 활동에서 나올 수 있다. 아무리 가벼운 운동이라도 먼저 운동을 시작하기 전에 건강검진을 받아야 한다. 또한 당신이 공황발작으로 고생하고 있다면, 의사가 운동해도 좋다고 하기 전에는 운동을 시작하지 말라. 어떤 형태의 공황발작은 실제로 운동에 의해 촉발되는 경우도 있기 때문이다. 당신이 더 좋아지고 있다는 신호는 당신이 신체적 활동을 감당하기 시작했다는 것이다.

당신의 활동이 운동으로 합당한지 여부를 결정하는 하나의 재미있는 테스트는, 당신이 약간 힘들여 호흡하면서도 대화를 이어갈 수 있다는 것이다. 운동이 너무 심해서 말을 할 수 없을 정도가 되면 안 된다. 이것은 당신이 심장 최고 박동비율의 60%로 운동하는 것을 의미한다.

운동을 점진적으로 접근하라. 얼마나 운동하는지를 기록에 남겨 스스로 진도를 볼 수 있게 하라. 한 달쯤 운동하고 나면 처음에 할 수 있는 것이 얼마나 미약했었는가를 잊기 쉽다. 경쟁적이 되거나 너무 빠르게 자신을 밀어붙이지 말라. A형 성격특징이 드러나지 않도록 주의하라.

만일 신체적으로 활동적인 사람이 아니라면 비싼 헬스클럽에 가입하지 않고 어떻게 신체적 활동 수준을 자연스럽게 높일 수 있을까? 다음은 몇 가지 제언이다.

운동을 하지 않는 핑계들

심리치료사는 늘 이런 핑계를 듣는다. 아래의 상황을 체크하면서 당신의 핑계는 어떤 것인지를 확인하고 이에 도전하도록 하라.

- **"집에 귀가했을 때 너무 지쳐서 운동할 기분이 아닙니다."** 주중 하루 일과가 끝날 때 즈음에는 누구나 이렇게 느낀다. 그러나 이 피곤함의 대부분은 운동을 안 한 증상이다. 억지로라도 운동을 시작하라. 한 주가 지나면 피로감이 사라지기 시작할 것이다. 머지않아 당신은 운동하는 시간을 고대하게 될 것이다.
- **"진짜 운동할 시간이 없다."** 물론 시간이 없다. 우리는 모두 중요한 활동으로 하루를 채운다. 우선순위를 재조정하여 시간을 만들어야 한다. 당신의 문제는 시간이 아니다. 우선순위의 문제다.
- **"나는 운동을 즐기지 않는다."** 당신이 처음 운동하기 시작할 때 재미가 없다는 말인가 ? 맞는 말이다. 게으를 때, 당신의 몸은 신체 활동에 저항하며 운동은 당신이 자신에게 할 수 있는 가장 비참한 짓이라고 말한다. 당신의 몸에게 귀 기울이지 말라. 그것은 당신을 혼란스럽게 한다. 즐거움이란 당신이 더 잘 기능하기 시작할 때 오는 것이다.
- **"운동을 시작하기에는 너무 늙었다."** 이 핑계는 미안하지만 아무런 가치가 없다. 신체검사를 통과했을 경우, 당신은 언제나 느리게 시작할 수 있고 어떤 나이에나 시작할 수 있다. 사실 나이가 들어감에 따라 운동은 더 큰 우선순위가 되어야 한다. 삶의 질이 당신의 건강수준에 좌우되기 때문이다.

- 직장에서 가능한 한 먼 곳에 주차해놓고 사무실까지 걸어가라.
- (당신이 초고층 건물에 살고 있는 것이 아니라면) 엘리베이터를 타지 말고 계단으로 올라가라.
- 운전하지 말고 걸어서 점심을 먹으러 가라.
- 상사나 직원과 미팅할 일이 있으면 걸어서 가자고 제안하라. 그들도 당신과 함께 혜택을 보게 될 것이다.
- 낮 근무시간에 휴식시간을 갖도록 하라. 그리고 사무실 주변을 상쾌하

게 걸어라.

- 하루가 끝나면 근처 공원에서 유쾌하게 산보하라. 그리고 공원까지도 걸어서 가라.
- 다른 사람에게 돈을 주고 시키는 일을 당신 자신이 하라(예를 들어, 잔디를 깎는 일, 정원을 손질하는 일, 유리창을 청소하는 일, 장작을 패는 일 등을 직접 해보라.).
- 당신이 휠체어에 앉아 있는 경우라면 몸의 일부분에 운동이 될 수 있는 유사한 신체적 발산 수단을 찾아보라.
- 신체 활동을 격려하는 지역 행사에 참여하라(조류보호운동 걷기 대회, 심장병환자 돕기 자선 걷기 대회 등).

당신이 활동적인 성격이라면 점점 더 노력을 요하는 유산소 운동으로 나아갈 것이다. 그러나 너무 경쟁적이 되지는 말라. 너무 경쟁적이 되면 연소하는 것보다 더 많은 아드레날린을 생산하여 운동 프로그램의 모든 혜택을 무효화할 수 있다.

운동하기 제일 좋은 시간은 늦은 오후나 이른 저녁이다. 하루 종일 축적한 잉여 아드레날린을 태워버릴 수 있기 때문이다. 이 시간은 또 당신의 생각을 어지럽히는 염려거리를 검토하여 중요하지 않은 것을 버리는 '정신적 세탁'에 좋은 시간이기도 하다.

어떻게 수면습관을 향상시킬 수 있는가?

수면습관 향상을 위한 다음 제안은 수면 문제를 극복하도록 도움을 줄 수 있다. 그 문제가 짧은 시간 동안 당신과 함께 했든, 평생 동안 잠자는 데 어려움이 있었든 상관없이 도움이 될 것이다.

만일 효과가 없다면 의사를 만나 상의하라고 강력하게 권면하고 싶다.

그리고 수면장애 전문가에게 검진을 받도록 하라. 수면장애는 아주 흔한 문제이기 때문에 가까운 거리 내에서 보건소나 병원을 찾을 수 있다.

다음은 수면습관을 향상시킬 수 있는 몇 가지 방법들이다.

주말을 포함해서 매일 같은 시간에 잠자리에 들고 같은 시간에 기상하라. 몸에는 햇빛이 도달하는 것에 맞춰진 시계가 있으며 보다 중요한 것은, 우리가 정기적으로 잠자리에 드는 시간에 맞춰져 있는 시계가 있다는 것이다. 당신이 매일 밤 다른 시간에 잠자리에 들면 수면습관이 좋지 않은 건 당연하다. 몸은 당신이 잠자리에 드는 변덕스럽고 불규칙한 시간에 의해 혼란에 빠진다.

저녁 일정한 시간 이후에는 아드레날린을 분비시킬 어떤 일도 하지 말라. 나의 한계는 여덟 시 주변이다. 이 시간 이후에는 컴퓨터에도 앉지 않으려고 한다. 그렇게 되면 아드레날린이 다시 분비되기 때문이다. 그리고 잠자리에 들려면 다시 오랜 시간을 기다려야 한다. 늦은 밤까지 TV를 보는 사람들은 수면문제로 고생을 하는데 이는 몸이 수면에 대비해 아드레날린을 낮춰야 하는 시간에 아드레날린을 자극하기 때문이다.

저녁에 가능하면 빨리 집 안에 있는 빛의 양을 줄이도록 하라. 어두운 환경을 마련하기 위해 불을 끄도록 하라. 어두움은 매우 중요한 두뇌 호르몬인 멜라토닌의 생산을 촉진한다. 이 호르몬은 수면의 개선을 돕는다. 너무 많은 빛은 멜라토닌이 작용하는 것을 막는다.

저녁에는 모든 형태의 흥분제를 피하라. 카페인이 담긴 음료나 음식을 포함하여 매운 음식이나 많은 양의 음식도 피하라. 잠자리에 들기 직전에 물 한 잔이나 가벼운 스낵은 도움이 될 수 있다.

자신에게 잠을 강요하여 억지로 잠들려고 하지 말라. 아드레날린 각성을 낮추고 정규적인 수면습관을 확립한다면 잠드는 것은 너무도 자연스럽게 일어난다. 깨어 있는 채로 누워있거나 잠에 들지 못한다면, 그저 긴장을 풀고 침대에서 약간 졸 때 경험하는 비꿈 수면도 당신에게 꿈 꿀 권리를 가져다 줄 수 있다는 것을 기억하라.

잠잘 수 있는 조용한 장소를 확보하라. 시끄러운 환경은 수면을 방해하거나 가벼운 수면 상태만 유지시킬 수 있다. 필요하면 귀마개를 구입하라(귀에 맞춰 조절되는 부드러운 플라스틱 마개가 좋다).

규칙적으로 운동하는 것을 생활화하라. 앞에서 설명한 대로 꿈 수면을 얻기 위해서는 일정 양의 비꿈 수면을 필요로 한다. 몸의 피로감을 느끼지 않는다면 몸이 필요한 비꿈 수면을 원치 않을 수도 있다. 운동하기 제일 좋은 시간은 저녁에 잠자리에 들기 전이다. 이것은 잉여 아드레날린을 태워버리는 데 도움을 준다.

이완기법을 배우라. 나는 9장에서 이완의 주제를 다루었다. 구체적 기법을 위해서는 9장을 읽어보라. 기도와 다른 영적 훈련과 함께 하면 이완은 수면의 질을 향상시킬 수 있다.
잠자리에 들기 전에 마음의 짐을 털어버리도록 하라. 만일 어떤 일이 마음의 짐이 되어 당신을 괴롭히면 노트에 적어보라. 밤에 당신을 깨어 있게 할 수 있는 모든 것을 마음에서 제거할 필요가 있다. 두뇌는 기억할 필요가 있는 것에 당신을 주목하게 함으로 자기 일을 하고 있을 뿐이다. 그러므로 그것을 적음으로써 일종의 외부 기억으로 변환시키도록 하라.

밤에 자다가 깨게 되더라도 반드시 일어날 일이 아니면 일어나지 말라. 신체적으로 깨어나면 아드레날린이 다시 흐르기 시작하고 각성상태가 뒤따른다. 침대에 그대로 누워 이완연습을 하고 몸이 다시 자연스럽게 잠으로 돌아가도록 하는 것은 실습에서 배울 수 있는 좋은 습관이다.

수면 문제와 관련해서 한 가지 더 생각해 볼 문제가 있다. 나는 몸과 마음을 충전하고 회복시키는 데 적어도 하루 9시간을 필요로 한다고 믿는다. 그러나 이것은 한 번에 9시간씩을 자야 한다는 의미가 아니다. 당신은 이것을 분산할 수 있다. 밤잠을 설쳤다면 상실한 시간을 낮잠으로 보충할 수 있다. 또한 주말에는 박탈당한 수면을 보충할 수 있다. 그러나 어디서든지 가능하면 하루에 충분한 잠을 자도록 하라.

수면제를 복용하는 것은 어떤가?

수면 중 간헐적인 움직임이 불면증에 영향을 주고 있고 치료가 필요한 상황이라면 약물치료가 도움이 될 수 있다. 수면 중 무호흡증이나 다른 의학적 상태로 인한 불면증과 같은 특정문제는 배제하고 하는 말이다.

어떤 때는 불면증이 일시적(며칠 동안)으로 나타나는데, 큰 슬픔이나 일시적인 스트레스 때문일 수 있다. 짧은 시간 동안 최면술이 필요할지도 모르겠다. (3주 이상의) 장기적 사용은 의사가 그렇게 할 충분한 이유가 있지 않은 한 좋은 생각이 아니다. 때때로 엘라빌Elavil과 같은 삼환계 항우울제가 장기치료에 선호될 수 있다. '하지 불안' 증후군은 클로노핀Klonopin으로 치료되고, 간헐적인 수족의 경련이나 움직임은 레스토릴(Restoril:국내에 수입 안됨)로 치료된다. 만일 불면증 이면에 많은 불안과 염려가 있다면 수면 상태가 좋아질 때까지 안정제로 치료할 수 있을 것이다.

수면제를 사용하는 것의 가장 큰 문제는 두뇌가 약에 의존하게 된다는 것이다. 수면 보조제를 사용하면 할수록 두뇌는 더 그 약에 의존하게 되고 두뇌 자체의 수면 유도 기제를 차단하게 된다. 그러면 당신은 뇌의 기능을 강제로 되돌려서 수면을 돕게 하기 위해 얼마 동안의 금단 시기를 겪어야 한다.

수면 위생에 대해 자신을 교육시키는 것과 같은 다른 조치들은 불면증의 특정 원인을 치료하는 데 있어 항상 보조적으로 사용되어야 하며, 불면증의 원인이 분명하지 않고 구체화되지 않을 때 시도되어야 한다. 수면 위생 조치에는 잠자는 시간의 규칙화(일반적으로 일찍 자는 것보다 늦게 잠자리에 들 경우)를 포함한다. 또한 침실을 주로 수면과 부부생활을 위해 사용하고 사무용으로는 사용하지 말 것, 알코올과 카페인을 멀리하기, 저녁에 음료 섭취량 줄이기, 그리고 식도 역류(누웠을 때 식도 부위에 속쓰림의 통증이 동반)의 경우, 침대 베개를 높게 하는 것이 도움이 된다.

최면제와 삼환계 항우울제를 단기적으로, 간헐적으로 사용하는 것은 사별이나 정신적 혼란과 같은 일시적인 문제에 유용할 것이다. 그러나 이러한 약제들의 장기적 효능을 보여주는 연구는 아직 없다. 고령자와 관련된 약물 신진대사의 변화를 볼 때 모든 약물은 조심스럽게 사용되어야 한다. 나이가 많은 환자는 처방 없이 판매대에서 파는 수면 보조제를 피해야 한다.

멜라토닌과 다른 '자연' 치료약은 어떤가?

멜라토닌은 건강식품점에서 활발하게 팔리고 있는 수면 보조제이다. 과학적으로 안전하거나 효과가 있다고 증명되지는 않았지만 많이 팔리고 있다. 최근에 열린 전국건강연구소 대회에서 전문가들은 이 약물이 사용되는 상황을 '두렵다'고 묘사하였다. 많은 수면 전문가들은 사람들이 실험으로 검증되지 않은 멜라토닌을 먹고 있으며, 장기적인 부작용에 대해서 긴장하고 있다고 말한다.

물론 건강식품 옹호자들은 전문가들의 이런 부정적인 태도는 멜라토닌이 의료계의 많은 '비즈니스'를 붕괴시킬지 모른다는 두려움에서 나온 것이라고 주장한다. 그리고 나 역시 새로운 치료에 대한 전문가들의 '저항'을 잘 알고 있으며, 특히 정상적인 제약회사 경로를 통해서 유통되지 않는 경우, 그들의 염려는 타당한 것이다.

멜라토닌에 대한 대부분의 연구는 기초적인 실험실 연구다. 멜라토닌 보조제가 사람들의 수면을 돕는다거나 혹은 그 호르몬 알약이 장기적으로 복용해도 부작용이 없다는 것을 입증하는 조직적이고 결정적인 임상연구는 아직 없다. 그러므로 잠드는 데 도움을 받기 위해 멜라토닌을 사용하면 당신은 위험부담을 안고 먹는 것이다. 나는 몇몇 내과 의사를 알고 있는데 이들은 이 약이 좋다고 믿고 있다. 또 어떤 연구는 노인이 멜라토닌을 먹어 도움이 되었다고 주장하고 있다.

이 약이 실제로 어떤 작용을 하는지에 대한 불확실성 때문에 의사의 감독이 없다면 멜라토닌으로 실험하지 않는 게 좋다. 비록 연구를 통해 이것이 사람들의 수면을 돕는 것을 보여주었다고 해도 안전한 용량은 아직 알려지지 않고 있다. 더 심각한 것은 그 제조처가(세계 어느 곳이나 가능하다) 규제를 받지 않고 있다. 그리고 어떤 판매점에서는 멜라토닌 혈중 수준을 정상보다 10배나 높일 수 있는 알약을 판매하고 있는데 이는 심각한 부작용을 낳을 수 있다. 제품의 순도에 대해 어떤 통제도 없다. 그 알약이 생산 공정을 거칠 때 불순물이나 독성이 들어갔는지 아무도 모른다. 어떤 무자비한 제조사는 당신의 안녕보다 돈벌이에 더 관심이 쏠려 있다. 그러므로 당신이 어디서 그것을 구입하는지 주의해야 한다.

또한 높은 용량의 멜라토닌은 프로락틴prolactin이라는 다른 호르몬을 분비하도록 촉진하는데, 이는 남성의 성욕을 저하시키는 것으로 알려져 있다. 멜라토닌의 효과는 충분히 연구된 바가 없으므로 조심하기 바란다.

당신이 유쾌한 꿈을 꾸기를 바란다. '자연' 제품이라고 하여 괜찮다는 오도된 생각에 악몽을 갖지 말고 유쾌한 꿈을 꾸기 바란다. 항상 이것을 기억하라. 불면증은 증상이다. 생활양식에서든 어디서든 언제나 그 기저에 깔려 있는 원인을 찾으려 노력해야 한다. 남은 여생을 증상만 치료하는 데 소비해서는 안 된다.

다른 치료제와 관련해 한 가지만 더 언급하겠다. 여러 세기에 걸쳐 이완과 수면을 유도하기 위해 사용된 남태평양에서 나온 자연 치료제로 카바kava라는 약초가 있다. 이 약초는 지금 불면증과 불안 완화제로 미국에서 유행하고 있다.

이것이 효능이 있을지 몰라도 카바를 다른 약품과 함께 복용할 경우 문제가 발생한다. 최근에 NBC Dateline에서는 카바를 자낙스와 함께 복용하였다가 병원에 혼수상태로 실려간 사람의 경험을 보도하였다. 다행히도 그는 회복하였다. 그러나 그의 사례는 약초나 자연물질이 '천연'이라고 해서 당신이 그것을 아무것과 함께 복용해도 된다는 의미는 아니라는 현실을 보여준다. 어떤 자연 치료제는 강력한 약으로, 모든 약품과 마찬가지로 조심스럽게 취급되어야 한다.

규칙은 이것이다. 의사와 상의 없이 자연 치료제를 처방약과 함께 절대로 복용해서는 안 된다.

15장

행복 메신저 증진시키기

지혜를 얻는 자와 명철을 얻는 자는 복이 있나니 (잠 3:13)

당신이 실제로 '행복' 메신저를 증진할 수 있다는 아이디어(2장에서 설명한 것처럼)는 그렇게 엉뚱한 것이 아니다. 우리의 마음은 두뇌의 신경전달물질을 어느 정도 통제할 수 있도록 설계되었다. 세로토닌과 가바(GABA:감마아미노산)와 같은 행복 메신저로 분류되어 있는 신경전달물질은 우리가 실제로 어느 정도 통제할 수 있다는 말이다. 우리는 '슬픔' 메신저를 감소시키기 위해 확실히 많은 것을 할 수 있으며 몇 가지 슬픔 메신저를 제거하기만 해도 일반적 안녕감과 안정감을 증가시키는 데 크게 기여할 수 있다.

이 행복 메신저를 증진하기 위해서 참여할 수 있는 몇 가지 핵심 활동에는 어떤 것이 있는가? 여러 방법이 있다는 데는 의문의 여지가 없다. 생각하는 습관을 바꾸는 것, 휴식과 이완, 수면과 안정 등 내가 이미 다룬 주제들 외에 당신의 행복과 안정감 호르몬을 증가시키는 데 크게 기여할 수 있는 몇 가지 활동을 더 논의하겠다.

유머 감각과 웃음을 증가시키기

유머의 가치나 마음에서 우러나오는 웃음의 혜택을 부인하는 사람은 아무도 없다. 이유는 간단하다. 유머는 우리의 건강을 회복시키는 놀라운 방법을 갖고 있으며 웃음은 우리의 스트레스 수준을 낮춘다. 그러나 여기서 그치지 않는다. 우리 두뇌 안의 화학적 균형을 재편하기도 한다. 한 마디로 우리의 행복 메신저들을 증가시키는 일을 돕는다. 어느 상황에서 유머를 발견하고 더 구체적으로 다른 이들과 자유롭게 웃는 것은 스트레스와 우울증, 불안을 죽이는 강력한 해독제가 될 수 있다. 유머 감각과 그것이 자아내는 웃음은 나쁜 삶의 경험에서 의미를 끌어내고 불행한 비극에서 기쁨을 끌어내며 긴장으로 가득 찬 관계에서도 안정감을 유도해낼 수 있다.

연구는 유머와 웃음의 가치를 지지한다

첫째로 유머란 무엇인가? 유머humor라는 단어는 여러 가지 의미를 지닌다. 어근은 '혈액'을 의미하는 라틴어 'umor'에서 유래했다. 중세기 사람들은 유머가 체액이나 정서적 상태와 연관된 에너지로 믿었다. 그 에너지가 건강과 성품을 결정했다. 그래서 기분이 나쁜 사람에 대해 "그 사람은 지금 나쁜 유머 속에 있다"고 말하기도 한다.

오늘날은 유머를 '웃을 만하며 희극적인 특질'로 정의한다. 그러나 유동적이라는 관념이 아직도 남아있다. 유머는 몸은 물론 인격과 감정을 통해서

'흐른다'.

웃음이란 무엇인가? 우리는 웃음에 대해 많은 것을 알지 못한다. 두뇌의 어느 부위가 그것을 통제하고, 정말 무엇이 굉장한 소리를 내게 하는지, 얼굴 표정이나 몸의 특징적인 움직임에 기여하는지에 대해 알지 못한다. 동물은 우리처럼 웃지 못한다. 그런데 아기는 거의 처음부터 웃을 수 있고 지상의 모든 문화권에서 그렇다. 우리는 웃음이 심리적으로 유익을 준다는 것을 직관적으로 안다. 웃을 때 우리는 기분이 더 좋아지고 고민은 사라지며, 우울증은 걷히고 불안도 사라지며 일반적인 안녕감이 우리에게 몰려온다. 행복한 사람들은 또한 많이 웃는다.

생물학적으로 말하자면 웃음은 매우 중요한 것임에 틀림없다. 그렇지 않다면 왜 웃는가? 몸 안의 자연스러운 것은 우리에게 해를 끼치지 않는다. 따라서 웃음도 유익한 것이 틀림없다.

유머가 실제적으로 우리 몸과 마음을 치유한다는 연구가 있는가? 상당히 많다. 치유 유미 협회가 있다. 그러니 심리치료사들도 유머가 중요하다고 생각한다. '유머와 건강'이라는 이름의 연구소와 학술지가 있다. 그러므로 과학자들 역시 이를 중요하다고 생각한다. 이런 대세의 선두에는 노만 커즌스Norman Cousins가 있다. 그는 웃음이 치유적이라는 그의 믿음을 과학적으로 탐색하면서 캘리포니아 주립대학교 의과대학에서 그의 생애 마지막 12년을 보냈다. 그는 유머 연구 전문위원회를 설립하여 유머에 대한 전세계적인 임상연구를 조율하였다.

성경은 '마음의 즐거움은 양약이라'(잠 17:22)고 기록하고 있다. 여기에 '즐거움merry'이라는 말은 '기분 좋은, 마음을 밝게 하는'이라는 의미인데 나는 이 단어가 많은 웃음을 암시하고 있다고 믿는다. 즐거운 사람이 가끔 큰 소리로 웃지 않는다는 것은 상상할 수 없다.

웃음의 생리적, 심리적 유익

유머와 환희, 웃음과 연관된 심리적 역동이 있듯이 생리적 변화도 있다. 단순히 소리 내어 웃는 것이나 미소 짓는 것도 일부 신체 활동 증가를 가져다 준다. 몸의 주요 생리 체계가 즐겁게 웃는 동안 자극되고 활성화된다는 것을 보여주는 증거가 있다. 웃음은 분명 전체적인 몸의 경험이다. 몸 전체가 환희의 경험에 참여한다.

대부분의 생리적 체계가 관여한다는 것을 지지하기 위해 수집된 증거는 웃음이 골격근육계와 중추신경계, 호흡계, 심장혈관계, 면역계, 내분비계에 고루 영향을 미친다는 것을 보여주고 있다. 이 모든 체계가 웃음 반응 동안에 반응적으로 활성화된다는 과학적 실험 증거가 있다. 생물화학적으로, 유머는 면역글로불린 A를 증가시키고 스트레스 호르몬을 감소시킨다는 것을 보여주고 있다. 또한 우리의 고통에 대한 내성을 증가시킨다는 것을 보여준다.

인지적으로 유머는 경직된 사고를 깨뜨리는 데 도움을 주며 따라서 우리는 세상을 보다 '현실적으로' 왜곡 없이 인식할 수 있게 된다. 우리의 정서적 상태는 우리가 주변 상황을 어떻게 인식하는가에 의해 크게 영향을 받는다. 스트레스 사건 자체는 스트레스를 주지 않는다. 우리가 경험하는 스트레스의 강도는 스트레스 사건을 인식하는 방식과 연관되어 있다. 셰익스피어는 이렇게 말했다. "좋은 것도 나쁜 것도 없다. 그렇게 만드는 것은 우리의 생각이다."

유머는 또한 행동을 변화시킨다. 우리는 유머가 우리의 느낌을 변화시킨다는 것을 안다. 그리고 우리의 행동은 기분과 연결되어 있다. 우리는 기분이 좋을 때 다른 사람에게 다가가서 그들과 관계를 맺는다. 새로운 것을 시도할 때 마음이 열리고 모험을 하며 새로운 가능성에 마음을 연다. 기분이 나쁠 때 위축되고 관계와 기회를 차단한다. 유머를 경험할 때, 우리는 기분이 좋아지고 그래서 다르게 행동한다. 우울한 사람들은 둔감해지고 별로 행동을 하지 않게 된다. 행복한 사람들은 기운이 나고 다른 사람들과 관계를 맺는 성향이 있다.

또한 웃음이 일반적으로 몸을 움직이게 한다는 것을 안다. 사람들이 보행할 수 없는 상황에서는 웃음을 통해 필요한 신체적 운동을 하는 것과 같다. 침대에서 생활하는 장애인들이나 휠체어에 의지하는 사람들, 운동을 많이 할 기회가 없는 사람들에게는 웃음이 큰 도움이 된다는 사실이 입증되었다.

유머는 심리적, 영적 유익을 제공한다

유머와 웃음(나에게는 이 둘이 함께 간다)이 행복 메신저를 증진시키는 데 유익한 이유 중 하나는 우리의 관점이 빗나갔을 때 웃음과 유머가 그것을 바로 잡아준다는 것이다. 애쉴레이 브릴리언트Ashleigh Brilliant(우편엽서에 종종 등장하는 한 줄 명언으로 유명하다)는 말한다. "거리는 당신을 작이지게 하는 것이 아니라 더 큰 그림의 한 부분이 되게 만든다."

웃음은 또한 에너지를 공급하고 우리가 무기력할 때 앞으로 전진하게 해준다. 당신은 유명한 설교자와 강연자가 농담이나 이야기 그리고 일화를 얼마나 자주 사용하는지를 유의해 보았는가? 그들은 유머를 어떤 이유 때문에 사용한다. 유머는 우리의 주의를 집중시킨다. 우리의 기운을 북돋아 준다. 만화, 재미있는 문구, 농담, 사진으로 가득 찬 회사 게시판은 직원들의 사기를 진작시키며, 정신을 바짝 차리고 자기 자리로 돌아가 생산성을 높이도록 독려하는 역할을 한다.

웃음과 하나님

보다 깊은 차원에서, 웃음은 우리 자신에 대해 무엇인가를 가르칠 뿐만 아니라 하나님에 대해서도 교훈을 준다.

나는 모든 유대적인 것에 강한 관심이 있다고 고백하지 않을 수 없다. 나의 관심의 일부는 유대계 친구들과 함께 성장한 배경에도 원인이 있지만, 그보다 더 중요한 것은 기독교 신앙의 구약적 유산을 내가 귀하게 여기기 때문이다. 나는 탈무드와 유대교 축제들, 유대 관습에 매료되어 있다. 나는 특별히 유대계 코미디언을 즐기며 왜 그렇게 많은 코미디언이 유대인일까를 생각해본다. 이것은 현대적인 현상만은 아니다. 여러 세기에 걸친 현상이다. 탈무드에서 라브Rav라는 이름의 유명한 교사는 항상 농담으로 그의 강의를 시작했다고 전해지고 있다.

유대교 달력에 웃음을 위한 공식적인 날이 바로 부림절이다. 모든 사람이 재미있는 옷을 입고 바보같이 행동한다. 나는 그것이 너무 좋다. 나를 매혹시키는 것은, 부림절이 웃음의 절기이지만 그 내용은 유대민족에게 임박한 멸망에 대한 것이라는 점이다. 물론 위협이 완전히 뒤집혀 전화위복이 되었지만. 하만은 교수형에 처해졌고 유대민족은 구출되었다. (당신은 이 모든 것에 대해 에스더서에서 읽을 수 있다.) 그리고 유대인들은 자신들의 구원을 잊지 않도록 하기 위해 이틀간의 축제를 제정한 것이다 (에스더 9:28).

그런데 왜 웃음의 축제인가? 랍비들은 위험에 처했다고 생각했다가 안전함을 발견하게 되면 자연히 기쁨과 웃음으로 반응하게 되기 때문이라고 가르친다. 그뿐만 아니라 당신이 혼자 적대적인 세상에 버려졌다고 생각할 때 갑자기 그곳에 하나님께서 함께 계시다는 것을 발견하면, 당신은 기쁨의 환호성을 지르게 될 것이다.

그러므로 유대인들은 하나님을 보다 분명하게 보지 못하도록 우리로 눈멀게 하는 한계를 웃음이 뛰어넘을 수 있게 해준다고 믿고 있다. 덧붙여 내

관점을 덧붙여 한마디 하자. 진정으로 하나님이 당신의 삶을 주관하고 있다고 믿는데 왜 스트레스와 위험에 대해 좀 더 웃어넘기지 못하느냐는 것이다. 당신의 삶에 있는 위험을 부인해야 한다는 말이 아니다. 대신에 웃는 심정으로 위험에 직면할 수 있어야 한다는 말이다. 웃음은 투쟁-도피 반응에서 벗어나서, 우울증적 자기연민을 극복하게 하고 문제의 핵심을 잡아 처리할 수 있는 계기를 마련해 준다.

삶에 더 많은 웃음을 가져오기

웃음이 불안과 무슨 관련이 있는가? 여기에 불안문제를 치료하는 데 중요한 함의가 있다. 불안과 웃음은 몸 안에 같이 공존할 수 없다. 하나가 다른 하나를 몰아낼 수 있는 것이다. 그렇다. 웃음은 당신의 삶에 더 큰 수준의 기쁨을 불어넣을 수 있는 중요한 방법이다. 그러니 나의 초점은 스트레스에 의해 빼앗긴 고갈된 신경전달물질을 회복시키기 위한 유머와 웃음 활용에 맞춰져 있다. 우리의 행복 메신저들은 응급상황이 지나갔고 과장되었다는 신호를 우리 몸에 보낼 때 더 빨리 돌아온다. 그리고 우스운 것을 보고 한바탕 웃는 단순한 행동이 많은 혼란으로부터의 회복을 가속화시킬 수 있다는 증거는 압도적으로 많다.

이 과정이 모두 기계적으로 이뤄진다고 암시하려는 것은 아니다. 더 깊은 문제들이 다뤄질 필요가 있을 것이다. 당신의 타이타닉이 침몰하고 있다고 상상해 보자. 갑판 위에 서서 행복한 노래를 부른다고 해서 당신 두뇌의 행복 메신저가 강화되지는 않을 것이다. 구명보트를 찾아서 투쟁-도피 메시지에 귀를 기울이는 게 더 필요할 것이다. 그러나 우리가 직면하는 대부분의 삶의 정황은 타이타닉 수준처럼 큰 것은 아니다. 그것들은 대부분은 일상적이고 사소한 골칫거리이며, 그 문제들을 털어버리기 위해서라도 그것들에 맞서서 한바탕 크게 웃을 필요가 있다. 한 번 해보라. 진짜 효과가 있다.

더 웃는 것을 배우기

어떻게 웃음지수를 높일 수 있는가? 그 열쇠는 웃을 이유를 찾는 것이다. 그렇게 하는 한 가지 방법은 일상에서 유머를 발견할 수 있는 당신의 능력에 시동을 거는 것이다.

먼저 주의할 사항이 있다. 때로는 유머가 남용될 수 있다. 다음은 유머가 남용되는 사례들이다.

- 다른 사람들을 비웃는 것
  다른 사람과 함께 웃되 그들을 비웃지는 말라.
- 지나친 웃음
  웃음은 잠깐 휴식을 줄 때 재미가 있다. 저질스런 농담은 미숙함의 신호다.
- 냉소와 빈정거림
  더러운 농담이나 상대가 속한 민족을 비하하는 유머는 깊이 자리 잡고 있는 감정상의 문제를 드러낸다.
- 해서는 안 되는 유머
  어떤 주제는 심각하고 유머에 적절치 않다. 만일 그것이 어떤 것인지 모른다면, 당신에게는 더 큰 문제가 있는 것이다. 당신은 감수성 없는 둔감한 사람이며 현실을 모르는 사람이다.

어떻게 유머 감각을 향상시킬 수 있는가? 여기에 몇 가지 방법이 있다.

익살맞은 책funny books을 읽으라. 스트레스 완화를 위해 언제나 가까이에 유머 책을 소지하는 것을 습관화하라. 그저 농담 섞인 책을 가까이 하라는 말이 아니다. 그런 책은 한계가 있다. 그런 책을 보면 익살스런 이야기를 계속하고 싶은 충동을 느낄 것이기 때문이다. 내가 여기서 말하는 것은 그런 것이 아니다. (나는 언제나 농담을 말하는 전염병 같은 사람을 피한다. 당신은 안 그런가?) 앤디 루니Andy Rooney와 작고한 엘마 봄벡Erma Bombeck과 같은 유머리스트의 글을 읽으라는 말이다. 당신은 그런 저자의 견해에 동의하지 않아도 된다. 그저 즐기면 된다. 익살맞게 이름값을 하는 유머러스한 그리스도인 저자들이 있다. 그런 저자들의 책을 읽어 몸과 마음을 유쾌하게 하라.

익살맞은 영화를 관람하라. 깨끗하면서도 익살스러운 재미있는 영화들이나 개그 프로그램이 있다. 정기적으로 그런 프로그램을 보는 습관을 들여라.

신문의 만화란을 읽으라. 신문 만화란을 어떻게 하면 더 재미있게 만들 수 있을지 생각해보라. 나는 만화를 볼 때마다 하나의 도전으로 취급해 조금 더 수정하여 정말 더 웃기게 만들 수 없는지 시험한다. 유머를 더 재미있세 조작하는 것은 정말 웃기는 흥분제가 될 수 있다. 당신의 유머지수를 높일 수도 있지만 자신의 유머에 폭소를 터뜨릴 수도 있다.

하루를 마칠 때, 당신이 경험한 당황스런 사건을 생각해보라. 그리고 그것을 유머러스한 경험으로 바꿔 보라. 당신이 교통 위반 티켓을 받았다고 하자. 미스터 빈(Mr. Bean: 영국의 유명한 개그맨)이라면 이 상황을 어떻게 다뤘을까? 그는 자신이 운전을 잘해서 포상금을 받고 있다고 생각해 그것을 가지고 근처 은행에 가서 현찰로 교환하려고 할 것이다. 혹은 그 경찰관이 티켓을 주고 뒤로 걸어 가는데 다른 경찰에게 '장애인 전용' 앞에 차를 댔다고 그에게 위반 티켓을 매긴다고 상상해보라. 경찰도 법 앞에서는 예외가 없다. 이렇게 하다 보면 불쾌한 기억을 행복한 기억으로 바꿀 수도 있다.

예를 들어 당신이 아내와 정원에 대해 심각한 대화를 하고 있다면 잠시 멈춰 서서 아내의 기분을 상하지 않고 유머스럽게 넘길 수 있는 부분이 있는지 고려해보라. 중요한 것은 아주 심각한 인생사에서도 유머스러운 면을 찾아보는 것이다. "여보, 저 개미는 만화 영화 <개미Antz>에 나오는 것이네. 잘 보라고, 마치 우디 알렌Woody Allen 걸음걸이랑 똑같잖아." 웃기지 않은가? 그렇다면 좀 더 나은 것을 시도해보라. 중요한 것은 심지어 인생의 가장 심각한 상황 가운데서도 유머러스한 것을 찾아보라는 것이다.

가끔 바보 역할을 해보라. 그러나 너무 자주 하지는 말라. 정말 바보스럽게 보이는 행동을 하라. 겉옷 혹은 치마, 속옷 등을 거꾸로 입고 저녁식사 시간에 가족을 놀라게 하라. 가족 모두가 바닥에 앉아 식사를 해보라. 아니면 식사하면서 '손수건 떨어뜨리기' 게임이나 아이들용 게임을 해보라. 재미있는 분위기를 연출하라는 말이다. 가족관계에 놀라운 변화를 줄 수도 있다. 그리고 더 중요한 것은 그것이 긴장되고 경직된 당신의 평판을 없애 줄 것이다. 그것은 당신이 더 자유롭게 웃고 이완할 수 있도록 도와 줄 것이다.

요약해 보자. 당신이 더 웃으려 노력해야 하는 이유가 무엇인가? 유머와 웃음은 당신의 행복 메신저를 증가시킬 것이고, 당신의 면역체계를 강화하고, 심혈관계를 활성화시키고, 아드레날린을 낮추고, 기쁨을 배가시키고, 사람들이 당신을 더 좋아하게 만들고, 당신을 더 창조적으로 만들고, 더 명쾌하게 생각하도록 돕고, 당신을 더 지혜롭게 하고, 몸의 화학균형을 잡아주고, 혈압을 낮추고, 심장질환 위험을 낮추고, 정서적 고통을 감소시키고, 공황발작 가능성을 낮추고, 인생에 더 분명한 시각을 갖게 해주고, 눈에 활기를 불어넣고, 당신을 하나님께 더 가까이 가도록 이끌어줄 것이다.

아무런 돈도 들이지 않고 이 모든 것을 해줄 것이다. 참으로 좋은 거래 아닌가!

긍정적 인생관 유지하기

<로레타 라로체Loretta LaRoche>라는 최근의 한 코미디 방송에서 라로체LaRoche 씨는 그녀가 고무로 만든 장난감 닭을 통해 스트레스를 해소하는 법을 보여주었다. 그녀는 플라스틱으로 만든 가짜 코, 수염, 눈썹 등이 달린 안경과 바이킹 헬멧을 쓰고, 등에는 'TA-DAH' 라고 새겨진 망토를 걸치고 등장했다 (이것은 The Association of Delightfully Alive Humans의 약자로 즐겁게 살아가는 이들의 단체라는 의미이다.)

물론 이 모든 상황 속에는 내가 당신에게 말하고자 하는 동일한 메시지가 담겨있다. 그 희극 속에서 라로체는 다음과 같이 이야기하고 있다(내 말로 풀어쓴 것이다).

> 모든 사람들이 항상 너무 피곤하고 바쁜 것에 대해 불평하고 있는데, 이럴 때 나는 '순교자 물품 세트martyr kit' 를 판매하는 것도 좋은 아이디어라는 생각이 든다. 그것은 두 조각의 깔깔이 천으로 되어 있는데 다음과 같이 작동된다. 한 조각을 이마에 붙이고 다른 하나는 손등에 붙인다. 심한 스트레스를 받을 때 손등으로 이마를 때려라. 그리고 '오! 슬프도다' 와 같은 태도를 보여라, 그러면 모든 사람들이 당신이 고통 가운데 있다는 사실을 알게 될 것이다. 사실 당신은 상당히 오랜 시간 동안 그 자세를 유지할 수 있다. 왜냐하면 그 깔깔이 천 자체가 서로 붙어있기 때문에 당신 팔은 피곤을 느끼지 않을 것이기 때문이다.

내 삶에서도 그런 순교자 물품 세트 하나를 구입하고 싶은 때가 있다. 그것은 내 자신에게 유감을 느껴서가 아니라 삶에서 긍정적인 관점을 유지하는 것이 힘들기 때문이다.

그것은 정말 어려운 일이다. 오늘 아침의 경우를 예로 들어 보겠다. 나는

'긍정적인 삶의 자세를 유지하기' 라는 중요한 주제를 쓰기 위해 앉았다. 인터넷에 접속해서 다른 사람들은 현재 이 주제에 대해 어떻게 이야기하고 있는지를 찾아보겠다고 마음먹었다. 내가 좋아하는 검색엔진을 통해 '긍정적인 자세' 라는 주제어를 검색했다. 즉각적으로 꽤 많은 내용들이 검색되었다. 첫 검색 사이트를 열었더니 그 사이트는 폐쇄되었다고 메시지가 나타났다. 그래서 자신있게 두 번째 사이트를 열었다. 동일한 메시지가 떴다. 이 사이트는 더 이상 아무 쓸모가 없었다. 나는 세 번째, 네 번째 사이트에 접속을 시도했다.

요약해서 이야기하면, 내 검색창에 나타난 모든 사이트에 접속을 시도했지만 그들 중 하나도 접속이 되지 않았다. 나는 지금 절망에 대해 이야기하고 있다. 긍정적인 자세를 유지하기 위해 조언을 해주는 사이트로부터 단 하나의 긍정적인 답변도 들을 수 없었다. 나의 순교자 물품 세트는 어디에 있는가?

긍정적인 관점을 유지하는 것의 가치에 대해서는 많은 글이 나왔고 많은 말이 오갔다. 긍정적인 관점을 갖는 것은 수술에서의 회복을 가속화하고 암의 회복은 물론 병과 싸우는 면역력을 강화하며, 투쟁-도피 반응과 스트레스성 질환을 감소시키고, 사업과 진로에서의 성공을 보장한다고 알려져 있다. 우리는 직관적으로 이와 반대되는 관점, 즉 부정적인 태도가 우리의 마음과 몸에 좋은 것은 모두 대대적으로 없애버린다는 것을 알고 있다. 이는 영적 생활에도 영향을 끼쳐 우리를 형편없는 사람으로 만든다.

부정적 태도를 긍정적 관점으로 바꾸는 것이 실제로 안정감을 회복하고 불행과 불안을 양산하는 호르몬을 행복 호르몬으로 전환시키도록 도와줄 수 있는가? 의심의 여지없이 그렇다. 중요한 질문은 "어떻게 우리의 태도를 거꾸로 바꿀 수 있느냐" 는 것이다.

『마음의 습관』에서 나는 긍정적인 마음의 가치를 논했다. 그 책에서 다음과 같이 질문했다. "건강한 마음의 특징은 무엇인가?" 건강한 사람들의 특징 중 하나는 부정적인 것이 지배적인 상황에서도 긍정적인 것을 강조한다는 것이라고 나는 주장했다. 이들은 재앙의 얼굴을 정면으로 바라볼 수 있고 가파른 절벽 면의 작은 발판에서도 소망의 빛을 찾아낸다. 발 딛을 곳만 있으면 이들은 실족했던 곳에서 다시 절벽 위로 기어올라갈 수 있다.

그러나 긍정적 태도는 이것 이상이다. 사실 우리가 일이나 결혼이나 다른 관계에서 성공하려면, 위기를 극복해야 할 도전으로 보는 것이 중요하다. 그러나 이것은 생존 모드survival mode이다. 이것이 중요하기는 하지만 또 하나의 중요한 모드가 있다. 나는 이것을 평안tranquility 모드라고 부른다.

무엇이 다른가? 우리는 생존 모드에서 문제를 해결하고 무기력을 피하고 창조적이 되기 위해 긍정적 안목을 사용한다. 그러나 도전이나 위기가 끝나면 무슨 일이 벌어지는가? 당신의 아드레날린 후기 우울증이 긍정성을 앗아가게 되고 당신은 부정적 또는 자기 패배적 안목에 빠지게 된다.

내가 여기서 제안하는 것은 나를 포함해 우리 중 많은 이들이 우리 인생의 주요 문제에 대처할 수 있는 놀라운 능력이 있다는 것이다. 나는 가끔 자랑한다(나는 좋은 쪽으로 그러기를 바란다). 나는 개인적으로나 직업적으로나 어떤 위기가 와도 대처할 수 있다. 나는 활기를 띤다. 나의 아드레날린이 기막히게 나를 잘 섬긴다. 나는 창의적인 문제해결사가 되며 전체 위기를 하나의 이겨야 할 게임으로 본다. 내가 기술자였을 때에도, 그후 학자로서 그리고 당시 임상적인 일을 하면서 이런 식으로 대응했다. 응급치료를 받아야 하는 무너지고 있는 환자를 만나게 해 달라. 그러면 나는 활기를 띤다. 어떤 부정적인 패배적 태도도 나에게는 없다.

그러다가도 나는 무너진다. 위기들이 지나간 후, 나의 긍정적 안목은 옅은 안개 속으로 사라지는 것 같고 그와 함께 나의 행복 메신저들도 사라지는 것 같다.

그러므로 여기서 도전은 어려운 시기에 긍정적 안목을 유지하는 것 외에도 아드레날린이 바닥을 칠 때 낙관성을 유지하는 것이다. 왜 그런가? 두뇌에게 부정적인 면에 대한 이유 여부는 중요하지 않다. 중요한 것은 그 순간에 아드레날린이 거기에 없다는 것이다. 그리고 아드레날린의 부재는 두뇌가 위기를 극복하기 위하여 행복 메신저를 반드시 억눌러야 함을 의미한다.

그러므로 나처럼 낙관적인 사람들은 긍정적인 안목을 드러낼 도전이 없는 하강국면에 접어들 때마다 부정적이 된다는 것이 나의 관찰이었다. 낮은 도전의 시간에 당신이 긍정성을 상실한다면, 다음의 제안들이 도움이 될 수 있을 것이다.

위기 직후에는 감정을 신뢰하지 말라. 이것은 부신체계가 무너졌을 때 일어나는 것이기 때문에 당신은 우울증에 걸릴 수 있다. 두뇌는 재충전과 회복의 기회를 요구하고 있다. 그래서 두뇌는 외부활동에 대한 관심을 끄고 당신의 에너지를 제거한다. 이런 식으로 당신은 이미 과잉 분비된 부신체계에 더 이상 피해를 주지 않으려고 더 분투하지 않게 된다.

당신의 두뇌에 언제나 진실을 말해주라. 만일 낙심되었을 때 부정적인 감정을 믿게 되면 두뇌에 잘못된 메시지를 보내게 될 것이다. 인지심리학자들은 이것을 '귀인attribution'이라고 부른다. 하나의 경험에 대해서 믿는 것이 두뇌에 그것을 해석하는 방법을 말해주기 때문이다. 예를 들어 당신이 진한 커피를 한 잔 마시고 반시간 후에 누군가와 심한 논쟁을 했다면 높아진 맥박과 카페인의 흥분제 효과를 분노의 결과로 해석하게 될 것이다. 빠른 맥박은 단지 커피 때문이라는 사실을 받아들이는 대신 이렇게 믿는 것은 두뇌가 어떻게 반응하느냐에 커다란 차이를 가져올 수 있다. 언제나 두뇌에 진실을 말하도록 하라.

자신에게 긍정적인 구호나 동기부여하는 모토를 거듭해서 말해주라. 두려움에 질려 있을 때는 마음이 제대로 작동하지 않는다. 모든 것이 부정적으로 보이며 똑바로 생각할 수가 없다. 이에 대응하는 가장 좋은 방법은 부정적인 생각을 구호나 모토 등의 긍정적 생각으로 대체해 그 부정적 생각에 꾸준히 도전하는 것이다. 그러면 당신은 자기패배적인 생각으로부터 주의를 돌리기 위해 무반응적인 마음에 긍정적 구호를 계속 던져주게 될 것이다.

나의 친구이며 과거 나의 학생이기도 한 릭 워렌Rick Warren은 현재 캘리포니아 오렌지 카운티의 대형교회인 새들백 교회에서 목회하고 있다. 나는 그의 목회방식을 존경한다. 나는 그의 교회에서 몇 차례 설교한 적이 있다. 그는 '목적이 이끄는' 목회 방식을 개발하였는데 그가 메시지를 전달하는 방식의 하나는 구호와 금언, 모토, 간결한 문구를 활용하는 것이다. 릭 워렌 목사는 역사상 많은 주요 사건들이 "알라모를 기억하라, 나에게 자유가 아니면 죽음을 달라"와 같은 구호에 의해 결정되었다고 믿고 있다. 그의 베스트셀러 『목적이 이끄는 교회』에서 릭 워렌은 다음과 같이 쓰고 있다. "확신을 가지고 반복해서 구호를 외치면 사람들에게 동기를 부여해서 그들이 보통 하지 않으려고 했던 일도 하게끔 만든다. 심지어는 전쟁터에서도 자신의 목숨을 바치게 만든다." 그는 자기의 메시지를 강화하기 위해 구호를 정기적으로 개발한다. "우리는 섬기기 위해 구원받았다. 성도는 누구나 섬기는 자이다. 어떤 대가를 치르더라도 잃어버린 자를 구하라"와 같은 구호는 단 몇 가지 예에 불과하다.

우리의 부신 호르몬이 소진되었을 때, 이것이 부정성에 대한 저항을 키우는 데 무슨 상관이 있는가? 많은 상관이 있다. 절망이나 무기력함에 빠져들지 않도록 하기 위해서는 여러 가지 강력한 구호나 금언이 필요하다. 만일 구호가 사람들을 전쟁터에서 목숨을 바치도록 격려한다면 그것은 분명히 우리를 공포에서 건져낼 수 있을 것이다.

당신은 어디에서 적절한 모토를 찾을 수 있는가? 당신은 다른 상황에서 그것을 빌려서 스스로 적용할 수 있을 것이다. 나의 것을 알고 싶은가? 그리고 내가 어디서 이런 것들을 찾는지 알고 싶은가? "문제는 결코 지속되지 않는다"(흑인 영가에서), "멈추지 말고 피곤해 하지 말고 절대 포기하지 말라", "누가 그것을 쉽다고 했나?", "잠을 자고 아침을 위해 힘을 모으라"(이상 모두 윈스턴 처칠의 연설에서).

다음은 내가 자주 사용하는 금언과 슬로건이다.

- 그냥 놔 두어라. 세상의 종말이 온 것이 아니다.
- 모두를 좋아할 수는 없다, 다만 그들을 사랑하라.
- 자신의 불완전을 수용할 용기를 가져라.
- 반드시 우승할 필요는 없다. 다만 마지막까지 경주를 끝내라.
- 나에게는 실수할 권리가 있다.
- 내가 용서하지 않으면 나도 용서를 기대할 수 없다.
- 내가 다른 사람을 존경하지 않으면 나 역시 존경을 기대할 수 없다.
- 실패를 통해 성장한다.
- 실망은 언제나 위장된 축복이다.

많은 좋은 구호들은 성경에 근거를 두고 있으며 우리가 낙심했을 때 하나님의 변함없는 사랑의 임재를 우리에게 상기시켜 줄 수 있다. "자신을 내려놓고 하나님이 하시도록 하라. 하나님의 영spirit 안에 거하라. 이 부정성을 하나님께 내려놓아라."

좋은 구호와 금언, 모토를 주변에서 찾아 잊지 않도록 작은 수첩에 기록하라. 창의적으로 자신의 것을 구상해 보라. 창조하는 즐거움이 당신의 행복 메신저를 활성화시켜 줄 것이다.

삶을 위한 목적 발견하기

앞에서 나는 친구 릭 워렌과 그의 '목적이 이끄는' 목회 접근에 대해 언급했다. 그는 또한 사람들이 하나님이나 교회와 어떻게 관계할 필요가 있는지에 대해 독특한 이해를 갖고 있다. 그가 믿고 있고 내가 전적으로 동의하는 것은 사람들이 요즈음 무엇보다 원하는 것은 삶에 대한 목적의식이라는 것이다. 대부분의 사람들은 운명 의식이 없다. 그들은 자기가 어디서 와서 어디로 가는지 알지 못한다. 나는 그저 세속적인 사람들에 대해 말하는 게 아니다. 그리스도인들도 마찬가지다.

로버트 스티븐슨은 '우리는 우리 자신what we are이 되며, 될 수 있는 한 우리 자신이 되는 것이 인생의 유일한 목적'이라고 믿었다. 우리가 그리스도에게 나옴으로 일단 죄 문제를 해결하면 그 다음에는 우리 인생의 가장 큰 부담인 실존을 위한 진정한 목적을 발견해야 한다. 많은 사람들이 늙어가면서도 진정한 성취감이나 보람을 느끼지 못하고 있다. 그들은 인생에서 아무것도 성취한 것이 없다는 기분으로 매일, 매주, 매달, 매년을 지나친다. 그리고 '충분치 못했다'는 느낌으로 살아가는 사람은 누구나 남은 여생이 불행할 수밖에 없다.

많은 이들이 그들의 단조로운 일상이 그들에게 의미 있는 존재감을 주지 못한다고 느끼고 있다. 누구나 신나거나 보람 있는 진로를 발견하지 못한다. 그래서 차선의 직업으로 만족해 한다. 그들은 자기가 원하는 것을 성취할 재정적 자원이 없거나 그것을 성취할 지적인 기술이나 여타 기술이 부족할지도 모른다. 그들이 이 일에서 저 일로 옮겨다니면서 더 많은 성취감을 찾는다면 조만간 모든 직업은 결국 판에 박힌 일상이 되며 그 빛을 상실할 것이다.

나는 일찍이 집 페인트 공으로 일했던 한 그리스도인 남성을 알고 있다. 그는 자기가 하는 일을 싫어했다. 그 일은 그를 지치게 만들었고, 다른 페인트 수리공들이 누리는 즐거움을 그는 누리지 못했다. 그의 취미는 전기기술이었는데 라디오를 수리할 때 대단한 기술을 발휘했다. 전기기술자로 일할 것을 제안 받았을 때는 진짜 신나는 일을 하게 될 거라 믿고 뛰어들었다. 그러나 몇 달이 못 되어 그가 즐기던 취미는 그가 싫어하는 직업이 되었다. 그는 별반 자유가 없이 수리하는 의자에 얽매이는 신세가 되었다. 직업이나 진로를 바꾸기만 하면 더 행복할 것이라 생각하는 사람들은 완전히 잘못되었다. 일이라는 것은 그 자체가 몇 가지 예외를 제외하면 시간이 가면서 조만간 단조로운 일상이 되게 되어 있으며 성취감이 덜하게 되어 있다. 그리고 그 예외적 행복이라는 것도 '올바른' 직업을 찾는 데서 오는 것이 아니라 당신이 이미 가지고 있는 직업에 올바로 적응하는 데서 오는 것이다.

릭 워렌은 이것을 이해한다. 그래서 그의 목회 접근에서 그는 사람들이 단조롭고 힘들게 느껴지는 삶에서 하나님을 섬기는 가운데 그들이 사용할 수 있는 은사를 발견하게 함으로써 목적의식을 찾을 수 있도록 도와주려고 노력한다.

이것은 우리의 행복 메신저를 증진시키고 불안과 우울증을 물리치는 것과 무슨 상관이 있는가? 많은 관계가 있다. 나는 당신의 진로에서나 부모로서의 역할(그 자체가 중요한 일이지만)에서 '당신의 잠재력을 발휘하는 것'에 대해 말하고 있는 것이 아니다. 나는 당신이 이미 모든 선택을 탐색하고 있으며 당신 안에 있는 잠재력을 발굴하고 있다고 가정하고 있다. 헨리 에머슨 파즈딕 Hanry Emerson Fosdick은 우리 모두는 자신을 가능성의 덩어리로 받아들일 용기와 우리 자신을 극대화하는 게임에 돌입할 용기가 있어야 한다고 제안한 적이 있다. 우리 대부분은 조심하지 않으면 잠재력의 제한된 영역 안에서 끝나버릴 수 있다. 우리는 잠재력을 충분히 발휘하는 데 실패할 것이다. 그런데 당신이 그 잠재력을 발휘했다면 어떻겠는가? 그것이 당신의 행복 메신저가 풍성해지리라는 것을 보장하는가? 아니다, 그렇지 않다. 오히려 잠재적 꿈을 충분히 성취한 대부분의 사람들은 너무 스트레스를 받아 공황에 취약해지며 오히려 그것을 누리며 살지 못한다.

보다 직설적으로 말하겠다. 당신이 가지고 있는 모든 잠재력을 발휘한다고 해도 그 자체가 행복한 삶을 보장하지 못한다. 다른 무엇이 필요하다. 당신의 삶을 위한 진정한 목적의식을 찾는 보다 더 어려운 일을 요구한다. 당신이 초등학교 수준의 교육을 받았든 여러 학문분야에서 20개의 박사학위를 받았든 이것은 마찬가지다. 아니면 재정적으로 말해서 당신이 하루하루를 겨우 견디며 끼니를 때우는 신세든 소득세를 너무 많이 내는 것 때문에 고민하는 처지든, 이것은 마찬가지다.

목적의식, 운명의식은 인생 전체에 대한 것이다. 어떻게 해서든 당신의 잠재력을 발휘하는 '더 작은' 문제를 해결하라. 당신의 잠재력을 극대화하는 일을 소홀히 하지 말라. 당신이 더 잘할 수 있는 것을 알면서 덜 힘든 일에 만족하지 말라. 나는 그렇게 하지 않았다. 나는 토목공학에서 심리학으로 직업을 바꾸었다. 내가 좋은 기술자가 아니라서 그런 것이 아니었다. 나는 엔지니어로서 아주 성공적인 삶을 살 수 있었을 것이다. 그러나 어떤 '더 높은' 목적이 나를 부르고 있었다. 그렇다. 하나님께서 직업을 바꾸도록 나를 부르시는 데 큰 손을 쓰셨다. 결국 나는 그리스도인들, 특히 목회자들의 감정과 인격을 더 건강하게 하는 데 도움을 줄 수 있는 신학교 심리학 교수가 되었다. 그러나 내가 하고 있는 일을 하는 데 있어서도 내가 여기서 강조하고 있는 요지에 주의를 기울일 필요가 있다. "당신의 인생에서의 소명이 무엇이든, 거기에 목적의식이 배어들게 하라."

이 목적의식은 우리나라가 노령화되면서 특히 더 중요해지고 있다. 의료기술의 발달로 우리 대부분은 직장생활이 끝난 후에도 제2의 삶을 살기에 충분할 정도로 오래 살게 될 것이다. 직업 외에 잘 정립된 목적의식이 없다면 은퇴는 상당히 힘든 세월이 될 것이다. 모든 사람이 은퇴에 성공적으로 적응하는 것은 아니다. 행복 메신저는 겨울을 위해 남쪽으로 가서 결코 돌아오지 않는 때도 있다. 슬프게도 직장생활이 끝났을 때 지위와 목적의 상실에 적응하려 노력하는 환자들을 너무 많이 보아왔다. 은퇴에 어떻게 대비할 것인지 신중하게 생각하는 사람들이 거의 없다.

깊은 목적의식을 발견하는 것은, 특히 그리스도인들에게 몇 가지의 단계를 거친다 해서 쉽게 해결되는 문제가 아니다. 그러나 삶의 목적의식을 찾고자 할 때 참고할 수 있는 몇 가지 지침이 있다.

좋은 상담자를 찾아 목적의식에 대한 필요를 함께 탐색하는 것을 주저하지 말라. 때로는 이런 문제들을 혼자서 생각함으로 해결할 수 없다. 감수성을 가지고 공감하며 들어주는 상담자가 큰 도움을 줄 수 있다.

하나님께서 삶의 목적을 발견하는 데에 특별히 관심이 있다는 것을 잊지 말라. 그러므로 이것을 함께 기도할 제목으로 삼으라.

삶의 '보다 작은 일들'을 소홀히 하지 말라. 기독교봉사를 위해 출구를 찾는 것도 절대적으로 중요하지만 큰 기쁨과 만족을 주는 작은 일들을 간과하지 말라.

다른 사람들의 필요에 초점을 맞추라. 다른 어떤 영역보다도 우리에게 더 많은 수준의 만족을 주는 영역이 있다면, 우리 자신의 필요에 초점을 맞추기보다 다른 사람들의 필요에 민감해지는 것이다. 순수하게 다른 사람을 돕는 것에 초점을 맞추고 사는 사람이 인생에서 불행하거나 불만족해 하는 경우를 본 적이 없다. 그들의 행복 메신저는 풍성하다. 그들은 보다 안정되어 있고 자신과 평화롭게 살아간다.

나는 이 질문을 하고 싶다. "어느 것이 먼저인가? 자신이 행복한 것인가, 다른 사람에 초점을 두는 것인가? 행복한 사람들은 더 이타적인가? 아니면 다른 사람들에게 초점이 맞춰져 있어서 행복한 것인가?" 나는 상당히 높은 확신을 가지고 당신에게 다짐할 수 있다. 그들은 자신에서 다른 사람에게로 주의를 돌리기 때문에 행복한 것이다.

이제 이 장을 두 개의 짧은 이야기로 마치려 한다. 이것이 나의 의중을 정확하게 전달할 수 있기를 바란다. 첫째는 아내와 결혼한 직후 남아프리카 피터마르츠버그라는 도시로 이사했을 때 만났던 한 남자와 그의 아내에 대한 이야기이다. 그는 은퇴를 앞두고 있었고 공공기관에서 서기로 일하고 있었다. 그러나 이 두 사람은 하나의 놀라운 능력을 지니고 있었다. 그 부부는 대학생들 혹은 훈련 중인 간호사 등, 그 도시를 거쳐 가는 젊은이들에게 친구가 되어주고 격려하는 은사가 있었다. 매 주말이면 그들은 수십 명의 젊은이들(대부분 그리스도인들)에게 그들의 작은 집을 개방하고 먹을 것과 게임, 교제할 장소를 제공하였다. 그 후에도 나는 그 비슷한 모습을 다른 곳에서 본 적이 없다. 말할 필요도 없이 우리는 젊은 신혼부부로서 그 위로를 만끽하였다. 그들은 여러 해 동안 우리의 소중한 친구가 되어 주었고 지금은 두 분 다 돌아가셨다.

특히 그 남편에 대해 가장 기억나는 것은 그의 긍정적인 인생관과 너그러운 외향적 자세 그리고 변변치 않은 직업생활에도 불구하고 삶을 즐기는 태도였다. 그는 우리 부부에게 자신이 아닌 외부를 바라보는 것의 중요성을 가르쳐 주었다.

두 번째 이야기는 고작 19개월의 어린 나이에 시력과 청력을 잃은 한 여인에 관한 이야기이다. 그녀는 사납고 반항적이며 통제할 수 없는 젊은이로 성장했다. 그러다가 거의 시력을 상실한 한 선생님이 그녀를 가르치라는 도전을 흔쾌히 받아들였다. 그녀는 불어와 그리스어를 배우기 시작했고, 점자 타자로 과제물을 하는 법도 배웠다. 그녀는 자신의 삶에 흥미를 갖게 되었고 다른 사람에게 온정적인 사람이 되었으며 심지어 자신에 대한 연민의 흔적도 찾아볼 수 없었다. 머지않아 그녀는 자신이 침묵과 어두움의 세계 속에 사는데도 불구하고, 2차 세계 대전 중에 평화를 촉진하고 군인들의 사기를 진작하면서 변화를 촉구하는 활동가가 되었다.

그녀는 한 번도 다른 사람처럼 되려고 노력하지 않았다. 그녀는 언제나 다른 사람에게 마음의 초점을 맞추었고 이 초점은 그녀에게 사랑의 목적의식을 제공하였다. 그녀는 바로 헬렌켈러다. 그녀의 놀라운 삶의 이야기가 놀라운 영감을 주는 것은 바로 이 두 가지 특징 때문이다. 하나님께서 힘 주시면 이러한 삶이 우리 모두에게 가능한 것이다. 우리에게 필요한 것은 하나님이 선택하시는 방식으로 하나님께 쓰임 받고자 하는 마음이다.

16장

아동과 사춘기 청소년의 불안

예수께서 가라사대 어린 아이들을 용납하고
내게 오는 것을 금하지 말라. 천국이 이런 자의 것이니라 (마태 19:14)

아동은 불안을 경험하는가? 그렇다. 무엇보다도 피해자의 경우 불안 문제의 기초가 어린 시절에 일어난다. 커튼 뒤의 귀신, 침대 밑의 괴물, 어두움 속의 물체 등 부모들은 어린이들의 두려움이 극단적일 수 있다는 것을 잘 안다.

다른 어떤 심리적 문제보다도 불안장애로 더 많이 고통을 받는다. 때때로 그들의 환경이 불안을 야기한다. 어떤 경우는 불안한 기질을 갖고 태어난다. 아동의 불안이라는 주제는 방대한 것으로 그 자체가 책의 제목이 될 수 있다. 그러나 이 책은 불안이 어떻게 아동에게 영향을 미치는가를 짧게라도 다루지 않으면 불완전한 책이 될 것이다.

아동의 불안은 여러 형태를 보일 수 있다. 아동은 아직 자신의 불안을 설명할 언어적 기술을 갖추지 못했기 때문에 비언어적 행동을 사용한다. 지나치게 큰 소리로 우는 것, 악몽, 비행(나쁜 행실), 신경질과 같은 것은 모두 지나친 불안 때문에 일어나는 도움의 요청일 수 있다.

충동적 머리카락 뽑기

사무엘은 불안이 자녀에게 어떻게 나타나는지를 보여주는 좋은 예이다. 그의 중국인 부모는 결혼하자마자 가족식당업을 할 계획으로 홍콩에서 미국으로 왔다. 친할머니는 혼자된 과부로 손주들을 돌봐줄 생각으로 그들과 함께 미국에 왔다. 주중 밤에는 며칠씩 부모 중 한 분만이 아이들과 집에 있었다.

처음 6~7년은 부모님의 길고 조금은 어색한 식당 영업시간에도 불구하고 모든 일이 잘 진행되는 것 같았다. 그러나 사무엘이 초등학교 4학년이 되면서 변화가 일어났다. 사무엘은 자신의 머리카락을 한 웅큼씩 뽑기 시작했다. 그의 머리 사방에 탈모된 부분이 보였다. 많은 노력이 필요 없었다. 그의 머리카락은 발모광(충동적 머리뽑기)이라는 상태로 거의 빠질 준비가 되어 있었기 때문이다. 머리카락은 문지르기만 해도 뽑혀 나왔다. 사무엘은 그저 그의 머리를 문지르기만 한 것이 아니었다. 그는 커다란 피부가 보일 정도로 머리카락을 한 웅큼씩 잡아당겼다.

우리가 사무엘의 상태를 평가했을 때(부모는 내가 슈퍼비전하고 있던 대학원생을 만나고 있었다), 그의 부모가 아들이 할 수 있는 것보다 더 잘하라고 무리하게 강요하는 것을 분명히 확인할 수 있었다. 그들은 아들을 집에 너무 오래 남겨놓는 것에 대해 느끼는 죄책감을 보상하려는 마음도 있었고 자녀가 미국에서 성공해야 한다는 강박감도 작용하고 있었다. 그들은 사무엘이 숙제를 할 때 항상 곁에 있을 수 없었기 때문에 기회가 있을 때마다 아들에게 더 잘하라고 책망하고 위협하였다.

사무엘은 이미 다섯 살 때부터 충동적으로 머리카락을 뽑기 시작했는데 부모는 그것이 별것 아니라고 생각했다. 그러나 아동에게 문지르기, 물어뜯기, 혹은 머리털 뽑기와 같은 촉각자극은 불안의 중요한 요인이 될 수 있다. 이러한 불안은 손가락 빨기, 좋아하는 담요 문지르기, 동물인형 쓰다듬기와 같은 자위적인 감각자극을 제공한다.

순응하도록 훈련된 사무엘은 부모의 압력에 한 번도 반발하지 않았다. 한 번도 말대꾸를 하지 않았고 울화통을 터뜨리지 않았으며 변명을 하지도 않았다. 불쌍한 소년은 자기의 머리카락을 조금씩 잡아 뽑았다. 상담실에 앉아 있는 사무엘은 참으로 애처로운 모습이었다.

극단적인 불안으로 고생하는 아동의 경우가 늘 그렇듯이, 문제는 자녀보다는 부모에게 있었다. 그래서 우리는 사무엘의 부모를 재교육시키는 지루한 과정을 시작하였다. 그들은 무엇이 진행되고 있는지 이해하지 못했다. 많은 부모들처럼, 그들은 자기 자녀에게 최선으로 해주고 싶었다. 그들은 사무엘이 거기에 남아 '고쳐지기를' 원했다. 결국 이것은 '체계'의 문제이며 부모가 가족체계의 중요한 일부라는 사실을 강조했다. 그들은 권위적인 사람들이었다. 그들은 모든 것을 좌지우지했다. 그들이 모든 살림을 다할 수 없었고 아들의 패닉에 한몫 한 것을 무시할 수도 없었다. 그들은 치료 과정의 일부가 되어야 했다. 마지못해 그들은 동의했다.

그러니 자기 자녀가 머리카락을 뽑거나, 손톱을 물어뜯거나, 위로해 주는 대상에게 집착하거나, 불안의 다른 증상을 보인다면 부모는 무엇을 할 수 있는가? 패닉상태에 빠지지 말라. 많은 부모들이 자녀의 행동에 대해 매우 민감할 수 있다.

어떤 어린이들에게는 불안 증상이 일시적 현상으로서 자기탐색 및 자신을 잠잠케 하는 행동과 연계될 수 있기에 문제로 발전하지 않을 수도 있다는 것을 기억하라. 그러나 불안 행동이 학령기 이후까지 지속되면 어떤 조치가 필요할 수 있다.

불안한 아이

모든 아동은 불안을 경험한다. 아동의 불안은 예상할 수 있고 일정한 발달단계에서는 완전히 정상적인 것이다. 예를 들어, 약 한 살부터 학령기 이전까지는 건강한 아이라도 부모나 동기간과 분리될 때 잠정적으로 극도의 불안을 보일 수 있다. 이것은 필요한 경험으로 자녀가 부모에게 점진적으로 덜 의존하게 하여 학교에 대비하게 해준다.

이 시기는 어린 아이들이 삶의 필요한 변화에 적응하는 법을 배우는 과정으로서 (어두움이나 태풍, 동물, 낯선 사람, 학교 가는 것, 친구 사귀는 것에 대한 두려움과 같은) 두려움을 짧은 기간 동안 경험할 수 있다. 천둥이나 번개, 지진과 같은 것을 처음 경험하며 불안과 두려움을 느낄 수 있다. 위험한 순간이 지나가거나 재발하지 않을 것 같아지면 불안은 사라진다.

이런 것들은 자녀의 발달을 돕는 극히 정상적인 불안경험들이다. 그러나 자녀가 일상생활에 방해를 받을 정도로 심한 불안을 겪고 있으면 부모는 아동 및 청소년 전문가의 평가와 조언을 구해야 한다. 도움을 구해야 할지에 대한 신호 혹은 자녀의 과잉반응 여부에 대한 평가 기준은 그 불안이 당신의 삶에 방해가 되느냐 하는 것이다. 예를 들어 일하는 것이 방해를 받거나 아이의 소란으로 인해 집을 나설 수가 없다면 자녀가 불평하지 않더라도 자녀의 문제는 평가를 받아야 한다. 아동 정신과의사나 심리학자 또는 가족상담사라면 평가를 도와 줄 수 있다.

분리 불안

아동기 불안의 아주 흔한 형태는 '분리불안'이다. 나는 생애 초기에 불안의 경미한 형태를 경험하였기 때문에 이 문제에 대해 잘 안다. 그 뿌리는 분명히 초기 아동기 경험에 있는데 많은 불안이 유기abandonment와 불안정insecurity의 문제를 중심으로 생겨난 것이다. 이것은 분리의 초점이 부모로부터 배우자나 가족으로 옮겨가면서 성인기까지도 따라다닐 수 있다.

걸음마 단계의 유아나 취학 전 아동이 애착관계에 있는 사람들로부터 실제 또는 위협적인 분리에 대해 어느 정도 불안을 경험하는 것은 정상적인 것이다. 그러나 불안의 심각성은 아이가 유치원에 가거나 부모가 직업을 갖게 되기 전에는 발견되지 않는다. 어떤 문제는 모든 아동들에게 예상되는 것이다. 분리에 대한 두려움이 불안의 초점이 되거나 이런 불안이 지속될 때에만 심각한 문제가 되는 것이다.

분리문제의 핵심 증상은 아동이 애착되어 있는 사람(대개 부모 또는 다른 가족)으로부터의 분리에 대해 지나치게 불안해 하는 것이다. 불안은 다음과 같은 형태를 보일 수 있다.

- 중요한 애착대상에게 어떤 피해가 있을 것 같은 비현실적이고 마음을 빼앗는 강박적인 염려, 또는 대상이 떠나서 다시 돌아오지 않을 것 같은 두려움
- 길을 잃게 되거나, 납치되거나, 병원에 입원하거나, 살인당하는 것과 같은 어떤 다루기 힘든 사건이 아이를 주요 애착대상으로부터 분리시킬 것이라는 비현실적이고 집착적인 염려
- (학교의 어떤 행사에 대한 두려움과 같은 다른 이유 때문이 아니라) 분리에 대한 두려움 때문에 학교에 가기를 꺼리거나 거절할 때
- 낮 동안에 주요 애착대상으로부터 떨어지거나 혼자가 되는 것에 대한 지속적이고 부적절한 두려움
- 분리에 대한 반복적인 악몽
- 학교에 가기 위해 집을 떠나는 것 등 주요 애착대상으로부터 분리될 때(메스꺼움, 위통, 두통, 토함과 같은) 신체적 증상이 반복적으로 발생하는 경우

어떤 아동은 새로운 사람과 만나거나 이야기하는 것을 두려워한다. 이런 어려움을 지닌 아이는 가족 외에 친구가 거의 없다.

부모는 분리불안이 있는 자녀를 어떻게 도울 수 있는가? 증상이 지속적이고 심하다면 전문적인 도움을 받아야 한다. 어떻게 해야 할지 의문이라면 아동심리치료사나 아동심리학자와 만나 의논해보라.

분리불안이 있지만 극심한 것이 아니라면 아래와 같은 시도가 도움이 될 것이다.

- 항상 당신과 함께 있어 달라는 자녀의 요구에 승복하지 말라. 자녀에게 아무 문제가 없다고 안심시키고 어느 곳이든 아이가 안정하고 '정착' 하도록 도와주라. 일단 당신이 그 장소를 떠나면 아이는 그곳에 마음을 붙이고 적응한다.
- 자녀에게 '용감하라' 고 격려하라. 당신 자녀의 용기를 귀하게 여긴다는 것을 보여주라. 그의 두려움을 평가절하하지 말라.
- 자녀에게 지난 번에도 아무 문제가 없었으니 이번에도 괜찮을 것이라고 상기시켜 주라. 아동은 기억이 짧고 곧 잊어버린다.
- 자녀에게 어떤 일이 벌어질 것인지를 확실하게 알려주라. 취학 전 유치원을 다니기 시작했다면 학교가 시작되기 전에 시설까지 짧은 여행을 함께 해서 학교에 가면 벌어질 일들에 대해 익숙하게 하라. 놀랄 일이 없는 게 도움이 될 것이다.
- 긍정적이 되라. 자녀를 떠나는 것에 대해 걱정하지 않는다는 것을 보여주라. 교사에게 당신의 자녀가 불안해 할지 모른다고 말하지 말라. 당신이 불안해 할 이유를 전달하면 당신의 자녀가 듣고 불안해 할 것이다.

아동의 공포증

대부분의 공포증이 어린 시절에 시작되기 때문에 공포증이 아동에게서 많이 발견되는 것은 놀라운 일이 아니다. 그러나 어떤 공포증으로 보이는 것은 아직 충분히 진짜 공포증으로 발전하지 않았다. 그렇게 되려면 시간이 걸릴 것이다. 그러므로 두려움은 어린이의 생활에서 될 수 있는 한 빨리 다룰 필요가 있다. 두려움을 치료하지 않고 방치하면 할수록 두려움은 뿌리를 내리게 될 것이고 후에 치료에 저항할 수 있다.

초기 단계에서 두려움은 과장되고 공포증처럼 나타난다. 그러나 이들 두려움 중 많은 것은 어린이의 발달에 필요한 것이고 아주 정상적인 것이다. 예를 들어 높은 장소에 대한 두려움은 자녀가 높은 벽이나 다른 위험한 장애물에 올라가는 것을 예방하도록 도와준다. 불에 대한 두려움은 자녀를 화상의 위험으로부터 보호해준다. 공포증은 바로 어린이가 애초에 위험을 인식하지 못하였기 때문에 이런 두려움을 범하는 데서 생길 수 있는 것이다.

진짜 공포증은 비합리적 두려움이나 전혀 위험이 수반되지 않는 어떤 것에 대한 극심한 불안 반응이다. 비합리적일수록 공포증은 더 커진다. 뱀을 두려워하는 것은 정상이다. 그러나 전시된 뱀을 보고(뱀은 두꺼운 유리 뒤에 있고 당신은 잘 보호받고 있는데도) 진땀을 흘리며 패닉에 빠지는 것은 비합리적인 공포증이다.

극단적으로 경험할 경우 공포증이 될 수 있는 흔한 아동기 두려움들에는 다음과 같은 것이 있다.

- 어두움에 대한 두려움
- 동물에 대한 두려움
- 버스나 비행기에 대한 두려움
- 놀이공원에서의 놀이기구에 대한 두려움
- 치과의사나 다른 의사에 대한 두려움

• 낯선 사람에 대한 두려움
• 물이나 수영을 배우는 것에 대한 두려움

만일 이러한 두려움이 심각한 것이 아니라면 13장에서 성인공포증을 치료하기 위해 기술했던 체계적 둔감화를 시도할 수 있을 것이다. 아동을 두려워하는 장소나 대상에 너무 빨리 노출시키지 않도록 매우 조심해야 한다. 서두르지 않는 것이 언제나 더 안전하다.

예를 들면, 최근에 우리는 몹시 사나운 강아지를 새로 구입한 후에 손자 중 하나에게 둔감화를 시도한 적이 있다. 처음 며칠 동안은 손자가 멀리서 강아지를 관찰하게만 하였다. 우리는 의도적으로 기운이 넘치는 강아지를 그에게서 안전한 거리에 떨어뜨려 놓고 강아지가 또 하나의 가족이 된 것처럼 놀아주었다. 나는 드러누워서 강아지가 나를 핥도록 했고 내 위로 기어오르게 했으며 내 밑으로 기어가게 하였다. 모두가 익살맞은 행동에 웃음을 터뜨렸고 나의 손자는 활짝 웃었다.

내 손자는 매우 조심스럽게 가까이 다가가기 시작했다. 강아지가 갑자기 움직이자 그는 뒤로 물러났다. 그러나 그는 다시 더 가까이 다가갔다. 드디어 손을 내밀었고 강아지는 그의 손을 핥았으며 꼬리를 흔들었다. 전투는 승리로 끝난 셈이다. 그들은 최고로 친한 친구가 되었다. 물론 당신이 절대적으로 신뢰하지 않는 큰 개를 가지고 이렇게 해서는 안 된다. 나중에 후회하기보다는 안전한 게 낫다. 그러나 두려워하는 상황에 매우 점진적으로 노출되면서 자녀가 속도를 조절한다면, 많은 두려움이 제거될 수 있다. 당신의 조바심이 그 두려움을 공포증으로 만들 수 있다.

손톱 물어뜯기

또 하나의 불안 관련 문제로 부모를 힘들게 하는 것이 바로 손톱 물어뜯기이다. 많은 성인이 초기에 이 문제를 해결하는 것의 중요성을 강조하면서 자기 자신이 이 문제로 고생했던 것을 기억한다. 습관적으로 손톱을 물어 뜯었던 한 사람이 이렇게 회상하고 있다. "저는 제가 기억하는 한 오랫동안 손톱을 물어뜯었어요. 아주 신경 쓰이는 습관인데요, 스트레스를 받으면 더 심해지죠. 대학을 졸업한 후에 정말 중단하려 했는데 안되더군요. 제 손톱은 물러지고 얇아졌어요. 그래서 자라나게 해도 소용이 없어요. 쉽게 부러지니까요. 저는 손톱 손질하러 가는 것이 두려워요. 특히 손톱을 물어뜯는 사람들을 위한 자료가 있었으면 좋겠어요."

손톱 물어뜯기는 부모에게 좌절감을 안길 수 있다. 우선 당신은 자녀에게 잔소리를 해서는 안 된다. 노골적으로 당신이 주의를 기울이지 않을수록 더 좋다. 할 수만 있다면 부드럽게 자녀의 손을 입에서 떼내고 주의를 다른 데로 돌리도록 하라.

무엇을 하든지 문제를 확대시키지 말고 균형 있게 다루라. 어릴 때 손톱을 물어뜯는 것은 아무런 해가 되지 않으며 자연스럽게 사라질 가능성이 높다. 그러니 무시하라. 학령기 아이들, 심지어는 미취학 아이들도 가끔 손톱을 물어뜯는다. 그 습관도 손가락도 별로 매력적이지 않게 된다. 아이들이 외모에 신경 쓸 나이(보통 10살)가 되면 손톱 물어뜯는 것도 대개는 없어지기 시작한다.

자녀에게 손톱 깎는 법과 깨끗이 유지하는 법과 같은 손톱 관리법을 가르쳐주라. 그리고 그들의 손톱을 자랑스러워하라. 당신의 자녀가 여자아이라면 정기적으로 네일샵에 데려가 손톱을 중시하는 마음을 갖게 하라. 흔히 진짜 문제는 손톱이 너무 약하다는 것이다. 손톱을 단단하게 하는 약을 약국에서 구하라. 문제가 심각하면 냄새는 좋지 않겠지만 손톱 광택제를 구하도록 하라. 이것이 '처벌' 처럼 비춰져서는 안 되고 손톱을 물어뜯으면 안 된다는 것을 '상기시키는 신호' 가 되게 하라.

자녀가 심각하게 손톱을 물어뜯어 맨살이 나와 고통스러워할 정도라면 물어뜯는 것으로 긴장과 스트레스를 해소하고 있는 것이다. 다른 어떤 신경성 습관도 마찬가지인데 버릇 자체에 자녀의 주의가 고정되지 않도록 하라. 손톱을 물어뜯는 것에 대해 말하지 말고 그의 삶에서 완화시켜 주어야 할 압박감이나 스트레스가 없는지 살피도록 하라.

당신은 자녀가 왜 손톱을 물어뜯는지 고려하고 싶을 것이다. 아이가 불안한가? 불안을 야기시키는 구체적인 상황이 있어서 습관적으로 손톱을 물어뜯게 되는가? 모든 자녀의 삶의 일부인 정상적인 불안에 대해, 어떤 부모는 손톱 물어뜯기 대신에 '염려 구슬' 로 대체시켰다. 이것은 아이가 초조하거나 긴장할 때 가지고 노는 구슬이다. 이것은 도움을 줄 수 있지만 잘못하면 염려를 덜어주는 게 아니라 유지되도록 할 위험이 있다.

지나쳐 보이는 불안에 대해서는 소아과의사나 아동심리학자와 의논하여 적절한 도움을 받도록 하라. 반면에 당신의 자녀가 손톱을 물어뜯지 않을 때는 보상(작은 상이라도 주라)을 하라. 좋은 행동수정의 열쇠는 당신의 자녀가 잘할 때 이를 포착해 인정해주는 것이지, 잘못할 때 이를 잡아내 책망하는 것이 아니다.

아동의 일반화된 불안

많은 아동들은 특정한 불안 문제가 아닌 '일반화된(범) 불안' 을 발전시키는데, 이것이 성인들에게 나타나는 보편적 피곤증(삶의 많은 일에 대해 지나친 불안을 느끼는) 이다. 증상에는 다음과 같은 것이 있다.

- 일이 일어나기 전에 여러 가지가 걱정된다.
- 학교, 친구, 운동에 대해 계속 걱정하고 염려한다.
- 지나치게 긴장하고 초조해 한다.
- 재다짐(확신)을 받으려고 계속 시도한다.
- 정상적인 활동을 방해할 정도로 지나치게 염려하고 걱정하다.

불안한 아이들은 조용하고 순응적이고 주변 사람을 기쁘게 하려고 하기 때문에 그들의 불안한 어려움은 쉽게 간과될 수 있다.

부모는 심각한 불안 신호에 민감하여 일이 복잡해지는 것을 미리 막아야 한다. 조기 치료를 하면 친구를 잃거나 학력이 떨어지거나 자존감이 낮아지는 것과 같은 어려움을 예방할 수 있다.

안타깝게도 범불안은 당신이 부모로서 치료할 수 있는 것이 아니다. 사태를 더 악화시킬 가능성이 매우 높다. 때로는 항불안제를 사용하는 것이 필요할 수 있다. 그럴 경우에는, 약을 처방하는 의사가 어린이의 불안장애를 치료한 경험이 있는지를 확인하도록 하라. 또한 아이에게 신체검사를 거치게 하는 것이 좋을 것이다. 왜냐하면 내분비계의 문제를 포함하여 여러 가지 신체적 문제가 아동기 불안을 유발할 수도 있기 때문이다.

시험 불안

심각한 것은 아니지만 언급할 가치가 있는 아주 특정한 형태의 불안이 있는데, 그것은 시험 불안test anxiety이다. 시험 불안은 어떤 종류의 수행이든 수행과 연관된 보다 일반적인 문제의 일부일 수 있다. 지나친 불안이 어린이의 수행능력을 방해할 수 있기 때문에 이것은 어린이에게 정말 실제적인 문제가 될 수 있다.

첫 번째 단계는 두 가지 유형의 시험 불안을 구별하는 것이다. 첫째는 정상적이고 '합리적인' 불안이고 두 번째는 문제성이 있는 '비합리적' 불안이다. 합리적 불안에는 염려할 이유가 존재한다. 당신이 제대로 준비를 하지 못하였거나 잘못될 위험성이 너무 높은 경우이다. 두 번째로 흔히 더 자주 나타나는 시험 불안은 준비를 했는데도 당신의 불안이 비합리적이고 공포스러울 정도인 경우다.

자녀의 시험 불안이 준비 부족의 결과라면 그것을 정상적인 것으로 취급하라. 우리가 제대로 준비를 못했을 때 우리는 불안을 느끼도록 설계되었다. 이런 불안은 다음 번에 더 잘 대처하도록 도와준다. 해결책은 당신 자녀가 더 잘 준비하고 대처하도록 도와주는 것이다.

그러나 시험에 대비해 충분하게 준비했는데도 패닉상태에 빠지고 과잉반응을 한다면 그 반응은 합리적인 것이 아니며, 더 잘 준비하는 것보다는 전문적인 도움을 필요로 하는 것이다.

시험 불안에 대처하기

준비는 정상적인 불안을 최소화하는 최선의 방법이다. 자녀가 이 원리를 바로 이해하도록 도우라. 네가 잘 준비하지 않으면 더 많은 불안으로 대가를 치르게 될 것이다.

만일 자녀가 잘 준비했는데도 비합리적 불안을 느끼고 있다면 그 불안이 수행을 방해할 것이다. 다음은 불안을 감소시킬 수 있는 몇 가지 방법들이다.

- 깊은 근육이완을 실천하게 하라. 이완은 언제나 시험 불안에 대한 최선의 해독제이다. 당신의 자녀는 시험 전과 시험을 치르는 동안 이완

하는 법을 알아야 한다. 불안한 감정은 없어지지 않더라도 이완은 투쟁-도피 반응을 깨뜨려 적어도 당신 자녀의 수행은 불안에 의해 방해받지 않게 될 것이다.

- 시험을 치기 이전 동안에 기분전환을 할 수 있게 하라. 시험을 보기 전에 시험에 대해 미리 너무 많이 걱정하는 것은 더 많은 불안을 야기할 뿐이다. 영화를 보러 가게 하든지, 외출을 하게 하라. 시험 전날 밤에는 시험 준비 외의 다른 활동으로 바쁘게 하라.
- 시험 치기 전날 밤에 숙면을 하게 하라. 잠을 잘 자는 것은 여러 가지 불안에 대한 해독제가 되는데 시험 불안도 예외가 아니다. 당신 자녀가 수면에 문제가 있다면 내가 14장에 제시한 것 중 몇 가지를 따르게 하라. 가장 중요한 원리는 당신의 자녀를 언제나 같은 시간에 잠자리에 들게 하는 것이다. 아동기의 수면 문제는 다른 어떤 것보다도 잠자리 시간이 바뀌는 데 있다. 자는 시간이 들쑥날쑥하면 아이의 신체리듬이 엉망이 된다.

중·고등학교 학생에게 나타나는 시험 불안 해결하기

사춘기 청소년에게는 불안에 대처해야 할 추가적인 문제가 더 있다. 이들을 도울 수 있는 몇 가지 방법이 있다.

- 시험에 대비해 벼락공부를 하지 않게 하라. 시험을 보기 하루 전날 한 학기 공부한 분량을 벼락치기로 공부하는 것은 비생산적이고 모든 내용에 대해 실패를 보장하는 것이다. 이것은 당신의 불안을 높이게 한다. 몸이 이를 응급상황으로 해석하고 투쟁-도피 반응을 촉발하기 때문이다. 벼락치기는 더 낳은 성적을 가져다주는 것이 아니라 불안으로

인한 방해를 촉발할 뿐이다. 시험 전날 밤은 많은 자료를 습득할 수 있는 최선의 시간이 아니다.

- 자녀에게 시험에 출제될 만한 문제에 대해 생각해보도록 요구하라. 그리고 시험에 대비해 공부하도록 도우면서 강의, 노트, 교과서, 참고도서 등에서 나온 아이디어를 통합하여 질문에 답하도록 하라. 이것은 하나의 '압축' 하는 공부로서 모든 것을 다 마스터하려는 '단편적' 공부보다 더 효과적이다.
- 자녀가 잘 답할 수 있는 시험문제를 뽑도록 해보라. 당신의 자녀가 한 학기 동안 배운 것을 모두 다룰 수 있는 능력이 없다면 그가 가장 잘 이해하는 부분에 초점을 맞추라. 이 지식을 시험에 반영하는 것을 목표로 잡게 하라. 문제를 하나도 맞추지 못하는 것보다 몇 문제라도 맞추는 것이 낫다.
- 시험을 보는 경험에 대해 바른 시각을 갖게 하라. 이것은 공부하는 것을 실제로 즐기도록 도와줄 것이며 그의 성적을 향상시킬 것이다. 성적의 중요성을 과대평가하지 말라. 성적은 자녀의 '자기-가치감' 을 반영하는 것도 아니고 그의 장래 성공을 예측하는 것도 아니다. 자녀에게 시험은 시험일 뿐이며 앞으로도 많은 시험이 있을 것임을 상기시켜주라. 시험이 끝난 후에는 영화를 보여준다든가 외식을 한다든가 친구를 방문하는 등 보상을 해주라.
- 다음 학기에 자녀가 공부를 더 잘할 수 있는 방법을 계획하라. 더 좋은 계획, 분명한 공부시간이 시험 불안을 완화할 수 있게 도와줄 수 있다.
- 생활의 기본을 잊지 않게 하라. 시험에 대비해 공부하는 학생들은 흔히 기본적인 생물학적, 정서적, 사회적 필요를 등한시한다. 그들에게 좋은 영양섭취, 운동, 오락적 활동, 사회활동의 습관을 계속하도록 격려하라. 이런 것들은 그들의 정서적, 신체적 안녕에 기여할 뿐 아니라 불안을 낮추는 데도 도움이 된다.

극심한 아동기 불안장애의 치료

나는 미리 부모님들에게 안심되는 말씀을 드린다. 아동에게 있는 심각한 불안문제는 치료될 수 있다. 흔히 보면 불안은 일시적인 것이고 상대적으로 짧은 개입을 필요로 한다. 치료는 다음과 같은 것을 병합할 필요가 있다. 개인심리치료, 가족치료, 약물치료, 행동치료, 학교상담(불안은 학교성적에도 영향을 미칠 뿐 아니라, 학교에서의 갈등에서 시작되기도 하기 때문이다) 등이 있다.

불안의 증상이 어떻게 나타나든지, 언제나 비처벌적이고 무비판적인 태도를 취하고 자녀의 습관과 불안의 출처를 관찰하는 데 첫 번째 우선순위를 두라. 언제 가장 불안해 할 가능성이 있는가? 흔히 보면 아이들은 머리카락을 뽑고 손톱을 물어뜯는 사건을 촉발하는 활동에 참여하다가도 그들은 대안적이고 피해를 주지 않는 일상을 정립하도록 도움 받을 수 있다. 당신은 자녀와 함께 동물인형, 천으로 된 놀이도구, 실내놀이용 공과 같은 신경을 분산시키는 다양한 물건을 찾아볼 수도 있을 것이다.

치료과정 중에 칭찬을 아끼지 말고 격려하고, 오래 참으며, 불안한 행동이 일어나면 잔소리를 하지 않도록 하라. 불안문제로 주의를 끄는 도구를 사용하는지를 확인하기 위해서 자녀의 불안문제에 한동안 주의를 기울이지 않을 수도 있다. 자녀와 불안문제를 놓고 함께 기도하는 것도 잊지 말라. 성경은 당신에게 이렇게 할 것을 명령한다. "너희 염려를 다 주께 맡겨 버리라. 이는 저가 너희를 권고하심이니라"(벧전 5:7). 이 명령을 우리의 불안에 대한 정죄로 해석해서는 안 된다. 많은 경우 불안은 염려보다는 스트레스의 결과이기 때문이다. 그러나 하나님은 환란의 날에 우리의 불안에 대해 위로와 안도감을 주신다. 이것에 대해 나는 조금도 의심하지 않는다.

또한 아동기 불안의 모든 증상은 그 이유가 분명하지 않은 복잡한 행동유형으로 나타난다는 것을 기억하라. 어떤 치료는 아직 실험단계에 있다. 그래서 불안 장애의 전문가가 당신의 자녀를 치료한다고 해도 자격 있는 치료사의 지지와 인도가 필요한 것이다. 학령기 아동들을 위해서는 조기개입이 성인기 불안장애와 연결된 문제를 예방하는 데 도움이 될 수 있을 것이다.

여기서 아동기 불안장애의 치료를 종합적으로 개관하는 것은 적절하지도 가능하지도 않다. 다만 치료에 쓰이는 약물을 부모들에게 간략하게 설명하고자 한다.

항불안제 약물은 다른 개입이 실패할 때만 사용한다. 장애가 정말로 기능을 못하게 할 정도가 아니라면 좋은 심리적 도움을 받도록 노력하라. 벽에 머리를 받는다든가, 물어뜯는다든가, 심하게 머리카락을 뽑는 등의 자해적인 행동은 강박충동장애의 범주에 드는 것들로 간주된다. 이런 것은 두뇌 세로토닌에 이상이 있는 것으로 의심되기 때문에 프로작과 루복스 같은 선택적 세로토닌 재흡수 억제제로 치료하는 게 좋다. 때때로 아나프라닐 같은 삼환계 항우울제가 사용되기도 한다.

불안과 두려움 증상을 위해서, 당신 자녀의 치료에 학교 상담, 심리역동적, 인지적, 행동적 치료, 가족치료, 약물치료가 포함되어야 한다. 많은 어린이들은 복합 치료를 받든지 순차적인 치료를 받을 필요가 있다.

성인 불안장애를 치료하는 데 사용된 몇 가지 약물이 어린이에게도 도움이 된다. 한 연구는 학교 가기 싫어하는 아이에게 위약placebo을 쓰는 것보다는 항우울제인 이미프라민이 더 효과적이라는 사실을 발견하였다. 45명의 어린이가 실험에 참여하였는데 6주 후에, 이미프라민을 복용한 어린이의 70%와 위약을 먹은 어린이의 44%가 학교로 돌아갈 수 있었다. 부스피른과 벤조와 같은 항불안제가 지나치게 불안해 하는 아동에게 효과가 있었다는 보고가 있으나 연구는 제한적이다.

(프로프라놀올 이나 인데랄과 같은) 베타 차단제가 아동에게 안전하게 사용되어 왔다. 이런 약은 교감신경계 활동을 억제함으로 불안의 신체적 증상을 완화한다. 물론 이 모든 약에는 부작용과 위험이 있다. 아이들에게 이러한 약을 처방하는 것은 성인에게 처방하는 것보다 더 많은 주의를 요한다.

약은 치료 과정의 첫 번째 선택이 되어서는 안 되며 절대로 유일한 치료가 되어서도 안 된다. 머지않은 장래에 우리는 아동기 불안을 치료하는 데 더 효과가 있고 덜 문제가 되는 약물을 갖게 될 것이다. 스트레스가 증가하면서 아동들은 불안장애를 일으키는 데 더 취약해질 것이다. 오늘날 아동들은 역사상 어느 때보다도 더 많은 양의 정보를 터득하고 더 많은 적응을 해야 한다. 정보 고속도로는 사라지지 않을 것이며 성공을 위한 경쟁은 줄지 않을 것이다. 그들의 욕구는 우리가 무시하기에는 너무 소중한 것이다. 그러므로 우리는 할 수 있는 한 최선의 도움을 제공할 필요가 있다. 적절한 항불안제는 엄청난 도움을 줄 수 있다.

17장

기독교적 묵상 완성하기

내가 이를 때까지 읽는 것과 권하는 것과 가르치는 것에 착념하라
이 모든 일에 진심진력하여 너의 진보를
모든 사람에게 나타나게 하라 (딤전 4:13, 15)

요가와 초월 명상TM과 같은 여러 형태로 나타나는 명상에 대한 뉴에이지의 강조는 그리스도인에게 일종의 두려움을 야기시켰다. 많은 그리스도인은 명상이라는 아이디어가 비기독교적이라서 이를 배격했다. 이것은 참으로 안타까운 일이다. 목욕물과 함께 아기를 버리는 실수를 하지 않았나 싶다. 명상이나 묵상은 뉴에이지나 다른 동양 종교의 전유물이 아니다. 그리스도인들은 그리스도를 명상의 중심에 둠으로 묵상의 가치를 재발견할 필요가 있다.

기독교 묵상은 복음의 시초부터 영성훈련의 한 부분을 차지해 왔다. 사실은 그리스도께서 오시기 전부터 묵상은 존재했던 것이다. 예를 들어, 시편은 묵상에 대한 언급으로 가득 차 있다. 시편 1:1-2은 말한다. "복있는 사람은...오직 여호와의 율법을 즐거워하여 그 율법을 주야로 묵상하는 자로다" 또 시편 19:14 에서도 말한다. "나의 반석이시오 나의 구속자이신 여호와여 내 입의 말과 마음의 묵상이 주의 앞에 열납되기를 원하나이다"

예수께서는 친히 그의 제자들과 무리로부터 정기적으로 물러나 산에 올라 하나님과만 홀로 함께 하는 시간을 가지셨다. 이는 영적으로 신체적으로 새롭게 소생하는 시간이었는데 묵상의 시간을 가진 후에는 새로워진 에너지와 생동감을 가지고 그의 사역으로 돌아갈 수 있었다.

하나님과의 만남으로서 기도하는 행동 그 자체는 바로 한 형태의 묵상이다. 성경을 연구하고 그 진리와 의미 그리고 우리 생활에의 적용을 반추하는 것도 한 형태의 묵상이다. 예배의 행위 자체도 하나의 묵상이다. 어느 쪽으로 향하든 우리는 다양한 형태의 묵상을 만난다. 이것은 피할 수 없는 것이다.

그리스도인에게 묵상은 배우 특별한 의미를 지닌다. 이것은 요가나 초월명상, 불교의 선과 같은 것이 아니다. 그리고 이런 수준으로 격하되어서도 안된다. 나는 묵상(명상)이라는 개념 자체가 현대에 와서 세속화되었기 때문에 이 말을 하는 것이다. 현대 심리학은 치료와 이완을 위해 이를 번안하였다. 그리고 대부분의 사람들에게는 이것이 명상의 전부이다.

그렇다. 명상(meditation: 묵상으로 번역될 수도 있다)은 전적으로 비종교적일 수 있다. 당신이 원하면 배꼽에 중심을 두고 명상할 수 있고 그렇게 함으로 스트레스를 낮추는 데 도움을 받고 불안을 완화할 수도 있을 것이다. 당신은 별을 바라보고 우주의 방대함을 명상하거나 당신 문제의 미세함을 깊이 생각하면서 강박을 잠시 멈출 수도 있다. 그러나 그리스도인의 묵상은 이것에서 그치지 않는다. 묵상은 영성훈련이다. 그리고 이를 행하다 보면 하나의 훈련으로서 불안의 고통을 완화시키는 데 놀라운 역사를 일으키기도 한다.

그러므로 끝까지 읽어주기 바란다. 묵상이, 묵상을 위한 묵상이라 할지라도 강력하고 자연스러운 불안완화제다. 그리고 하나의 영성훈련으로 영원한 혜택을 지닌다. 당신은 현생과 내생에 유익을 얻게될 것이다.

묵상이란 무엇인가?

묵상meditation이라는 말이 여러 가지 의미를 가지고 있기 때문에 이 단어가 무엇을 의미하는지에 대해 확실히 할 필요가 있다.

심리적으로 말해서 두 가지 유형의 묵상이 있다. 집중concentrative 묵상과 외부 의식적external awareness 묵상이 있다. 집중 묵상에서, 사람은 하나의 대상이나 생각에 주의를 집중하여 외부 세계에 대한 인식을 제한한다. 여기서 당신은 모든 감각을 다 차단할 때까지 각 감각을 순차대로 제한한다. 시각적으로 그림에 집중할 수 있다. 청각적으로 먼 소리에 집중할 수 있다. 신체적으로 동작을 제한한다. 이렇게 하면 이것은 당신의 감각을 박탈하고 당신은 고도로 초점을 맞추게 된다. 집중적 묵상은 요가, 초월명상 그리고 불교의 선 등의 기초가 된다.

나를 오해하지 말기 바란다. 이와 같은 것을 실습해도 스트레스를 강력하게 감소시킬 수 있다. 자신을 높은 수준의 초점과 집중 속에서 훈련하면 스트레스 수준이 감소되는 것은 당연한 것이다. 내가 이의를 다는 것은 집중적 명상을 실행하는 사람들이 그 혜택을, 감각을 제한하는 단순하고 자연스런 가치 덕으로 돌리지 않는다는 점이다. 그들은 이러한 유익을 그들의 특정 종교나 뉴에이지 관행 덕으로 돌린다. 다시 말해 그들은 이를 통해 그들의 신앙을 합리화한다.

다르게 설명해 보겠다. 당신이 그들의 사이비종교적인 전제를 받아들이지 않고 집중적 명상 기법을 실천하면 틀림없이 혜택을 얻게 될 것이다. 사실 우리가 기독교적인 형태의 묵상을 할 때도 집중을 통합하여 사용한다. 집중은 우리가 말씀에 동화되어 보다 효과적으로 기도하도록 도움을 주기 때문이다. 분명한 것은 집중concentration에 잘못된 것이나 비기독교적인 것이 없다는 것이다. 우리의 기도는 집중을 많이 함으로 큰 혜택을 입을 수 있다.

두 번째 형태의 묵상은 심리학적으로 이해하자면 외부 인식적 명상이다. 여기서는 전자의 반대를 실천하는 것이다. 외부세계에 대한 인식을 열기 위해 묵상을 하는 것이다. 예를 들어 베네딕트 수도사들은 세상에 '귀를 기울이는' 훈련을 한다. 그들은 하나님께서 자연과 역사를 통해 말씀하시며 그의 창조세계 모두에 현존하신다고 믿는다. 예를 들어 껍질을 벗겨 오렌지를 먹을 때 당신은 그 모든 속성에 주의를 기울인다. 그 향기와 질감, 그 맛까지, 심지어 비극에도 하나님께서 주시는 메시지가 있는지 귀를 기울여야 한다.

퀘이커교도들에게는 '마음으로 경청하는' 관습이 있다. 하나님께서 당신의 마음에 무엇을 말씀하시는가를 듣기 위해서 침묵이 많이 사용된다.

나는 외부 인식적 접근이 나에게 더 호소력이 있다고 고백해야겠다. 그러나 이것은 나의 성격취향인지도 모른다. 그러나 여기서도 묵상의 스트레스를 낮추는 가치는 묵상의 내용에서 오는 것이 아니고 묵상의 과정에서 온다. 우선 이렇게 하면 당신은 매사에 속도를 늦추게 된다. 그뿐만 아니라 당신의 생각 조절에도 도움이 된다. 이 외에도 인격적이고 인식할 수 있는 하나님에 대해 묵상하는 그리스도인들은 실제 살아계신 하나님께 가까이 다가가고 하나님이 당신에게 가까이 다가오게 하는 혜택을 더 누리게 된다. 그리스도인에게 묵상은 매우 특별한 경험이다.

우리가 묵상에다 참으로 기독교적인 강조와 초점을 더하는 것을 받아들일 수 있다면 우리는 신체적으로나 영적으로 유익한 훈련에 더 가까워질 수 있을 것이다. 이렇게 말함으로써 다른 종교체계의 영적 중요성을 폄하하게 되는데, 이것이 내 입장이다.

기독교적인 형태의 묵상이 있는가?

지금까지의 언급에서 여러분을 내가 기독교적인 형태의 묵상이 있다고 확실하게 믿고 있다는 것을 분명히 알아차렸을 것이다. 이것은 어떤 분들에게는 아주 놀라운 진술이 될 수도 있다. 그러나 여러 보수적인 그리스도인들에게 이것은 혁명적인 발언이다. 묵상은 타당한 것일 뿐 아니라 한 걸음 더 나아가 그리스도인의 신앙생활에 필수적이라고 말하고 싶다.

극심한 불안으로 고생하는 그리스도인들이 회복을 위한 풍성하고 강력한 자원을 스스로 포기하고 있는 셈이다. 연구결과는 묵상의 혜택이 압도적으로 긍정적임을 보여준다. 올림픽 선수에서 기업체 임원에게까지 묵상은 매우 유익하다는 것이 입증되고 있다.

묵상의 혜택을 검토한 많은 연구가 세속적 형태의 명상을 연구대상으로 삼았다는 것은 사실이다. 그러나 나의 느낌은 세속적 명상('배꼽을 응시하는 것'이라 해도 좋다)이 불안을 완화하는 데 도움이 된다면, 그리스도 중심적이고 그리스도에 목적을 두는 기독교묵상이 얼마나 더 도움이 되겠는가 하는 것이다. 뿐만 아니라 불안으로 고통받는 그리스도인들은 기독교적 형태의 묵상을 어떻게 하는지 알 필요가 있다.

그리스도인이 되려면 묵상은 그 결과를 묵상하는 행위라는 신체적인 가치에서 찾을 것이 아니라 하나님의 은혜 베품 자체에서 찾아야 할 것이다. 그것은 신자의 영혼 속에 내주하시는 성령님의 행동으로서 하나님의 임재를 느끼게 하고 뼈의 골수까지 치유를 경험하게 하는 것이다. 내가 이제 개괄적으로 설명하려고 하는 것은 이 같은 형태의 묵상이다.

우선 기독교적인 묵상은 한 가지 형태의 '영적 휴식'이며 하나님께 귀기울이는 시간이라고 생각하라. 이것은 한 가지 형태의 기도와 찬양 또는 성경에 대한 묵상이다. 이것은 어떤 주문을 외우는 것이나 그런 도구를 이용하는 것이 아니다. 다시 말해서 초월명상이나 다른 형태의 묵상을 흉내 내지 말

라. 그들의 언어나 문구를 빌려 사용하지 말라. 이것은 당신이 하려고 하는 것을 혼란스럽게 할 뿐이다. 나는 참으로 수용할 만한 기독교적 형태의 묵상을 정의하려는 것이다.

웹스터 사전에서는 묵상meditation을 '경건한 행위로 거룩한 것을 깊이 반추하는 것, 연구하고 깊게 계속적으로 생각하는 것'이라고 정의하고 있다. 나는 이 정의를 좋아한다. 무엇이 기독교적인 묵상인지 아닌지 정확하게 안내해주기 때문이다. 이것은 어떤 신비적이고 소수만 이해하는 것이거나 이상한 행동을 하는 것이 아니다. 당신은 내면적 또는 외면적 우주의 안팎을 넘나들거나 신체를 이탈해 이상한 행성을 방문하지 않는다. 묵상은 단지 깊이 심사숙고하는 경건한 행위다. 기독교의 어떤 종파는 이러한 묵상의 오랜 역사적 전통을 가지고 있다. 대부분의 보수적 기독교인들은 이를 소홀히 해왔다. 그래서 나는 우리 그리스도인들이 우리의 믿음과 경험에 관계된 문제에 대해 더 깊은 반성을 해야 한다고 생각한다.

그러므로 기독교적 묵상을 실천하기 위한 능력을 개발할 때 초점을 맞춰야 할 두 가지 필수적 요소가 있다. 첫째로 당신은 어떤 구체적인 것에 초점을 맞추는 능력을 개발해야 한다. 나와 같은 A형 성격(혈액형을 말하는 것이 아니고 성취지향적인 서두르는 성격을 지칭함)은 사방에 널려 있다. 생각이 마음에 넘쳐나고 이곳에서 저곳으로 날아다니듯 한다. 임상적으로는 이것을 '다상활동적polyphasic' 사고라고 부른다. 우리 가운데 어떤 이들은 한 번에 한 가지 생각만 하는 '단상적monophasic' 사고자가 되기 위해 절제된 실천을 연습해야 할 것이다. 오직 그렇게 할 때에만 깊은 묵상이 가능해진다.

둘째로 당신은 교회 출석을 넘어 예배드리는 습관을 들여야 할 것이다. 이것은 자명한 사실처럼 보인다. 그러나 많은 그리스도인들과 만나 본 나의 경험에 의하면 많은 이들이 예배는 오직 교회 안에서만 드리는 것으로 생각한다는 것이다. 그들은 웅대한 계곡의 가장자리에 서서 자연의 장엄함에 경탄하며 무릎을 꿇고 예배드리고 싶은 충동을 느껴본 적이 없다. 그들은 새로 태어난 아기의 얼굴을 보고 경배 중에 탄성을 지르고자 한 적이 없다. 그들은 예배가 어느 날 어떤 순간에도 가능한 것이라고 생각해본 적이 없는 것이다. 그런데 바로 이 지점에서 기독교적인 묵상이 도움이 될 수 있다. 이것은 헌신적이고 신앙적인 경건 행위에 속한 것이다. 그리고 규칙적으로 묵상하는 법을 배운다면 규칙적으로 예배드리게 될 것이다.

그러므로 기독교적 묵상은 우리에게 스트레스와 불안에 대한 강력한 해독제를 제공해 준다는 이점을 가지고 있을 뿐만 아니라 동시에 예배로 가득한 생활양식을 개발하도록 도와준다. 이제 분명하게 내 입장을 밝히고자 한다. 기독교적 묵상이란 당신의 몸과 마음을 더 안정되게 하기 위해 고안된 것으로 하나님을 더 깊이 경험하도록 도와주는 영성훈련이다. 이것은 일종의 예배인데 환희에 차서 축제를 벌이는, 산 정상까지 고양된 감정을 경험하는 예배가 아니라 당신이 조용히 휴식하는 가운데 하나님 임재의 평화로움을 알게 되는 잔잔하고 고요한 형태의 예배이다. 기독교적 묵상은 시편 46:10을 구현한 것이다. "너희는 가만히 있어 내가 하나님 됨을 알지어다" 이것은 성경 공부나 기도를 대체하는 것이 아니라 보충하는 것이다. 이것은 공동체 속에서 다른 이들과 함께 하는 공적 예배를 대체하는 것이 아니라 그 연장선상에 있는 것이다.

기독교적인 묵상법을 개발하는 방법

묵상하는 데는 여러 방법이 있다. 여기에 적어도 시발점 역할을 할 수 있는 다섯 가지의 기독교적 묵상법을 제안하려고 한다. 아마 당신에게는 당신 자신의 묵상 형태나 다른 사람에게서 배운 묵상법이 있을 것이다. 그러므로 당신 자신의 것으로 자유롭게 대체해도 좋다. 여기에 절대적인 것은 없다. 어떤 사람은 묵상시간을 조그만 단위로 나누기 위해 중간 중간에 찬송가 부르기를 좋아한다. 다른 이들은 처음부터 끝까지 침묵하는 것을 좋아한다. 어떤 이들은 큰 소리로 기도하고 어떤 이들은 조용히 기도한다.

나는 당신이 내가 제시하는 지침을 따라 읽고 묵상 중에는 책을 제쳐놓고 최선을 다해 기억하는 대로 접목해보라고 제안하고 싶다. 이것이 당신이 묵상하면서 그냥 따라 하려고 하는 것보다 더 효과적일 것이다.

상상과 집중

당신이 묵상할 때 유용한 두 가지 필수적 기술이 있다. 상상과 집중의 기술이다. 이것은 우리가 하나님을 경험하고 즐거워할 수 있도록 하나님께서 우리에게 주신 능력들이다. 알츠하이머와 같은 주요 두뇌 장애처럼 이런 능력이 상실되면 예배할 능력도 크게 상실된다. 하나님께서는 이를 아시고 허용하신다. 그러나 건강한 마음을 지닌 우리들은 우리의 묵상에 이 능력을 사용할 필요가 있다. 상상과 집중을 증진시킬 수 있는 몇 가지 방법을 간단하게 제시하려고 한다.

상상이란 무엇인가 ? 정신적 심상을 창조하는 방법이다. 그러나 우리는 모두 같은 방식으로 상상하지 않는다. 어떤 이들은 운 좋게 상상 속에서 시각화한다. 이들은 그들의 마음속에 실제 그림이나 영화장면과 같은 이미지를 형상화한다. 이들은 대개 예술가나 건축설계사가 된다. 만일 이들이 자기 침실을 재단장한다면 상상하는 것을 실제로 볼 수 있다. 만일 이와 같이 상상한다면 묵상하는 능력에 있어서 이미 앞서가는 것이라 할 수 있다.

나는 어렸을 때 선생님이 나에게 무엇을 상상해보라고 했을 때, 그림을 분명히 '볼' 수가 없었기 때문에 나에게 무엇인가 이상이 있는 게 아닌가 생각한 적이 있었다. 나는 무엇인가가 빨리 지나가며 금방 바뀌는 것만 희미하게 볼 수 있을 뿐이었다. 그리고 많은 친구들이 나와 같다는 것을 발견하였다. 우리는 우리의 상상으로 무엇을 해야 할지 실마리를 잡기가 어려웠다(우리는 모두 기술자가 되었다).

당신이 시각적으로 상상을 할 수 있다면 여기에 아무런 어려움이 없을 것이다. 우리 중 더 많은 사람들은 시각적으로 상상하지 않고 서술적으로 상상한다. 이 말은 우리가 고정된 그림이 아닌 우리가 상상하는 것을 서술하기 위해 단어를 사용한다는 뜻이다. 우리가 상상하는 것을 서술하면서 자기대화를 이어간다. 만일 나에게 강을 상상하라고 하면 나는 강둑과 잔물결과 축 늘어져 있는 나무 등을 묘사할 것이다. 만일 완전한 그림으로 떠오르지 않는다면 이 능력을 계속해서 개발하라. 당신이 상상하고 있는 것이 무엇인지 자신에게 이야기해보라. 조금씩 그림을 그리면서 색깔을 칠해보라. 색칠을 하자마자 사라져도 괜찮다. 상상하는 연습을 계속해보라. 특정 근육과 마찬가지로 연습할수록 더 튼튼해진다.

자, 이제 집중은 어떤가? 집중은 당신의 생각을 고정시키고 어떤 특정한 대상에 주의를 기울이는 능력이다. 어떤 특별한 것에 초점을 좁혀가는 과정이다. 우리의 두뇌는 여기에 엄청난 능력을 지니고 있다. 두뇌는 필요하지 않은 것을 선택적으로 차단하도록 설계되어 있다. 예를 들어 컴퓨터 앞에 앉아서 타자를 치는 동안 나는 처음에 구급차가 막다른 골목인 우리집 앞으로 사이렌 소리를 울리며 들어온 것을 인식하지 못했다. 글 쓰는 것에 너무 집중하고 있었기 때문에 그것을 감지하지 못했던 것이다(좋은 방음장치를 갖춘 집이 조금 도움이 되었다). 마침내 나를 괴롭히는 잡음이 들려서 가까이 구급차가 온 것을 인식하고 살피러 나가봤다.

우리는 이와 같이 초점을 맞추고 집중할 수 있는 능력이 있어서 짧은 시간 동안 외부 세계를 차단할 수 있다. 이 집중할 수 있는 능력이 묵상에 없어서는 안 된다. 집중은 묵상 경험의 힘과 강도를 증가시킨다. 이는 주의의 초점에 잠깐 동안 우리의 정신을 고정시킨다.

여기서도 연습만이 완벽하게 만든다. 당신은 연습을 거듭하여 집중하는 법을 배워야 한다. 오스왈드 챔버스는 그의 경건서적 『주님은 나의 최고봉』에서 영성훈련으로서의 집중의 중요성에 대해 많은 말을 하고 있다. 그는 '영적 집중의 시험은 상상을 사로잡는 것'이라고 믿는다. 우리가 집중할 수 없으면 하나님을 상상하는 일에도 쉽게 허기질 수 있다. 당신의 상상은 지금 어디를 향하고 있는가? 우상? 돈? 성공? 명성? 당신 자신? 당신의 일? 당신의 상상을 굶주리게 하지 말고 자유하게 하여 의도적으로 하나님께 넘기도록 하라.

챔버스는 계속해서 우리의 기도가 막히는 중요한 이유 중 하나로 "우리 자신을 의도적으로 하나님 앞에 둘 수 있는 능력도, 상상력도 없기 때문"이라고 말하고 있다. 기독교적 묵상은 이 결핍을 시정할 수 있는 방법이다. 이는 풍부한 상상과 집중을 요하는 일이다.

묵상하는 방법

묵상하기를 시작하기 전에 묵상하게 될 자리setting에 대해 생각해 보라. 당신의 개인 기도 생활과 마찬가지로 묵상은 사적인 것이어야 하며 방해를 받지 않는 장소에서 해야 한다. 이것이 젊은 엄마에게는 어려울 수 있으므로 아기와 나머지 식구가 잠든 사이를 이용하는 게 좋다. 어떤 이들은 통근 기차나 전철 또는 버스 안에서 묵상을 시도할 수도 있을 것이다. 당신이 선택하는 어느 곳에서나 묵상할 수 있겠지만 사적인 공간이 더 좋다.

그리고 자세posture를 생각해보라. 방석 위에 무릎을 꿇고 편하게 할 수도 있고 침대 위에 눕거나 의자에 앉아서 할 수도 있다. 여기서 중요한 고려사항은 자세가 마음을 분산시키는 것이 되어서는 안 된다는 것이다. 당신은 지금 고행을 하는 것이 아니라 묵상을 하는 것이다. 그러므로 고통이나 불편감은 묵상에 도움이 되지 않을 것이다. 오히려 마음을 분산시킬 것이다. 어디서 그런 사상이 유래했는지 모르지만 나는 경건생활을 하는 초기에는 기도나 기독교적 예배 행위를 너무 편하게 해서는 안 된다는 아이디어를 갖게 되었다. "고통 없이는 얻는 것도 없다"라는 문구나 "내가 너무 편하게 기도하면 하나님은 호의를 가지고 나를 돌아보지 않을 것이다"라는 사상이 내 마음에 새겨져 버렸다. 신체적 불편함이 영혼에 아무런 가치가 없다는 것을 헤아리기까지는 오랜 시간이 걸렸다. 당신을 처벌하는 고행에 목적이 있다면 그렇게 하라. 그러나 영적 성장을 위해서 고통을 자초할 필요는 없다.

마지막으로 묵상하기를 원하는 시간에 대해, 그리고 얼마나 오래할 것인가에 대해 생각해보라. 어떤 이는 아침을 선호하는데 나는 저녁이 더 좋다고 생각한다. 처음에는 너무 긴 시간을 하는 것이 견디기 어려울 것이다. 그러므로 5분으로 시작해서 점진적으로 시간을 늘려가도록 하라. 나중에는 30~45분을 묵상하면서 보내는 것이 좋은데 이것은 바쁜 생활을 하는 이들에게 이상적인 분량의 시간이다. 시간이 다 되었을 때 알아볼 수 있도록 알람을 맞춰 놓도록 하라. 그러면 시간을 알아보기 위해 시계를 보거나 분초에 신경 쓰지 않아도 된다.

이제, 오늘은 어떤 형태의 묵상 하기를 원하는지 선택하도록 하라. 한 가지 형태에 머물 수도 있고 마음이 원하는 대로 편하게 느끼는 대로 한 가지 형태에서 다른 형태로 옮겨갈 수도 있다. 처음에는 같은 묵상 시간 안에 내가 제안하는 모든 형태를 시도해봄으로 혜택을 입을 수도 있을 것이다. 그러다가 당신의 필요에 따라 보다 선택적이 될 수도 있을 것이다.

여기 내가 추천하는 다섯 가지 묵상 방법이 있다.

당신의 뜻을 하나님께 내어 드리기

- 의지적으로 '내려놓고' 당신의 뜻을 하나님께 드리도록 하라. 예수께서 바로 당신 앞에 서서 당신을 괴롭히는 모든 것을 자기에게 맡기라고 손짓하고 계신다고 상상하라.

- 가만히 있으라. 잠잠하라. 조용하라. 당신이 막 읽은 말씀에 집중하도록 하라.
- 하나님께 초점을 맞추는 연습을 하라. 당신의 긴장과 염려를 넘기라고 초청하시는 하나님을 상상하라. 당신의 생각이 방황할지 모른다. 그 생각을 당신 마음에 있는 주요 생각으로 돌리도록 노력하라. 쉽게 포기하지 말라.
- 당신 자신에게 하나님이 당신과 함께 계시다는 사실을 상기시키라. 당신을 환영하고 위로하고 미소 짓고 계신 하나님의 임재를 느껴보라.
- 예수께서 '나를 보라' 고 말씀하셨다. 이 초대에 대해 말하면서 오스왈드 챔버스는 우리가 올바른 것에 집중하지 않으면 힘을 상실한다고 우리에게 상기시키고 있다. 우리는 예수님에게 집중하여야 한다.
- 당신의 항복하는 행위를 증진하기 위해 상상을 사용하라. 우리가 하나님께 항복하는 것이 아름답고 놀라운 것은 그의 능력에 의해 배가된 가운데 우리가 생명을 되돌려 받는다는 것이다.
- 하나님의 한 가지 속성을 택하여 그것에 초점을 맞춰보라. 그분의 사랑과 인자함, 은혜, 오래 참음, 용서, 거룩함은 모두 당신의 상상을 위해 풍성한 자원이 될 수 있을 것이다. 어떻게 이러한 속성을 당신의 삶 속에서 경험했는지 생각해 보라.

묵상기도

묵상기도의 행위는 말하는 것보다 듣는 것, 주는 것보다는 받는 것이어야 한다. 이 시간은 하나님께 그날을 위한 영적인 쇼핑목록을 제시하는 때가 아니다. 우리 대부분은 그분에게 듣기보다는 그분에게 말하면서 시간을 소비하였기 때문에 이것은 준수하기가 어려운 훈련이 될 것이다. 그러나 가능하다. 그 목적은 당신의 모든 필요를 공급하시는 자가 아닌 하나의 인격체로서의 하나님에 대한 필요를 발견하도록 도와주는 것이다. 묵상기도를 이완 훈련과 병합할 수도 있겠지만 나는 이 두 가지를 분리하라고 강력하게 권한다. 다시 말해, 하루에 깊은 근육이완을 하는 시간을 구분해두고 묵상을 위한 시간을 따로 가지라. 이것을 하고 다음에 저것을 할 수 있는데도 두 가지를 한꺼번에 하면 한 가지는 손해를 보게 된다.

- 성경은 우리에게 말한다. "너희가 구하여도 받지 못함은 정욕으로 쓰려고 잘못 구함이니라."(약 4:3) 이 말씀을 잠시 묵상해 보라. 하나님은 당신에게 무엇을 말하기를 원하시는가? 하나님은 다른 무엇보다 당신이 무엇을 구하기를 원하시는가? 살아계신 하나님으로서 당신과 함께하기를, 당신 존재의 모든 부분에 임재하기를 구하시는 것이 아니겠는가? 하나님은 이미 당신 안에 내주하시기 때문에, 임재하기를 초청하는 것은 그의 임재를 더 의식하게 되기를 구하는 것이 아니겠는가?
- 하나님과의 인격적 만남은 모든 것을 변화시킨다. 하나님과의 접촉은 결국 중요하지 않은 것을 놓아버리도록 도와준다. 하나님의 촉구하시는 음성에 귀를 기울여보라. 마음속으로 조용히 침묵하는 가운데 그분이 하시는 말씀을 받으려고 해보라.
- 하나님 중심이 되라. 여러 세기를 거쳐 내려온 하나님의 구원계획을 생각해보라.
- 하나님을 찬양하고 하나님께 감사를 표현하는 묵상기도를 정기적으로 드려보라. 그리고 잠잠하라. 하나님께서 당신에게 말씀하시도록 초청하라. 그분은 어떻게 말씀하시는가? 생각으로, 느낌으로, 생각하게 하심으로 말씀하신다.
- 절대 침묵 시간을 오래 갖는 것을 회피하려 들지 말라. 사실 더 오랜 침묵을 더 오래 견딜수록 좋은 것이다. 마음이 분주할 때 그 중간 시간을 늘리도록 노력하라.
- 『하나님의 임재를 누리기』라는 놀라운 책에서 존슨은 매일의 삶의 리

듬 가운데 하나님과의 친밀감을 재발견하는 것에 대해 쓰고 있다. 존슨은 많은 퀘이커교도들이 사용했던 '숨쉬기 기도breath prayers' 라는 개념을 소개하고 있다. '숨쉬기 기도' 란 몇 개의 구절로 된 단순하게 속삭이는 말이다. "당신의 손에 맡깁니다", "주여, 불쌍히 여기소서", "주여, 나를 붙드소서", "주님을 송축하나이다", "내려놓고 주께서 하게 하라" 당신이 만들어낼 수 있는 숨쉬기 기도의 수는 끝이 없다. 하나님께 초점을 맞추는 방편으로 이런 기도를 거듭 거듭 반복하라. 그러다가 멈추고 귀를 기울이라.

성경 묵상하기

성경을 묵상하는 것은 매우 유익한 묵상의 형태가 될 수 있다. 여기서 목적하는 것은 성경의 일정한 본문에 당신의 마음을 온통 집중하는 것이다. 당신의 목표는 당신의 연구를 증진하는 것도 아니고 성경이해를 증진시키는 것도 아니다. 이것도 물론 중요하지만 연구시간은 대개 더 적극적이고 각성적이다. 이것은 펜과 종이를 갖고 책상에 앉아서 마치 학교에서 공부할 때 하듯이 노트를 하면서 하는 것이다. 여기서 하는 것은 성경말씀을 묵상하면서 하나님께서 말씀을 통해서 당신에게 말씀하기 원하는 것을 찾아보는 것이다.

- 당신이 묵상하기를 원하는 성경본문을 선택함으로 시작하라. 너무 긴 본문을 택하지 말라. 한 두 구절이면 족하다. 지난 주 설교본문이나 당신이 매일 읽는 경건서적에서 읽은 것이나, 당신에게 특별한 책을 계속 읽어나갈 수도 있다. 나는 특별히 고린도후서를 좋아하는데 자주 이 책에서 본문을 찾는다.
- 몇 가지 번역본으로 본문을 읽어봄으로 그 의미를 알 수 있도록 하라. 당신이 좋아하는 번역으로 암송하고 성경을 밀어놓고 묵상을 시작하라. 각 단어의 의미를 새겨보라. 그 말이 당신에게 어떤 의미가 있는지

를 생각해보라. 그 단어가 전체와 어떻게 연결되는가 ?

- 그 구절의 각 부분에 집중하여 묵상하고 다시 전체를 종합해보도록 하라.
- 그 구절에 대하여 지금 여기에서 하나님께서 당신에게 말씀하시기를 원한다고 믿는 것이 무엇인지 분별하도록 하라.
- 그리고 계시된 말씀을 주심에 대해, 그것을 이해할 지혜를 주심에 대해 감사드리는 짧은 기도 시간을 가짐으로 묵상을 마무리하라.
- 당신의 묵상이 묵상한 본문을 혼란스럽게 했다면, 반대로 본문을 더 잘 이해할 필요가 있다고 생각되면, 성경사전같은 자원을 검토하거나 친구 또는 목회자에게 말해보라.
- 묵상을 마쳤으면 카드 위에 묵상한 구절을 적고 자주 상기해 볼 수 있는 장소에 놓아두도록 하라. 나의 아내는 성구카드를 집안 사방에 늘어놓고 있다. 성구를 자주 보면 위로가 되기도 하고 이들 구절을 더 쉽게 임송하는 데도 도움이 된다.

하나님이 어떤 분이신가를 묵상하기

나는 이상의 묵상 훈련에서 집중의 중요성을 몇 차례 강조하였다. 나는 이 강조에 대해 오스왈드 챔버스에 힘입은 바가 크다. 그래서 내가 오스왈드 챔버스를 자주 언급하는 것이다. 『주님은 나의 최고봉』은 여러 세대를 축복한 책으로서 처음 출간되었을 때와 마찬가지로 오늘날도 새롭게 읽히고 있다. 그는 경건생활에서 집중의 가치를 강조한다. 물론 이것은 우리 삶의 다른 영역에서도 똑같이 중요하다.

우리는 결코 집중으로부터 휴가를 떠날 수 없다. 우리가 조금만 부주의하면 판단과 행동에서 파국적 실수를 범한다. 신체적으로 중심을 잡는 것처럼, 우리 자신을 집중에서 흐트러뜨리지 않게 할 필요가 있다. 도덕적 휴가를 가고서도 도덕적으로 남아있기를 기대할 수 없는 것처럼 영적 휴가를 가고

서도 영적으로 남아 있을 수는 없기 때문이다. 집중력을 유지하는 것이 우리의 영적 적합성을 지키는 열쇠다.

여기서 나는 하나님의 하나님 되심에 집중하라고 권하고 싶다. 우리 영적 생활의 모든 것이 여기에 달려있다. 사람들은 자신이 누구인지를 잊어서 정서적 혼란에 빠지는 게 아니다. 그들은 하나님이 누구인지를 잊음으로 혼란에 빠지는 것이다. 그러므로 하나님이 어떤 분이신가를 묵상하는 것은 굉장한 묵상훈련이 될 뿐 아니라 영적, 정서적 혼란에 대한 강력한 해독제가 될 수 있다.

- 하나님의 사랑과 은혜와 자비를 묵상하라. 성경에서 하나님의 사랑과 은혜, 자비를 보여주는 본문을 회상해보라. 간음 중에 잡힌 여인의 이야기를 읽어보라 (요 8:2-11).
- 하나님의 긍휼하심에 대해 묵상하라. 마태복음 9:36, 14:14, 15:32을 묵상하라.

하나님의 임재하심을 경험하기

모든 묵상훈련 가운데 가장 강력한 것은 아마도 하나님의 임재하심을 경험하는 연습을 하는 것일 것이다. 존슨은 그의 책 『하나님의 임재를 누리기』에서 이렇게 하기 위한 여러 구체적인 방안을 내놓고 있다. 이것들 중 여러 가지는 묵상훈련에 통합돼 사용될 수 있는 것들이다. 만일 당신이 보다 고전적인 것을 선호한다면, 토마스 아 켐피스의 『그리스도를 본받아』나 로렌스 형제의 『하나님의 임재 연습』을 읽어보라. 하나님의 임재하심을 연습(실습)하는 것은 하나님이 어떤 분인지에 대해 더 배우도록 도와줄 뿐 아니라 우리 자신이 누구인지에 대해서도 더 알 수 있게 해준다. 하나님과 함께 보낸 시간은 언제나 우리를 더 잘 이해하게 해준다.

삶이 바쁘고, 짜증 나고, 화가 나고, 고뇌에 찬 순간에 하나님을 경험하는 것은 어려운 일이다. 빠른 길로 서둘러 밀어붙이는 삶은 하나님과 연결하는 데 별로 도움이 안 된다. 어떤 연결을 할 수 있기에는 우리가 너무 분산되어 있고, 초점을 잃고 있고, 혼란에 빠져 있고, 너무 자기에 몰두하고 있으며, 너무 상처받고 있고, 너무 혼란스러운 상태에 있다. 당신의 삶에서 하나님의 임재를 느낄 수 있게 하는 최선의 자원은 묵상이다.

이 훈련의 목적은 하나님에 대한 당신의 인식을 증가시키는 데 있다. 짧은 개인적 예배시간으로 시작하라. 당신이 선택한 성경본문을 읽고 몇 분 동안 당신의 마음을 잠잠케 해달라고 그리고 하나님의 임재하심을 더 인식하게 해달라고 간구하라.

- 당신 자신에게 하나님은 당신이 자신에게 가까운 것보다 더 가까이 계심을 상기시키라. 이것은 하나님께서 더 가까워질 필요가 있어서가 아니다. 그분이 이미 거기에 계시기 때문이다. 다만 하나님의 임재에 대한 당신의 인식과 민감함이 개발될 필요가 있는 것이다.
- 세상의 갖가지 요구와 문제들로부터 마음의 초점을 옮기도록 하라. 염려는 성경에서 말하듯이, '세상의 염려' 로서 우리를 쉽게 하나님으로부터 멀어지게 한다.
- 하나님께 집중하라. 갈수록 하나님의 임재하심을 인식하라. 당신은 상상 속에서 그분을 볼 수 없다. 그분은 떠올릴 수 있는 어떤 이미지가 아니기 때문이다. 예수님의 얼굴을 그린 많은 초상화는 도움이 될 수도 있고 안 될 수도 있다. 초상화는 누군가의 상상의 산물일 뿐이다. 하나님을 시각화하거나 상상하도록 도와주는 형상을 찾도록 해 보라. 우리 부부는 목자의 이미지가 의미가 있음을 발견했다. 당신이 여행 중에 발견하는 현대의 양을 돌보는 젊은이의 모습 말고, 누워 있는 양 옆에서, 길 잃은 양을 몰고 가는 새롭고 풍성한 목장으로 인도해주는 지혜롭고 자상하고 사랑이 많은 목자의 모습을 그려보라. 당신에게 의

미 있는 형상을 찾아보도록 하라.

- "내가 너를 떠나지도 않고 버리지도 아니하리라" 고 말하는 히브리서 13:5과 같이 하나님이 어떤 분이신가를 상기시켜주는 성경 구절을 기록하여 당신 가까이 두도록 하라.
- 그분이 당신과 함께 하신다는 것을 믿으라. 그분의 임재를 받아들이고 누리도록 하라. 따뜻한 물로 목욕을 하거나 따뜻한 햇살에 당신을 녹이듯이, 하나님의 임재 속에 자신을 담그라. 따뜻함, 위로, 보호, 피난처 등의 이미지는 당신의 묵상에 도움이 될 수 있다.
- 하나님의 임재를 연습하라. 그래서 그것이 당신에게 생활방식이 되게 하라. 머지않아 당신은 만원 버스 안에서나 복잡한 식당 안에서도 하나님의 임재를 경험할 수 있을 것이다. 하나님은 우리가 붐빈다고 자신을 숨기시지 않는다. 우리가 그의 임재 감각을 상실하는 것이지, 하나님이 우리로부터 숨으시는 것이 아니다. 그러므로 어떤 상황에서든지 하나님의 임재를 연습하라.

하나님은 우리가 그분과 온전히 먹고 마시게 되기를 원하신다. 그분과 온전히 함께 하는 것은 우리를 규제하는 것이 아니라 자유하게 하는 것이다. 인생의 요구로부터 우리를 분산시키는 것이 아니라 삶을 보다 풍성하게 살도록 능력을 부여하는 것이다. 이것이 기독교 신앙생활의 역설이다. 우리가 자신을 하나님께 더 드릴수록 하나님은 우리에게 의미 있는 삶을 되돌려주신다. 우리의 책임은 우리 자신을 하나님과 조율하는 것이다. 기독교적 묵상은 그렇게 하는 한 방편이다. 우리는 영적 휴가를 취하면서 영적으로 살아남기를 기대할 수 없다. 우리는 깊은 영적 생활에 지름길로 가면서 효과적이기를 기대할 수 없다. 하나님을 삶의 중심에 모시도록 하라. 그러면 당신이 필요로 하는 능력의 중심에 머무를 수 있다. 그리고 당신은 안정과 평안을 파괴하는 불안으로부터 자유를 성취할 수 있을 것이다.

18장

안정과 평안을 위한 영성

내 안에 거하라. 나도 네 안에 거하리라
가지가 포도나무에 붙어있지 아니하면 절로 과실을 맺을 수 없음같이
너희도 내 안에 있지 아니하면 그러하리라 (요한 15:4)

이 책은 불안에 시달리는 사람들에게 치유를 가져다주는 것을 주로 다루었다. 이제 마지막 장에 이르러, 하나님께서 삶에 대처하도록 주신 영적 자원에 비추어 이 치유를 더 큰 맥락에서 다룰 필요가 있겠다.

치유하다heal 라는 말은 고대 영어 'haelen' 이라는 단어에서 유래하였는데 원래 '온전하게 하다make whole' 를 뜻하는 말이었다. 어떠한 치유나 치료도 우리를 '온전' 하게 하거나 완전하게 하는 데 기여하지 않는다면 완전하지 않은 것이다. 우리는 몸과 마음과 영이 통합될 때라야 완전할 수 있다. 소크라테스는 당시의 의학적 치유이론에 대해 논하면서 말했다. "머리 없는 눈이나 몸이 없는 머리를 치료하는 것이 적절치 않은 것 같이, 영혼 없는 몸을 치료하는 것도 적절치 않다."

그리스도인에게 이것은 치유를 성경에서 사용되고 있는 대로 '전인격의 치유healing of the whole person'라는 의미에서 재정의할 필요가 있음을 의미한다. 의학과 심리학은 오랫동안 치유를 구분하는 경향이 있었다. 당신 몸이 감염되었다면 감염은 다른 것과 상관없이 치료되었다. 당신의 마음이 우울하다면 당신에게 필요한 것은 우울증을 제거하는 것이었다.

내가 지난 여러 해 동안 존경해온 작가가 있는데 유대계 사회인류학자 어니스트 베커Ernest Becker이다. 그는 그리스도인은 아니지만 내가 지금까지 만난 사람 중에 인간 실존에 대해 그와 같이 솔직한 논객은 일찍이 본 적이 없다. 그의 책『죽음의 부인』에서, 베커는 심리치료를 검토하고 있다. 그는 문제가 있는 사람들에게 심리치료가 두려움을 완화시켜주고 작은 희망을 주는 등 좋은 일을 할 수 있는 것은 사실이지만, 할 수 없는 것도 여러 가지 있다고 인정하고 있다. 심리치료와 다른 의학적 치료가 할 수 없는 것은 솔직히 거론되지 않았다고 그는 말하고 있다. "신경증환자의 불행을 치료하면 오히려 더 큰 인생의 정상적 비참함에 개방될 뿐이라고 말했던 프로이트처럼 모두가 솔직한 건 아니었다."

우리가 오늘날 들어야 할 메시지가 있다면 그것은 바로 이것이다. 치유는 우리가 온전함을 회복하기 전에는 완전하지 않다. 여기에서의 함의는 우리가 '더 큰' 자아를 치유하지 않고 불안문제로부터 치유될 것을 기대할 수 없다는 것이다. 불안은 내일 태양이 뜨는 것처럼 확실하게 다시 돌아오게 돼 있다.

심리학의 혁명

오늘날 심리학의 핵심에 무엇인가 심오한 변화가 일어나고 있는 것은 이러한 맥락에서다. 심리학은 더 영적으로 되고 있다. 반드시 기독교적인 것은 아니지만 영적 문제에 더 개방적이 되고 있는 것은 틀림없다. 그리고 이 변화는 그리스도인이 믿고 실행하고 있는 것과 잘 조화되는 '제품'을 만들어내고 있다. 심리학은 인간 정신에 상처 난 것만을 치료하는 데 초점을 맞추던 것에서 마침내 멀어지면서 더 큰 그림을 그리는 것으로, 즉 힘과 탄력성을 양육하는 쪽으로 옮겨가고 있다. 바꿔 말해서 심리학이 파괴적인 것에 덜 초점을 맞추고 심리의 건설적인 면에 더 초점을 맞추고 있다는 것이다.

이는 현대 심리학의 중심점이 '피해자 정신'을 부추기는 질병모델에서 우리의 정서적 문제에 대한 해독제로서 힘과 정서적 건강을 개발하는 방법을 탐색하는 '긍정 심리학' 건강모델로 옮겨가고 있다는 것을 의미한다. 이 변화를 주도하고 있는 사람은 미국심리학회APA 회장 마틴 셀리그만Martin Seligman이다. 그는 '무기력' 개념을 개발한 것에서부터 시작하여 '낙관성'의 개념으로 끝을 맺는 등, 자기 자신의 경력에서도 바로 이러한 변화를 겪었다. 이것은 벌써 일어났어야 할 움직임이며 매우 흥미진진한 변화이다.

이 전환은 우리 기독교 복음과 매우 잘 병존할 수 있는 것이다. 이것은 성장과 성숙에 대한 긍정적인 복음이지, 연약함과 질병에 대한 것이 아니다. 복음은 죄와 그 결과를 지적하지만 죄에 대한 용서를 제시한다.

이 변화와 보조를 맞추면서 우리의 불안과 스트레스 문제에 대한 긍정적 측면을 탐색해 보았다. 그리고 이들 문제에 대한 해독제로서 '안정과 평온'을 검토해 보았다. 스트레스성 질병과 불안문제를 생산하는 것의 부정적 측면에 초점을 맞추는 대신에 나는 어떤 긍정적인 힘이 이들 문제를 예방할 수 있는지를 검토해 보았다. 이것은 놀라울 정도로 혁명적인 것이며 곧 알게 되겠지만 최신의 과학적 발견과도 일치하는 것이다.

그러므로 평온은 이 책의 목표이다. 간단하게 표현해서 평온은 불안의 해독제이다. 평온이 있으면 불안장애의 발전을 예방할 수 있으며 불안이 통제 불능일 때 불안을 치료할 수 있다. 우리가 이미 살펴본 것처럼 평온은 두뇌 안의 생물학적 조화를 요구한다. 이 생물학적 조화의 기초 위에서 정서 및 영적 평온을 증진해야 한다. 이것 없이는 다른 것도 생존할 수 없다. 이것은 다른 것을 강화시켜준다.

우리는 왜 이 시점에 이와 같은 책이 필요한가? 나는 『아드레날린과 스트레스』라는 책을 바쁘게 사는 사람들을 위해 썼다. 바쁘면서 소모적이고 너무 많은 일을 동시에 하는 정상적인 사람들, 탁월함을 추구하면서 매일 작정한 목표를 성취하기에는 시간이 부족한 사람들을 위해 그 책을 썼다. 만일 당신이 이 중 하나에 해당하는 사람이라면, 당신은 스트레스와 불안의 위험에 취약한 사람이며 스트레스성 질병이나 불안장애에 대한 아주 중요한 해독제, 즉 평온이 부족한 사람이다. 그러므로 이 책은 서두르는 삶, 쫓기는 삶에 대처하는 평온에 관한 책이다. 물론 불안이 극심한 기간에는 안정제의 도움을 받을 수 있지만 그것은 안정제를 복용하여 만들어낼 수 있는 평온이 아니라, 저절로 생기는 자연 안정제라야 한다. 장기적으로 볼 때 우리는 균형 잡힌 삶의 산물이라 할 수 있는 깊은 고요와 평화로움을 우리 안에 창조하는 법을 배워야 한다. 나는 이 장에서 평온의 생물학과 심리학 그리고 영성에 초점을 맞추었다.

왜 우리에게 오늘날 이 메시지가 필요한가? 우리 모두가 스스로를 너무 세게 몰아붙이기 때문이다. 우리는 휴식을 위해 충분한 시간을 내지 않는다. 우리는 탁월함을 달성하고 풍성한 삶을 살기 위해 우리 자신을 몰아붙인다. 우리는 목표를 달성하는가? 별로 그렇지 않다. 우리는 진정한 평안, 깊고 내면적인 고요함, 평온이라는 말로 요약되는 차분함을 스스로 박탈하고 있다. 목사와 기업인, 전문인, 예술가, 교사, 의사 할 것 없이 모든 이들이 삶의 스트레스와 불안을 제거하기 위해 인조 안정제에 의존할 수밖에 없는 위험에 직면해 있다.

『아드레날린과 스트레스』는 스트레스의 성격에 대한 오해를 다루었다. 그러나 우리는 불안의 성격 또한 오해하고 있다. 우리는 불안의 출처를 잘못된 곳에서 찾고 있으며, 인생의 도전들에 수반되는 흥미롭고 신나는 쇄도로부터 불안이 우리를 응시하고 있다는 것을 보지 못하고 있다. 우리는 또 과학이 지난 몇 년간 두뇌가 어떻게 자연 안정제를 만들어내는지에 대해 놀라운 발견을 했다는 사실을 깨닫지 못하고 있다. 이 책에서 나는 이 발견들을 실질적 으로 나눴으며 마음과 영의 평온이 어떻게 성취 가능한지를 보여주었다.

여기서 나의 메시지는 우리에게 영적으로도 중요한 의미를 지닌다. 스트레스와 불안은 우리의 영적 추구도 엉망으로 만들어놓을 수 있다. 우리의 몸과 마음이 기본적 생존을 위해 싸울 때는 하나님과 연결할 시간과 에너지를 갖지 못한다. 현대 영성에 한 가지 슬픈 측면이 있다면 그것은 우리가 너무 서두른다는 점이다. 기도하고 묵상하는 것을 '뛰어가면서' 한다는 것이다. 반성이나 다른 어떤 영적 묵상도 할 시간이 없다는 것이다. 그리고 역사가 우리에게 가르치는 것이 있다면 그것은 영성훈련과 서두름은 서로 양립할 수 없는 동지라는 것이다. 사실 이 둘은 서로 섞일 수가 없다. 잠언 19:2은 말한다. "발이 급한 사람은 그릇하느니라." 발이 급한 사람은 또한 많은 스트레스와 불안으로 고통 받는다.

결코 포기하지 말라. 예수께서는 포기하지 않으셨다. 그는 시험을 받으셨으나 맞서 싸우셨다. 당신 또한 포기하라는 유혹에 저항해야 한다.

이 책에서 나는 몇 번에 걸쳐 윈스턴 처칠의 "절대 포기하지 말라" 고 하는 끈기에 대해 언급하였다. 이러한 태도의 가장 유명한 순간은 그가 모교인 해로우 학교의 소년들에게 연설할 때였다. 소년 처칠은 여러 차례 포기하고 싶은 유혹을 받았었다. 아버지가 좋아하지 않았던 처칠은 일곱 살의 나이에 기숙사로 보내졌다. 볼품없는 외모 때문에 그는 숲속에 숨곤 하였다. 말할 필요도 없이 그는 학교에서 가장 낮은 성적을 받았다. 그는 전적인 실패자로 운명이 결정난 것 같았다.

평생 동안 처칠은 주기적으로 우울증을 앓았으며 오늘 같으면 공포증으로 분류되었을 어떤 곤충들에 대해 병적인 두려움을 갖고 있었다. 전해지는 말에 의하면 반유대주의 희생자를 보거나 전투에서 어떤 용맹함을 보거나, 잠자리가 발에 밟히는 것만 봐도 쉽게 울었다. 그러나 내면 깊은 곳에는 발견되기를 기다리는 천재성이 있었다. 그의 많은 특질 가운데 일종의 타고난 충격흡수기가 있었는데 이것이 생존할 용기를 주었다. 그는 넘어짐을 당하면 반사적으로 다시 일어났다. 그의 고난은 탄력성resilience을 높여주었다.

1941년 10월 어느 암울한 날, 히틀러의 공습으로 고통 받던 영국 국민들이 절망스러워하던 날 해로우 학교는 윈스턴 처칠을 영예롭게 높여주었다. 그리고 그는 역사에 남는 연설을 했다. "결코 포기하지 말라. 결코, 결코, 결코... 큰 일이나 작은 일이나, 대단한 일이나 사소한 일이나, 명예와 좋은 상식에 굴복하는 것 외에는 절대로 굴복하지 말라."

이것은 로마서 5:3-4에 나오는 사도 바울의 말씀과 거의 같은 말로 들린다. "우리가 환난 중에도 즐거워하나니 이는 환난은 인내를, 인내는 연단을, 연단을 소망을 이루는 줄 앎이로다."

내가 불안을 이기는 것에 대해 아는 것이 있다면, 그것은 당신이 처음 시작했을 때보다 그 싸움에서 더 많은 성실과 겸손과 인내를 가지고 나온다는 것이다.

스트레스의 영적 해독제

지금까지 스트레스를 어떻게 다룰 것인가에 대한 대부분의 논의는 심리적이고 생물학적인 원리에 초점을 맞추었다. 그러나 우리가 고려해야 할 스트레스에 대한 중요한 영적 해독제가 있다. 안타깝게도 어떤 사람들의 종교적 신념과 행동은 스트레스를 완화하기보다 스트레스를 더 유발시킨다. 이것은 분명 종교적 신앙에 대한 건강한 표현은 아니다.

그렇다면 기독교 신자로서 우리의 경험이 긍정적이고 온전한 것이 되기 위해 우리가 따르고 준수할 필요가 있는 원리에는 어떤 것이 있는가? 나는 좋은 스트레스 관리는 자기절제와, 우리 몸에 대한 지배의 문제이기도 한 영성의 문제라고 믿고 있다. 믿음은 우리 삶이 얼마나 혼란스럽게 되는가를 판별하는 데 중요한 역할을 한다.

우리는 스트레스로부터의 보호를 약속하는 건강한 신앙을 어떻게 발전시킬 수 있는가? 예수님의 생애를 짧게 재검토함으로 시작해야 마땅하다고 생각한다. 그의 생애는 스트레스에 대한 영적 해독제에 대해 많은 것을 가르쳐준다.

복음서를 대충 읽어보기만 해도 예수님은 차분함과 평온한 자세의 모델이었음을 알 수 있다. 그분이 보여준 것은 서두르고 쫓기는 실존에서 우리 대부분이 경험하는 것과 정반대되는 것이었다. 마가복음 4:38에서 제자들은 예수께서 배의 고물에서 베개를 베고 주무시는 것을 본다. 그러다가 큰 광풍이 불어와 파도가 부딪혀 배에 물이 가득 차 가라앉게 되었다. 그러나 예수님은 계속 주무신다. 예수님은 광풍이 안중에 없으신가? 나는 그렇게 생각하지 않는다. 그러나 그는 광풍을 두려워하지 않으셨다. 제자들이 그를 깨웠을 때 물었다. “우리의 죽게 된 것을 돌아보지 아니하시나이까?” 그는 바다를 잠재우시고 그들에게 물으셨다. “어찌하여 이렇게 무서워하느냐? 너희가 어찌 믿음이 없느냐?”

이와 같이 예수님의 삶은 서두르지 않음의 모델이었다. 그렇다. 신약시대에는 삶이 그렇게 빠르게 진행되지 않았다. 그러나 나는 이것이 적당한 구실이 되지 않는다고 생각한다. 우리는 서두르지 않는 정신을 배울 필요가 있다. 이것은 불안의 공격으로부터 우리를 보호하는 데 필요한 평온에 필수적인 기초가 된다.

예수님의 삶은 또한 균형 잡힌 우선순위의 모델이었다. 우리는 이것을 누가복음 10:38-42에서 찾아볼 수 있다. 예수님을 집으로 영접한 두 자매 마르다와 마리아의 이야기에서, 언니였던 마르다는 방문객의 중요성에 마음이 사로잡혀 당황해 어쩔 줄 몰라하며 예수님께 바른 대접을 하는데 몰두하였다. 나는 그녀를 괴롭혔을 질문들에 대해 상상해볼 수 있다. "포도주는 어디 있지? 누가 손잡이가 달린 주전자를 넘어뜨렸지? 왜 주님은 나에게 추가로 일을 하게 하시는 거죠? 저녁으로 무슨 요리를 하지?"

마침내 더 이상 참지 못하게 되자 마르다는 예수께서 자기가 얼마나 열심히 일하는지에 대해서는 무심한 반면 무책임한 자매 마리아가 그의 발 앞에 앉아서 그의 모든 가르침을 받는 것을 허락하는지 이해할 수 없다고 예수님을 힐난했다. 예수께서는 그의 시각을 바로잡아주시며 다음과 같이 말씀하셨다. "마르다야 마르다야 네가 많은 일로 염려하고 근심하나 그러나 몇 가지만 하든지 혹 한가지만이라도 족하니라. 마리아는 이 좋은 편을 택하였으니 빼앗기지 아니 하리라"(눅10:41-42)

성경에는 마르다가 예수님의 이 권면의 말씀을 어떻게 받아들였는지 기록되어 있지 않다. 아마 앞치마를 벗어던지고 화가 나서 집을 뛰쳐나갔을지도 모르겠다. 수동적 분노 반응을 하며 침묵 속에서 분을 삭히며 구석에 앉아 있었는지도 모른다. 누가 알겠는가? 그러나 나는 그녀가 성숙한 자세를 취해 자기가 들고 있던 그릇을 가만히 내려놓고 앞치마를 벗고 예수님의 발치에 있던 마리아 옆에 앉았을 거라고 생각하고 싶다. 아마 그들은 그날 식사하는 것도 잊었을지 모른다. 예수님을 위해 준비한 음식을 가난한 자들에게 주었는지도 모른다. 메시야 앞에 앉아서 하나님 말씀을 들을 수 있는 기회가 주어졌는데 음식이 그렇게 중요하겠는가! 예수님의 서두르지 않음과 균형 잡힌 삶의 우선순위에서 배울 수 있는 이 교훈은 당신의 분주한 삶에서 스트레스를 최소화하는 데 길고 큰 영향을 미칠 수 있을 것이다. 그는 결코 초조해 하지 않는다. 주님에게서 인내를 배우라. 정기적으로 주님과 경건의 시간, 교제하는 시간을 가지라. 당신은 결코 그보다 앞서 달려가고 싶은 유혹을 받지 않을 것이다.

이제 당신에게 마지막 과제를 주려고 한다. 이 과제를 당신이 이 책의 나머지 부분을 대해온 진지함과 성실함으로 취급해주기 바란다. 불안으로부터 더 많은 자유를 당신에게 가져다 줄 것이다.

마지막 과제

성경과 연필과 종이 한 장을 준비하고 누가복음 10:38-42에 나오는 이야기를 다시 한 번 검토해보라. 당신이 마리아와 마르다와 함께 예수님의 발치에 앉아 있다고 가정해 보라. 그리고 예수께서 지금 이 시점에 당신의 삶 속에서 성취하려고 애쓰는 모든 것의 목록을 만들라고 요청하였다고 상상하라. 5분을 투사해서 이 과제를 해보라.

그리고 두 번째 종이에다 당신의 삶에서 지금까지 경험한 모든 실망했던 것의 목록을 기록해보라. 그리고 아직 마무리하지 못한 프로젝트와 실현하지 못한 꿈을 적어보라.

목록을 차례로 한 가지씩 검토하면서 자문해 보라. 이것이 하나의 실망으로, 이뤄지지 않은 꿈으로, 완성하지 못한 프로젝트로 정말 그렇게 중요한가? 만일 그렇게 중요한 것이 아니라면 목록에서 제거해 버리고 잊어버리도록 하라.

과제를 다 했다면 목록에 남아 있는 항목을 검토해보고, 다음 한두 달 동안에 성취하고 싶은 새로운 목표들의 우선순위를 정해보라. 이 목표들을 세 번째 종이에 적어보라.

자, 이제 수정한 목표 목록을 가지고 자문해 보라. 예수님이라면 당신이 무엇을 먼저 하길 원하실까? 그는 당신이 무엇이 잊고 망각하기를 원하시는가? 당신이 누구를 용서하기를 원하시는가? 무엇은 급박하고 무엇은 기다릴 수 있는 것인지에 대한 인식을 늘리도록 하라. 무엇보다 중요한 것은 무엇이 진짜로 중요한 것인지를 명확히 하는 것이다.

이것은 예수께서 마르다에게 요청했던 것과 동일한 것이다. 당신이 들고 있는 그릇을 내려놓고 잠시 동안 예수님 발 앞에 앉아 당신의 우선순위에 대해 영혼 깊은 성찰을 해보라. 당신의 우선순위에서 별로 바뀔 것이 없는지도 모르겠다. 이 훈련 연습을 하다 보면 평화롭고 불안에서 자유로운 삶을 구상하는 데 큰 도움을 받을 수 있을 것이다.

마리아와 마르다의 이야기가 성경에 기록된 데는 이유가 있다. 아마 당신이 그 이유인지도 모른다.

참고문헌

3장 1. Jasmine Arthur-Jones and Julian Hafner, "Panic Anxiety Management Workshop", reported on the Internet at <http://www.paems.com.au/research>.

4장 1. K.B. Schmalling and J. Bell, "Asthma and Panic Disorder," *Archives of Family* Medicine 6, no.1 (1997): 20-23.

2. T.J. Lessmeier et al. "Unrecognized Paroxysmal Supraventricular Tachycardia: Potential for Misdiagnosis as Panic Disorder," *Archives of Internal Medicine* 157, no.5 (1997): 537-543.

3. D.H. Barlow, "Cognitive-Behavioral Therapy for Panic Disorder: Current Status," *Journal of Clinical Psychiatry* 58, suppl 2:32-36.

5장 1. Mark Rapaport, M.D., "Zoloft As an Effective Treatment of Panic Anxiety," *American Journal of Psychiatry*, 155 (1998).

8장 1. Jasmine Arthur-Jones, "Panic Anxiety Disorder Treatment Needs Research Project," reported on the Internet at <http://www.paems.com.au/research>.

10장 1. Edmund J. Bourne, *The Anxiety and Phobia Workbook* (Oakland,Calif.:New Harbinger Publications, 1995), 351.

12장 1. J.M. Zajecka and J.S. Ross, "Treatment of Depression Complicated by Anxiety," *Journal of Clinical Psychiatry* 56, suppl. 2 (1995): 10-13.

2. R. Reid Wilson, *Don't Panic* (New York: Harper and Row, 1986), 81.

14장 1. A.C. King et al., "Moderate-Intensity Exercise and Self-Rated Quality of Sleep in Older Adults," *Journal of the American Medical Association* 277 (1997): 33-37.

15장 1. Dr.William F. Fry, "Medical Perspectives on Humor," *Humor and Health Journal* 2, no.1 (1993).

2. Rabbi Noah Weinberg, reported on the Internet at <http://www.aish.edu/learning>.

3. Rick Warren, *The Purpose Driven Church* (Grand Rapids: Zondervan, 1995), 113.

16장 1. Barbara J. Coffey, *The Harvard Mental Health Letter* 9, no.9 (1993).

17장 1. Oswald Chambers, *My Utmost for His Highest* (Westwood, N.J.: Barbour and Company, 1963), 26 November Reading.

2. Ibid.

18장 1. Quoted in R. Moody, *Laugh after Laugh* (Jacksonville, Fla.: Headwaters Press, 1978).

2. Ernest Becker, *Denial of Death* (New York: McMillan, 1973), 270.